[Wissen für die Praxis]

Weiterführend empfehlen wir:

Verwaltungsgesetze kompakt
(ISBN: 978-3-8029-5346-0)

Gesetze der Bundesrepublik Deutschland
(Online-Dienst, Bestellnr: 947150)

Korruptionsprävention in der öffentlichen Verwaltung
(Video-Kurs, Bestellnr: V004)

E-Mail: WALHALLA@WALHALLA.de
https://www.WALHALLA.de

Walhalla Fachverlag · Haus an der Eisernen Brücke · 93042 Regensburg
Telefon 0941 5684-0 · Telefax 0941 5684-111

WALHALLA

Prof. Dr. Katrin Kanzenbach

Compliance im Verwaltungsalltag

Ein Praxishandbuch für rechtskonformes Verhalten

Bibliografische Information der Deutschen Nationalbibliothek
Die Deutsche Nationalbibliothek verzeichnet diese Publikation in der Deutschen Nationalbibliografie; detaillierte bibliografische Daten sind im Internet über www.dnb.de abrufbar.

Zitiervorschlag:
Kanzenbach, Compliance im Verwaltungsalltag, Walhalla Fachverlag, Regensburg, 2026

WALHALLA – eine Marke der Walhalla Mediengruppe

1. Auflage
Rechtsstand Mai 2026

Kontakt bei Fragen zur Produktsicherheit:
Walhalla u. Praetoria Verlag GmbH & Co. KG, Haus an der Eisernen Brücke, 93042 Regensburg, E-Mail: produktsicherheit@walhalla.de, Telefon: 0941 5684-0

Produktion: Walhalla Mediengruppe, Regensburg
Umschlaggestaltung: grubergrafik, Augsburg
Printed in Germany
ISBN 978-3-8029-1511-6

Zur Walhalla Mediengruppe gehören die Marken WALHALLA, Deichmann+Fuchs, metropolitan und Annual Multimedia Award.

Schnellübersicht

Gesamtinhaltsverzeichnis

Vorwort

Compliance ist längst kein Thema mehr, das ausschließlich Unternehmen der Privatwirtschaft betrifft. Auch die öffentliche Verwaltung steht heute in besonderem Maße vor der Aufgabe, rechtmäßiges, integres und transparentes Handeln nicht nur vorauszusetzen, sondern auch strukturell abzusichern. Verwaltungshandeln ist an Gesetz und Recht gebunden und bewegt sich zugleich in einem komplexen Geflecht aus organisatorischen Vorgaben, haushaltsrechtlichen Anforderungen, Datenschutz, Vergaberecht, Antikorruption, Dienstrecht und verantwortungsvoller Führung. Gerade im Verwaltungsalltag zeigt sich, dass Compliance kein abstraktes Regelwerk, sondern gelebte Praxis ist.

Dieses Buch widmet sich der Frage, wie Compliance in behördlichen und öffentlich-rechtlichen Strukturen wirksam umgesetzt werden kann. Dabei geht es nicht nur um die Vermeidung von Rechtsverstößen oder Haftungsrisiken. Vielmehr dient Compliance der Sicherung von Vertrauen innerhalb der Organisation sowie gegenüber Bürgerinnen und Bürgern, Staat und Gesellschaft. Sie ist Ausdruck einer Verwaltungskultur, die Verantwortung übernimmt, Entscheidungen nachvollziehbar macht und rechtliche Bindungen als Grundlage professionellen Handelns begreift.

Der Verwaltungsalltag ist geprägt von Entscheidungsdruck, begrenzten Ressourcen und vielfältigen Erwartungen. Umso wichtiger ist es deshalb, Beschäftigten und Führungskräften Orientierung zu geben: Welche Pflichten bestehen? Wo liegen typische Risiken? Wie können Prozesse so gestaltet werden, dass Rechtskonformität, Effizienz und Integrität miteinander verbunden werden? Dabei darf Compliance nicht als zusätzliche Belastung missverstanden werden, sondern als Instrument guter Verwaltung und präventiver Organisationsgestaltung.

Mit dem vorliegenden Werk soll ein praxisnaher und zugleich rechtlich fundierter Beitrag zu diesem Thema geleistet werden. Es richtet sich an Beschäftigte und Führungskräfte in der öffentlichen Verwaltung, die Verantwortung für rechtssicheres und integres Handeln tragen. Möge dieses Buch dazu beitragen, Compliance als selbstverständlichen Bestandteil eines modernen, leistungsfähigen und rechtsstaatlichen Verwaltungshandelns zu etablieren!

Die Autorin, Prof. Dr. Katrin Kanzenbach

Abkürzungsverzeichnis

Abkürzung	Bezeichnung
Abs.	Absatz
AO	Abgabenordnung
AktG	Aktiengesetz
ArbG	Arbeitsgericht
ArbPlSchG	Gesetz über den Schutz des Arbeitsplatzes bei Einberufung zum Wehrdienst
ArbSchG	Arbeitsschutzgesetz
ArbStättV	Arbeitsstättenverordnung
ArbZG	Arbeitszeitgesetz
Art.	Artikel
ÄTV	Änderungstarifvertrag
AV BuG	Ausführungsvorschriften über das Verbot der Annahme von Belohnungen, Geschenken und sonstigen Vorteilen
AVV	Auftragsverarbeitungsvertrag
BA	Bundesagentur für Arbeit
BAG	Bundesarbeitsgericht
BeamtStG	Beamtenstatusgesetz
BG	Berufsgenossenschaft
BG-AT	Tarifvertrag für die Arbeitnehmerinnen/Arbeitnehmer der gewerblichen Berufsgenossenschaften und der Unfallversicherungsträger der öffentlichen Hand
BBG	Bundesbeamtengesetz
BBK	Bundesamt für Bevölkerungsschutz und Katastrophenhilfe
BDSG	Bundesdatenschutzgesetz
Beschl.	Beschluss
BFH	Bundesfinanzhof
BgA	Betrieb gewerblicher Art
BGleiG	Bundesgleichstellungsgesetz
BHO	Bundeshaushaltsordnung
BKA	Bundeskriminalamt
BMAS	Bundesministerium für Arbeit und Soziales
BMinG	Bundesministergesetz
BMI	Bundesministerium für Inneres
BMJ	Bundesministerium für Justiz
BMF	Bundesministerium für Finanzen
BMWE	Bundesministerium für Wirtschaft und Energie
BPersVG	Bundespersonalvertretungsgesetz

Abkürzung	Bezeichnung
BRH	Bundesrechnungshof
BRKG	Bundesreisekostengesetz
BRKGVwV	Allgemeine Verwaltungsvorschrift zum Bundesreisekostengesetz
BSI	Bundesamt für Sicherheit in der Informationstechnik
BSIG	Gesetz über das Bundesamt für Sicherheit in der Informationstechnik und über die Sicherheit in der Informationstechnik von Einrichtungen
BT-Drs.	Bundestagsdrucksache
BUrlG	Bundesurlaubsgesetz
BVerfG	Bundesverfassungsgericht
BVerGG	Bundesverfassungsgerichtsgesetz
BVerGE	Bundesverfassungsgerichtsentscheidung
BVerwG	Bundesverwaltungsgericht
ca.	circa
CSDDD	Corporate Sustainability Due Diligence Directive
CSR	Corporate Social Responsibility
CSRD	Corporate Sustainability Reporting Directive
CMS	Compliance-Management-System
DCGK	Deutscher Corporate Governance Kodex
DIIR	Deutsches Institut für Interne Revision e.V.
DNK	Deutsche Nachhaltigkeitskodex
DÖV	Die öffentliche Verwaltung
DPIA	Data Protection Impact Assessment
DSFA	Datenschutzfolgenabschätzung
DSB	Datenschutzbeauftragter
DSFA	Datenschutzfolgenabschätzung
DSGVO	Datenschutz-Grundverordnung
DSK	Datenschutzkonferenz
EG	Entgeltgruppe
EntgTranspG	Entgelttransparenzgesetz
ESG	Environmental, Social und Governance
EStG	Einkommensteuergesetz
EU	Europäische Union
EU AI Act	EU Artificial Intelligence Act
EUR	Euro
FAQ	Frequently Asked Questions
FG	Finanzgericht
GeschGehG	Gesetz zum Schutz von Geschäftsgeheimnissen

Abkürzung	Bezeichnung
GRCh	Charta der Grundrechte der Europäischen Union
GG	Grundgesetz
GUP	Gesundheit und Pflege
GUV	Gesetzliche Unfallversicherung
GVG	Gerichtsverfassungsgesetz
GWB	Gesetz gegen Wettbewerbsbeschränkungen
HGrG	Haushaltsgrundsätzegesetz
HinSchG	Hinweisgeberschutzgesetz
HR	Human Ressource
i. d. F.	in der Fassung
i. d. R.	in der Regel
IDR	Institut der Rechnungsprüfer
IIA	Institute of Internal Auditors
IFG	Informationsfreiheitsgesetz
ISMS	Informationssicherheits-Managementsystem
i. S. d.	im Sinne des
i. S. v.	im Sinne von
IDW PS	Prüfungsstandards des Instituts für Wirtschaftsprüfer
IKS	Internes Kontrollsystem
ISO	International Organization for Standardization
JuS	Juristische Schulung
jPöR	juristische Personen des öffentlichen Rechts
KdöR	Körperschaft des öffentlichen Rechts
KI	Künstliche Intelligenz
KLR	Kosten- und Leistungsrechnung
KPI	Key Performance Indikator
KStG	Körperschaftsteuergesetz
KWG	Kreditwesengesetz
LAG	Landesarbeitsgericht
LG	Landgericht
LHO Berlin	Landeshaushaltsordnung Berlin
LHO NRW	Landeshaushaltsordnung Nordrhein-Westfalen
LHO M-V	Landeshaushaltsordnung Mecklenburg-Vorpommern
LkSG	Lieferkettensorgfaltspflichtengesetz
LRH	Landesrechnungshof
NIS2	Network and Information Security
NStZ	Neue Zeitschrift für Strafrecht
NStZ-RR	Neue Zeitschrift für Strafrecht, Rechtsprechungs-Report
NZKart	Neue Zeitschrift für Kartellrecht

Abkürzung	Bezeichnung
NVwZ	Neue Zeitschrift für Verwaltungsrecht
NVwZ-RR	Neue Zeitschrift für Verwaltungsrecht, Rechtsprechungs-Report
NZA	Neue Zeitschrift für Arbeitsrecht
MDM	Mobile-Device-Management
Mio.	Million/Millionen
Mrd.	Milliarde/Milliarden
OLG	Oberlandesgericht
OVG	Oberverwaltungsgericht
OWiG	Gesetz über Ordnungswidrigkeiten
ParlStG	Parlamentarische Staatssekretäre-Gesetz
PCGK	Public-Corporate-Governance-Kodex
PDCA	PDCA-Zyklus
Rn.	Randnummer
S.	Satz
SaaS	Software as a Service
SGB	Sozialgesetzbuch
StGB	Strafgesetzbuch
st. Rspr.	ständige Rechtsprechung
TOM	Technische und organisatorische Maßnahmen
TVöD	Tarifvertrag für den öffentlichen Dienst
TVöD-K	Tarifvertrag für Krankenhäuser
TV-L	Tarifvertrag der Länder
TzBfG	Teilzeit- und Befristungsgesetz
u. a.	unter anderem
UIG	Umweltinformationsgesetz
Urt.	Urteil
UStAE	Umsatzsteuer-Anwendungserlass
UStG	Umsatzsteuergesetz
v.	vom
VAG	Versicherungsaufsichtsgesetz
VerwRspr	Verwaltungsrechtsprechung in Deutschland
VGH	Verwaltungsgerichtshof
vgl.	vergleiche
VgV	Vergabeordnung
VK	Vergabekammer
VPN	Virtual Private Network
VwVfG	Verwaltungsverfahrensgesetz

Abkürzung	Bezeichnung
VV-BHO	Allgemeine Verwaltungsvorschriften zur Bundeshaushaltsordnung
VwV IR	Allgemeine Verwaltungsvorschrift Interne Revision
WpHG	Wertpapierhandelsgesetz
WRegG	Wettbewerbsregistergesetz

Abbildungsverzeichnis

Tabellenverzeichnis

Hinweis:

„Zur besseren Lesbarkeit und zur Wahrung des textlichen Verständnisses wird in dieser Arbeit das generische Maskulinum verwendet. Alle verwendeten Bezeichnungen beziehen sich ausdrücklich auf alle Geschlechter und Identitäten."

I. Compliance im Verwaltungsalltag

I. Compliance im Verwaltungsalltag

1. Einführung

I

Compliance ist längst nicht mehr ein exklusives Thema der Privatwirtschaft, sondern hat sich zu einem zentralen Steuerungsinstrument in der öffentlichen Verwaltung entwickelt. Während Unternehmen Compliance primär als Schutz vor Sanktionen und Reputationsverlust begreifen, ist sie für den öffentlichen Dienst Ausdruck der verfassungsrechtlichen Bindung an Gesetz und Recht, aber auch zur Stärkung des Vertrauens in den öffentlichen Sektor relevant. Dennoch zeigen die Literatur und Studien, dass die Implementierung wirksamer Compliance-Strukturen in Behörden keineswegs selbstverständlich ist. Die Gesamtzahl der gemeldeten Korruptionsstraftaten ist im Berichtsjahr 2024 gegenüber den Vorjahren zurückgegangen, aber die Straftaten im Amt wie Bestechungen und Bestechungsversuche gemäß § 334 StGB sind deutlich angestiegen. Rechtsverstöße, Korruptionsfälle und mangelnde Transparenz verdeutlichen die Notwendigkeit eines systematischen Ansatzes zur Sicherung von Integrität und Rechtmäßigkeit.[1]

Die öffentliche Verwaltung steht vor einer doppelten Herausforderung: Einerseits muss sie die klassischen Anforderungen an Legalität und Wirtschaftlichkeit erfüllen, andererseits wächst der Druck durch neue regulatorische Vorgaben, digitale Transformation und gesellschaftliche Erwartungen an Transparenz und Nachhaltigkeit. Compliance wird damit zur Querschnittsaufgabe, die nicht nur juristische Expertise, sondern auch organisatorische und technologische Kompetenz erfordert. „Compliance ist eine Organisation von Legalität und Wertekultur", so beschreibt *Stober* die Kernfunktion im öffentlichen Sektor.[2]

Die Digitalisierung verstärkt diese Dynamik: Elektronische Vergabeplattformen, E-Akten und KI-gestützte Entscheidungsprozesse eröffnen Chancen für Effizienz und Nachvollziehbarkeit, bergen aber zugleich neue Risiken wie die Benachteiligung durch Algorith-

---

1 *BKA* (2024), Bundeslagebild, S. 21; *BMI* (2020), Korruptionsprävention in der Bundesverwaltung – Jahresbericht; *Vollmann*, Compliance in der öffentlichen Verwaltung, S. 5–6.

2 *Stober/Ohrtmann*, Compliance für die öffentliche Verwaltung, S. 3 Rn. 1.

men oder Datenschutzverletzungen. Der Deutschland-Index der Digitalisierung 2025 betont, dass „die digitale Verwaltung eine notwendige Voraussetzung für die Bewältigung gesellschaftlicher Herausforderungen" ist.[3] Compliance muss daher technologische Entwicklungen antizipieren und in Governance-Strukturen integrieren. Darüber hinaus gewinnt die ethische Dimension an Bedeutung: Korruptionsprävention, Hinweisgeberschutz und ESG-Kriterien sind nicht nur rechtliche Anforderungen, sondern prägen das Vertrauen der Bürgerinnen und Bürger in staatliches Handeln. Studien wie „The Future of Compliance 2025" zeigen, dass Organisationen zunehmend Compliance als strategischen Faktor begreifen, der Innovation und Integrität gleichermaßen sichert.[4]

Dieses Buch verfolgt das Ziel, die Besonderheiten von Compliance im Verwaltungsalltag praxisnah darzustellen. Die Diskussion, ob Standards und Tools von Compliance aus dem privaten Sektor auf den öffentlichen Sektor zu übertragen möglich sind, wird hier nicht eröffnet. Der Blick wird nach vorn gerichtet und die rechtlichen Grundlagen (Rechtsstand bis September 2025), das Rahmenwerk von Kodizes, Standards sowie organisatorische Anforderungen und Zukunftsperspektiven von der klassischen Korruptionsprävention bis zur Tax- und HR-Compliance und KI-Governance beleuchtet. Damit soll das Buch Führungskräften und Beschäftigten im öffentlichen Dienst Orientierung bieten, wie Compliance nicht nur als Pflicht, sondern als Chance für eine moderne, integre und leistungsfähige Verwaltung verstanden werden kann.

2. Compliance im öffentlichen Dienst

Compliance in der öffentlichen Verwaltung ist von entscheidender Bedeutung, um Vertrauen in die Behörden und Institutionen zu bewahren, Ressourcen zu schützen sowie Straf- und Bußgelder zu vermeiden. Das Konzept der Compliance entstammt ursprünglich der privaten Wirtschaft. So stammt das Leitbild des ehrbaren Kaufmanns aus dem 12. Jahrhundert und prägt bis heute das Selbstverständnis des Unternehmers als Verantwortlichen für den Fortbestand seines Geschäfts als auch der Gesellschaft, in der er tätig ist. Der Kaufmann verfügt über großes Fachwissen, handelt global fair und besitzt dadurch eine positive Reputation bei Kunden, Mitar-

---

3 *Opiela* et al., Deutschland-Index der Digitalisierung, S. 31.

4 Vgl. *Deloitte*, The Future of Compliance 2025.

beitern und Geschäftspartnern, bedenkt die Auswirkungen seines Handelns für Gesellschaft und Umwelt, übernimmt Verantwortung für seine Mitarbeiter und die Gesellschaft und versteht sich als Vorbild für alle Teile der Gesellschaft. Dieses Verständnis verbindet sich heute mit dem Begriff der Corporate Social Responsibility (CSR) und beinhaltet die gesellschaftliche Verantwortung von Unternehmen im Sinne eines nachhaltigen Wirtschaftens.[5]

Eine Legaldefinition des Begriffes Compliance findet sich im nationalen Recht bis heute nicht. Damit bleibt der Begriff unbestimmt und unterliegt einer dynamischen Weiterentwicklung in der Auslegung der Literatur und Rechtsprechung. Das Wort Compliance wird in unterschiedlichen Zusammenhängen und Zusammensetzungen gebraucht. Der Ursprung stammt aus dem angloamerikanischen Bereich und bedeutet im engeren Sinn Rechts- und Regelkonformität. Im weiteren Sinn beschreibt die Literatur Compliance als die Summe aller organisatorischen Aktivitäten, mit denen dafür gesorgt werden soll, dass das Unternehmen und die für das Unternehmen handelnden Personen die externen und internen rechtlichen Vorgaben einhalten.[6]

Der öffentliche Dienst umfasst die Behörden der Gebietskörperschaften des Bundes, der Länder, der Gemeinden und der Gemeindeverbände. Nach § 1 Abs. 4 VwVfG sind Behörden alle Stellen, die Aufgaben der öffentlichen Verwaltung wahrnehmen. Damit gehört die Tätigkeit im Dienst der Körperschaften, Anstalten, Stiftungen des öffentlichen Rechts, der Verbände und der sonstigen juristischen Personen des öffentlichen Rechts i. S. d. § 15 Abs. 2 ArbPlSchG sowie einschließlich der Sozialleistungsträger i. S. d. §§ 18 bis 29 SGB I zum Bereich des öffentlichen Dienstes. Weitere Beispiele sind die Körperschaften des öffentlichen Rechts wie die Industrie- und Handelskammern, Ärzte- und Rechtsanwaltskammern, Ortskrankenkassen sowie die Unfallversicherungsträger nach § 114 SGB VII.[7] Der öffentliche Dienst ist die vollziehende Gewalt und damit die Exekutive, die als zweite Säule des Prinzips der Gewaltenteilung in Art. 20 Abs. 2 Satz 2 GG verankert ist. Die Tätigkeit wird als öffentliche Verwaltung beschrieben.

---

5 Vgl. Handelskammer Bremen.

6 *Bürkle/Hauschka/Schieffer*, Der Compliance Officer: Ein Handbuch in eigener Sache, § 1 Rn. 3.

7 *Kanzenbach*, Arbeits- und Dienstrecht für das Public Management, S. 21–22.

Literatur und Rechtsprechung versuchen, den Begriff der öffentlichen Verwaltung negativ und positiv zu umschreiben. Folgt man dem pragmatischen negativen Subtraktionsprinzip, „ist Verwaltung alles, was nicht Gesetzgebung und Rechtsprechung ist".[8] Das Zitat beschreibt eine negative Begriffsbestimmung der Verwaltung, die in der Literatur weit verbreitet ist. Es dient der Abgrenzung der drei klassischen Staatsfunktionen gemäß Art. 20 Abs. 2 GG: der Legislative (Gesetzgebung), der Judikative (Rechtsprechung) und der Exekutive (vollziehende Gewalt einschließlich Verwaltung).

Die Verwaltung wird dabei als diejenige Staatstätigkeit definiert, die weder Gesetzgebung noch Rechtsprechung darstellt. Diese Definition ist in der Literatur und Rechtsprechung anerkannt, weil eine positive Definition der Verwaltung aufgrund ihrer Vielgestaltigkeit schwierig ist. Verwaltung umfasst typischerweise die Ausführung von Gesetzen, die Gestaltung und Planung staatlicher Maßnahmen sowie die Erbringung öffentlicher Leistungen. *Reimer* fasst dies wie folgt zusammen: „Verwaltung wird oft definiert als diejenige Staatstätigkeit, die weder Gesetzgebung noch Rechtsprechung darstellt. An dieser verbreiteten negativen Definition wird deutlich, dass Verwaltung vielfältig und komplex ist."[9] Das Bundesverwaltungsgericht (BVerwG) verwendet diese Abgrenzung regelmäßig, wenn es den Verwaltungsrechtsweg prüft. So heißt es sinngemäß: Verwaltung ist die vollziehende Gewalt, soweit sie nicht Gesetzgebung oder Rechtsprechung ist.[10] Diese Formel dient dazu, Tätigkeiten wie die Vorbereitung von Verwaltungsakten, die Durchführung von Verwaltungsverfahren oder die Gewährung von Fördermitteln als Verwaltung einzuordnen, im Gegensatz zu normsetzender Tätigkeit (Gesetzgebung) oder streitentscheidender Tätigkeit (Judikative).

Verwaltung in der Praxis ist aber nicht nur die Administration. Verwaltung umfasst auch strategische, gestaltende, öffentlich wirksame und beschaffende Tätigkeiten.[11] Für die Behörde handeln deren Bedienstete gemäß dem internen Organisationsplan. Nach dem Grundsatz der Selbstorganschaft handeln Behörden grundsätzlich durch eigene Organwalter. Organe sind im Organisationsrecht handelnde natürliche Personen (oder Organmitglieder), welche die von der Rechtsordnung vorgesehenen Aufgaben eines Organs von juris-

---

8 *Schmidt-Bleibtreu/Klein/Bethge/Bethge*, BVerfGG, § 90 Rn. 185.

9 *Reimer*, Allgemeines Verwaltungsrecht, S. 15.

10 Vgl. BVerwG, Urt. v. 16. 3. 1994 – 6 C 5/93, NVwZ-RR, 1994, 582.

11 *Schmidt-Bleibtreu/Klein/Bethge/Bethge*, BVerfGG, § 90 Rn. 185.

tischen Personen oder Personenvereinigungen wahrnehmen oder ausüben, vgl. § 31 SGB IV. Bei den Sozialleistungsträgern handeln die Vertreterversammlung, der Vorstand und die Geschäftsführung als vertretungsberechtigte Organe der Körperschaft des öffentlichen Rechts. Bei Vorliegen einer Straftat oder Ordnungswidrigkeit des vertretungsberechtigten Organs kann nach § 30 OWiG gegen die Körperschaft eine Geldbuße festgesetzt werden.

Den Begriff der guten Verwaltung ist auf europarechtlicher Ebene im Art. 41 GRCh definiert.[12] Die Vorschrift gewährleistet für jede Person das Recht auf eine gute Verwaltung, das sich aus einem vor allem in der Rechtsprechung des EuGH näher konturierten Grundsatz ordnungsgemäßer Verwaltung wie das Unparteilichkeitsgebot (objektive Unparteilichkeit) entwickelt hat.[13] Gemäß Art. 41 Abs. 1 GRCh hat jede Person „ein Recht darauf, dass ihre Angelegenheiten von den Organen, Einrichtungen und sonstigen Stellen der Union unparteiisch, gerecht und innerhalb einer angemessenen Frist behandelt werden". Absatz 2 enthält eine nicht abschließende Aufzählung insbesondere derjenigen Rechte bzw. Pflichten, die vom Recht auf eine gute Verwaltung eingeschlossen sind. Die gute Verwaltung ist Ausdruck des rechtsstaatlichen Bestimmtheitsgebots der Vorhersehbarkeit des auf Unionsrecht gestützten Verwaltungshandelns.

Die nationale öffentliche Verwaltung ist qua Verfassung, Art. 20 Abs. 3 GG, verpflichtet, das Rechtsstaatsprinzip, die Normen, die Grundsätze der Gesetzesauslegung zu beachten und sich regelgerecht zu verhalten. Das Verwaltungshandeln ist an Normen ausgerichtet; Verwaltungshandeln soll stets normgerechtes, also regelgerechtes Handeln sein. So hat das BVerfG deutlich hervorgehoben, dass das Prinzip der Gesetzmäßigkeit als bedeutsamer Teil des Rechtsstaatsprinzips Verfassungsrang hat.[14] Das bedeutet, dass der Gesetzesvorrang und die Gesetzesbindung der Verwaltung als allgemeine Rechtsgrundsätze im nationalen Recht anerkannt sind.

Nach Art. 28 Abs. 1 Satz 1 GG ist Deutschland verfassungsmäßig ein demokratischer und sozialer Rechtsstaat. Somit müssen sich diese Grundprinzipien auch in der öffentlichen Verwaltung widerspiegeln. Demnach verkörpert die öffentliche Verwaltung mit ihren Organisationen, den Behörden mit deren Organen den Sozialstaat.

---

12 ABl. 2000, C 364/1.

13 EuGH, Urt. v. 11. 7. 2013 – C-439/11 P, NZKart, 2013, 364, Rn. 154–159.

14 BVerfG, Urt. v. 24. 5. 2006 – 2 BvR 669/04, NVwZ, 2006, 807.

Diese besondere Stellung bringt besondere Pflichten mit sich. Dies betrifft die gesamte Verwaltung bis hin zum Handeln ihrer Organe und jedes einzelnen Beschäftigten. Diese privilegierte Stellung birgt im Umkehrschluss auch besondere Risiken. Die Behörden haben sich an das Gesetz zu halten und ihre darin bestimmten Aufgaben ordnungsgemäß zu erfüllen. Sie haben sicherzustellen, dass alle Regelungen eingehalten und z. B. Sozialleistungen bestimmungs- und bedarfsgemäß verteilt werden. Zur Gewährleistung der Integrität der Behörden ist es notwendig, dass sie die ihnen zur Verfügung stehenden finanziellen Ressourcen verantwortungsbewusst einsetzen. Das umfasst auch transparentes und ethisch korrektes Handeln entsprechend der geltenden Regeln und Richtlinien.

Der öffentliche Dienst dient der Gesellschaft, den Bürgern und Versicherten. Die Verwaltung erhebt Steuer- und Beitragsgelder. Diese fließen in die Gesellschaft zur Daseinsvorsorge, Prävention, Bildung und Infrastruktur zurück. Die Ausübung der obliegenden Aufgaben ist nach § 7 Abs. 1 BHO unter Berücksichtigung der Grundsätze der Wirtschaftlichkeit und Sparsamkeit zu erfüllen. Dabei soll das Sparsamkeitsgebot Maßnahmen verhindern, die mit den Grundsätzen vernünftigen Wirtschaftens unvereinbar sind.[15] So prüft nach Art. 114 Abs. 2 GG der Bundesrechnungshof, dessen Mitglieder richterliche Unabhängigkeit besitzen, die Rechnung sowie die Wirtschaftlichkeit und Ordnungsmäßigkeit der Haushalts- und Wirtschaftsführung des Bundes. Die Tätigkeiten im öffentlichen Dienst stehen im Mittelpunkt und Aufmerksamkeit der Öffentlichkeit und daher unter verstärkter Beobachtung. Eine Verletzung der Compliance-Vorgaben kann häufig zu einem Imageschaden führen, wodurch der Ruf in der Öffentlichkeit schnell beeinträchtigt wird. Aufgrund des hohen öffentlichen Interesses an den Dienstleistungen des öffentlichen Dienstes in den Medien gilt es, das Reputationsrisiko einzudämmen, sodass das Vertrauen in den öffentlichen Dienst gewahrt bleibt und verbessert wird.

Der öffentliche Dienst hat sich somit an das Rechtsstaatsprinzip zu halten und seiner Verantwortung gegenüber der Gesellschaft gerecht zu werden, um Vertrauen zu schaffen und zu erhalten. Missbrauch der Ressourcen, ggf. auch für kriminelle Zwecke oder Korruption, müssen aufgedeckt und verhindert werden, um die Reputation und das Vertrauen der Öffentlichkeit zu schützen. Die

[15] BGH, Urt. v. 29. 8. 2007 – 5 StR 103/07, NStZ, 2008, 87, Rn. 11.

Behörden tragen eine hohe Verantwortung gegenüber der Gesellschaft, den Bürgern sowie der Versichertengemeinschaft. Im öffentlichen Dienst ist Compliance besonders wichtig, um die Rechte und Interessen der Gesellschaft, der Bürger sowie der Leistungsempfänger zu schützen. Compliance fördert auch die Transparenz, die Effizienz und die Qualität der angebotenen Dienstleistungen. Ein öffentlicher Dienst, der Compliance-Risiken wie die Korruptionsbekämpfung, IT-Sicherheit, Aspekte der Nachhaltigkeit, Datenschutz und Sozialdatenschutz ernst nimmt, kann das Ansehen und Vertrauen stärken und mögliche Risiken und Haftungen vermeiden.

3. Besonderheiten von Compliance in der öffentlichen Verwaltung

Die Thematik der Compliance im öffentlichen Dienst erstreckt sich auf die vielfältigsten Bereiche und umfasst die unterschiedlichsten Problemstellungen. Strafbarkeits-, Datenschutz- und Ordnungswidrigkeitsrisiken sowie Korruption, Haushaltsuntreue in der Verwendung öffentlicher Mittel, Probleme mit dem Steuer- und Vergaberecht sowie Geldwäsche oder Subventionsbetrug im öffentlichen Dienst betreffen alle Tätigkeitsbereiche und Organisationen gleichermaßen.[16] Die vielfältigen Risiken in den Tätigkeitsbereichen sind insbesondere von den Beschäftigten des öffentlichen Dienstes zu erkennen und zu vermeiden. Es gilt, Non-Compliance zu verhindern, d. h. zu erkennen und darauf zu reagieren.

Die Beschäftigten des öffentlichen Dienstes sind aufgrund individualarbeitsrechtlicher, tarifvertraglicher und gesetzlicher Regelungen zur ordnungsgemäßen Erfüllung ihrer Dienstaufgaben verpflichtet. Zu den Angehörigen im öffentlichen Dienst gehören die als Beschäftigte im öffentlichen Dienst in einem privatrechtlichen Vertragsverhältnis stehenden Tarifangestellten, die übertariflich beschäftigten Arbeitnehmerinnen und Arbeitnehmer, die Auszubildenden, die Dienstordnungsangestellten (vgl. § 4 Abs. 1 Nr. 1 BPersVG) sowie die in einem öffentlich-rechtlichen Dienst- und Treueverhältnis dienenden Beamten, Richter und Soldaten. Wer Beamter ist, bestimmen die besonderen Gesetze, vgl. § 4 Abs. 1 Nr. 3 BPersVG. Dabei ist nach Art. 33 Abs. 4 GG die Ausübung hoheitsrechtlicher Befugnisse als ständige Aufgabe i. d. R. Angehörigen des öffentlichen Dienstes zu

[16] *Feld* et al., Compliance in außeruniversitären Forschungseinrichtungen, S. 12.

übertragen, die in einem öffentlich-rechtlichen Dienst- und Treueverhältnis stehen.

Es gelten für die unterschiedlichen Beschäftigungsgruppen spezielle Regelungen. So dürfen z. B. Tarifbeschäftigte des Bundes nach § 3 Abs. 2 TVöD von Dritten Belohnungen, Geschenke, Provisionen oder sonstige Vergünstigungen in Bezug auf ihre Tätigkeit nicht annehmen.[17] Tarifbeschäftigte der Berufsgenossenschaften, die dem BG-AT unterliegen, sind nach § 1a BG-AT[18] angehalten, die geschuldete Arbeitsleistung gewissenhaft und ordnungsgemäß auszuführen. Die Beschäftigungsgruppen der Beamten sowie der Dienstordnungsangestellten der Unfallversicherungsträger haben nach den §§ 60 f. BBG und den §§ 33 f. BeamtStG ihre Aufgaben unparteiisch und gerecht zu erfüllen und ihr Amt zum Wohl der Allgemeinheit zu führen. Das Verhalten innerhalb und außerhalb des Dienstes muss der Achtung und dem Vertrauen gerecht werden, welches der Beruf erfordert. Beamte und Dienstordnungsangestellte sollen jedem möglichen Interessenkonflikt aus dem Weg gehen, in den sie durch die Entgegennahme von Vorteilen geraten könnten. Deshalb gilt für die Beamten und DO-Angestellten auch nach Beendigung des Beamtenverhältnisses der Grundsatz nach § 71 Abs. 1 BBG, § 42 Abs. 1 BeamtStG, dass Belohnungen oder Geschenke nicht angenommen werden dürfen. Ausnahmen bedürfen der Zustimmung der Dienstbehörde. Damit sollen persönliche Vorteile und der Zweifel an der Objektivität und Integrität vermieden werden.

Praxishinweis:
In der Praxis bestehen teilweise für die Beschäftigten Unsicherheiten über die Annahme von Zuwendungen im Rahmen der Korruptionsprävention. Sie sollten prüfen, ob ein Bezug zur dienstlichen Tätigkeit vorliegt. Liegt ein Zusammenhang vor, ist besondere Vorsicht geboten. Auch kleine Aufmerksamkeiten können problematisch sein. Vorteile können Geldzahlungen, Gutscheine, Sachgeschenke (z. B. Wein, Pralinen), Rabatte, Eintrittskarten, Bewirtungen, kostenlose Dienstleistungen, Einladungen zu Reisen oder Veranstaltungen sein. Wenn ein Vorteil angeboten wird, sollte dies sofort der Dienststelle gemeldet werden. Die Annahme von geringwertigen Aufmerksamkeiten

[17] TVöD i. d. F. des 22. ÄTV v. 6. 4. 2025.
[18] BG-AT i. d. F. des 18. ÄTV v. 22. 4. 2023.

kann über Dienstverfügungen, Rundschreiben[19] oder auch Ausführungsbestimmungen zur Annahme von Belohnungen und Geschenken geregelt werden. Die Beschäftigten sollten sich mit den für sie konkret geltenden Regelungen vertraut machen.

Eine Besonderheit von Compliance im öffentlichen Dienst stellt somit die Komplexität unterschiedlicher Regelungswerke dar, die bei Nichtkenntnis oder Nichtbeachtung ein großes Spektrum an möglichen individuellen Rechtsverstößen durch Beschäftigte verursachen können. Aus diesem Grund sollten regelmäßige Schulungen und Trainings über aktuelle Gesetzesänderungen mit Fallbeispielen informieren, um eine Sensibilisierung der Beschäftigten über die Entstehung und die Gefahren von Situationen zu erreichen. Hierbei ist vor allem der Fortbildungsbedarf der Führungskräfte sowie der Beschäftigten in besonders risikobehafteten Arbeitsgebieten und Organisationseinheiten zu berücksichtigen.

3.1 Ziele, Aufgaben und Standards von Compliance

Vergleicht man den Stellenwert von Compliance im öffentlichen Dienst mit dem in der Privatwirtschaft, ist festzustellen, dass das Bewusstsein für „compliantes Handeln" zwar gestiegen ist, aber durchaus in der Etablierung von geeigneten Compliance-Strukturen und der Bereitstellung von personellen und finanziellen Ressourcen noch Reserven vorhanden sind.[20] Bei der Festlegung von Zielen und Aufgaben von Compliance in Organisationen unterstützen ein Rahmenwerk globaler Standards für z. B. Compliance-Management-Systeme (CMS) mit DIN ISO-Normen oder dem Prüfungsstandard des Instituts für Wirtschaftsprüfer (IDW PS 980).[21] Der Anwendungsbereich der DIN ISO 37301 in Ziffer A.1 umfasst alle Arten von Organisationen, ungeachtet der Art, der Größe und der Natur der Aktivität und unabhängig davon, ob es sich um eine öffentliche, private oder gemeinnützige Organisation handelt. Die DIN ISO 37301 geht damit von einer branchenunabhängigen Pflicht zur Organisation aus.[22] Diese können somit auch für die Organisationen in der öffentlichen Verwaltung angewendet werden.

---

19 *BMI* (2004), Rundschreiben D I 3 – 210 170/1.

20 *Stober/Ohrtmann*, Compliance für die öffentliche Verwaltung, § 1 Rn. 16.

21 DIN ISO 37301:2021; IDW PS 980 (2022).

22 *Rack*, Mehr Rechtssicherheit für Vorstände durch die neue DIN ISO 37301, S. 433; DIN ISO 37301:2021 Abschnitt 1 (Scope).

Compliance im öffentlichen Dienst verfolgt mehrere Zielstellungen. Zum einen soll das Bewusstsein der Beschäftigten für die Vorbeugung von Gesetzesverstößen erhöht werden, um mit der Vermeidung persönlicher Verantwortlichkeit die Haftung und Risiken zu minimieren, sowie die Organisationen und die Beschäftigten vor finanziellen Schäden aufgrund von Schadensersatzklagen oder strafrechtlichen Freiheits- und Geldstrafen und ordnungswidrigkeitsrechtlichen Geldbußen zu schützen. Auf der anderen Seite gilt es, das Image der Exekutive zu bewahren und zu verbessern.[23] Vorrangiges Ziel der Compliance ist es, die Organisation seriös und vertrauenswürdig in der Öffentlichkeit zu repräsentieren. Die Organisation und ihre Beschäftigten müssen sich an die geltenden Regeln und Gesetze sowie an Vorgaben von Regulierungsbehörden und internen Richtlinien und Dienstanweisungen halten. Dabei helfen Maßnahmen, klare Strukturen, Prozesse, Standards und Managementsysteme, die gewährleisten, dass Fehlverhalten oder Compliance-Verstöße schon frühzeitig entdeckt, aufgeklärt oder verhindert werden können, bevor es zu schwerwiegenden Folgen wie Strafverfolgung, Bußgeldern oder einer schweren Rufschädigung der Organisationen im öffentlichen Dienst kommt. So können direkte Kosten wie Bußgelder oder indirekte negative Auswirkungen wie ein Image- und Vertrauensverlust in den öffentlichen Dienst vermieden werden. Den öffentlichen Dienst trifft hier als Vorbildrolle die Verpflichtung, sich an Recht und Gesetz zu halten, da die Gesellschaft und ihre Bürger die Exekutive als Treuhänder von Beiträgen und Steuern wahrnehmen.

Aufgabe der Compliance ist es, geeignete Abläufe zu definieren, zu kommunizieren und zu überwachen, um eine regelkonforme Tätigkeit der Beschäftigten, Führungskräfte und Organe der Organisation zu erreichen. Am Beginn sollte die Erstellung eines organisationsspezifischen Aufgabenportfolios zur Ableitung einer Risikoanalyse stehen, die im weiteren Verlauf sehr hilfreich sein kann. Aufgrund der dynamischen Änderungen des rechtlichen Regelwerkes beinhaltet eine wichtige Aufgabe von Compliance die Beratung der Organe sowie der Führungskräfte und Beschäftigten innerhalb der Organisation. Des Weiteren sind Gestaltungsoptionen für ein wirksames CMS zu entwickeln, die auf das Compliance-

[23] *Feld* et al., Compliance in außeruniversitären Forschungseinrichtungen, S. 9.

Risikoprofil der Organisation abgestimmt sind.[24] Die Etablierung von Compliance-Strukturen und -Maßnahmen kann mittels einer abgestimmten Compliance-Strategie zwischen dem Vorstand und der Hauptgeschäftsführung erfolgen. Dazu gehört neben der klaren Festlegung von Zuständigkeiten und Verantwortungsbereichen für Compliance-Themen auch die Erarbeitung von Vorschlägen zur Vermeidung bzw. Bewältigung von nicht zu vermeidenden Compliance-Risiken als Antwort auf die identifizierten Risiken und Schwachstellen.[25] Für die Compliance-Zuständigkeit ist eine Stelle des Compliance-Beauftragten als Ansprechpartner zu schaffen. Für diese Funktion sollte ein Aufgabenkatalog mit festgelegten Wegen zur Berichterstattung erstellt werden.[26] Da die Funktion in der öffentlichen Verwaltung noch nicht gesetzlich verankert ist, werden teilweise nicht ausreichend personelle und finanzielle Ressourcen zur Ausstattung dieser Beauftragung zur Verfügung gestellt, sodass viele Compliance-Funktionen mehrere Tätigkeitsfelder umfassen. Zusätzlich kann sich bei der Übertragung eines Amtes im öffentlichen Dienst nach § 16 BBG, welches die Aufgabengebiete eines Compliance-Beauftragten umfasst, die Schwierigkeit bezüglich einer unabhängigen und weisungsfreien Tätigkeit ergeben.[27]

Neben den Beratungs- und Informationsaufgaben von Compliance gehören durchaus auch Marketing und Öffentlichkeitsaufgaben zum Aufgabenspektrum dazu. Zur Umsetzung dieser Aufgaben sind geeignete Kommunikationsprozesse mit funktionsfähigen Kommunikationsinstrumenten als eine zentrale Voraussetzung für ein leistungsfähiges und wirksames CMS erforderlich. Die Implementierung einer Compliance-Kommunikation innerhalb der Organisation kann dazu beitragen, eine positive Compliance-Kultur zu fördern.

Die DIN ISO 37301 beschreibt die Compliance-Kultur wie folgt:

„Werte, ethische Grundsätze und Überzeugungen, die in der gesamten Organisation bestehen und mit den Strukturen und Steuerungs-

---

[24] *Bürkle/Hauschka/Schieffer*, Der Compliance Officer: Ein Handbuch in eigener Sache, § 3 Rn. 33.

[25] *Bürkle/Hauschka/Schieffer*, Der Compliance Officer: Ein Handbuch in eigener Sache, § 3 Rn. 42.

[26] *Stober/Ohrtmann*, Compliance für die öffentliche Verwaltung, § 6 Rn. 308.

[27] *Stober/Ohrtmann*, Compliance für die öffentliche Verwaltung, § 6 Rn. 309.

systemen der Organisation interagieren, um Verhaltensnormen zu erzeugen, die die Compliance unterstützen."[28]

Praxishinweis:
Die Beschäftigten werden sich an Regeln halten, wenn sie diese nachvollziehen können. Nachvollziehbare Compliance-Kommunikation kann Ängste relativieren und die Akzeptanz steigern. Es sollte auf die Nutzung von geeigneten Kommunikationskanälen innerhalb der Organisation wie z. B. Compliance-Apps und ein Compliance-Bereich im Intranet, Newsletter und Informationsbroschüren zurückgegriffen werden. Nur damit kann gewährleistet werden, dass die Beschäftigten sich mit eingeführten Compliance-Strukturen, -Maßnahmen, -Prozessen und -Verhaltensrichtlinien identifizieren können und sich rechtskonform verhalten.

Somit können für die CMS-Strukturen, -Maßnahmen, -Standards und -Normen wie der Prüfungsstandard IDW PS 980 oder die DIN ISO 37301:2021 als Orientierungshilfe dienen. Das IDW hat im Prüfungsstandard 980 die Gesamtheit der Grundsätze und Maßnahmen eines Unternehmens zur Einhaltung bestimmter Regeln und damit zur Vermeidung von Regelverstößen in einem Unternehmen definiert. Die Prüfungsstandards wie der IDW PS 980 sind zwar nur für die Mitglieder des IDW verbindlich; für Nicht-Mitglieder haben sie lediglich Empfehlungscharakter und können somit zum Aufbau einer geeigneten CMS-Struktur in allen Organisationen genutzt werden. Um die Compliance-Maßnahmen zu überwachen und zu optimieren, können diese unabhängig in Audits geprüft werden. Gegenstand der Prüfung sind die in einer CMS-Dokumentation enthaltenen Darstellungen der gesetzlichen Vertreter des Unternehmens in Bezug auf die zu prüfenden Teilbereiche.[29] Die Prüfung erstreckt sich auf die Wirksamkeit des CMS, nicht aber auf das Erkennen von einzelnen Regelverstößen.[30] Zwar stimmen die beiden Standards bzw. Normen weitgehend mit denjenigen Kriterien überein, die in Literatur und Praxis als maßgebliche Bestandteile eines effektiven CMS angesehen werden, sie können aber nur als

[28] DIN ISO 37301:2021, Abschnitt 3.28 (Terms and definitions).
[29] IDW PS 980 (2022), Rn. 15.
[30] IDW PS 980 (2022), Rn. 17–21.

Orientierungshilfe und Unterstützung für die Ausgestaltung eines CMS herangezogen werden. Keinesfalls können sie eine auf die jeweiligen Besonderheiten einer Organisation abgestimmte Compliance-Strategie ersetzen.[31]

3.2 Compliance als Präventionsaufgabe

Der Gedanke der Prävention wird vor allem mit der Gesundheitsförderung verbunden. Prävention umfasst die Vorbeugung, die Früherkennung und einen gesunden Lebensstil, damit das Risiko einer Krankheit minimiert wird. Proaktives, gesundheitsbewusstes Verhalten und Training kann dazu beitragen, Ressourcen zu stärken, gesundheitliche Risiken und Belastungen zu vermeiden, sowie erste Anzeichen von Krankheiten frühzeitig zu erkennen. So beinhaltet z. B. der Präventionsgrundgedanke in der gesetzlichen Unfallversicherung (GUV) nach den §§ 1 Nr. 1, 14 Abs. 1 SGB VII die vorrangigen Aufgaben der Unfallversicherungsträger mit allen geeigneten Mitteln für die Verhütung von Arbeitsunfällen, Berufskrankheiten und arbeitsbedingten Gesundheitsgefahren und für eine wirksame Erste Hilfe zu sorgen. Sie sollen dabei auch den Ursachen von arbeitsbedingten Gefahren für Leben und Gesundheit nachgehen. Es gilt der Grundsatz „Prävention vor Rehabilitation vor Rente".[32]

Der Gedanke der Prävention sollte in der Compliance verinnerlicht werden, denn Compliance ist ein Instrument, mit dem die Risiken für Regelverstöße minimiert werden können. Auf diese Weise trägt das Compliance-Management zu einer nachhaltigen und wirtschaftlich effizienten Unternehmenssteuerung bei. Zu den Compliance-Aktivitäten zählen u. a. die Erstellung eines Regelwerks (Richtlinien, Verhaltenskodex), die Implementierung einer effektiven CMS, die Aufnahme, Inventarisierung und das Monitoring von Compliance-Risiken, die Beratung in Compliance-Fragestellungen, die Einrichtung und Unterhaltung eines Hinweisgebersystems sowie die Schulung der Mitarbeiter in Compliance-Themen und die Erstellung eines turnusmäßigen Compliance-Berichts.

Die Rechtsprechung des BGH zeigt die Bedeutung der Implementierung eines CMS unter dem Präventionsgedanken in Organisationen auf. Erforderlich sind daher angemessene, präventive Maßnahmen

---

31 *Bürkle/Hauschka/Schieffer*, Der Compliance Officer: Ein Handbuch in eigener Sache, § 3 Rn. 37.

32 DGUV (2022).

zur Vermeidung von Straftaten oder Ordnungswidrigkeiten in Organisationen, insbesondere, um Vorwürfe einer ordnungswidrigen Aufsichtspflichtverletzung nach den §§ 9, 130 OWiG gegen vertretungsberechtigte Organe einer juristischen Person sowie sonstige Personen, die in leitender Stellung verantwortlich sind, zu vermeiden. Nach § 30 OWiG können bei einer vorliegenden Pflichtverletzung Geldbußen gegen Organisationen verhängt werden.[33] Für die Bemessung der Geldbuße ist zum einen von Bedeutung, inwieweit die Leitungspersonen ihrer Pflicht nachgekommen sind, Rechtsverletzungen aus der Sphäre des Unternehmens zu unterbinden, und zum anderen, ob ein effizientes CMS vorhanden ist, das auf die Vermeidung von Rechtsverstößen ausgelegt sein muss. Dabei kann nach der Rechtsprechung auch eine Rolle spielen, ob die Leitungspersonen in der Folge dieses Verfahrens entsprechende Regelungen optimieren und ihre betriebsinternen Abläufe so gestaltet haben, dass Normverletzungen deutlich erschwert werden.[34]

Ein Handeln nach § 130 Abs. 1 OWiG ist ordnungswidrig, wenn der Inhaber eines Unternehmens vorsätzlich oder fahrlässig die Aufsichtsmaßnahmen unterlässt, die erforderlich sind, um in dem Unternehmen Zuwiderhandlungen gegen Pflichten zu verhindern. Nach § 130 Abs. 2 OWiG wird der Begriff „Betrieb oder Unternehmen" ausdrücklich auf öffentliche Unternehmen erweitert. Damit stellt der Gesetzgeber klar, dass die Aufsichtspflicht nicht nur für privatwirtschaftliche Organisationen gilt, sondern auch für Einrichtungen der öffentlichen Hand, soweit sie als Unternehmen tätig werden. Hintergrund ist, dass öffentliche Unternehmen ebenso wie private Unternehmen am Rechtsverkehr teilnehmen und vergleichbare Risiken für Pflichtverletzungen bergen. Die Norm soll verhindern, dass sich Leitungspersonen öffentlicher Unternehmen ihrer Verantwortung entziehen können, indem sie sich auf die öffentlich-rechtliche Natur der Organisation berufen. Die Pflicht zur Einrichtung eines wirksamen Compliance-Systems und zur Überwachung der Beschäftigten ist daher auch im öffentlichen Bereich zwingend. Dies entspricht dem Schutzzweck des § 130 OWiG, der auf die Vermeidung von Organisationsverschulden und die Sicherung gesetzeskonformen Handelns abzielt.[35]

---

33 BGH, Urt. v. 9. 5. 2017 – 1 StR 265/16, NZWiSt, 2018, 379 (391).

34 BGH, Urt. v. 9. 5. 2017 – 1 StR 265/16, NZWiSt, 2018, 379 (386), Rn. 118.

35 *Krenberger/Krumm*, OWiG, § 130 Rn. 4–5.

Nach § 130 OWiG hat die Geschäftsleitung von Unternehmen namentlich für eine sorgfältige Auswahl von Mitarbeitern, eine sachgerechte Organisation von Aufgaben und Abläufen, eine ausreichende Schulung und Überwachung von Mitarbeitern sowie ein angemessenes Einschreiten bei Fehlverhalten zu sorgen.[36] So können nach der Rechtsprechung des BGH Maßnahmen zur Prävention, z. B. von Mobbing oder sexueller Belästigung, unternehmensintern und -extern reputationsfördernd sein und somit als Schutzmaßnahme für Beschäftigte dienen.[37]

Compliance als Präventionsaufgabe umfasst somit alle Instrumente und Handlungen, die der Vorbeugung und Verhinderung von Verstößen gegen Rechtsnormen dienen. Organisationen können mit Präventionsmaßnahmen erreichen, dass auf der einen Seite Geldbußen und auf der anderen Seite ein Reputations- und Imageschaden vermieden werden. Letztendlich können sich präventive Maßnahmen im Falle der Verhängung einer Geldbuße strafmildernd auswirken. Damit wird deutlich: Prävention ist kein Zusatz, sondern Kernbestandteil eines wirksamen CMS.

Praxishinweis:

Die Umsetzung von Compliance im öffentlichen Dienst sollte sich primär am Präventionsprinzip orientieren, um Rechtsverstöße und Integritätsrisiken frühzeitig zu vermeiden. Dies bedeutet, dass Organisationen nicht erst auf Verstöße reagieren, sondern Strukturen schaffen, die Fehlverhalten vorbeugen. Um das Bewusstsein der Beschäftigten präventiv zu schärfen, werden regelmäßige Schulungen in Präsenz oder webbasiert eine Unterstützung leisten können. Bessere Angebote für die Beschäftigten und Führungskräfte sind aber interaktive Fallbesprechungen mit der Identifizierung von Risiken und Lösungsansätzen. Dazu bedarf es neben der Bearbeitung von anfallenden alltäglichen Arbeitsaufgaben ausreichender zeitlicher sowie personeller Ressourcen, um die Inhalte aufzubereiten. Hilfreich sind Handreichungen und/oder Leitfäden für den Umgang mit konkreten Situationen statt abstrakter Wissensvermittlung.

---

36 BGH, Urt. v. 9. 5. 2017 – 1 StR 265/16, NZWiSt, 2018, 379 (391).

37 BGH, Urt. v. 20. 10. 2011 – 4 StR 71/11, CCZ, 2012, 157 (160).

4. Korruptionsprävention

Der ursprüngliche Bereich der Compliance in der öffentlichen Verwaltung liegt in der Vermeidung von Interessenkonflikten und der Vorbeugung von Korruption. Der Begriff „Korruption" ist gesetzlich nicht definiert, wird jedoch im allgemeinen Sprachgebrauch und in der Rechtswissenschaft als Missbrauch einer amtlichen Stellung zur Erlangung eines Vorteils für sich oder Dritte verstanden. Nach der kriminologischen Definition des Bundeskriminalamts (BKA) bedeutet Korruption „... den Missbrauch eines öffentlichen Amtes, einer Funktion in der Wirtschaft oder eines politischen Mandats zugunsten eines Anderen, auf dessen Veranlassung oder in Eigeninitiative, zur Erlangung eines Vorteils für sich oder einen Dritten, mit Eintritt oder in Erwartung des Eintritts eines Schadens oder Nachteils für die Allgemeinheit".[38] Transparency International definiert Korruption wiederum als den Missbrauch anvertrauter Macht zum privaten Nutzen oder Vorteil.[39] Korruption beinhaltet Merkmale wie z. B. den Missbrauch eines öffentlichen Amtes zugunsten eines anderen, zur Erlangung eines Vorteils für sich oder eines Dritten mit der Folge eines Nachteils oder Schadens für die Allgemeinheit oder eines Unternehmens unter Verschleierung der Umstände. Viele Handlungen, die einen korruptionsähnlichen Charakter aufweisen, bleiben aufgrund mangelnden Bewusstseins im „Dunkeln".

Zur Verhinderung von Korruption besteht im öffentlichen Dienst ein umfangreiches gesetzliches Regelwerk. Im öffentlichen Dienst umfasst Korruption insbesondere die strafrechtlich geregelten Tatbestände der Vorteilsannahme (§ 331 StGB), Bestechlichkeit (§ 332 StGB), Vorteilsgewährung (§ 333 StGB) und Bestechung (§ 334 StGB). Diese Normen sollen sicherstellen, dass Amtsträger ihre Aufgaben uneigennützig und unparteiisch erfüllen. Darüber hinaus existieren dienstrechtliche Regelungen wie § 42 BeamtStG und § 3 Abs. 2 TVöD, die die Annahme von Belohnungen, Geschenken oder sonstigen Vergünstigungen untersagen. Korruption im öffentlichen Dienst ist nicht nur ein strafrechtliches Problem, sondern gefährdet die Integrität und Funktionsfähigkeit der Verwaltung und führt zu einem erheblichen Vertrauensverlust in staatliche Institutionen.[40]

[38] BKA (2023).

[39] *Transparency International (2024)* – Was ist Korruption?

[40] *BMI* (2024), Korruptionsprävention in der Bundesverwaltung.

Die Präventionsstrategie gegen Korruption im öffentlichen Dienst basiert auf folgenden Regelwerken: So wurde nach Art. 86 Satz 1 GG eine Richtlinie der Bundesregierung zur Korruptionsprävention in der Bundesverwaltung erlassen, welche die Identifizierung und das Analysieren besonders korruptionsgefährdeter Arbeitsgebiete, das Mehr-Augen-Prinzip und die Transparenz, die besonders sorgfältige Personalauswahl für besonders korruptionsgefährdete Arbeitsgebiete, eine Ansprechperson für Korruptionsprävention, die Sensibilisierung und Belehrung der Beschäftigten sowie Leitsätze für die Vergabe beinhaltet.[41]

Diese Verwaltungsanordnungen binden die Dienststellen des Bundes und gelten für die obersten Bundesbehörden sowie für die Behörden der unmittelbaren und mittelbaren Bundesverwaltung. Mit einem Verhaltenskodex gegen Korruption sollen die Beschäftigten auf Gefahrensituationen hingewiesen werden, in denen sie ungewollt in Korruption verstrickt werden können. Weiterhin soll der Kodex die Beschäftigten zur pflichtgemäßen und gesetzestreuen Erfüllung ihrer Aufgaben anhalten.[42] Der Kodex empfiehlt den Beschäftigten bei Tätigkeiten in einem besonders korruptionsgefährdeten Bereich, die Angebote der Dienststelle zu nutzen, um sich über Erscheinungsformen, Gefahrensituationen, Präventionsmaßnahmen, strafrechtliche sowie dienst- oder arbeitsrechtliche Konsequenzen von Korruption aus- und fortbilden zu lassen. Der Leitfaden für die Vorgesetzten und Behördenleitungen weist auf eine Vorbildfunktion und Fürsorgepflicht für die ihnen unterstellten Beschäftigten hin. So können z. B. mangelhafte Dienst- und Fachaufsicht und blindes Vertrauen gegenüber langjährigen oder spezialisierten Beschäftigten Schwachstellen und Einfallstore für Korruption in der Praxis sein.[43] Aus der Richtlinie sind Empfehlungen und konkrete Hinweise zur Korruptionsbekämpfung in der Bundesverwaltung abgeleitet. Die Empfehlungen verweisen auf besonders korruptionsgefährdete Arbeitsgebiete, bei denen durch entscheidungserhebliches Verhalten von Beschäftigten andere Personen bedeutende Vorteile erhalten können. Die Arbeitsgebiete sind vor allem Tätigkeiten, die mit häufigen Außenkontakten verbunden sind wie z. B. bei Kontroll- und Aufsichtstätigkeiten, beim Bewirtschaften von Haushaltsmitteln im größeren Umfang, bei der

[41] BAnz Nr. 148, S. 17745.
[42] BAnz Nr. 148, S. 17745, Anlage 1.
[43] BAnz Nr. 148, S. 17745, Anlage 2.

Vergabe von öffentlichen Aufträgen, Subventionen, Fördermitteln oder sonstigen Zuwendungen oder beim Festsetzen und Erheben von Gebühren.[44]

Trotz der rechtlichen Vorgaben und des Regelwerkes bleibt der öffentliche Dienst nicht von Korruptionsvorwürfen verschont. Das zeigt eine ganze Reihe von Gerichtsentscheidungen auf, die sich mit dem Vorwurf der Bestechung, der Vorteilsannahme oder auch der Vorteilsgewährung auseinandersetzen.[45]

Praxishinweis:
In besonders korruptionsgefährdeten Arbeitsgebieten wie Vergabestellen, Bau- und Beschaffungswesen, Genehmigungsbehörden oder Fördermittelverwaltung ist die Umsetzung von Compliance-Maßnahmen zwingend präventiv und strukturell zu verankern. Zentrale Instrumente sind das Vier-Augen-Prinzip, die funktionale Trennung von Entscheidung und Kontrolle sowie die verpflichtende Dokumentation aller Vorgänge. Spätestens nach 5 Jahren ist zu prüfen, ob eine Risikoanalyse durchzuführen ist. Ergänzend sollten regelmäßige Rotationen von Personal in sensiblen Positionen erfolgen, um die Bildung von Abhängigkeiten zu verhindern. Die Einrichtung eines Hinweisgebersystems nach dem Hinweisgeberschutzgesetz sowie die Durchführung von Integritätsschulungen für alle Mitarbeitenden sind essenziell, um Sensibilität für Risiken zu schaffen. Die Antikorruptionsrichtlinie des Bundes empfiehlt zudem die Benennung von Korruptionspräventionsbeauftragten, die als zentrale Ansprechpartner fungieren und die Einhaltung von Richtlinien überwachen. Damit wird deutlich: Prävention und Kontrolle sind die tragenden Säulen einer wirksamen Compliance-Strategie in der öffentlichen Verwaltung.

---

44 *BMI* (2012), Empfehlungen zur Korruptionsprävention in der Bundesverwaltung.

45 BGH, Urt. v. 14. 10. 2008 – 1 StR 260/08 BGH, CCZ, 2009, 76; BGH, Beschl. v. 29. 1. 2003 – 2 StR 509/02, NStZ, 2003, 544; BGH, Beschl. v. 8. 2. 2023 – 3 StR 167/22, NStZ, 2023, 416.

5. Compliance in Ethik und Integrität

Compliance soll aber nicht nur eine Präventionsfunktion entfalten, sondern auch spezifische ethische Wertvorstellungen bei der Erbringung von Dienstleistungen des öffentlichen Dienstes gewährleisten.[46] Organisationen stehen heute vor neuen Herausforderungen. Die Öffentlichkeit fordert ethisches Verhalten von Organisationen. Bei Geschäftsentscheidungen werden nicht nur finanzielle, rechtliche oder psychologische Dimensionen berücksichtigt, sondern auch die ethischen Dimensionen. Die Ethik ist die Wissenschaft der Moral. Dabei stehen die Begriffe Ethik als auch die Moral für ähnliche Werte. Selbst das griechische Wort „ēthos" für Ethik war dem lateinischen „mos" in der Verwendung ähnlich, sodass antike Schriftsteller es gleichbedeutend übersetzten. Das griechische Wort „ēthos" bedeutet Charakter oder Sinnesart. Der Begriff der Moral stammt dahingegen aus dem Lateinischen. Das lateinische Wort „mos" bedeutet übersetzt Sitte und stellt ein Normensystem oder Werturteile dar, dem Individuen in der Gesellschaft folgen. Das Wort Integrität leitet sich vom lateinischen „integritās" ab und bedeutet dem Sinn nach „Keuschheit, Gesundheit, Ganzheit". Heute wird es verwendet als das Handeln nach einem Moralkodex oder einer Ethik.[47]

Auf die öffentliche Verwaltung übertragen, verkörpert ein ethisches Verwaltungshandeln Verwaltungsprinzipien, die sich am Gemeinwohl orientieren. Die Verwaltungsethik orientiert sich am Gedanken der Staatsethik, deren Basis der demokratische und soziale Rechtsstaat nach Art. 20 Abs. 1, Art. 28 Abs. 1 GG verkörpert. Der Rechtsstaat basiert auf der Achtung der Menschenwürde und dem Gleichbehandlungsgrundsatz.[48] Diese Basis verpflichtet die Exekutive, wie auch die Legislative und Judikative, zu einer speziellen Verwaltungsethik. Das Handeln der öffentlichen Verwaltung muss dem Wohle der Allgemeinheit und nicht dem Einzelnen mit seinen jeweiligen Interessen dienen. So sollen nach der Rechtsprechung des BVerfG die rechtlichen Verfahrensvorschriften für alle Bürger in gleicher Weise ... gelten.[49] Die Beschäftigten der Verwaltung sind verpflichtet, ihre Aufgaben gerecht, loyal und unparteiisch zu erfüllen. Sie haben die freiheitlich demokratische Grundordnung im

[46] BAnz Nr. 148, S. 17745, Anlage 1.
[47] Vgl. *Hofmann*, Ethik in der Praxis: Should I stay or should I go?, S. 248 ff.
[48] *Stober/Ohrtmann*, Compliance für die öffentliche Verwaltung, § 3 Rn. 106.
[49] BVerfG, Beschl. v. 18. 7. 1984 – 1 BvR 1455/83, NJW, 1985, 425.

Verwaltungshandeln zu gewährleisten. Nach der Rechtsprechung des BVerfG ist von den Beamten zu erwarten, dass sie diesen Staat und seine Verfassung als einen hohen positiven Wert erkennen und anerkennen. So umfasst z. B. die politische Treuepflicht, die zu den in Art. 33 Abs. 5 GG genannten hergebrachten und zu beachtenden Grundsätzen des Berufsbeamtentums gehört, dass Beamte sich stets eindeutig von Gruppen und Bestrebungen distanzieren, die den Rechtsstaat, seine verfassungsmäßigen Organe und die geltende Verfassungsordnung angreifen, bekämpfen und diffamieren.[50] Insbesondere die Organe der öffentlichen Verwaltung sind bei ihren Entscheidungen und Handlungen am Gemeingut ethischer Grundsätze verpflichtet.[51]

Das ethische Verwaltungshandeln und Korruption sind unvereinbar. So verlangt der Verhaltenskodex gegen Korruption, durch eigene Vorbildwirkung, Korruption weder zu dulden noch zu unterstützen. Korruptes Verhalten widerspricht diesen Verpflichtungen, die Aufgaben unparteiisch und gerecht zu erfüllen, und schädigt daher das Ansehen des öffentlichen Dienstes. Es zerstört das Vertrauen in die Unparteilichkeit und Objektivität der Staatsverwaltung und damit die Grundlagen für das Zusammenleben in einem staatlichen Gemeinwesen.[52] Korruption kann nur verhindert und bekämpft werden, wenn sich jeder verantwortlich fühlt. Nur dann kann eine Grundlage für ethisches Verwaltungshandeln geschaffen werden.

Praxishinweis:

Die Förderung von ethischem und integrem Handeln in der öffentlichen Verwaltung erfordert eine Kombination aus klaren rechtskonformen Anweisungen, organisatorischen Maßnahmen und einer gelebten Verwaltungskultur. Praktisch bedeutet dies die Implementierung eines Verhaltenskodex, der verbindliche Standards für Transparenz, Neutralität und Interessenkonflikte festlegt. Ergänzend sind regelmäßige Integritätsschulungen und Sensibilisierungskampagnen erforderlich, um ethische Grundsätze im Arbeitsalltag zu verankern. Mit Leitsätzen,

[50] BVerfG, Beschl. v. 7. 8. 1990 – 2 BvR 2034/89, BeckRS 1990, 7009, Rn. 4.
[51] *Stober/Ohrtmann*, Compliance für die öffentliche Verwaltung, § 3 Rn. 110.
[52] *Stober/Ohrtmann*, Compliance für die öffentliche Verwaltung, § 3 Rn. 116.

I

internen Regelungen, Compliance-Richtlinien oder Verhaltenskodizes in den Organisationen im öffentlichen Dienst kann versucht werden, das Bewusstsein der Beschäftigten, Führungskräften und Organen für ethisches Handeln zu erhöhen. Es sollten externe unabhängige Stellen zur Prävention und Aufklärung hinzugezogen werden. Ergänzend können die Durchführung von Erfahrungsaustauschen über Korruptionszusammenhänge und Erscheinungsformen ämterübergreifend oder behördenübergreifend das Bewusstsein stärken. Damit wird deutlich: Ethisches Handeln ist kein bloßes Ideal, sondern eine rechtlich und organisatorisch abgesicherte Pflicht, die durch präventive Strukturen und Vorbildfunktion der Führungskräfte umgesetzt werden muss.

II. Rechtliche Rahmenbedingungen für die öffentliche Verwaltung

II. Rechtliche Rahmenbedingungen für die öffentliche Verwaltung

1. Übersicht

II Das Regelwerk an Gesetzen, Verordnungen, Richtlinien und Verwaltungsvorschriften im öffentlichen Dienst ist zahlreich und vielfältig. Es werden hier die relevantesten rechtlichen Rahmenbedingungen vorgestellt. Festzustellen ist, dass es im öffentlichen Dienst bis heute keine gesetzlichen Pflichten zur Etablierung von Compliance-Strukturen gibt. Einzig mit Inkrafttreten des Hinweisgeberschutzgesetzes (HinSchG) für Unternehmen und Organisationen mit i. d. R. mindestens 50 Beschäftigten zum 2. Juli 2023[53] müssen jetzt auch die Behörden im öffentlichen Dienst ein internes Hinweisgebersystem installieren und betreiben. Die Verpflichtung, einen Compliance-Beauftragten in den Behörden zu ernennen, existiert allerdings nicht. Ein loses Regelungswerk findet sich zusätzlich in straf- und ordnungswidrigkeitsrechtlichen sowie in arbeits- und beamtenrechtlichen Vorschriften, auf die später eingegangen wird.

2. Hinweisgeberschutz im öffentlichen Dienst

Nach einem langen Gesetzgebungsverfahren trat am 2. Juli 2023 das Hinweisgeberschutzgesetz (HinSchG) in Kraft.[54] Damit erfolgte die Umsetzung der sogenannten „EU-Whistleblower-Richtlinie" (Richtlinie (EU) 2019/1937 des europäischen Parlamentes und des Rates) in nationales Recht, welche einen besseren Schutz für Personen gewährleisten soll, die auf Missstände in Behörden oder Unternehmen hinweisen.[55] Das Gesetz regelt den Schutz von natürlichen Personen, die im Zusammenhang mit ihrer beruflichen Tätigkeit oder im Vorfeld einer beruflichen Tätigkeit Informationen über Verstöße nach § 2 HinSchG erlangt haben und diese an die nach diesem Gesetz vorgesehenen Meldestellen melden oder offenlegen, vgl. § 1 Abs. 1 HinSchG. Nach § 12 HinSchG sind Beschäftigungsgeber mit

---

53 BGBl. 2023 I Nr. 140.

54 *Nitschke/Krebs*, Whistleblowing im öffentlichen Dienst: Impulse für die Dienstpflicht zur „Denunziation" durch das Hinweisgeberschutzgesetz?, S. 1053.

55 ABl. 2019, L 305/17.

i. d. R. mehr als 50 Beschäftigten verpflichtet, interne Meldestellen einzurichten. Dies bedeutet zwar auch, dass der öffentliche Dienst und seine Behörden – sofern die Voraussetzungen für einen Einbezug erfüllt sind – explizit in den Anwendungsbereich des HinSchG miteinbezogen werden. Allerdings sind die öffentlich-rechtlichen Normadressaten (wie z. B. der Bund oder ein Land) als Beschäftigungsgeber dahingegen privilegiert, da die obersten Bundes- oder Landesbehörden grundsätzlich Organisationseinheiten für die Einrichtung und den Betrieb der internen Meldestelle bestimmen.

Durch diese flexible gesetzliche Regelung kann je nach Verwaltungs- und Organisationsstrukturen eine passgenaue Lösung gefunden werden.[56] Auch besteht die Möglichkeit, dass z. B. nur wenige interne „Whistleblowing-Stellen" eingerichtet werden, die aber mit großräumiger Zuständigkeit ausgestattet sind.[57] Das BMJ geht davon aus, dass die öffentlich-rechtlichen Normadressaten rund 25.000 interne Meldestellen einrichten müssen.[58]

Der persönliche Anwendungsbereich des § 1 Abs. 1 HinSchG umfasst alle natürlichen Personen, die im Zusammenhang mit ihrer beruflichen Tätigkeit oder im Vorfeld einer beruflichen Tätigkeit Informationen über Verstöße, die straf- und bußgeldbewehrt sind, erlangt haben und diese an die nach diesem Gesetz vorgesehenen Meldestellen melden oder offenlegen. Miteinbezogen werden damit auch die Angehörigen des öffentlichen Dienstes wie Tarifbeschäftigte, Dienstordnungsangestellte, Beamte, Richter etc. Dies bedeutet, dass meldende Beamte vom Hinweisgeberschutz für die Meldung von qualifizierten Dienstvergehen nach § 77 BBG umfasst sind.[59] In den sachlichen Geltungsbereich des HinSchG fallen sämtliche straf- und ordnungswidrigkeitsrechtlichen Dienstvergehen. Davon unabhängig haben Beamte nunmehr aber auch in Dienststellen, die selbst keine internen Meldekanäle einrichten und betreiben müssen, die Option, sich an externe Meldestellen zu wenden. Unter den Voraussetzungen des Hinweisgeberschutzes nach § 33 HinSchG

---

56 BT-Drs. 20/3442 (2022), S. 77.

57 *Nitschke/Krebs*, Whistleblowing im öffentlichen Dienst: Impulse für die Dienstpflicht zur „Denunziation" durch das Hinweisgeberschutzgesetz?, S. 1055.

58 BT-Drs. 20/3442 (2022), S. 109.

59 *Nitschke/Krebs*, Whistleblowing im öffentlichen Dienst: Impulse für die Dienstpflicht zur „Denunziation" durch das Hinweisgeberschutzgesetz?, S. 1056.

sind die hinweisgebenden Beamten gemäß § 62 Abs. 1 Satz 2 BBG von ihrer Folgepflicht und den vorgegebenen Dienstwegen ebenso befreit wie gemäß den §§ 67 Abs. 2 Satz 1 Nr. 4, 125 Abs. 3 BBG von der Verschwiegenheitspflicht.

Die Anwendung der Schadensersatzregelungen der §§ 35 bis 37 HinSchG setzt voraus, dass die betroffene Person eine Meldung an eine nach dem Gesetz vorgesehene interne oder externe Meldestelle erstattet hat.[60] Diese sind entsprechend den Verpflichtungen gemäß § 12 HinSchG einzurichten. Hinweisgebende Personen haben nach § 7 Abs. 1 HinSchG ein Wahlrecht, sich unmittelbar an eine externe Meldestelle zu wenden, sollten aber interne Meldewege bevorzugen. Dabei hat der Beschäftigungsgeber für Beschäftigte klare und leicht zugängliche Informationen über die Nutzung des internen Meldeverfahrens bereitzustellen, vgl. § 7 Abs. 3 Satz 2 HinSchG. Sollte der Beschäftigungsgeber selbst die entsprechende Pflicht zur Einrichtung eines internen Meldekanals aber verletzt haben, wird man verlangen müssen, dass der Hinweisgeber die Mitteilung zumindest entsprechend dokumentiert bzw. dokumentieren lässt, um zum Ausdruck zu bringen, dass die Mitteilung als formale Meldung i. S. d. HinSchG behandelt werden soll.[61]

Praxishinweis:

Dass ein interner Meldekanal bei Behörden im öffentlichen Dienst einzurichten ist, ist mittlerweile gesetzlich klargestellt. Nach § 16 Abs. 3 HinSchG sollen die internen Meldekanäle Meldungen in mündlicher oder in Textform ermöglichen. Dazu reicht die Einrichtung einer Hotline, die 24/7 besetzt ist und/oder eine separat eingerichtete E-Mail-Adresse. Bei allen Kanälen ist darauf zu achten, dass die Meldungen nur von dazu berechtigten Personen entgegengenommen werden können sowie innerhalb von 7 Tagen zu bestätigen und innerhalb von 3 Monaten zu bearbeiten sind, vgl. § 17 HinSchG. Um Anreize für die Bevorzugung interner Meldekanäle gegenüber externen Meldekanälen zu erreichen, sollte eine gute Erreichbarkeit des internen Meldekanals gewährleistet sein. Die Kommunikation zur Einrichtung einer internen Meldestelle sollte gegenüber den Beschäftigten

60 ArbG Hamm, Urt. v. 16. 2. 2024 – 2 Ca 1229/23, NZA-RR, 2024, 347.

61 ArbG Hamm, Urt. v. 16. 2. 2024 – 2 Ca 1229/23, NZA-RR, 2024, 347 (350).

transparent und klar erfolgen. Dazu können Medien wie z. B. das Intranet, Aushang, Newsletter oder E-Mail genutzt werden. In Form einer Q&A-Darstellung sollte der sachliche Anwendungsbereich kurz stichpunktartig dargestellt und das Verfahren der Meldung bildlich (z. B. Prozess, Flowcharts) aufgezeigt werden.

3. Menschenrechtliche und umweltbezogene Sorgfaltspflichten in Lieferketten

Das Lieferkettensorgfaltspflichtengesetz (LkSG)[62] verpflichtet seit dem 1. Januar 2023 große Unternehmen zur Beachtung menschenrechtlicher und bestimmter umweltbezogener Sorgfaltspflichten. Ab dem 1. Januar 2024 gilt es für Unternehmen mit mindestens 1.000 Beschäftigten, vgl. § 1 Abs. 1 LkSG. Für die Übergangszeit bis zur Umsetzung der EU-Lieferkettenrichtlinie (CSDDD)[63] hat das Bundeskabinett am 3. September 2025 eine Änderung beschlossen: Die externe Berichtspflicht entfällt, Kernsorgfaltspflichten (Risikomanagement, Risikoanalysen, Präventions-/Abhilfemaßnahmen, Beschwerdeverfahren, Dokumentation) bleiben aber bestehen. Die Sanktionen sollen sich auf schwere Verstöße konzentrieren. Zugleich gilt das LkSG „nahtlos weiter", bis die CSDDD ins nationale Recht überführt ist; die Umsetzungsfrist wurde durch ein „Stop-the-clock"-Verfahren auf den 26. Juli 2027 verlängert.[64]

Wie bereits beschrieben, sind mit dem Inkrafttreten des Lieferkettensorgfaltspflichtengesetzes (LkSG) alle Unternehmen ungeachtet ihrer Rechtsform ab dem 1. Januar 2024 – die i. d. R. mindestens 1.000 Arbeitnehmer beschäftigen – vom Anwendungsbereich des Gesetzes erfasst. In § 1 Abs. 1 Satz 1 LkSG wurde ein rechtsformneutraler Ansatz für den Unternehmerbegriff gewählt. Der Begriff wird damit weit ausgelegt. Es kann somit jede juristische sowie natürliche Person in den Anwendungsbereich des Lieferkettengesetzes fallen. Somit findet das LkSG auch auf Körperschaften des öffentlichen Rechts (d. h. Behörden) Anwendung, da kein Ausschluss vorgenommen wird.[65] Das Gesetz sieht folglich keinerlei Beschränkungen vor,

---

[62] BGBl. 2021 I S. 2959.

[63] ABl. L 2024/1760.

[64] *BMAS* (2025), Gesetz zur Änderung des Lieferkettensorgfaltspflichtengesetzes, RegE v. 3. 9. 2025.

[65] *Baldauf*, Das Lieferkettensorgfaltspflichtengesetz findet auch auf Körperschaften des öffentlichen Rechts Anwendung, S. 82.

obwohl in der Gesetzesbegründung juristische Personen des öffentlichen Rechts, die Verwaltungsaufgaben einer Gebietskörperschaft wahrnehmen, nicht unter § 1 LkSG fallen sollten, soweit sie nicht am Markt unternehmerisch tätig sind.[66] Somit können auch juristische Personen des öffentlichen Rechts (wie KdöR) Unternehmen i. S. d. § 1 Abs. 1 LkSG sein.[67] Das Bundesamt für Wirtschaft und Ausfuhrkontrolle (BAFA) hat in seinen F&Q den Unternehmensbegriff (inkl. Sonderfragen zu juristischen Personen des öffentlichen Rechts, Leiharbeit oder inländischen Zweigniederlassungen) präzisiert. Danach können juristische Personen des öffentlichen Rechts nur dann Unternehmen i. S. d. LkSG sein, wenn sie in Konkurrenz zur Privatwirtschaft treten. Eine Konkurrenzsituation liegt immer dann vor, wenn die Dienstleistung bzw. das Produkt auch von anderen Marktteilnehmenden angeboten werden kann.[68] Einheiten, die öffentlich unternehmerisch tätig sind (wie z. B. kommunale Versorger oder Verkehrsbetriebe), können damit direkt erfasst sein; kommunale Einrichtungen ohne überwiegend wirtschaftliche Tätigkeit sind regelmäßig nur mittelbar betroffen, weil verpflichtete Vertragspartner Sorgfaltsanforderungen entlang der Lieferkette vertraglich weitergeben.

Für öffentliche Auftraggeber wirkt das LkSG unmittelbar über das Vergaberecht: Nach § 22 LkSG sollen Unternehmen von Vergabeverfahren für bis zu 3 Jahren ausgeschlossen werden, wenn gegen sie wegen eines LkSG-Verstoßes ein rechtskräftiges Bußgeld nach Absatz 2 von mindestens 175.000 EUR verhängt wurde; die sog. Selbstreinigung nach § 125 GWB bleibt allerdings möglich. Praktisch empfiehlt es sich, vor Zuschlagserteilung LkSG-Einträge bei einer Wettbewerbsregisterabfrage zu prüfen und bereits in den Vergabeunterlagen Eigenerklärungen zu § 22 LkSG vorzusehen, vgl. § 6 Abs. 2 WRegG. Daneben greifen die fakultativen Ausschlussgründe des § 124 GWB, wie u. a. Verstöße gegen umwelt-, sozial- oder arbeitsrechtliche Verpflichtungen und schwere berufliche Verfehlungen, als zusätzliche Ermessensgrundlage. Der Wissenschaftliche

---

[66] Vgl. BT-Drs. 19/28649, S. 33; *Baldauf*, Das Lieferkettensorgfaltspflichtengesetz findet auch auf Körperschaften des öffentlichen Rechts Anwendung, S. 90; *Nietsch/Wiedmann*, Adressatenkreis und sachlicher Anwendungsbereich des neuen Lieferkettensorgfaltspflichtengesetz, S. 5–7.

[67] *Kerckhoff* in: Ghassemi-Tabar, LkSG, § 1 Rn. 4.

[68] *BAFA* (2024), Änderung der FAQ zum Lieferkettengesetz veröffentlicht, Nr. 3.1.

Dienst des Bundestages (WD) konkretisiert die Schwellen für eine „schwere Verfehlung" ergänzend.[69]

Das BAFA konkretisiert den risikobasierten Ansatz des LkSG wie folgt: Unternehmen müssen regelmäßige, jährliche und anlassbezogene Risikoanalysen durchführen, dabei priorisieren statt pauschal alle Lieferanten gleich behandeln und angemessene Maßnahmen wählen.[70] Die Handreichung des BAFA erläutert die Risikoanalyse, die Angemessenheit und das Beschwerdeverfahren; ergänzende FAQ betonen, dass undifferenzierte Standardfragebögen ohne Risikoabwägung nicht den gesetzlichen Anforderungen entsprechen und die Dokumentation den Prüfungen des BAFA zugänglich bleiben muss.[71] Die LkSG-Änderung 2025 ändert an der Pflicht zur internen Dokumentation nichts, sie bleibt zentrales Element behördlicher Einsicht und Compliance-Steuerung.

Praxishinweis:

In der Praxis verknüpft die öffentliche Beschaffung die LkSG-Ziele mit nachhaltigen Vergabekriterien. Die Kompetenzstelle für nachhaltige Beschaffung (KNB) beim Beschaffungsamt des BMI bietet Leitfäden, Schulungen und Praxisbeispiele an.[72] Nachhaltige Beschaffung fördert die Verankerung einheitlicher Sozial- und Umweltstandards in Leistungsbeschreibungen durch die Aufstellung von Eignungs- und Zuschlagskriterien. Es empfiehlt sich, ein Vergabe-Prüfregime mit Ausschlusskriterien und Registereinsichten zu verankern, vgl. § 22 LkSG. Die Anforderungen entlang der Lieferkette sollten priorisiert, dabei aber die Belastungen für Organisationen angemessen gehalten werden. Geeignete Beschwerdekanäle und Abhilfeprozesse sind einzurichten. Künftige CSRD/CSDDD-Schnittstellen sollten früh organisatorisch und IT-seitig eingeplant werden.

---

69 *Wissenschaftliche Dienste des Deutschen Bundestags*, Der Ausschluss von der Teilnahme am Vergabeverfahren nach § 124 Abs. 1 Nr. 3 GWB, WD 7 (2020), S. 4–5.

70 *BAFA* (2024), Risikoanalyse.

71 *BAFA* (2022), Risiken ermitteln, gewichten und priorisieren – Handreichung zur Umsetzung einer Risikoanalyse nach den Vorgaben des Lieferkettensorgfaltspflichtengesetzes.

72 Beschaffungsamt des BMI (2025), Kompetenzstelle für nachhaltige Beschaffung.

4. Das Haushaltsrecht – Grundsätze des Wirtschaftens

Bund und Länder sind verpflichtet, ihr Haushaltsrecht nach den Grundsätzen des HGrG zu regeln. Die gesamte Haushalts- und Wirtschaftsführung des Bundes und der Länder einschließlich ihrer Sondervermögen und Betriebe wird von Rechnungshöfen (BRH/LRH) geprüft (vgl. § 42 Abs. 1 HGrG). Unter Compliance-Gesichtspunkten sind Wirtschaftlichkeit und Sparsamkeit nicht nur ökonomische Leitplanken, sondern rechtlich verbindliche Steuerungsprinzipien der öffentlichen Haushaltsführung. § 7 Abs. 1 BHO verpflichtet Bundeseinrichtungen bei der Aufstellung und Ausführung des Haushaltsplans, die Grundsätze der Wirtschaftlichkeit und Sparsamkeit zu beachten. Nach § 7 Abs. 2 BHO sind finanzwirksame Maßnahmen vorab durch angemessene Wirtschaftlichkeitsuntersuchungen zu prüfen und die Möglichkeit zu sondieren, einer Erbringung staatlicher Aufgaben durch private Anbieter (Interessenbekundungsverfahren). Darüber hinaus ist in geeigneten Bereichen eine Kosten- und Leistungsrechnung (KLR) einzuführen, vgl. § 7 Abs. 3 BHO.

So dürfen z. B. Nutzungen und Sachbezüge zugunsten Angehörigen des öffentlichen Dienstes nur gegen angemessenes Entgelt gewährt werden, soweit nicht durch Gesetz oder Tarifvertrag oder im Haushaltsplan etwas anderes bestimmt ist, vgl. § 52 BHO. Zudem ist zu prüfen, ob staatliche Aufgaben ausgegliedert oder privatisiert wirtschaftlicher erfüllt werden können. Die Verwaltungsvorschriften (z. B. die Allgemeinen Verwaltungsvorschriften zur Bundeshaushaltsordnung (VV-BHO))[73] und Praxishinweise des Bundes konkretisieren diese Pflichten und verlangen u. a. die Beteiligung der Beauftragten für den Haushalt bei allen Maßnahmen von finanzieller Bedeutung, die sachgerechte Personalbedarfsermittlung sowie regelmäßige Organisationsuntersuchungen zur Effizienzsteigerung.[74] In den Landeshaushaltsordnungen (z. B. der LHO Berlin, der LHO NRW und der LHO M-V) finden sich inhaltsgleiche Vorgaben einschließlich KLR-Pflichten und der Bindung an das gesamtwirtschaftliche Gleichgewicht.

Wirtschaftlichkeit bedeutet, die bestmögliche Zweck-Mittel-Relation zu erreichen und umfasst zwei Ausprägungen: das Sparsamkeitsprinzip (Minimalprinzip), d. h. ein bestimmtes Ergebnis mit

[73] GMBl. 2001, S. 309, zuletzt geändert durch ÄndVV v. 15. 7. 2025 (GMBl. S. 410).
[74] *BMI* (2024), Organisationshandbuch des Bundes.

geringstmöglichem Mitteleinsatz zu erreichen, sowie das Ergiebigkeitsprinzip (Maximalprinzip) mit gegebenen Mitteln das bestmögliche Ergebnis zu erzielen. Bei der Haushaltsausführung steht regelmäßig die Sparsamkeit im Vordergrund; gleichwohl verlangt Wirtschaftlichkeit eine Gesamtkostenbetrachtung inklusive Lebenszyklus-, Betriebs- und Folgekosten sowie Qualitäts- und Nachhaltigkeitskriterien (vgl. Anlage zu Nr. 4 zu § 7 BHO Handbuch zur Kosten- und Leistungsrechnung in der Bundesverwaltung).[75] Eine Wirtschaftlichkeitsuntersuchung ist konform mit der Compliance, wenn diese die Ziele und Risiken der Maßnahme mittels Risikoverteilung und Vergleich von Alternativen transparent macht sowie die Methodik dokumentiert und eine Erfolgskontrolle (Wirksamkeit, Zielerreichung) vorsieht.[76]

Die Haushaltsgrundsätze des Bundes, wie die Einheit und Vollständigkeit des Haushalts, Öffentlichkeit, vorherige Bewilligung und Bruttoprinzip, bilden den rechtlichen Rahmen der Budgettreue und sind in Art. 109 und 110 GG, in den §§ 20 ff. HGrG sowie in der BHO und den LHO normiert und sichern Transparenz, Nachvollziehbarkeit und eine ordnungsgemäße Finanzwirtschaft einschließlich des Verbots von Schattenhaushalten.

Alle Einnahmen, Ausgaben und Verpflichtungen sind lückenlos im Haushaltsplan zu veranschlagen und zu bewirtschaften.[77] Compliance verlangt hier regelkonforme Verfahren und prüfbare Dokumentation über den gesamten Haushaltskreislauf (Planung, Ausführung, Rechnungslegung, Prüfung und Entlastung).[78]

Praxishinweis zu den Grundsätzen nach HGrG, BHO und LHO:

- *Einheit und Vollständigkeit: Alle Einnahmen und Ausgaben des Bundes und der Länder müssen in einem einzigen Haushaltsplan zusammengefasst werden.*
- *Vorherige Bewilligung: Ausgaben dürfen erst nach gesetzlicher Bewilligung getätigt werden.*
- *Jährlichkeit: Für jedes Jahr muss ein eigener Haushaltsplan aufgestellt werden.*

[75] *BMI* (2024), Organisationshandbuch des Bundes.
[76] *BMF* (2015), Das System der öffentlichen Haushalte, S. 81 ff.
[77] *BMF* (2015), Das System der öffentlichen Haushalte, S. 35.
[78] Vgl. *BMF* (2015), Das System der öffentlichen Haushalte.

- *Spezialität: Mittel sind nur für den im Plan bestimmten Zweck zu verwenden (sachliche Bindung).*
- *Bruttoveranschlagung: Einnahmen und Ausgaben werden getrennt und in voller Höhe veranschlagt; alle Einnahmen dienen zur Deckung aller Ausgaben.*
- *Wirtschaftlichkeit und Sparsamkeit: Alle Maßnahmen müssen wirtschaftlich und sparsam sein; es müssen Wirtschaftlichkeitsuntersuchungen durchgeführt werden.*

5. Compliance im Beschaffungswesen

Juristische Personen des öffentlichen Rechts handeln nicht nur hoheitlich. Damit sie ihre Aufgaben erfüllen können, kaufen sie Waren oder Dienstleistungen ein und werden damit privatrechtlich tätig. Über die öffentliche Verwaltung werden jährlich Aufträge in Höhe eines dreistelligen Milliardenbetrages an private Unternehmen vergeben. Die öffentliche Auftragsvergabe ist ein relevanter Wirtschaftsfaktor. Dies gilt für die Vergabe von Baudienstleistungen, für Liefer- und Dienstleistungsaufträge im Bereich Trinkwasser, Energie, IT-Dienste, Beratung, Verkehr sowie Verteidigung und Sicherheit.[79] So wurden im zweiten Halbjahr 2021 95.000 Vergaben von öffentlichen Aufträgen und Konzessionen an die Vergabestatistik gemeldet. In der Summe bedeutet dies ein Beschaffungsvolumen von rund 51 Mrd. EUR. Für das gesamte Jahr 2021 ergab sich ein Beschaffungsvolumen in Höhe von 104 Mrd. EUR.[80]

Seinen Ursprung hat das Vergaberecht im Haushaltsrecht. Nach § 30 HGrG hat vor dem Abschluss von Verträgen über Lieferungen und Leistungen eine öffentliche Ausschreibung oder eine beschränkte Ausschreibung mit Teilnahmewettbewerb vorauszugehen. Ein Teilnahmewettbewerb ist ein Verfahren, bei dem der öffentliche Auftraggeber nach vorheriger öffentlicher Aufforderung zur Teilnahme eine beschränkte Anzahl von geeigneten Unternehmen nach objektiven, transparenten und nichtdiskriminierenden Kriterien auswählt und zur Abgabe von Angeboten auffordert. Das Vergaberecht ist auf europäischer Ebene durch die Vergaberichtlinien geprägt, die in nationales Recht überführt wurden. So dient z. B. die Vergabeverordnung (VgV) der Richtlinie 2014/24/EU des Europäischen Par-

---

[79] *BMWK* (2022), Öffentliche Aufträge und Vergabe.
[80] *BMWK* (2023), Vergabestatistik – Bericht für das zweite Halbjahr 2021, S. 10.

laments und des Rates vom 26. Februar 2014 über die öffentliche Auftragsvergabe und zur Aufhebung der Richtlinie 2004/18/EG.[81]

Das Vergaberecht der öffentlichen Auftraggeber betrifft nach § 99 GWB die Gebietskörperschaften und deren Sondervermögen sowie andere juristische Personen des öffentlichen und des privaten Rechts, die zu dem besonderen Zweck gegründet wurden und im Allgemeininteresse liegende Aufgaben nicht gewerblicher Art zu erfüllen, aber auch Verbände, deren Mitglieder zu den Gebietskörperschaften und juristischen Personen gehören. Der öffentliche Dienst ist auch nach § 55 BHO verpflichtet, vor dem Abschluss von Verträgen über Lieferungen und Leistungen eine öffentliche Ausschreibung oder eine beschränkte Ausschreibung mit Teilnahmewettbewerb durchzuführen, sofern nicht die Natur des Geschäfts oder besondere Umstände eine Ausnahme rechtfertigen, vgl. die §§ 14 ff. VgV. Das bedeutet für die Organisationen im öffentlichen Dienst, dass öffentliche Aufträge im Wettbewerb und im Wege transparenter Verfahren vergeben werden müssen. Öffentliche Aufträge sind dabei entgeltliche privatrechtliche Verträge zwischen öffentlichen Auftraggebern und Unternehmen über die Beschaffung von Leistungen, die Lieferung von Waren, die Ausführung von Bauleistungen oder die Erbringung von Dienstleistungen.[82] Dabei sind nach § 97 GWB die Grundsätze der Wirtschaftlichkeit und der Verhältnismäßigkeit zu wahren. Im Beschaffungswesen wirken Haushalts- und Vergaberecht zusammen, vgl. § 97 GWB. Öffentliche Aufträge werden im Wettbewerb und im Wege transparenter Verfahren vergeben. Ziel ist die sparsame und wirtschaftliche Bedarfsdeckung. Vergaberechtlich ist der Zuschlag auf das wirtschaftlichste Angebot zu erteilen, nicht zwingend auf das billigste. Berücksichtigt werden neben dem Kosten-Nutzen-Verhältnis auch Umwelt- und Sozialkriterien, Lebenszykluskosten und Nachhaltigkeitsaspekte, vgl. § 97 Abs. 3 GWB. Nach § 97 Abs. 4 GWB sind mittelständische Interessen bei der Vergabe öffentlicher Aufträge vornehmlich zu berücksichtigen. Diese Kriterien können bei Sachzusammenhang Bestandteil der Wirtschaftlichkeitswertung sein. In dem öffentlichen Vergabeverfahren sind alle Teilnehmer gleich zu behandeln, es sei denn, eine Ungleichbehandlung ist aufgrund gesetzlicher Regelung ausdrücklich geboten oder gestattet. In dem Vergabeverfahren sind die Qualität und die Innovation sowie soziale und

---

[81] ABl. L 94 (2014), S. 65.

[82] *Bungartz/Kahle*, Compliance in der öffentlichen Wirtschaft, § 5 Rn. 2.

umweltbezogene Aspekte zu berücksichtigen. Grundsätzlich haben die Unternehmen Anspruch darauf, dass die Bestimmungen über das Vergabeverfahren eingehalten werden. Von einer öffentlichen Vergabe darf lediglich bei Unterschreiten der Schwellenwerte nach § 106 GWB und der definierten Ausnahmen nach den §§ 107 ff. GWB abgesehen werden.

Ein Unternehmen, das sich an einem Vergabeverfahren beteiligen will oder beteiligt hat und der Auffassung ist, zu Unrecht nicht zum Zuge gekommen zu sein, kann ein Nachprüfungsverfahren bei den Vergabekammern anstrengen. Die Überprüfung findet dann im Rahmen eines gerichtsähnlichen Verfahrens statt. Die Vergabekammern sind unabhängig und nicht weisungsgebunden. Gegen die Entscheidung einer Vergabekammer des Bundes kann Beschwerde beim Oberlandesgericht Düsseldorf eingelegt werden. Mit einem Beschluss der Vergabekammer Sachsen wurde die Einhaltung des Kommunikationsweges bei der Beschaffung von Hardware über die Vergabeplattform überprüft und festgestellt: „Ist mit den Bewerbungsbedingungen klargestellt worden, dass im Vergabeverfahren die Kommunikation mit den am Vergabeverfahren beteiligten Unternehmen ausschließlich über eine Vergabeplattform erfolgen soll, dann muss sich der Auftraggeber hieran im Wege einer Selbstbindung festhalten lassen. Eine nachträgliche, stillschweigende Änderung dieser Selbstbindung, z. B. durch Versendung eines fristgebundenen Nachforderungsschreibens per E-Mail, ist dann ausgeschlossen."[83] Begründet wurde dieser Beschluss mit dem Zustandekommen eines vertragsähnlichen Vertrauensverhältnisses zwischen dem öffentlichen Auftraggeber und dem jeweiligen Bieter, das spätestens ab dem Zeitpunkt der Angebotsabgabe zustande kommt, zu gegenseitiger Rücksichtnahme verpflichtet und auf beiden Seiten Sorgfaltspflichten begründet. Dieses Vertrauensverhältnis verlangt gemäß § 241 Abs. 2 BGB die Rücksichtnahme auf Rechte, Rechtsgüter und Interessen des anderen Teils. Von einem mit den Bewerbungsbedingungen angekündigten Kommunikationsweg stillschweigend abzuweichen, widerspricht diesen Verpflichtungen.[84]

Um ein Vergabeverfahren rechtssicher zu betreiben, reicht es aber nicht aus, allein die Vergabevorschriften zu beachten. Auch das

83 VK Sachsen, Beschl. v. 14. 4. 2023 – 1/SVK/003-23, BeckRS 2023, 16425.
84 VK Sachsen, Beschl. v. 14. 4. 2023 – 1/SVK/003-23, BeckRS 2023, 16425.

Haushalts- und Beihilfenrecht spielen bei der öffentlichen Auftragsvergabe entscheidende Rollen. Hinzu kommen immer mehr Regelungen, die sich möglicherweise im Hinblick auf die zu beschaffenden Gegenstände oder Dienstleistungen ergeben wie z. B. das bereits angesprochene LkSG.[85] Compliance im Haushalts- und Vergaberecht erfährt eine hohe Beachtung in der Öffentlichkeit, da zur Finanzierung der Aufträge regelmäßig Steuergelder oder Beitragseinnahmen von natürlichen oder juristischen Personen eingesetzt werden. Es werden daher hohe Erwartungen und Anforderungen an eine vergaberechtskonforme Beschaffung gestellt. Auf der einen Seite sind die negativen Auswirkungen bei Non-Compliance und auf der anderen Seite die haftungsrechtlichen Konsequenzen der Handelnden zu beachten.[86]

Praxishinweis:

Vor jeder finanzwirksamen Maßnahme sollte eine (1) Zielbestimmung, Wirtschaftlichkeitsuntersuchung und Risikoanalyse; (2) frühzeitige Beteiligung des Haushaltsbeauftragten und Nachweis der Erforderlichkeit (inkl. Personalbedarf) gemäß VV-BHO; (3) Einrichtung/Nutzung einer KLR zur Steuerung und Erfolgskontrolle; (4) strikte Anwendung der Haushaltsgrundsätze (Einheit, Vollständigkeit, Öffentlichkeit) und belastbare Dokumentation; (5) Implementierung von Kontrollen; (6) vergaberechtlich: objektive Wertung auf das wirtschaftlichste Angebot, Transparenz/Gleichbehandlung, Nachweis der Sparsamkeit durch prüfbare Vergabeunterlagen durchgeführt werden. Praxisleitfäden betonen dabei, dass eine Wirtschaftlichkeitsprüfung durchzuführen ist. Die Wirtschaftlichkeitsprüfung muss dokumentiert, methodisch sauber und nachprüfbar erfolgen, z. B. mit einer Bewertungsmatrix, mit Gewichtung von Kriterien oder einer Lebenszykluskostenrechnung. Andernfalls drohen haushalts- und vergaberechtliche Beanstandungen durch den BRH oder den LRH. Das BMF veröffentlicht dazu regelmäßig Verfahrenshinweise für die Aufstellung des Bundeshaushalts sowie Haushaltsführungsvorschriften und -rundschreiben.[87]

---

85 *Bungartz/Kahle*, Compliance in der öffentlichen Wirtschaft, § 5 Rn. 1–4.

86 *Stober/Ohrtmann*, Compliance für die öffentliche Verwaltung, § 12 Rn. 1037.

87 Z. B. *BMF* (2021), Verfahrenshinweise für die Aufstellung des Bundeshaushalts 2022 und des neuen Finanzplans 2021 bis 2025.

6. Verschwiegenheitspflichten

Die Verschwiegenheitspflicht (Amtsverschwiegenheit) zählt zu den hergebrachten Grundsätzen des Berufsbeamtentums nach Art. 33 Abs. 5 GG und gehört zu den zentralen Integritätspflichten des öffentlichen Dienstes. Beamte haben grundsätzlich über alle ihnen bei oder bei Gelegenheit ihrer amtlichen Tätigkeit bekannt gewordenen dienstlichen Angelegenheiten Stillschweigen zu bewahren – behördenübergreifend und über das Ende des Beamtenverhältnisses hinaus. Für Bundesbeamte ist dies in § 67 BBG und für Landesbeamte in § 37 BeamtStG normiert. Die beiden Normen enthalten Ausnahmen (u. a. für Mitteilungen im dienstlichen Verkehr, offenkundige Tatsachen) und besondere Privilegierungen für Korruptionsanzeigen im Rahmen der Compliance sowie für Hinweisgebermeldungen nach dem HinSchG. Für Tarifbeschäftigte normiert § 3 Abs. 1 TVöD eine vertragliche Schweigepflicht über Angelegenheiten, deren Geheimhaltung gesetzlich vorgesehen oder dienstlich angeordnet ist. Diese Verschwiegenheit gilt ebenfalls über das Arbeitsverhältnis hinaus.

Auch jenseits des Beamtenrechts fordert das Verwaltungsverfahrensgesetz (VwVfG) die Geheimhaltung. Beteiligte haben Anspruch darauf, dass ihre Geheimnisse, insbesondere persönliche sowie Betriebs- und Geschäftsgeheimnisse, nicht unbefugt offenbart werden (§ 30 VwVfG). Dies bindet die Behörde bei der gesamten Verfahrensführung und wirkt als Querschnittsnorm für die Vertraulichkeit behördlicher Informationen.

Ergänzend gelten besondere gesetzliche Geheimhaltungsvorschriften wie das Steuergeheimnis nach § 30 AO, das Sozialgeheimnis nach § 35 SGB I für Sozialleistungsträger und anderen Behörden etc. Ein Verstoß hiergegen führt zu erheblichen strafrechtlichen Folgen, vgl. die §§ 203 Abs. 2 Nr. 1 und 2, 353b Abs. 1 Nr. 1 und 2, 355 StGB. So wird eine Verletzung des Dienstgeheimnisses mit Freiheitsstrafe von bis zu 5 Jahren bedroht, wenn durch unbefugte Offenbarung wichtige öffentliche Interessen gefährdet werden. Die Rechtsprechung zum Disziplinarrecht betont die Schwere solcher Pflichtverletzungen. So kann die Verletzung der Verschwiegenheitspflicht nach § 67 Abs. 1 BBG in Verwaltungsbereichen, in denen die Geheimhaltungspflicht von besonderer Bedeutung ist (insbesondere beim Auslandsgeheimdienst), die Entfernung aus dem Beamtenverhältnis rechtfertigen, da es ein schwerwiegendes Dienstvergehen darstellt.[88] Die unerlaubte Erlangung, Nutzung und Offenlegung von Geschäftsgeheimnissen ist nach dem Gesetz zum Schutz von Geschäftsgeheimnissen (GeschGehG) geschützt. Es gehen aber die öffentlich-rechtlichen Vorschriften zur Geheimhaltung der Erlangung, Nutzung oder Offenlegung von Geschäftsgeheimnissen vor.

Seitens der Compliance ist die Verschwiegenheit bei der Verarbeitung personengebundener Daten und dem Datenschutzrecht eng verzahnt: Art. 5 Abs. 1 lit. f DSGVO (Sicherheit der personenbezogenen Daten, Integrität & Vertraulichkeit) und Art. 32 DSGVO (Sicherheit der Verarbeitung) verlangen geeignete technische und organisatorische Maßnahmen (TOM), um eine angemessene Sicherheit personenbezogener Daten zu gewährleisten. Der besondere Beschäftigtendatenschutz nach § 26 BDSG konkretisiert die Zulässigkeit der Datenverarbeitung für Zwecke des Beschäftigungsverhältnisses und setzt Schranken insbesondere bei der Straftatenaufklärung oder für die Einwilligungen der Verarbeitung besonderen Kategorien personenbezogener Daten.

Die Verschwiegenheitspflicht steht zugleich im Spannungsverhältnis zur Transparenz und zum Legalitätsprinzip. Der Gesetzgeber hat diese Balance in modernen Compliance-Regelungen adressiert. Das Hinweisgeberschutzgesetz (HinSchG) schützt die Vertraulichkeit interner und externer Meldungen, verlangt unabhängige Meldestellen und regelt den Vorrang besonderer Geheimhaltungspflichten (z. B. Verschlusssachen, Berufsgeheimnisse), wobei Meldungen über bestimmte sicherheitsrelevante Informationen nicht in den Anwendungsbereich fallen, vgl. § 5 HinSchG. In der Verwaltungspraxis des Bundes erfolgt z. B. die Umsetzung von internen Meldestellen über die Einrichtung unabhängiger Ombudspersonen und vertrauliche Meldekanäle, um den Schutz der Identität der Hinweisgebenden zu gewährleisten und rechtssichere Untersuchungen zu ermöglichen.[89]

Die Umsetzung der Verschwiegenheit in der Verwaltung verlangt damit einen besonderen Schutzmechanismus. Es gilt eine strikte Wahrung der Verschwiegenheit in allen Verfahrens-, Personal-, Finanz- und Vergabeangelegenheiten (mit dokumentierten Aussage-/Auskunftsgenehmigungen, Register- und Protokollpflichten). Auf der anderen Seite sind besondere gesetzliche Ausnahmen zu beachten, z. B. bei Anzeigen zu Amtsträgerstraftaten gemäß den

---

88 BVerwG, Urt. v. 2. 3. 2023 – 2 A 19/21, NVwZ-RR, 2023, 916.

89 *BMF* (2023), Hinweisgeberschutzgesetz – Interne Meldestelle im BMF.

§§ 331 ff. StGB oder bei Meldungen zu Verstößen nach § 2 HinSchG. Behörden sollten daher Richtlinien für Aussagegenehmigungen und Aktenherausgaben, Rollen- und Zugriffskonzepte zu Verschlusssachen, klassifizierende Kennzeichnung und Vorgangsdokumentation sowie Schulungspflichten implementieren.

Praktische Mindeststandards:

Einrichtung von:

- Rechtsrahmen-Mapping: Zuordnung von Verschwiegenheits-, Geheimhaltungs- und Datenschutzpflichten zu Prozessschritten; klare Ausnahme-/Meldewege (StGB/HinSchG)
- Technisch-organisatorische Maßnahmen (TOMs): Verschlüsselung, Zugriffsbeschränkung, Protokollierung, Lösch-/Sperrkonzepte, Rechte-/Rollenkontrolle (Art. 32 DSGVO)
- Prozess für Aussagegenehmigungen und Auskunftsersuchen: Einzelfallprüfung nach BBG/BeamtStG, Gefährdungsabwägung, Dokumentation
- HinSchG-Konformität: unabhängige Meldestelle, Vertraulichkeitsgarantien, Fristen (7-Tage-Eingangsbestätigung, 3-Monats-Folgebericht), Fachkunde, Umgang mit anonymen Hinweisen durch risikoorientierte Prüfung
- Disziplinar- und Sanktionsmanagement: Eskalationspfade, Dienstvergehen-Katalog, Schnittstelle zu § 353b StGB und BDG

Die Verschwiegenheitspflicht kann als ein Baustein der Compliance im täglichen Verwaltungshandeln verstanden werden. Sie schützt Integrität und Vertrauenswürdigkeit staatlichen Handelns. Gleichzeitig verlangt sie steuernde Ausnahmen zur effektiven Korruptionsbekämpfung und Rechtsstaatlichkeit. Behörden erreichen beides nur durch verfahrensfeste Richtlinien, gelebte Kultur der Vertraulichkeit und prüfbare IT-/Prozesskontrollen, die rechtskonform umgesetzt werden.

7. Schutz personengebundener Daten

Der Schutz personenbezogener Daten ist im Verwaltungshandeln des öffentlichen Dienstes nicht nur ein Grundpfeiler rechtsstaatlichen Handelns, sondern ein zentrales Thema der Compliance. Rechtskonforme Verarbeitung, Speicherung, Löschung und ein angemessenes Sicherheitsniveau sind messbare Organisationspflichten. Die Datenschutz-Grundverordnung (DSGVO)[90] gibt hierfür die Leitplanken vor, insbesondere Art. 5 (Grundsätze) und Art. 6 (Rechtmäßigkeit der Verarbeitung), flankiert durch das Bundesdatenschutzgesetz (BDSG) mit Öffnungsklauseln speziell für öffentliche Stellen.

Im Verwaltungsalltag gilt der Grundsatz „Verbot mit Erlaubnisvorbehalt". Jede Verarbeitung muss sich auf eine tragfähige Rechtsgrundlage stützen und die in Art. 5 DSGVO normierten Grundsätze der Rechtmäßigkeit, Transparenz, Zweckbindung, Datenminimierung, Richtigkeit, Speicherbegrenzung sowie Integrität und Vertraulichkeit einhalten. Die Behörde muss die Einhaltung der Pflichten nach Art. 5 Abs. 1 DSGVO nachweisen (Rechenschaftspflicht). Für Behörden kommt als Rechtsgrundlage regelmäßig Art. 6 Abs. 1 lit. e DSGVO (Wahrnehmung einer Aufgabe im öffentlichen Interesse/öffentliche Gewalt) in Betracht; daneben Art. 6 Abs. 1 lit. c DSGVO (rechtliche Verpflichtung). Das BDSG präzisiert für öffentliche Stellen u. a. die Voraussetzungen, unter denen Daten verarbeitet oder zu anderen Zwecken weiterverarbeitet werden dürfen (vgl. §§ 3, 23, 25 BDSG). Bei besonderen Datenkategorien (z. B. Gesundheitsdaten) gilt Art. 9 DSGVO mit strengen Ausnahmen; ergänzend regelt § 22 BDSG die nationalen Voraussetzungen. Für Beschäftigtendaten in Behörden ist § 26 BDSG die zentrale Norm.

Der Schutz von personenbezogenen Daten ist bei der dienstlichen Tätigkeit jederzeit zu gewährleisten. Den Rahmen gibt Art. 32 DSGVO vor. Die Sicherheit der Verarbeitung von personengebundenen Daten ist nach dem Stand der Technik in jedem Bereich der Behörden durch geeignete technische und organisatorische Maßnahmen (TOM) zu gewährleisten. So verlangt Art. 32 DSGVO ein dem Risiko angemessenes Schutzniveau, u. a. die Pseudonymisierung und Verschlüsselung, Sicherstellung von Vertraulichkeit, Integrität, Verfügbarkeit, Wiederherstellbarkeit und Wirksamkeitsreviews. In der öffentlichen Verwaltung empfiehlt sich die Orientierung am Standard des Bundesamtes für Sicherheit in der Informationstechnik (BSI-Standards/IT-Grundschutz, BSI-200-1/-2/-3; IT-Grundschutz-Kompendium)[91] und wo sinnvoll, diese mit einer ISO/IEC 27001-Zertifizierung als belastbare Governance- und Prüfmaßstäbe

---

90 VO (EU) 2016/679; ABl. 2016, L 119, S. 1.

91 *BSI* (2023), IT-Grundschutz-Kompendium – Werkzeug für Informationssicherheit.

zu überprüfen.[92] So lassen sich Datenschutz- und Informationssicherheit effizient mit einem Rollen-/Berechtigungsmanagement, Patch- und Änderungsmanagement und Notfallmanagement verzahnen.

Die Erhebung von Sozialdaten ist zulässig, wenn ihre Kenntnis zur Erfüllung einer Aufgabe der erhebenden Stelle nach § 67a SGB X erforderlich ist. Bei der Speicherung, Veränderung, Nutzung, Übermittlung, Einschränkung der Verarbeitung und Löschung von Sozialdaten sind die Regelungen der §§ 67b ff. SGB X zu beachten. Zur Verarbeitung von personengebundenen Daten im öffentlichen Dienst bedarf es insoweit einer Ermächtigungsgrundlage im Gesetz.

Bei Verarbeitungen von personengebundenen Daten mit voraussichtlich hohem Risiko, wie einer umfangreichen Verarbeitung besonderer Kategorien oder systematischer Überwachung öffentlich zugänglicher Bereiche, ist vorab eine Datenschutzfolgenabschätzung (DSFA) nach Art. 35 DSGVO durchzuführen und eine Beratung des Datenschutzbeauftragten (DSB) einzuholen. Die Aufsichtsbehörden wie z. B. der Bundesbeauftragte für Datenschutz und Informationsfreiheit (BfDI) veröffentlichen Muss-Listen, die (teils differenziert für öffentliche Stellen) DSFA-pflichtige Verarbeitungsvorgänge benennen und so Planungssicherheit geben.[93]

Kommt es im Verwaltungsalltag zu einer Verletzung des Schutzes personenbezogener Daten, drohen gestufte Rechtsfolgen. Die Aufsichtsbehörden können – neben der Durchführung von Untersuchungsmaßnahmen – Warnungen, Verwarnungen, verbindliche Anordnungen zur Herstellung der Rechtmäßigkeit treffen, die Verarbeitung (auch vorläufig) beschränken oder untersagen, die Berichtigung und Löschung anordnen, Datenübermittlungen aussetzen und – je nach Fall – Geldbußen verhängen, vgl. Art. 58 Abs. 1 und 2 i. V. m. Art. 83 DSGVO. In Deutschland sind Geldbußen gegenüber Behörden und sonstigen öffentlichen Stellen allerdings grundsätzlich ausgeschlossen, vgl. § 43 Abs. 3 BDSG. Eine wichtige Ausnahme gilt jedoch, wenn die Stelle als öffentlich-rechtliches Unternehmen am Wettbewerb teilnimmt. In diesem Fall wird sie wie eine nicht öffentliche Stelle behandelt, vgl. § 2 Abs. 5 BDSG. Unabhängig davon begründet Art. 82 DSGVO zivilrechtliche Ansprüche betroffener

---

92 *BSI* (2024), ISO-27001-Zertifizierung auf Basis von IT-Grundschutz.

93 *BfDI* (2019), Liste von Verarbeitungsvorgängen gemäß Artikel 35 Abs. 4 DSGVO für Verarbeitungstätigkeiten öffentlicher Stellen des Bundes.

Personen auf Ersatz materieller und immaterieller Schäden.[94] Verantwortliche und ggf. Auftragsverarbeiter haften dabei grundsätzlich gesamtschuldnerisch mit internem Rückgriff nach Verantwortungsanteilen. Hinzu treten Melde- und Benachrichtigungspflichten. Der Verantwortliche muss Datenschutzverletzungen unverzüglich, möglichst binnen 72 Stunden, der Aufsichtsbehörde melden (vgl. Art. 33 DSGVO) und bei hohem Risiko die betroffenen Personen unterrichten (vgl. Art. 34 DSGVO). Verstöße gegen diese Pflichten können wiederum als sanktionsfähige Verstöße i. S. d. Art. 83 DSGVO gewertet werden. Dienstrechtlich kann eine Datenschutzverletzung ein Dienstvergehen nach § 77 Abs. 1 BBG darstellen und disziplinarische Maßnahmen auslösen, d. h. vom Verweis bis zur Entfernung aus dem Beamtenverhältnis (vgl. § 5 Abs. 1 BDG). Schließlich kommen bei bestimmten Konstellationen auch strafrechtliche Folgen nach § 42 BDSG in Betracht:

§ 42 Abs. 1 und 2 BDSG – Strafvorschriften:

(1) Mit Freiheitsstrafe bis zu drei Jahren oder mit Geldstrafe wird bestraft, wer wissentlich nicht allgemein zugängliche personenbezogene Daten einer großen Zahl von Personen, ohne hierzu berechtigt zu sein,

1. einem Dritten übermittelt oder
2. auf andere Art und Weise zugänglich macht

und hierbei gewerbsmäßig handelt.

(2) Mit Freiheitsstrafe bis zu zwei Jahren oder mit Geldstrafe wird bestraft, wer personenbezogene Daten, die nicht allgemein zugänglich sind,

1. ohne hierzu berechtigt zu sein, verarbeitet oder
2. durch unrichtige Angaben erschleicht

und hierbei gegen Entgelt oder in der Absicht handelt, sich oder einen anderen zu bereichern oder einen anderen zu schädigen.

---

94 Prüfung der Voraussetzung eines immateriellen Schadensersatzes nach Art. 82 DSGVO: EuGH, Urt. v. 21. 12. 2023 – C-667/21, EuZW, 2024, 270; EuGH, Urt. v. 14. 12. 2023 – C-340/21, ZD, 2024, 150; EuGH, Urt. v. 4. 9. 2025 – C-655/23, NJW, 2025, 3137 bei „negativen Gefühlen".

Praxisbeispiele zur Umsetzung der Anforderungen des Datenschutzes

Bürgerportal: Online-Antragsservice, Kontext: Digitale Antragstellung (z. B. Meldebescheinigung, Kita-Anmeldung), Compliance-Check:

- Rechtsgrundlage: Art. 6 Abs. 1 lit. e DSGVO (Wahrnehmung öffentlicher Aufgaben), Grundsätze nach Art. 5 DSGVO beachten.
- Transparenz: Online-Datenschutzhinweise (Art. 13, 14 DSGVO), verständlich und vollständig.
- Dokumentation: Aufnahme als eigene Verarbeitungstätigkeit (Art. 30 DSGVO) inkl. Löschfristen und Empfängerkategorien.
- TOM/IT-Sicherheit: Verschlüsselung, Protokollierung, Rollen-/Berechtigungsmanagement nach Art. 32 DSGVO, BSI-IT-Grundschutz.

Sozialamt: Bearbeitung von Leistungsanträgen (mit Gesundheitsdaten), Kontext: Prüfung von Leistungsberechtigungen, z. B. Hilfe zur Pflege, Compliance-Check:

- Besondere Kategorien von Daten: Art. 9 DSGVO, nationale Präzisierung (§ 22 BDSG, geeignete Garantien, Zweckbindung).
- Rechtsgrundlage: Regelmäßig Art. 6 Abs. 1 lit. c, e DSGVO i. V. m. SGB XII.
- DSFA: Bei umfangreicher Verarbeitung besonderer Kategorien, vorab DSFA (Art. 35 Abs. 3 lit. b DSGVO, Orientierung über Muss-Listen der Aufsichten).
- TOM: Protokollierung, Transport- und Speicher-Verschlüsselung (Art. 32 DSGVO; BSI-Bausteine: CON.2 Datenschutz, OPS.1.1.5 Protokollierung (https://www.bsi.bund.de/SharedDocs/Downloads/DE/BSI/Grundschutz/IT-GS-Kompendium_Einzel_PDFs_2023/04_OPS_Betrieb/OPS_1_1_5_Protokollierung_Edition_2023.pdf?__blob=publicationFile&v=3)).

Kommunale Videoüberwachung: Implementierung im Rathaus/Publikumsbereich, Kontext: Schutz vor Vandalismus, Zugangssicherheit, Compliance-Check:

- Rechtsgrundlage: Art. 6 Abs. 1 lit. e DSGVO i. V. m. § 4 BDSG (öffentlich zugängliche Räume; strikte Voraussetzungen und Hinweispflichten).

- DSFA: systematische Überwachung öffentlich zugänglicher Bereiche, Art. 35 Abs. 3 lit. c DSGVO; Muss-Listen beachten.
- TOM: Kurze Speicherfristen, klare Zugriffskontrollen, technische Abschottung (Art. 32 DSGVO; BSI-Bausteine: OPS.1.1.5 Protokollierung).

Praxishinweis:
Die Behörde muss daher in diesem Zusammenhang mit optimierten Prozessen jederzeit im Verwaltungsalltag gewährleisten, dass dem Schutz vertraulicher Informationen und Daten angemessen entsprochen wird, z. B. durch die Anonymisierung personenbezogener Daten. Im Hinblick auf die erforderliche Datensparsamkeit und Zweckbindung sind nur erforderliche Daten zu erheben und zu verarbeiten. Vor einer Zweckänderungen ist eine Rechtsgrundlagen- und Interessenprüfung zu dokumentieren. Weiterhin sind Transparenz und Betroffenenrechte zu wahren. Die Informationspflichten nach Art. 13, 14 DSGVO auf Auskunft, Löschung und Einschränkung sind fristgerecht umzusetzen und die Prozesse revisionsfest zu gestalten. Regelmäßige Sensibilisierungen und Kontrollen (Vier-Augen-Prinzip, Datenschutzschulungen), gestützt durch die BSI-Handreichungen, sollten gewährleitet werden. Melde- und Benachrichtigungsprozesse für Datenschutzverletzungen nach Art. 33, 34 DSGVO sollten vorgehalten und technisch integriert werden.

Datenschutz-Compliance in der Verwaltung ist keine Formalie, sondern integraler Bestandteil guter Verwaltungsführung. Der Verwaltung muss es gelingen, die Grundsätze nach Art. 5 DSGVO, die Rechtsgrundlagenprüfung nach Art. 6 DSGVO, die Dokumentation nach Art. 30 DSGVO, das Risiko- und Sicherheitsmanagement nach Art. 32, 35 DSGVO und die Rolle des DSB (vgl. Art. 37 DSGVO, §§ 5 bis 7 BDSG) konsequent zu verzahnen und operativ mit BSI-/ISO-Standards zu unterlegen. Dies schafft Rechtssicherheit, minimiert die Haftungs- und Reputationsrisiken und stärkt das Vertrauen der Gesellschaft und der Bürger in die öffentliche Verwaltung.

8. Verwaltungsdigitalisierung

Der öffentliche Dienst befindet sich seit 2014 in der Umsetzung der Digitalen Agenda. Zielsetzung ist, die Behörden zu digitalisieren, um eine nutzerfreundlichere sowie einfachere Verwaltung zu etablieren, die zudem orts- und zeitunabhängig für alle Bürger und Unternehmen erreichbar ist.[95] Die EU hat ein einheitliches Regelwerk zum Angebot von digitalen Dienstleistungen geschaffen. So bildet das Gesetz über Digitale Dienste (DSA)[96] und das Gesetz über den Digitalen Markt (DMA)[97] ein einheitliches Regelwerk, das in der gesamten EU gilt. Damit soll ein sicherer digitaler Raum geschaffen werden, in dem die Grundrechte aller Nutzer digitaler Dienste geschützt sowie gleiche Wettbewerbsbedingungen für die Förderung von Innovation, Wachstum und Wettbewerbsfähigkeit gewährleistet sind. Art. 1 Abs. 1 DMA grenzt mit der Bezugnahme auf „Märkte im digitalen Sektor" den sachlichen Anwendungsbereich ein. Der „digitale Sektor" ist in Art. 2 Nr. 4 DMA legal sehr weit definiert. Er umfasst danach „alle Produkte und Dienstleistungen, die durch Dienste der Informationsgesellschaft" i. S. v. Art. 1 Abs. 1 lit. b der RL (EU) 2015/1535 bereitgestellt werden". Schutzobjekte sind neben den Anbietern von Diensten im digitalen Sektor nach Art. 2 Nr. 21 DMA gewerbliche Nutzer und nach Art. 2 Nr. 20 DMA die Endnutzer solcher Dienste; umfasst werden jeweils natürliche und juristische Personen.[98]

Die EU-Kommission hat sogenannte Gatekeeper benannt, die einige der größten und einflussreichsten Technologiekonzerne repräsentieren und bestimmte Schwellenwerte vom Umsatz und der Marktkapitalisierung erfüllen. Diese Unternehmen müssen gemäß dem DMA spezifische Betriebs- und Compliance-Anforderungen erfüllen. Das DMA-Gesetz betrifft aber auch Drittunternehmen, die die Plattformen und Dienste der Gatekeeper z. B. zu Werbezwecken nutzen. Betroffen sind vor allem Online-Vermittler und Plattformen wie z. B. Online-Marktplätze, soziale Netzwerke, Content-Sharing-Plattformen, App-Stores und Online-Reise- und Unterkunftsplattformen. Es findet sich eine Legaldefinition des Begriffs „Online-Marktplatz" in § 312l Abs. 2 BGB.

---

95 *BMI* (2023), Verwaltungsdigitalisierung.

96 VO (EU) 2022/2065, ABl. 2022, OJ L 277.

97 VO (EU) 2022/1925, ABl. 2022, L 265/1.

98 *Käseberg/Gappa* in: Podszun, Digital Markets Act: Gesetz über digitale Märkte, Art. 1 Rn. 8.

§

§ 312l Abs. 2 BGB:

Online-Marktplatz ist ein Dienst, der es Verbrauchern ermöglicht, durch die Verwendung von Software, die vom Unternehmer oder im Namen des Unternehmers betrieben wird, einschließlich einer Webseite, eines Teils einer Webseite oder einer Anwendung, Fernabsatzverträge mit anderen Unternehmern oder Verbrauchern abzuschließen.

Praxishinweis:

Behörden, die ihre Dienste digital über Online-Plattformen anbieten, sollten sich an den Regelungen des DMA orientieren, um das Image und das Vertrauen der Bürger, Versicherten und Unternehmen durch mehr Transparenz in Bezug auf den Datenschutz zu stärken, auch wenn der DMA sie nicht unmittelbar betrifft.

Eine weitere Rechtsquelle stellt die NIS-2-Richtlinie dar.[99] Diese verpflichtet die Mitgliedstaaten, ein hohes gemeinsames Cybersicherheitsniveau herzustellen und enthält dazu u. a. Vorgaben zu Governance, Risikomanagement, Meldepflichten und Aufsicht. Die Richtlinie wurde mit Veröffentlichung im Amtsblatt der EU am 27. Dezember 2022 erlassen und ist seit dem 16. Januar 2023 in Kraft.

Die europäische NIS-2-Richtlinie ist damit die zentrale Gesetzgebung zur Cybersicherheit in der EU. Sie umfasst Vorschriften zur Integration von Maßnahmen, die ein hohes gemeinsames Gesamtniveau der Cybersicherheit in der EU sicherstellen sollen, um dadurch das Funktionieren des Binnenmarkts zu verbessern. Diese Richtlinie gilt sowohl für öffentliche Einrichtungen (Behörden) als auch für private Unternehmen und Institutionen bei Fragen zur Cyber- und Informationssicherheit. Explizit eröffnet die Richtlinie in Art. 2 lit. f den Anwendungsbereich auch auf die Einrichtungen der öffentlichen Verwaltung gemäß nationalem Recht, die nach einer risikobasierten Bewertung Dienste erbringen, deren Störung erhebliche Auswirkungen auf kritische, gesellschaftliche oder wirtschaftliche Tätigkeiten haben könnte. Die öffentliche Verwaltung wird im Anhang 1 als kritischer Sektor mit hoher sicherheitsrelevanter IT-Infrastruktur eingestuft.

[99] RL (EU) 2022/2555; ABl. 2022, L 333/81.

Deutschland hat diese Vorgaben mit dem „Gesetz zur Umsetzung der NIS-2-Richtlinie und zur Regelung wesentlicher Grundzüge des Informationssicherheits-Managements in der Bundesverwaltung" in nationales Recht überführt.[100] Das Gesetz modernisiert das seit 2009 bestehende Gesetz über das Bundesamt für Sicherheit in der Informationstechnik (BSI-Gesetz – BSIG) und etabliert – neben erweiterten Pflichten für „wichtige" und „besonders wichtige Einrichtungen" – klare ISMS-Grundzüge für die Bundesverwaltung. Die Neufassung ist zum 6. Dezember 2025 in Kraft getreten.

§ 28 BSIG ist die Zentralnorm für die Einordnung als besonders wichtige Einrichtung. In diesem Zusammenhang regelt § 28 Abs. 1 Nr. 1 BSIG, dass Betreiber kritischer Anlagen als **besonders wichtige Einrichtungen** gelten. Nach Inkrafttreten des „Dachgesetzes zur Stärkung der physischen Resilienz kritischer Anlagen" (KRITISDachG) zum 17. März 2026 wird zur begrifflichen Klarstellung auf die im KRITISDachG enthaltenen Legaldefinitionen verwiesen (vgl. z. B. § 2 Nr. 22 BSIG):

- § 2 Nr. 1 KRITISDachG: „Betreiber kritischer Anlagen" ist eine natürliche oder juristische Person oder eine rechtlich unselbstständige Organisationseinheit einer Gebietskörperschaft, die unter Berücksichtigung der rechtlichen, wirtschaftlichen und tatsächlichen Umstände bestimmenden Einfluss auf eine oder mehrere kritische Anlagen ausübt (1. Halbsatz).
- § 2 Nr. 2 KRITISDachG: Eine „Anlage" ist eine Betriebsstätte, sonstige ortsfeste Installation, Maschine, Gerät und sonstige ortsveränderliche technische Installation.
- § 2 Nr. 3 KRITISDachG: Eine „kritische Anlage" ist eine Anlage, die für die Erbringung einer kritischen Dienstleistung erheblich ist.
- § 2 Nr. 4 KRITISDachG: Eine „kritische Dienstleistung" ist eine Dienstleistung zur Versorgung der Allgemeinheit in den Sektoren Energie, Transport und Verkehr, Finanzwesen, Leistungen der Sozialversicherung sowie Grundsicherung für Arbeitsuchende, Gesundheitswesen, Wasser, Ernährung, Informationstechnik und Telekommunikation, Weltraum oder Siedlungsabfallentsorgung, deren Ausfall oder Beeinträchtigung zu erheblichen

[100] BT-Drs. 21/2782; BGBl. 2025 I Nr. 301.

Versorgungsengpässen oder zu Gefährdungen der öffentlichen Sicherheit führen würde.

In § 28 Abs. 2 BSIG findet sich der Geltungsbereich zur Einordnung als **wichtige Einrichtung**. Darunter fallen z. B. gemäß § 28 Abs. 2 Nr. 1 BSIG sog. Vertrauensdiensteanbieter. Zur Definition des Begriffs „Vertrauensdienst" wird gemäß § 2 Nr. 43 BSIG auf Art. 3 Nr. 16 und für den Begriff „Vertrauensdiensteanbieter" auf Art. 3 Nr. 19 der Verordnung (EU) Nr. 910/2014 verwiesen.

Die betroffenen Unternehmen und Organisationen müssen sich grundlegend mit den Themen Cyber-Risiko-Management, Kontrolle und Überwachung sowie Umgang mit Zwischenfällen und Geschäftskontinuität befassen. Das novellierte BSIG verlangt besondere Anforderungen an die Risikomanagementmaßnahmen von Betreibern kritischer Anlagen. Darunter fallen besondere Melde-, Registrierungs-, Nachweis- und Unterrichtungspflichten (vgl. die §§ 30 ff. BSIG). Die Geschäftsleitungen dieser Einrichtungen unterliegen ebenfalls besonderen Umsetzungs-, Überwachungs- und Schulungspflichten. Werden die Anforderungen an die Umsetzung und Überwachung der Risikomanagementmaßnahmen nach § 38 Abs. 1 BSIG durch die Geschäftsleitungen verletzt, haften sie gemäß § 38 Abs. 2 BSIG gegenüber ihrer Einrichtung für einen schuldhaft verursachten Schaden nach den auf die Rechtsform der Einrichtung anwendbaren Regeln des Gesellschaftsrechts. Wer eine im BSIG genannte Maßnahme nicht, nicht richtig, nicht vollständig oder nicht rechtzeitig ergreift, wird mit einem Bußgeld nach § 65 BSIG bestraft.

Die Bundesregierung hebt dabei insbesondere die einheitlichen IT-Sicherheitsstandards für Behörden, die aufsichtliche Begleitung durch das BSI sowie ein zentrales Rollen- und Melderegime hervor. Für regulierte Einrichtungen gilt ein neues dreistufiges Incident-Meldesystem, vgl. § 32 BSIG: (1) Erstmeldung binnen 24 Stunden, (2) Update binnen 72 Stunden und (3) Abschlussbericht binnen 30 Tagen; zugleich besteht eine Registrierungspflicht bei der gemeinsamen Registrierungsstelle von BSI/BBK (grundsätzlich innerhalb von 3 Monaten ab erstmaliger Betroffenheit).

Praxishinweis:

Spätestens ab Herbst 2024 sind Vorstände und Geschäftsführungen von Betreibern kritischer Anlagen gefordert, sich auf neue Compliance-Pflichten einzustellen und die IT-Infrastruktur umfassend und nachweisbar gegen Cyberangriffe abzusichern. Um die IT-Infrastruktur resilient aufzustellen, benötigen Unternehmen und Behörden präventive Maßnahmen und sollten nicht am Sicherheitsbudget sparen. Dazu gehören z. B. regelmäßige Software-Updates, Einsatz von sicherheitszertifizierter Software, Einsatz von Firewalls, Schutz der beruflich genutzten Endgeräte, Verschlüsselung von E-Mails, Notfallpläne bei Hackerangriffen, Etablierung eines IT-Risikomanagementsystems sowie eine gute Dokumentation. Aus Sicht der Compliance ist für den Verwaltungsalltag ein schrittweises Vorgehen angezeigt:

- *Betroffenheitsprüfung und Registrierung als wichtige/besonders wichtige Einrichtung.*
- *Governance-Festlegung (Leitungsorgane, Verantwortlichkeitsmatrix) mit Schulung und Überwachungspflichten der Leitungsebene.*
- *Risikomanagement (Identifikation, Bewertung, Behandlung) einschließlich Lieferketten-Sicherheit und Schwachstellenmanagement, Notfallmanagement und Zugriffsschutz (z. B. Protokollierung).*
- *Technisch organisatorische Maßnahmen nach IT-Grundschutz (Standardabsicherung, ergänzende Risikoanalyse) mit kontinuierlicher Verbesserung (PDCA-Zyklus) und internen Audits.*
- *Melde- und Dokumentationsprozesse (24/72/30) mit klaren Auslösekriterien, forensischer Sicherung und revisionssicherer Nachweisführung.*

Unter Compliance-Gesichtspunkten empfiehlt sich die konsequente Verankerung eines Informationssicherheits-Managementsystem (ISMS) im Führungssystem mit Leitlinien, Zielen und Kennzahlen, die Verzahnung mit IT-Konsolidierung und die frühzeitige Etablierung eines registrierungs- und meldesicheren Betriebs, um sowohl aufsichtsrechtliche Anforderungen als auch verwaltungsinterne Steuerung nachhaltig zu erfüllen und die Resilienz der IT-Infrastruktur der Behörden in der Bundesverwaltung messbar zu erhöhen.

9. Nachhaltigkeit in der öffentlichen Verwaltung

Die EU hat sich bis 2050 mit dem *Green Deal* einer neuen Wachstumsstrategie verpflichtet. Die Zielstellung ist, innerhalb der EU eine moderne, ressourcenschonende und wettbewerbsfähige Wirtschaft mit einem einheitlichen europäischen Standard umzusetzen. Es geht um nachhaltiges Wachstum. Damit das Ziel erreicht werden kann, ist eine Voraussetzung, dass Unternehmen bestimmte Kategorien relevanter, vergleichbarer und zuverlässiger Nachhaltigkeitsinformationen offenlegen. Im Zuge der Umsetzung des *Green Deals* zur Finanzierung nachhaltigen Wachstums haben das Europäische Parlament und der Rat der Europäischen Union eine Reihe von Rechtsakten angenommen.[101] Die EU-Richtlinie 2022/2464 des Europäischen Parlaments und des Rates der Europäischen Union vom 14. Dezember 2022 verpflichten die Unternehmen nach den §§ 289b, 289c HGB zu einer nicht finanziellen Erklärung aufgrund der gestiegenen Nachfrage nach Nachhaltigkeitsinformationen von kleinen und mittleren Unternehmen zur Nachhaltigkeitsberichterstattung und Corporate Sustainability Reporting Directive (CSRD). Die Standards legt Art. 29b der EU-Richtlinie fest. Den weiten Anwendungsbereich bestimmt die EU-Richtlinie 2013/34/EU in Art. 2 mit „Unternehmen von öffentlichem Interesse".[102] Danach sind z. B. Unternehmen, dessen Wertpapiere zum Handel an einem geregelten Markt in der EU zugelassen sind, Kreditinstitute und Versicherungsnehmen sowie Beteiligungen, d. h. Anteile an anderen Unternehmen umfasst. Die Schwellenwerte für kleine und große Unternehmen bemessen sich i. S. d. Art. 3 Abs. 2 und 3 der Richtlinie 2013/34/EU. Mit der Ausweitung des Anwendungsbereichs stellt die EU-Richtlinie 2022/2464 (CSRD) zur Fortentwicklung der Nachhaltigkeitsberichterstattung auch die Unternehmen der öffentlichen Hand vor neue Herausforderungen.[103] Nach einer Einschätzung des IDW von 2022 gilt die Pflicht zur Abgabe einer nicht finanziellen Erklärung auch für kleine und mittelgroße Unternehmen der öffentlichen Hand in privatrechtlicher Form wie z. B. für öffentlich-rechtliche Organisationsformen (Landesbetriebe, Eigenbetriebe, Zweckverbände, Anstalten des öffentlichen Rechts, Hochschulen und andere Körperschaften

---

[101] RL (EU) 2022/2464, ABl. 2022, L 322/15.

[102] RL (EU) 2013/34, ABl. 2013, L 182/19.

[103] RL (EU) 2022/2464, ABl. 2022, L 322/15.

des öffentlichen Rechts oder Stiftungen), es sei denn, das jeweilige Landesrecht sieht Ausnahmen vor.[104]

Nach der CSRD beinhaltet eine qualitativ hochwertige Nachhaltigkeitsberichterstattung die Offenlegung von Umweltfaktoren wie z. B. Klimaschutz und Treibhausgasemissionen, Ressourcennutzung und die Kreislaufwirtschaft, aber auch die Offenlegung von Sozial- und Menschenrechtsfaktoren wie z. B. die Gleichbehandlung und Chancengleichheit aller Beschäftigter. Zudem die Offenlegung von Governance-Faktoren, die Rolle der Verwaltungs-, Leitungs- und Aufsichtsorgane des Unternehmens im Zusammenhang mit Nachhaltigkeitsaspekten und ihre Zusammensetzung sowie die Hauptmerkmale der internen Kontroll- und Risikomanagementsysteme des Unternehmens. Die Berichtspflichten treten zeitlich gestaffelt vom 1. Januar 2024 bis zum 1. Januar 2028 in Kraft.

Alle großen Kapitalgesellschaften wie GmbH und AG sind demnach unmittelbar verpflichtet, ab dem 1. Januar 2026 die Nachhaltigkeitsberichte für das Geschäftsjahr 2025 abzugeben. Die Regelung greift mittelbar auch für die anderen Unternehmen der öffentlichen Hand (z. B. für Landesbetriebe, kommunale Unternehmen oder Unternehmen auf Bundesebene in der Rechtsform einer GmbH oder AG) zum selben Zeitpunkt, also auch für das Geschäftsjahr 2025. Gleichzeitig ergibt sich über Beteiligungen eine mittelbare Verpflichtung für kleine und mittelgroße Unternehmen der öffentlichen Hand in privatrechtlicher Form auf Bundes-, Landes- und kommunaler Ebene, es sei denn, es greifen gesetzliche Ausnahmen.

Die Umsetzung der CSRD-Richtlinie in deutsches Recht erfolgt über das CSRD-Umsetzungsgesetz mit punktuellen Änderungen im HGB, insbesondere in den §§ 289b ff., 315b ff., das eine 1:1-Umsetzung der europäischen Vorgaben vorsieht und die sog. „Stop-the-Clock"-Änderungsrichtlinie (EU) 2025/794 sowie laufende Omnibus-Entlastungen politisch flankiert.[105] Damit wird die Nachhaltigkeitsberichterstattung als eigener Abschnitt des Lageberichts etabliert, inhaltlich nach den European Sustainability Reporting Standards

---

[104] Vgl. *Eulner/Sack*, Nachhaltigkeitsberichterstattung öffentlicher Unternehmen: Mittelbare Auswirkungen der Corporate Sustainability Reporting Directive, S. 3.

[105] *BMJ* (2025), CSRD-Umsetzungsgesetz: (RefE 10. 7. 2025, RegE 3. 9. 2025) mit Änderungen u. a. in den §§ 289b ff., §§ 315b ff. HGB.

(ESRS) der Delegierten Verordnung (EU) 2023/2772.[106] Für die Bundesverwaltung ist bedeutsam, dass juristische Personen der öffentlichen Hand in privatrechtlicher Rechtsform (z. B. KMU) bei Erfüllung der Größenkriterien unmittelbar berichtspflichtig sind. Kleinere öffentliche Unternehmen können mittelbar durch Errichtungsgesetze, Landesrecht, Satzungen oder Gesellschaftsverträge erfasst sein.[107] Unter Compliance-Gesichtspunkten ist im Verwaltungsalltag die Beteiligungsverwaltung und die Fachaufsicht so auszugestalten, dass die betroffenen Bundes- bzw. Landesbeteiligungen fristgerecht prüfungssichere Nachhaltigkeitsberichte zeitgleich mit der Mandatierung des Abschlussprüfers oder des Prüfungsausschusses vorlegen. Zugleich betonen Bundesregierung und Bundesrat eine schlanke Umsetzung und Entlastungen. Ziel ist die Konzentration auf sehr große Unternehmen und die Vermeidung überzogener Berichtspflichten.

Praxishinweis:

Ist das öffentliche Unternehmen keine Kapitalgesellschaft, erfordert es eine detaillierte Analyse der speziellen Organisationsformen im öffentlichen Sektor wie z. B. Anstalten öffentlichen Rechts und Eigenbetriebe. Falls die Satzung einer kommunalen Anstalt öffentlichen Rechts oder eines Eigenbetriebes spezifisch die Erstellung eines Lageberichts fordert und die Nachhaltigkeitsberichterstattung nicht explizit ausschließt, kann sich eine mittelbare Verpflichtung zur Nachhaltigkeitsberichterstattung nach CSRD ergeben. Proaktiv sollte eine Ausnahme zur mittelbaren Verpflichtung und eine evtl. Modifizierung zur Nachhaltigkeitsberichterstattung für öffentliche Unternehmen z. B. in den Landesgesetzen geprüft werden. Damit sollten Organisationen im öffentlichen Dienst die eigene Satzung und den eigenen Gesellschaftsvertrag sowie gesetzliche Ausnahmen genau überprüfen und zunächst klären, ob eine mittelbare Verpflichtung zur Einhaltung der CSRD besteht.[108]

---

[106] Delegierte VO (EU) 2023/2772, ABl. 2023, L 2772.

[107] *IDW* (2024), Künftige Pflicht zur Nachhaltigkeitsberichterstattung von Unternehmen der öffentlichen Hand, S. 2.

[108] Vgl. *Eichhoff*, Die Anwendung der CSRD für öffentliche Unternehmen – nichts Genaueres weiß man nicht, zuletzt geprüft am 1. 11. 2024.

10. Klimaschutz

Art. 20a GG verpflichtet den Staat zum Klimaschutz.[109] Dies zielt auch auf die Herstellung von Klimaneutralität. Das BVerfG führt in einem Beschluss von 2021 aus, dass der Klimaschutz zwar keinen unbedingten Vorrang gegenüber anderen Belangen genießt, sondern im Konfliktfall in einen Ausgleich mit anderen Verfassungsrechtsgütern und Verfassungsprinzipien zu bringen ist. Es bleibt aber zu beachten, dass das relative Gewicht des Klimaschutzgebots in der Abwägung bei fortschreitendem Klimawandel weiter zunimmt. Dabei schließt der Schutz des Lebens und der körperlichen Unversehrtheit nach Art. 2 Abs. 2 Satz 1 GG auch den Schutz vor Beeinträchtigungen grundrechtlicher Schutzgüter durch Umweltbelastungen ein. Dem Gesetzgeber wird damit eine besondere Sorgfaltspflicht auferlegt, zugunsten künftiger Generationen belastbare Hinweise auf die Möglichkeit gravierender oder irreversibler Beeinträchtigungen zu berücksichtigen.[110] Das BVerfG sieht dem Gesetzgeber mit Art. 20a GG eine permanente Pflicht aufgegeben, das Umweltrecht den neuesten Entwicklungen und Erkenntnissen in der Wissenschaft anzupassen.[111]

Dieser Beschluss des BVerfG war zwar bezüglich der Anerkennung einer besonderen Sorgfaltspflicht des Gesetzgebers zugunsten künftiger Generationen vielversprechend, ist aber auch Jahre nach dem Urteil vom Gesetzgeber und der Exekutive nur unzureichend im Hinblick auf die Umsetzung eines effektiven Klimaschutzes beachtet worden. So wurden z. B. in den beiden Sektoren Verkehr und Gebäude die im Bundes-Klimaschutzgesetz (KSG)[112] vorgegebenen Reduktionsziele von Treibhausemmissionen im Jahr 2021 verfehlt.[113] § 3 KSG sieht eine Klimaneutralität für Deutschland mit Begrenzung von Treibhausgasemissionen bis 2045 vor. Nach dem Jahr 2050 sollen negative Treibhausgasemissionen erreicht werden. Zweck des KSG ist es, die Erfüllung der nationalen Klimaschutzziele sowie die Einhaltung der europäischen Zielvorgaben zu gewährleisten. Die ökologischen, sozialen und ökonomischen Folgen sollen dabei Berücksichtigung finden. Das Ziel soll nach § 15 Abs. 2 KSG insbeson-

---

[109] Art. 20a eingef. BGBl. 1994 I S. 3146, zuletzt geändert BGBl. 2002 I S. 2862.
[110] BVerfG, Beschl. v. 24. 3. 2021 – 1 BvR 2656/18, NJW, 2021, 1723.
[111] BVerfG, Beschl. v. 24. 3. 2021 – 1 BvR 2656/18, NJW, 2021, 1723, Rn. 212.
[112] BGBl. 2019 I S. 2513, zuletzt geändert BGBl. 2024 I Nr. 235.
[113] Expertenrat für Klimafragen (2023), zuletzt geprüft am 24. 8. 2024, S. 98, 105.

dere durch folgende Maßnahmen erreicht werden: Einsparung von Energie durch die effiziente Bereitstellung, Umwandlung, Nutzung und Speicherung sowie durch die effiziente Nutzung erneuerbarer Energien und die Wahl möglichst klimaschonender Verkehrsmittel. Dabei ist auf die effiziente Nutzung natürlicher Ressourcen zu achten. Der Expertenrat für Klimafragen befürchtet aber insbesondere im Verkehrssektor eine deutliche Überschreitung der für 2030 definierten Emissionsmenge.

Ein gesetzlicher Hinweis zum Thema Nachhaltigkeit und Umweltschutz findet sich im Bundesreisekostengesetz (BRKG).[114] So ist der Anspruch auf Reisekostenvergütung der Beamten des Bundes, der Richter und der Soldaten nach § 3 Abs. 1 BRKG 2021 mit einem Satz 2 ergänzt worden: Werden Dienstreisen umweltverträglich und nachhaltig durchgeführt, sind die dadurch entstehenden notwendigen Kosten zu erstatten, soweit sie in angemessenem Verhältnis zu den Zielen der Umweltverträglichkeit und Nachhaltigkeit stehen. In den Konkretisierungen der Verwaltungsvorschrift zum Bundesreisekostengesetz (BRKGVwV)[115] wird ergänzt, dass bei der Anordnung oder Genehmigung einer Dienstreise neben den Grundsätzen der Wirtschaftlichkeit und Sparsamkeit sowie der Fürsorge auch die Grundsätze der Umweltverträglichkeit und Nachhaltigkeit zu berücksichtigen sind. Nach der BRKGVwV werden in die notwendigen Reisekosten auch die Kosten miteinbezogen, die durch umweltverträgliches und nachhaltiges Reisen entstehen. Benutzen Dienstreisende Verkehrsmittel, die insbesondere zur Reduzierung von Treibhausgasemissionen beitragen, z. B. durch Nutzung der Bahn oder Übernachtung in umweltfreundlichen Hotels, so sind die dadurch entstehenden Kosten erstattungsfähig.[116] Der persönliche Anwendungsbereich des BRKG kann durch tarifvertragliche Regelungen erweitert werden. So ist das BRKG für die Tarifbeschäftigten der gewerblichen Berufsgenossenschaften nach § 25a Abs. 1 BG-AT[117] entsprechend anwendbar.

Es finden sich mittlerweile einige gesetzliche Regelungen, die den öffentlichen Dienst und seine Beschäftigten mittelbar oder unmittelbar dazu verpflichten, die Themen Nachhaltigkeit und Klima-

[114] BGBl. 2005 I S. 1418, zuletzt geändert BGBl. 2021 I S. 2250.
[115] GMBl. 2013, S. 1258, zuletzt geändert GMBl. 2022 Nr. 43, S. 976.
[116] GMBl. 2013, S. 1258, zuletzt geändert GMBl. 2022 Nr. 43, S. 976.
[117] BG-AT i. d. F. des 18. ÄTV v. 22. 4. 2023.

schutz bewusst anzugehen und das Aufgabenspektrum des öffentlichen Dienstes aufzunehmen. Das Bewusstsein, dass der öffentliche Dienst hier eine Vorbildrolle einnehmen müsste, um die selbst gesteckten Klimaziele zu erreichen, muss gestärkt werden.

Praxishinweis:

Die Behörden in der öffentlichen Verwaltung sollten ihr Reisemanagement und das Genehmigungsverfahren von Dienstreisen entsprechend anpassen und auf die Nutzung öffentlicher Verkehrsmittel und der Bahn bevorzugt hinweisen. Unabhängig von gesetzlichen Vorschriften sollten die Dienstbehörden den Beschäftigten eine entsprechende Ladeinfrastruktur für E-Bikes und E-Autos auf eigenen Parkplätzen anbieten. Viele Behörden im öffentlichen Dienst haben mittlerweile auch ihre Fahrzeugflotte auf E-Fahrzeuge umgerüstet.

Mit der Neufassung 2023 enthält auch der PCGK Empfehlungen zur nachhaltigen Unternehmensführung und zur Nachhaltigkeitsberichterstattung.[118] Der PCGK gilt unmittelbar für Unternehmen, an denen der Bund mehrheitlich beteiligt ist (vgl. § 65 BHO) und die nicht börsennotiert sind. Die Unternehmen erklären jährlich im Corporate-Governance-Bericht, dass sie den Empfehlungen folgen, oder sie legen dar, in welchen Punkten sie abweichen (sog. Mechanismus des „comply or explain"). Der Bericht soll auch eine Aussage zur Nachhaltigkeitsberichterstattung des Unternehmens beinhalten. Unternehmen mit mehrheitlicher Beteiligung des Bundes sollen einen Nachhaltigkeitsbericht entsprechend dem Deutschen Nachhaltigkeitskodex (DNK)[119] auch zu Aspekten der Menschenrechte abgeben, sofern keine gesetzlichen Vorgaben gelten.[120] Sofern das Unternehmen nicht gesetzlich zur Erstellung eines Nachhaltigkeitsberichts i. S. d. Gesetzgebung, auf Grundlage der CSRD oder einer ihr nachfolgenden Gesetzesregelung verpflichtet ist, erstellt das Unternehmen einen Nachhaltigkeitsbericht i. S. v. Ziff. 8.1.3 PCGK. Das beteiligungsführende Bundesministerium wirkt dabei darauf hin, dass das Unternehmen einen Nachhaltigkeitsbericht nach dem DNK erstellt, sofern keine gesetzlichen Vorgaben greifen.

---

118 GMBl. 2024, S. 250.
119 *DNK* (2024), Deutscher Nachhaltigkeitskodex, zuletzt geprüft am 21. 8. 2024.
120 GMBl. 2024, S. 250, Ziff. 8.1.3.

Zusammenfassend wird deutlich, dass trotz des Fehlens gesetzlicher Vorgaben für die Schaffung von Compliance-Strukturen in den Behörden im öffentlichen Dienst ein weit verzweigtes gesetzliches Rahmenwerk existiert, welches unmittelbar und mittelbar auf compliante Einhaltung hinwirkt. Zwei Themen haben in den letzten Jahren an Bedeutung gewonnen: Einerseits die Beachtung des Daten- und Cyberschutzes und andererseits gewinnt vor dem Hintergrund der Bekämpfung des Klimawandels die Nachhaltigkeit und das Umweltbewusstsein im Verwaltungsalltag im öffentlichen Dienst immer mehr an Bedeutung. So muss sich der öffentliche Dienst als Vorbild gegenüber Wirtschaft und Gesellschaft, aber auch als Akteur, der selbst nachhaltig und klimabewusst handelt, verstehen.

III. Straf- und nebenstrafrechtliche Regelungen in der öffentlichen Verwaltung

III. Straf- und nebenstrafrechtliche Regelungen in der öffentlichen Verwaltung

1. Einleitung: Verfolgung von Pflichtverletzung

Neben der Zielsetzung von Compliance als Instrument der Prävention und der Vorbeugung von Korruption bezieht sich Compliance auch auf die Verhinderung, Aufklärung, Verfolgung und den Regress bei Straftaten, Ordnungswidrigkeiten sowie anderen Rechts- und Pflichtverletzungen während und außerhalb des Dienstes. Das betrifft, neben dem Schutz vor allgemeinen Straftaten wie Diebstahl (§ 242 StGB), Unterschlagung (§ 246 StGB), Betrug (§ 263 StGB) oder Untreue (§ 266 StGB), insbesondere den Schutz und die Verhinderung von Sonderdelikten, wie die sogenannten Amtsträgerdelikte nach den §§ 331 ff. StGB. Hier sind vor allem die Vorteilsannahme und Bestechlichkeit zu nennen.

Während die klassischen Vermögens- und Eigentumsdelikte wie Betrug (§ 263 StGB) und Diebstahl (§ 242 StGB) typischerweise auf eine unmittelbare Schädigung individueller Rechtsgüter gerichtet sind, schützen die Amtsträgerdelikte der §§ 331 ff. StGB primär das Vertrauen der Allgemeinheit in die Integrität und Funktionsfähigkeit der öffentlichen Verwaltung. Bei den klassischen Delikten steht damit regelmäßig ein Vermögensschaden oder eine Wegnahmehandlung im Vordergrund. Demgegenüber liegt der Unrechtsgehalt bei den Korruptionsdelikten in der unzulässigen Verknüpfung von Amtsausübung und Vorteilsgewährung.

Die §§ 331, 332 StGB bilden dabei den Kernbereich der strafrechtlichen Korruptionsbekämpfung. Sie erfassen unterschiedliche Tatbestände pflichtwidriger Einflussnahme auf staatliches Handeln und differenzieren vor allem nach dem Grad der Verknüpfung zwischen Vorteil und Diensthandlung. Für die Erfüllung der Bestechungsdelikte nach den §§ 332, 334 StGB ist ein zentrales Merkmal, dass sich die Unrechtsvereinbarung auf eine konkrete Diensthandlung beziehen muss, durch die der Täter seine dienstlichen Pflichten verletzt hat oder verletzen würde.[121] Die Pflichtwidrigkeit und damit die

[121] BGH, Urt. v. 14. 2. 2007 – 5 StR 323/06, NStZ-RR, 2008, 13 (14).

Rechtswidrigkeit der Diensthandlung ergibt sich daraus, dass die Diensthandlung gegen ein Gesetz, eine Rechtsverordnung, eine Verwaltungsvorschrift oder eine allgemeine bzw. konkrete dienstliche Weisung verstößt.[122]

2. Amtsträgereigenschaft i. S. d. § 11 Abs. 1 Nr. 2 StGB

Der Begriff des Amtsträgers ist in § 11 Abs. 1 Nr. 2 StGB legal definiert. Danach ist ein Amtsträger, wer nach deutschem Recht Beamter ist oder wer in einem sonstigen öffentlich-rechtlichen Amtsverhältnis steht oder sonst dazu bestellt ist, bei einer Behörde oder bei einer sonstigen Stelle oder in deren Auftrag Aufgaben der öffentlichen Verwaltung unbeschadet der zur Aufgabenerfüllung gewählten Organisationsform wahrnimmt. Beamte stehen zu ihrem Dienstherrn gemäß § 4 BBG in einem öffentlich-rechtlichen Dienst- und Treueverhältnis (Beamtenverhältnis). Nach § 5 BBG ist die Berufung in das Beamtenverhältnis nur zulässig zur Wahrnehmung hoheitsrechtlicher Aufgaben oder solcher Aufgaben, die aus Gründen der Sicherung des Staates oder des öffentlichen Lebens nicht ausschließlich Personen übertragen werden dürfen, die in einem privatrechtlichen Arbeitsverhältnis stehen. Voraussetzung für die Amtsträgereigenschaft ist damit die förmliche Ernennung mit einer Urkunde in ein Beamtenverhältnis, vgl. § 10 BBG. Mit der Begründung eines Beamtenverhältnisses auf Probe, auf Lebenszeit oder auf Zeit wird gemäß § 10 Abs. 3 BBG gleichzeitig ein Amt verliehen, das wiederum die Amtsträgereigenschaft begründet. Die Art und Qualität der den Beamten zugewiesenen Dienste sind unerheblich für die Amtsträgereigenschaft, wenn dem Beamten die Verrichtung der hoheitlichen Aufgabe nach den bestehenden Vorschriften übertragen worden ist. In der Literatur ist strittig, ob die Nichtigkeit der Ernennung (aufgrund formeller oder materieller Fehler) die Amtsträgereigenschaft im Strafrecht ex tunc entfallen lässt.[123] Nach § 11 Abs. 1 Nr. 2 lit. a StGB sind auch Richter Amtsträger und damit Adressaten strafrechtlicher Amtsträgerdelikte der §§ 331 ff. StGB. Entsprechend der Legaldefinition in § 11 Abs. 1 Nr. 3 StGB ist Richter, wer nach deutschem Recht Berufsrichter oder ehrenamtlicher Richter ist. Die Befähigung zum Richteramt bestimmt sich hierbei

[122] BGH, Urt. v. 23. 10. 2002 – 1 StR 541/01, NJW, 2003, 763 (765).
[123] *Böttger/Bischoff/Brockhaus*, Wirtschaftsstrafrecht, Kap. 5 Rn. 31–33.

nach § 5 DRiG. §§ 44 ff. DRiG umfassen neben den ehrenamtlichen Richtern auch Handelsrichter sowie Schöffen in Strafsachen.[124]

Die öffentlich-rechtlichen Amtsverhältnisse nach § 11 Abs. 1 Nr. 2 lit. b StGB sind öffentliche Ämter, die mit hoheitlichen Wahrnehmungszuständigkeiten ausgestattet sind. Darunter fallen z. B. der Bundeskanzler, der gemäß Art. 62 GG und § 1 BMinG ein Mitglied der Bundesregierung ist, der Bundespräsident sowie die Mitglieder der Bundesregierung. Nach § 1 BMinG stehen die Letztgenannten in einem öffentlich-rechtlichen Amtsverhältnis. Dies gilt gemäß § 1 Abs. 3 ParlStG auch für die Parlamentarischen Staatssekretäre.

III Eine weitreichende Unbestimmtheit des Amtsträgerbegriffes und damit einen umfangreichen Personenkreis umfasst der Gesetzgeber mit dem Wortlaut in § 11 Abs. 1 Nr. 2 lit. c StGB und der Formulierung: *„... wer sonst dazu bestellt ist, bei einer Behörde oder bei einer sonstigen Stelle oder in deren Auftrag Aufgaben der öffentlichen Verwaltung unbeschadet der zur Aufgabenerfüllung gewählten Organisationsform wahrzunehmen"*. Was eine „sonstige Stelle" i. S. d. Gesetzes ist, kann lediglich über die Fallgestaltung und Auslegung der Rechtsprechung bestimmt werden. Der BGH beurteilt als „sonstige Stellen" behördenähnliche Institutionen ohne Rücksicht auf ihre Organisationsform, die rechtlich dazu befugt sind, bei der Ausführung von Gesetzen und bei der Erfüllung öffentlicher Aufgaben mitzuwirken.[125] Die Rechtsprechung hat als Aufgaben der öffentlichen Verwaltung sowohl die Wahrnehmung hoheitlicher Aufgaben als auch die Ausübung von Diensten der staatlichen Daseinsvorsorge angesehen, die bestimmt sind, unmittelbar für die Daseinsvoraussetzungen der Allgemeinheit oder ihrer Mitglieder zu sorgen. Somit nimmt z. B. ein Sparkassenangestellter Aufgaben der öffentlichen Verwaltung in seiner Eigenschaft als Amtsträger wahr, wenn er für das behördenähnliche Geldinstitut eine Tätigkeit entfaltet, die in den Bereich des Agierens der Sparkasse als Kommunalbank fällt.[126] Nach der ständigen Rechtsprechung des BGH sind auch juristische Personen des Privatrechts der öffentlichen Hand als „sonstige Stellen" den Behörden gleichzustellen, wenn bei ihnen Merkmale vorliegen, die eine Gleichstellung rechtfertigen. Dies ist insbesondere dann der Fall, wenn sie bei ihrer Tätigkeit öffentliche

---

[124] *Böttger/Bischoff/Brockhaus*, Wirtschaftsstrafrecht, Kap. 5 Rn. 38.
[125] BGH, Beschl. v. 14. 1. 2009 – 1 StR 470/08, NStZ, 2009, 562.
[126] BGH, Beschl. v. 11. 12. 2019 – 5 StR 486/19, NStZ, 2020, 271.

Aufgaben wahrnehmen und bei einer Gesamtbewertung als „verlängerter Arm" des Staates erscheinen.[127]

Der persönliche Anwendungsbereich der Amtsträger ist somit sehr weit gefasst. Der Amtsträger muss bestellt sein, um hoheitliche Aufgaben wahrzunehmen. Die Amtsträgereigenschaft i. S. v. § 11 Abs. 1 Nr. 2 lit. c StGB kann somit lediglich durch einen Bestellungsakt begründet werden. Nach der Rechtsprechung des BGH ist die Bestellung eines Privaten zum Amtsträger gemäß § 11 Abs. 1 Nr. 2 lit. c StGB mit einer entweder über den einzelnen Auftrag hinausgehenden längerfristigen Tätigkeit oder mit einer organisatorischen Eingliederung in die Behördenstruktur verbunden. Nur dann kann für die Normadressaten deutlich werden, dass mit dem Auftrag auch besondere strafrechtliche Delikte einhergehen.[128] III

Praxishinweis:

Hier wird deutlich, dass Compliance im öffentlichen Dienst einige Besonderheiten zur Privatwirtschaft aufweist und die Diensthandlungen der Beschäftigten im öffentlichen Dienst unter besonderer Beachtung stehen. Nicht jeder Beschäftigte einer Sparkasse oder eines wirtschaftlichen privaten Unternehmens ist daher Amtsträger, maßgeblich bleiben die tatsächliche Wahrnehmung öffentlicher Verwaltungsaufgaben und die konkrete Organisationsstruktur. Seitens der Compliance ist eine rollenbasierte Klassifizierung (Amtsträger vs. „für den öffentlichen Dienst besonders Verpflichtete" i. S. v. § 11 Abs. 1 Nr. 4 StGB) zu etablieren und ggf. eine förmliche Verpflichtung vorzunehmen. Darauf bauen Schulungen, das Vier-Augen-Prinzip, Zuwendungs- und Geschenkeregeln sowie Meldewege für Interessenkonflikte auf, da die Qualifikation als Amtsträger u. a. die Korruptionsdelikte der §§ 331 bis 335 StGB sowie weitere Amtsdelikte auslöst und Sanktionsrisiken deutlich erhöht. Den Beschäftigten sollte mit Beginn ihrer Tätigkeit im öffentlichen Dienst die besondere Amtsträgerstellung bewusst gemacht werden und durch die genannten Schulungen und Trainings mit einschlägigen, alltäglichen Fallbeispielen und Situationen die erwünschte Verhaltensweise aufgezeigt werden.

---

127 BGH, Beschl. v. 31. 7. 2018 – 3 StR 620/17, JuS, 2019, 75 (77).

128 *Böttger/Bischoff/Brockhaus*, Wirtschaftsstrafrecht, Kap. 5 Rn. 55.

2.1 Amtsträgerdelikte (§§ 331 ff. StGB)

Alle Beschäftigungsgruppen im öffentlichen Dienst unterliegen als Amtsträger i. S. d. § 11 Abs. 1 Nr. 2 StGB bzw. für den öffentlichen Dienst besonders Verpflichtete i. S. d. § 11 Abs. 1 Nr. 4 StGB den strengen Strafvorschriften der Amtsdelikte nach den §§ 331 ff. StGB (Vorteilsannahme, Bestechlichkeit etc.). Nach der Rechtsprechung des BGH ist für die Begründung einer Amtsträgerstellung i. S. d. §§ 331 ff. StGB erforderlich, dass der Betreffende zum Amtsträger bestellt wurde. Die Bestellung ist von der bloßen privatrechtlichen Beauftragung zu unterscheiden. Sie setzt voraus, dass der Betreffende über den Einzelfall hinaus mit der Wahrnehmung öffentlicher Aufgaben betraut und in die behördliche Organisation eingebunden wird.[129] Fehlt es an den Voraussetzungen dieser besonderen Stellung, kommen nur die allgemeinen Delikte in Betracht wie z. B. § 299 StGB. Wie sich aus der Bezeichnung bereits herleiten lässt, engen die Amtsdelikte der §§ 331 ff. StGB den Kreis der tauglichen Täter auf den öffentlichen Dienst ein. Nach der BGH-Rechtsprechung kann z. B. das Anbieten oder Gewähren von Vorteilen für künftige Diensthandlungen an einen Amtsträger, der sich für ein anderes Amt bei demselben Dienstherrn bewirbt, dem Anwendungsbereich der Bestechungsdelikte unterfallen, wenn dem Vorteilsnehmer im Zeitpunkt der Tathandlung bereits allgemein aufgrund seiner Stellung ein weitreichender Aufgabenkreis zugewiesen ist. Der BGH entschied die Frage, inwieweit ein Amtsträger auch für eine künftige Diensthandlung, für die der Vorteil gewährt werden soll, zuständig sein muss.[130] Eine Diensthandlung liegt vor, wenn das Handeln zu den dienstlichen Obliegenheiten des Amtsträgers gehört und von ihm in dieser Eigenschaft wahrgenommen wird. Privathandlungen sind davon nicht erfasst.

Somit können Täter der Amtsdelikte nach den §§ 331 ff. StGB nur Personen sein, die zum Zeitpunkt der Tathandlung Amtsträger oder für den öffentlichen Dienst besonders Verpflichtete gemäß § 11 Abs. 1 Nr. 2 StGB sind.

Der BGH vertritt die Auffassung, dass die Lauterkeit des öffentlichen Dienstes und das Vertrauen der Allgemeinheit in diesen durch das Sich-versprechen-lassen von Vorteilen für eine künftige Dienstaus-

---

[129] BGH, Urt. v. 29. 8. 2007 – 5 StR 103/07, NStZ, 2008, 87; BGHSt 43, 96, 105; 46, 310, 313.

[130] BGH, Beschl. v. 1. 6. 2021 – 6 StR 119/21, NStZ, 2022, 114.

übung beeinträchtigt werden, da mit diesem Verhalten ein Anschein der Käuflichkeit öffentlicher Entscheidungen erweckt wird. Diesem Anschein sollen die Bestechungsdelikte entgegenwirken.[131] Beschäftigte im öffentlichen Dienst, die Straftaten begehen, beeinträchtigen das für die Ausübung des Berufes erforderliche Vertrauen ihres Dienstherrn und das Ansehen in der Öffentlichkeit auf das Schwerste.[132] Jeder Amtsträger, der für Vorteilsannahmen empfänglich ist, schadet dem unbedingten Vertrauen in das öffentliche Verwaltungshandeln und in die Funktionsfähigkeit der Verwaltung.

Die Vorteilsgewährung gemäß § 333 StGB entspricht spiegelbildlich § 331 StGB und schützt dasselbe Rechtsgut. Hier wird der Vorteilsgeber bestraft, der einem Amtsträger einen Vorteil für diesen oder einen Dritten anbietet, verspricht oder gewährt. Die Vorschrift der Bestechung nach § 334 StGB bildet das Gegenstück zu § 332 StGB. Deshalb werden im Folgenden die Tatbestände der Vorteilsannahme § 331 StGB und der Bestechung § 332 StGB und deren Auswirkungen für die Compliance-Praxis ausführlicher dargestellt.

2.1.1 Vorteilsannahme – was ist erlaubt?

Es gilt, das Vertrauen der Gesellschaft in den öffentlichen Dienst zu bewahren und zu fördern. Damit ist verbunden, dass Beschäftigte im öffentlichen Dienst ihre Dienstausübung nicht im Interesse Einzelner erbringen, sondern neutral und unabhängig zum Wohle der Gemeinschaft. Unbeeinflusste Dienstausübung darf somit nicht an Gefälligkeiten oder irgendeine Art von Gegenleistung geknüpft sein. Aufgrund des Gesetzes zur Bekämpfung der Korruption[133] erfolgte eine Ausweitung des Anwendungsbereichs des § 331 StGB. Damit ist bereits das Fordern, Sich-versprechen-lassen und Annehmen von Vorteilen für die Dienstausübung unter Strafe gestellt.[134] Nach diesem weitgefassten Wortlaut des § 331 StGB kommt damit fast jede Zuwendung an Amtsträger als Anknüpfungspunkt für ein Ermittlungsverfahren in Betracht.[135] Nach § 331 Abs. 1 StGB handelt jeder Amtsträger oder jeder für den öffentlichen Dienst Verpflichtete, der für die Dienstausübung einen Vorteil für sich oder einen

---

131 BGH, Beschl. v. 1. 6. 2021 – 6 StR 119/21, NStZ, 2022, 114, Rn. 10 ff.

132 VGH Mannheim, Urt. v. 25. 3. 2021 – DL 16 S 2459/19, BeckRS 2021, 42818.

133 BGBl. 1997 I S. 2038.

134 BT-Drs. 13/8079, S. 15.

135 *Schäfer/Liesching*, Überlegungen zu Vorteilsannahme und Vorteilsgewährung, S. 173.

Dritten fordert, strafbar. § 331 Abs. 2 StGB adressiert die Richter, die sich im Rahmen der Vornahme einer richterlichen Handlung einen Vorteil für sich oder einen Dritten als Gegenleistung fordern, versprechen lassen oder annehmen. Die Normadressaten sind dadurch eingegrenzt, sodass § 331 StGB folglich ein echtes Amtsdelikt darstellt.[136]

Als Vorteil i. S. d. § 331 Abs. 1 StGB ist jede Leistung, auf die kein Rechtsanspruch besteht und die die wirtschaftliche, rechtliche oder persönliche Lage des Empfängers objektiv verbessert, zu verstehen. Ein solcher nicht mehr sozialadäquater Vorteil kann auch in dem Abschluss eines Vertrages und der dadurch begründeten Forderung bestehen.[137] Der Vorteil umfasst dabei jede Leistung, die den Amtsträger oder einen Dritten materiell oder immateriell in seiner wirtschaftlichen, rechtlichen oder auch nur persönlichen Lage objektiv besserstellt und auf die er keinen Anspruch hat. Erfasst sind damit nicht nur Geldzahlungen, sondern insbesondere auch Einladungen zu Sport- oder Theaterveranstaltungen, Urlaubsreisen, Restaurants oder Tagungen mit Freizeitcharakter[138] zum Essen, Fahrzeugüberlassungen etc., aber auch die Ausnutzung von dienstlich zur Verfügung stehenden Informationsquellen[139] sowie immaterielle Besserstellungen, etwa besondere Ehrungen, Wahlkampfunterstützung,[140] Parteispenden, die Finanzierung der Weihnachtsfeier einer öffentlichen Verwaltung durch einen privaten Dritten[141] oder auch sexuelle Zuwendungen.[142] Die Vorteilsgewährung muss in der Dienstausübung, d. h. in Beziehung zum dienstlichen Verhalten, aber nicht zu einer bestimmten Diensthandlung stehen. Mit dieser Formulierung wird klargestellt, dass eine Beziehung zwischen der Vorteilsannahme und den Diensthandlungen des Amtsträgers bestehen muss.[143] Als weiteres Tatbestandsmerkmal muss eine Unrechtsvereinbarung, d. h. das Fordern des Vorteils als Gegenleistung für die Dienstausübung gegeben sein.

---

136 *Korte* in: Erb/Schäfer, MüKoStGB, § 331 Rn. 12.

137 BGH, Beschl. v. 31. 7. 2018 – 3 StR 620/17, JuS, 2019, 75.

138 *Schäfer/Liesching*, Überlegungen zu Vorteilsannahme und Vorteilsgewährung, S. 173.

139 LG Karlsruhe, Urt. v. 10. 1. 2023 – 4 KLs 730 Js 21302/17, BeckRS 2023, 40255.

140 LG Dortmund, Urt. v. 16. 3. 2006 – 14 V P 3/05, BeckRS 2006, 6675.

141 LG Potsdam, Urt. v. 16. 12. 2013 – 27 Ns 200/10, LKV 2014, 335.

142 BGH, Urt. v. 29. 3. 1994 – 1 StR 12/94, LSK 1994, 440378.

143 BT-Drs. 13/8079, S. 15.

Bei der Vorteilsannahme ist als subjektiver Tatbestand der Vorsatz bzw. bedingter Vorsatz bezüglich aller objektiven Tatbestandsmerkmale erforderlich. Dem Täter muss seine Eigenschaft als Amtsträger oder für den öffentlichen Dienst als besonders Verpflichteter nach § 11 Abs. 1 Nr. 2 lit. a bis c und Nr. 4 StGB bewusst sein. Die Rechtsprechung setzt die Grenze, ab der von Fakten- und Bedeutungskenntnis auszugehen ist, niedrig an.[144] Es genügt, wenn der Täter das Vorliegen eines Tatbestandsmerkmals als möglich oder als nicht ganz fernliegend erkennt und dies billigt oder sich um des erstrebten Zieles willen zumindest damit abfindet.[145] Nach § 331 Abs. 3 StGB entfällt die Rechtswidrigkeit bei behördlicher Genehmigung oder wenn der Täter unverzüglich bei der Behörde Anzeige erstattet und sie die Annahme genehmigt.

Die Vorteilsannahme verjährt gemäß § 78 Abs. 3 Nr. 4 StGB in 5 Jahren ab Beendigung der Tat, vgl. § 78a StGB. Tritt ein zum Tatbestand gehörender Erfolg erst später ein, so beginnt die Verjährung mit diesem Zeitpunkt. Für den Amtsträger bemisst sich der Strafrahmen von einer Freiheitsstrafe von bis zu 3 Jahren oder einer Geldstrafe. Im öffentlichen Dienst besteht hinsichtlich des angenommenen Vorteils ein dienstrechtlicher Herausgabeanspruch des Dienstherrn, vgl. § 71 Abs. 2 BBG, § 42 Abs. 2 BeamtStG.

Bei der Beurteilung der immer wieder auftretenden Fragen in der Praxis, welche Geschenke Amtsträger, Beamte oder sonst im öffentlichen Dienst Beschäftigte annehmen dürfen, herrscht große Unsicherheit: Ist die Schachtel Pralinen oder der Blumenstrauß für die freundliche Vorgangsbearbeitung als Dankbarkeit erlaubt? Was sind sozialadäquate Höflichkeitsgeschenke?

Praxishinweis:

Helfen können den Beschäftigten hier Ausführungsvorschriften über das Verbot der Annahme von Geschenken, Belohnungen oder sonstigen Vorteilen, Rundschreiben, Merkblätter oder auch Dienst- und Büroverfügungen.[146]*Diese sollten den Beschäftigten transparent und barrierefrei zur Verfügung gestellt werden. Sinnvoll sind zudem einfach strukturierte Formulare zur Beantragung der Genehmigung von Ausnahmen nach § 71*

---

[144] BGH, Beschl. v. 31. 7. 2018 – 3 StR 620/17, JuS, 2019, 75 (Bedeutungskenntnis).
[145] BGH, Urt. v. 18. 10. 2012 – 3 StR 208/12, NStZ-RR, 2013, 168 (Faktenkenntnis).
[146] Vgl. AV BuG, ABl. 2020 Nr. 37, S. 4633.

Abs. 1 Satz 2 BBG, welche über die Compliance-, Rechts- oder Personalabteilung im Intranet eingerichtet werden.

2.1.2 Bestechlichkeit – Abgrenzung zur Vorteilsannahme

Der Tatbestand der Bestechlichkeit gemäß § 332 StGB ähnelt im Aufbau des Tatbestandes der Vorteilsannahme. Der Täterkreis kann – wie bei der Vorteilsannahme – ein Amtsträger, Europäischer Amtsträger oder ein für den öffentlichen Dienst besonders Verpflichteter sein. Auch die Tathandlungen des § 332 Abs. 1 StGB, d. h. das Fordern, das Sich-versprechen-lassen oder das Annehmen sowie der Vorteilsbegriff entsprechen den Tatbestandsmerkmalen in § 331 Abs. 1 StGB. Wie bei der Vorteilsannahme unterfallen Absatz 1 auch die sogenannten Drittzuwendungen.[147] Wie bereits dargestellt, definiert sich ein Vorteil als jede Zuwendung, auf die der Täter keinen Rechtsanspruch hat und die seine wirtschaftliche, rechtliche oder persönliche Lage objektiv verbessert. So kann z. B. die Vereinbarung eines Rabatts ein materieller Vorteil sein.[148]

Erweitert wird der Tatbestand gegenüber der Vorteilsannahme um die gegenwärtige oder künftige Vornahme einer Diensthandlung des Amtsträgers und die gegenwärtige oder zukünftige Verletzung seiner Dienstpflichten. Die vorgenommen Diensthandlung muss dienstliche bzw. richterliche Pflichten verletzen, d. h. als Gegenleistung für die Vorteilsannahme wird die Diensthandlung in Ausübung des Amtes vom Amtsträger fehlerhaft ausgeführt.[149] Die Gegenleistung desjenigen, der den Amtsträger besticht, besteht in einem Vorteil für den Amtsträger oder einen Dritten. Damit verwirklicht sich der Tatbestand der Bestechung auch, wenn der Amtsträger zukünftig zugunsten eines anderen, z. B. Familienangehörigen des Gebers, eine pflichtwidrige Diensthandlung vornimmt. Dabei müssen die pflichtwidrige Diensthandlung und der Vorteil in einem synallagmatischen Austauschverhältnis stehen. Diese Unrechtsvereinbarung über gegenwärtige oder zukünftige (Unrechts-)Handlun-

III

[147] *Korte* in: Erb/Schäfer, MüKoStGB, § 332 Rn. 5.
[148] BGH, Urt. v. 11. 4. 2001 – 3 StR 503/00, NJW, 2001, 2558 (2559).
[149] *Kuhlen/Zimmermann* in: Kindhäuser/Neumann/Paeffgen/Saliger, NK-StGB, § 332 Rn. 1–3.

gen kommt durch eine entsprechende Willensübereinstimmung der Vertragsparteien zustande.[150]

Nach der Rechtsprechung des BGH muss die pflichtwidrige Diensthandlung, insbesondere, wenn der Amtsträger den Vorteil um eines künftigen Verhaltens wegen empfängt, in ihrer konkreten Gestalt nach Zeitpunkt, Anlass und Ausführungsweise nicht in allen Einzelheiten feststehen. Es reicht somit aus, wenn sich das Einverständnis der Beteiligten darauf bezieht, dass der Amtsträger innerhalb eines bestimmten Aufgabenbereichs oder Kreises von Lebensbeziehungen in einer gewissen Richtung hin tätig geworden ist oder tätig werden soll und die einvernehmlich ins Auge gefasste Diensthandlung nach ihrem sachlichen Gehalt zumindest in groben Umrissen erkennbar und festgelegt ist.[151] Bezieht sich die Unrechtsvereinbarung auf eine künftige Diensthandlung, reicht der Versuch oder die Bereitschaft, sich etwas versprechen zu lassen oder anzunehmen, aus, vgl. § 332 Abs. 3 StGB. Damit ist auch der Versuch der Bestechung strafbar.[152] III

Der subjektive Tatbestand ähnelt wiederum dem subjektiven Tatbestand der Vorteilsannahme. Es herrscht Einigkeit, dass im Hinblick auf den objektiven Tatbestand des § 332 StGB der bedingte Vorsatz ausreicht.[153] Es gilt auch hier, dass die Rechtsprechung in Bezug auf die Kenntnis der Amtsträgereigenschaft die Grenze, ab der von Fakten- und Bedeutungskenntnis auszugehen ist, denkbar niedrig ansetzt.[154] Es reicht aus, wenn die Betroffenen um die begründenden Umstände der Amtsträgereigenschaft wissen.

In der Praxis lassen sich die beiden Amtsdelikte Vorteilsannahme und Bestechlichkeit nur schwer voneinander abgrenzen. Dazu hat sich der BGH ausführlich in einem Fall der Einwerbung von Drittmitteln beschäftigt. Das Landgericht (LG) hatte die Übernahme von Reise- und Übernachtungskosten zu Kongressen, die Erstattung der Kosten für Feiern sowie die Nutzungsmöglichkeit einer dualen Antriebskonsole von Firmen für den Amtsträger als Vorteil beurteilt. Da auf die Übernahme der Kosten z. B. für Kongressreisen kein Anspruch bestand, habe sich die materielle Lage des Amtsträgers

[150] *Kuhlen/Zimmermann* in: Kindhäuser/Neumann/Paeffgen/Saliger, NK-StGB, § 332 Rn. 20–22.

[151] BGH, Urt. v. 28. 10. 2004 – 3 StR 460/03, NStZ, 2005, 214.

[152] BGH, Urt. v. 11. 4. 2001 – 3 StR 503/00, NJW, 2001, 2558.

[153] *Kuhlen/Zimmermann* in: Kindhäuser/Neumann/Paeffgen/Saliger, NK-StGB, § 332 Rn. 27; BGH, Urt. v. 11. 4. 2001 – 3 StR 503/00, NJW, 2001, 2559.

[154] Siehe Fußnoten 144 und 145.

unmittelbar verbessert. Als Gegenleistung wurden die künftigen Bestellentscheidungen von Produkten bei den Firmen als konkrete Diensthandlung gesehen. Der Tatbestand der Bestechlichkeit wurde somit als erfüllt angesehen. Der BGH entschied, dass alle Begleitumstände entsprechend gewürdigt werden müssen. Es reicht nicht allein für das Sich-bereit-zeigen aus, dass der Zuwendende mit dem Ziel der Beeinflussung handele und der Beamte dies erkenne, aber gleichwohl den Vorteil annehme. In diesem konkreten Fall erschien der Wert der Zuwendungen im Verhältnis zu den getätigten Umsätzen der Firmen nicht hoch. Die bloße Vorteilsannahme in Kenntnis der von den Zuwendenden verfolgten Absichten genügte dafür in den vorliegenden Fällen nicht. Der BGH erkannte lediglich die objektiven wie subjektiven Voraussetzungen einer Vorteilsannahme nach § 331 Abs. 1 StGB.[155]

Eine ausreichende Einordnung als Bestechlichkeit ist aber nach der Rechtsprechung gegeben, wenn Zahlungen an einen Amtsträger erfolgen und der Amtsträger Scheinrechnungen des Bestechers freigibt, auch wenn der konkrete Bezug zu den Scheinrechnungen nicht nachweisbar ist.[156] Bejaht wurde der Tatbestand der Bestechlichkeit durch Vorteilsannahme, wenn ein Vorteil unmittelbar nur an einen Dritten und mit Einverständnis des Amtsträgers geleistet wird, aber ohne, dass der Amtsträger etwas davon hat. Wird die Zuwendung ohne Wissen des Amtsträgers vollzogen, so bedarf es hiernach für die Annahme seiner nachträglichen Kenntnisnahme und Billigung.[157]

In der Praxis ist auch die Beurteilung der Frage, wie Amtsträger z. B. mit Freikarten und Einladungen umgehen sollen, unter den Beschäftigten und den Compliance-Abteilungen mit einigen Unsicherheiten behaftet. Darf ein Amtsträger eine Einladung zu einem gesellschaftlich bedeutsamen Ball oder zu einer Opernpremiere annehmen? Wie ist die Einladung eines Bürgermeisters zu einem Richtfest anlässlich eines Bauvorhabens in seinem Bezirk zu beurteilen? Wie soll ein Amtsträger mit Freikarten zu einem Bundesligaspiel oder zum DFB-Pokalfinale umgehen? Die Annahme von Belohnungen und Zuwendungen ist grundsätzlich nur dann erlaubt, wenn eine Beeinflussung oder Zweifel am objektiven und neutralen Handeln der Amtsträger nicht zu befürchten ist. Amtsträger müssen daher

---

155 BGH, Urt. v. 23. 10. 2002 – 1 StR 541/01, NJW, 2003, 763, (766).
156 BGH, Urt. v. 28. 10. 2004 – 3 StR 460/03, NStZ, 2005, 214.
157 BGH, Beschl. v. 8. 2. 2023 – 3 StR 167/22, NStZ, 2023, 416.

eine Einladung oder eine Freikarte ablehnen, wenn die Gefahr besteht, dass hierdurch die objektive und unabhängige Amtsführung beeinträchtigt ist oder bei Dritten der Eindruck der Befangenheit oder Käuflichkeit erweckt wird.[158] Das gilt genauso für hochrangige Amtsträger, die als Repräsentanten ihrer Behörde eingeladen werden, um ihr Erscheinen zu Werbezwecken zu nutzen und die Bedeutung der Veranstaltung hervorzuheben. Bei der Beurteilung der Unrechtsvereinbarung „für die Dienstausübung" geht es aber nicht um die dienstliche Aufgabe der Repräsentation, sondern um die künftigen Entscheidungen des Amtsträgers.[159]

Praxishinweis:

Für Compliance-Verantwortliche ist die genaue Lektüre der Begründungen der Rechtsprechung mit den Hinweisen für den Umgang mit der öffentlichen Verwaltung im Rahmen öffentlich-rechtlicher Vertragsbeziehungen relevant. Es gibt eine Reihe von Entscheidungen des BGH, in denen es um Einladungen oder Zuwendungen im Rahmen von Repräsentationsaufgaben und den Komplex-Vorteilsgewährung innerhalb der öffentlichen Verwaltung geht. In allen Fällen sollten die Compliance-Abteilungen die Gründe, die der Annahme einer Einladung oder einer Freikarte zugrunde liegen, in einer von Transparenz geprägten Vorgehensweise schriftlich dokumentieren, auch um gegenüber den Strafverfolgungsbehörden auskunftsfähig zu sein.

3. Relevante nebenstrafrechtliche Regelungen

Das Nebenstrafrecht umfasst aus historischer Sicht sämtliche „Strafrechtsnormen", die außerhalb des Strafgesetzbuches in anderen Gesetzen vorhanden sind. Neben dem StGB enthalten viele weitere Gesetze, auch mit Gültigkeit für den öffentlichen Dienst, weitere Strafvorschriften. Diese sind meistens in einem gesonderten Abschnitt am Ende des Gesetzes enthalten. Zu den „Strafrechtsnormen" gehören alle Normen, welche die staatliche Verhängung von Strafen und die Festsetzung anderer Unrechtsfolgen wegen eines

[158] *Reiff*, Dienst- und strafrechtliche Risiken bei Einladungen oder der Überlassung von Freikarten für hochrangige Amtsträger, S. 142.

[159] *Reiff*, Dienst- und strafrechtliche Risiken bei Einladungen oder der Überlassung von Freikarten für hochrangige Amtsträger, S. 142 (145).

tatbestandsmäßig bestimmten rechtswidrigen Verhaltens im Interesse des Rechtsgüterschutzes regeln. Miteingeschlossen werden damit auch die steuerlichen Regelungen und die Vorschriften des Ordnungswidrigkeitenrechts.[160] Nachfolgend wird beschrieben, welche steuerlichen Tatbestände im öffentlichen Dienst relevant sind.

3.1 Steuerliche Rahmenbedingungen für den öffentlichen Dienst

Auch die juristischen Personen des öffentlichen Rechts haben Steuererklärungspflichten innerhalb der Organisation zu erfassen. Derartige Erklärungspflichten fallen i. d. R. für folgende Steuerarten an:

- Umsatzsteuer, § 18 Abs. 1 und 3 UStG
- Körperschaftsteuer, § 31 KStG
- Gewerbesteuer, § 14a GewStG
- Lohnsteuer, § 41a Abs. 1 EStG
- Kapitalertragsteuer, § 45a Abs. 1 EStG

Somit gehören auch die steuerlichen Regelungen als elementarer Bestandteil einer „good governance“ in den Bereich der Compliance, um die Erfüllung gesetzlicher Vorgaben und das gesetzeskonforme Verhalten in Bezug auf das Steuerrecht umzusetzen – hier hat sich der Begriff „Tax-Compliance“ etabliert. Dabei haben sich in den letzten Jahren die Vorschriften für die Besteuerung der öffentlichen Hand erheblich geändert.[161] Nach § 150 Abs. 2 AO sind die Angaben in den Steuererklärungen wahrheitsgemäß nach bestem Wissen und Gewissen zu machen. Das beinhaltet auch die Beachtung der steuerlichen Anzeige-, Dokumentations-, Aufzeichnungs- und Erklärungspflichten sowie die Umsetzung formaler und materiell-rechtlicher Vorgaben (Form, Frist, Inhalt).

Den Begriff der Steuern definiert § 3 Abs. 1 AO. Danach sind Steuern Geldleistungen, die nicht eine Gegenleistung für eine besondere Leistung darstellen und von einem öffentlich-rechtlichen Gemeinwesen zur Erzielung von Einnahmen allen auferlegt werden, bei denen der Tatbestand zutrifft, an den das Gesetz die Leistungspflicht knüpft, die Erzielung von Einnahmen kann Nebenzweck sein. Steuerpflichtiger ist nach § 33 AO, wer eine Steuer schuldet,

[160] *Buddendiek/Rutkowski*, Lexikon des Nebenstrafrechts, Rn. 1–7.

[161] *Sauter/Meissner*, Die Implementierung eines Tax Compliance Management Systems in der öffentlichen Verwaltung, S. 31.

für eine Steuer haftet, eine Steuer für Rechnung eines Dritten einzubehalten und abzuführen, wer eine Steuererklärung abzugeben, Sicherheit zu leisten, Bücher und Aufzeichnungen zu führen oder andere ihm durch die Steuergesetze auferlegte Verpflichtungen zu erfüllen hat. Die gesetzlichen Vertreter juristischer Personen sowie rechtsfähiger Personenvereinigungen und die Geschäftsführer von Vermögensmassen haben die steuerlichen Pflichten zu erfüllen. Sie haben insbesondere dafür zu sorgen, dass die Steuern aus den Mitteln entrichtet werden, die sie verwalten, vgl. § 34 AO. Insoweit haften die gesetzlichen Vertreter (Organe) juristischer Personen für Ansprüche aus dem Steuerschuldverhältnis nach § 37 AO, wenn diese infolge vorsätzlicher oder grob fahrlässiger Verletzung der ihnen auferlegten Pflichten nicht oder nicht rechtzeitig festgesetzt oder erfüllt oder soweit infolgedessen Steuervergütungen oder Steuererstattungen ohne rechtlichen Grund gezahlt werden, vgl. § 69 AO.

Ein steuerlicher Straftatbestand ist die Steuerhinterziehung. Diese wird nach § 370 AO mit einer Freiheitsstrafe bis zu 5 Jahren oder mit Geldstrafe bestraft. Der Tatbestand ist erfüllt, wenn gegenüber den Finanzbehörden oder anderen Behörden über steuerlich erhebliche Tatsachen unrichtige oder unvollständige Angaben gemacht wird oder die Finanzbehörden pflichtwidrig über steuerlich erhebliche Tatsachen in Unkenntnis gelassen werden. Folgende Tatbestandsvoraussetzungen müssen für die steuerliche Haftung von Vertretern juristischer Personen nach § 69 AO erfüllt sein: Zugehörigkeit zum Personenkreis nach § 34 AO, Pflichtverletzung durch positives Tun oder Unterlassen, Eintritt des Schadens durch Tun oder Unterlassen, Kausalität zwischen Pflichtverletzung und Erfolgseintritt, Verschulden des Vertreters. Auch kann die Strafbarkeit wegen Steuerhinterziehung durch Unterlassen begangen und geahndet werden, wie ein BGH-Urteil aus 2017 ausführlich begründet. Dies setzt voraus, dass festgestellt wird, dass die unterbliebene Handlung den Erfolgseintritt mit an Sicherheit grenzender Wahrscheinlichkeit verhindert hätte. Eine Garantenstellung aus Ingerenz kommt in Betracht, wenn der Täter nicht gehandelt hat, obwohl er z. B. Kenntnis von dem Anknüpfungspunkt des Betriebsausgabenabzugsverbots des § 4 Abs. 5 Satz 1 Nr. 10 EStG hatte.[162] Wer gegenüber der Finanzbehörde zu allen Steuerstraftaten einer Steuerart in vollem Umfang die unrichtigen Angaben berichtigt, die unvollständigen Angaben ergänzt oder die unterlassenen Angaben nachholt, wird wegen

162 BGH, Urt. v. 9. 5. 2017 – 1 StR 265/16, NZWiSt, 2018, 379.

dieser Steuerstraftaten nicht nach § 370 AO bestraft. Dabei müssen jedoch die Bedingungen des Absatzes 2 beachtet werden, wonach z. B. keine Straffreiheit eintritt, wenn eine der Steuerstraftaten im Zeitpunkt der Berichtigung, Ergänzung oder Nachholung ganz oder zum Teil bereits entdeckt war und der Täter dies wusste oder bei verständiger Würdigung der Sachlage damit rechnen musste, vgl. § 371 Abs. 1 Satz 1 Nr. 2 AO.[163]

§ 153 AO regelt im Grundsatz die Anzeige- und Berichtigungspflichten für den Fall, dass ein Steuerpflichtiger nachträglich die objektive Unrichtigkeit bzw. Unvollständigkeit der von ihm abgegebenen Steuererklärung und die dadurch bedingte Möglichkeit einer Steuerverkürzung erkennt. Die Anzeige- und Berichtigungspflicht nach § 153 Abs. 1 Satz 1 AO besteht, wenn ein Steuerpflichtiger bzw. sein gesetzlicher Vertreter, sein Gesamtrechtsnachfolger oder eine andere in § 153 Abs. 1 Satz 2 AO genannte Person nachträglich erkennt, dass eine von ihm oder für ihn abgegebene Erklärung objektiv unrichtig oder unvollständig ist und dass es dadurch zu einer Steuerverkürzung gekommen ist oder kommen kann. Bei dieser Pflicht handelt es sich um eine steuerrechtliche Pflicht.[164] Objektiv unrichtig, so der Anwendungserlass des BMF zu § 153 AO, ist eine Steuererklärung dann, wenn entgegen den §§ 90 Abs. 1 Satz 2, 150 Abs. 2 Satz 1 AO nicht alle steuerrechtlich erheblichen Tatsachen vollständig und wahrheitsgemäß offengelegt werden.[165] Nach der BGH-Rechtsprechung besteht die steuerrechtliche Anzeige- und Berichtigungspflicht nach § 153 Abs. 1 Satz 1 Nr. 1 AO auch dann, wenn der Steuerpflichtige die Unrichtigkeit seiner Angaben bei Abgabe der Steuererklärung nicht gekannt, aber billigend in Kauf genommen hat und er später zu der sicheren Erkenntnis gelangt ist, dass die Angaben unrichtig sind.[166]

Auf zwei Steuerarten für juristische Personen des öffentlichen Rechts (jPöR) oder Körperschaften des öffentlichen Rechts (KdöR) und ihre Besonderheiten wird in den beiden nächsten Abschnitten eingegangen.

[163] BGH, Urt. v. 9. 5. 2017 – 1 StR 265/16, NZWiSt, 2018, 379, Rn. 7.
[164] *BMF* (2016), Anwendungserlass zu § 153 AO.
[165] *BMF* (2016), Anwendungserlass zu § 153 AO.
[166] BGH, Beschl. v. 17. 3. 2009 – 1 StR 479/08, NJW, 2009, 1984.

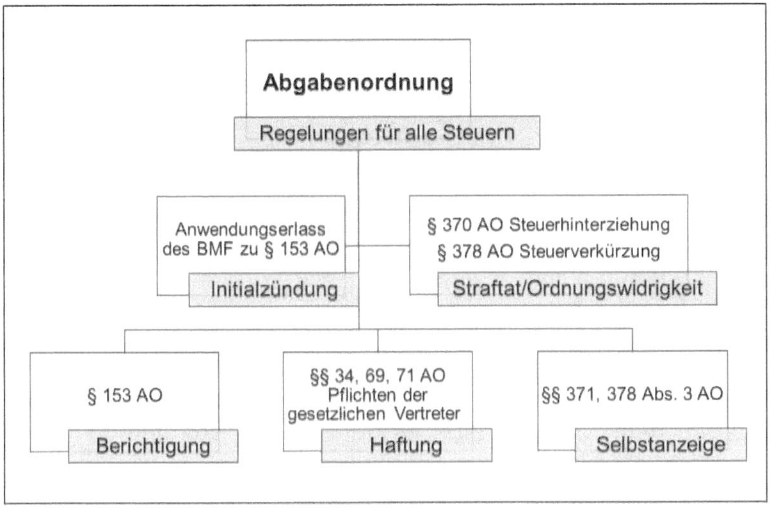

Abbildung 1: Überblick über wichtige Regelungen der AO (eigene Darstellung)

III

3.1.1 Die Umsatzsteuer für Körperschaften des öffentlichen Rechts

Gemäß § 1 Abs. 1 Nr. 1 UStG unterliegen die Lieferungen und sonstigen Leistungen, die ein Unternehmer im Inland gegen Entgelt im Rahmen seines Unternehmens ausführt, der Umsatzsteuer. Wer Unternehmer i. S. d. Umsatzsteuergesetzes ist, regelt § 2 Abs. 1 UStG. Danach ist Unternehmer, wer eine gewerbliche oder berufliche Tätigkeit selbstständig ausübt, unabhängig davon, ob er nach anderen Vorschriften rechtsfähig ist. Das Unternehmen umfasst die gesamte gewerbliche oder berufliche Tätigkeit des Unternehmers, d. h. jede nachhaltige Tätigkeit zur Erzielung von Einnahmen, auch wenn die Gewinnerzielungsabsicht fehlt oder eine Personenvereinigung nur gegenüber ihren Mitgliedern tätig wird.

Die Umsatzsteuer ist eine Verbrauchsteuer, die beim Unternehmer erhoben wird. Dem Unternehmerbegriff kommt damit in zweierlei Hinsicht Bedeutung zu: Leistungen sind steuerbar gemäß § 1 Abs. 1 Nr. 1 UStG, wenn sie von einem Unternehmer im Rahmen seines Unternehmens ausgeführt werden. Damit unterliegen Umsätze von Nichtunternehmern, selbst wenn sie zu einem Verbrauch führen, nicht der Umsatzsteuer. Der Unternehmer ist gemäß § 13a Abs. 1

Nr. 1 UStG der Steuerpflichtige (und im Regelfall der Steuerschuldner) und gemäß § 18 Abs. 1 und 3 UStG zur Abgabe von Umsatzsteuer-Voranmeldungen und Umsatzsteuererklärungen verpflichtet.[167] Im Jahr 2024 war neben der Lohnsteuer mit 248,9 Mrd. EUR die Umsatzsteuer mit 302,1 Mrd. EUR am ertragreichsten.[168]

Durch Art. 12 des Steueränderungsgesetzes vom 2. November 2015[169] wurden die Regelungen zur Unternehmereigenschaft von juristischen Personen des öffentlichen Rechts (jPöR) neu gefasst. Mit Inkrafttreten zum 1. Januar 2017 wurden § 2 Abs. 3 UStG aufgehoben und § 2b neu in das Umsatzsteuergesetz eingefügt. Begleitet wurde diese Neuregelung von einer Übergangsregelung in § 27 Abs. 22 UStG, auf deren Grundlage eine jPöR dem Finanzamt gegenüber erklären konnte, dass bisher geltende Recht für sämtliche vor dem 1. Januar 2021 ausgeführten Leistungen weiterhin anzuwenden.

JPöR i. S. d. § 2b Abs. 1 UStG sind z. B. die Gebietskörperschaften (Bund, Länder, Gemeinden, Gemeindeverbände), Zweckverbände, die öffentlich-rechtlichen Religionsgemeinschaften, die Innungen, Handwerkskammern, Industrie- und Handelskammern, die staatlichen Hochschulen und sonstigen Gebilde, die aufgrund öffentlichen Rechts eigene Rechtspersönlichkeit besitzen. Dazu gehören neben Körperschaften auch Anstalten und Stiftungen des öffentlichen Rechts, z. B. Rundfunkanstalten des öffentlichen Rechts und Universitätskliniken in der Rechtsform von Anstalten des öffentlichen Rechts.[170] Gemäß § 2b Abs. 1 UStG gelten juristische Personen des öffentlichen Rechts nicht als Unternehmer i. S. d. § 2 UStG, soweit sie Tätigkeiten ausüben, die ihnen im Rahmen der öffentlichen Gewalt obliegen, auch wenn sie im Zusammenhang mit diesen Tätigkeiten Zölle, Gebühren, Beiträge oder sonstige Abgaben erheben. Dies gilt aber nicht, sofern eine Behandlung als Nichtunternehmer zu größeren Wettbewerbsverzerrungen führen würde.

Nach dem BMF-Schreiben vom 19. April 2016 können Verzerrungen des Wettbewerbs nur stattfinden, wenn ein Wettbewerb besteht. Dies setzt voraus, dass die von einer KdöR auf öffentlich-rechtlicher Grundlage erbrachte Leistung in gleicher Art auch von einem priva-

167 *Korn* in: Bunjes, UStG, § 2 Rn.1.
168 Statistisches Bundesamt (2025), zuletzt abgerufen am 24. 4. 2025.
169 BGBl. 2015 I S. 1834.
170 *BMF*, Schreiben v. 19. 4. 2016, BStBl. 2016 I S. 481, Rn. 3.

ten Unternehmer erbracht werden könnte. Die Tätigkeit der KdöR muss folglich marktrelevant sein. Dabei wird die Marktrelevanz nach der Art der Leistung, nach den rechtlichen Rahmenbedingungen sowie nach der räumlichen Marktrelevanz geprüft. Verzerrungen des Wettbewerbs i. S. d. § 2b UStG entstehen, wenn öffentliche und private Anbieter marktrelevant aufeinandertreffen können und aufgrund der unterschiedlichen Besteuerung die Wettbewerbssituation zugunsten oder zulasten eines Marktteilnehmers verfälscht wird.[171]

Größere Wettbewerbsverzerrungen liegen nach § 2b Abs. 2 UStG *nicht* vor, wenn (1.) der von einer juristischen Person des öffentlichen Rechts im Kalenderjahr aus gleichartigen Tätigkeiten erzielte Umsatz voraussichtlich 17.500 EUR jeweils nicht übersteigt oder (2.) vergleichbare, auf privatrechtlicher Grundlage erbrachte Leistungen einer Steuerbefreiung unterliegen. Das bedeutet, dass die hoheitlichen Aufgaben der Körperschaften des öffentlichen Rechts wie die Erhebung von Sozialversicherungsbeiträgen, Steuern oder Straßenreinigungsgebühren von der Umsatzsteuer ausgenommen sind. Wirtschaftliche Tätigkeiten von sog. Betrieben gewerblicher Art (BgA), die nicht im Rahmen öffentlicher Gewalt ausgeübt werden, sind stets steuerbar. Eine wirtschaftliche Tätigkeit setzt dahingehend voraus, dass Leistungen gegen Entgelt erbracht werden und somit ein unmittelbarer Zusammenhang zwischen Leistung und Gegenleistung besteht. Das Ergebnis einer wirtschaftlichen Tätigkeit ist für die Steuerbarkeit ohne Bedeutung, auf die Gewinnerzielungsabsicht kommt es somit nicht an, vgl. § 2 Abs. 1 Satz 3 UStG.[172] Von den Betrieben gewerblicher Art einer juristischen Person des öffentlichen Rechts sind die Betriebe zu unterscheiden, die in einer privatrechtlichen Form (z. B. AG, GmbH) firmieren. Solche Eigengesellschaften sind grundsätzlich selbstständige Unternehmer.[173]

Folgende Beispiele können zur Veranschaulichung herangezogen werden:

Beispiel 1

Die Berufsgenossenschaft (BG) erhebt auf Grundlage ihrer Satzung und dem festgelegten Gefahrtarif Beiträge zur gesetzlichen Unfallversicherung nach den §§ 150 ff. SGB VII. Die

[171] *BMF*, Schreiben v. 19. 4. 2016, BStBl. 2016 I S. 481, Rn. 22–30.
[172] *Korn* in: Bunjes, UStG, § 2 Rn. 314.
[173] *BMF* (2025), UStAE, 2.11.

Einnahmen liegen jährlich bei ca. 500.000 EUR. Die Gebührenordnung und der Gefahrtarif der gewerblichen BG sind autonomes Satzungsrecht nach § 34 SGB IV auf öffentlich-rechtlicher Grundlage. Die Erhebung der Beiträge zur gesetzlichen Unfallversicherung erfolgt im Rahmen der gesetzlichen hoheitlichen Aufgaben der Unfallversicherungsträger und sind damit nach § 2b Abs. 1 Satz 1 UStG Tätigkeiten, bei denen die Sozialleistungsträger nicht als Unternehmer i. S. d. UStG betrachtet werden. Die Beitragseinnahmen in Höhe von 500.000 EUR unterliegen somit nicht der Umsatzsteuer.

III Anders fällt die steuerliche Bewertung im nächsten Beispiel aus:

Beispiel 2

Die BG vermietet ihre Parkplatzflächen vor dem Gebäude und erzielt jährliche Einnahmen in Höhe von 25.000 EUR. Eine Parkgebührensatzung gilt als öffentlich-rechtliche Grundlage, sodass somit im weiteren Schritt zu prüfen ist, ob größere Wettbewerbsverzerrungen vorliegen. Da die BG mit der Vermietung von Parkflächen im Wettbewerb zu privaten Unternehmern steht, ist eine Wettbewerbsverzerrung grundsätzlich gegeben. Der per Gesetz definierte Wettbewerbsausschluss des § 2b Abs. 2 Nr. 1 UStG greift hier nicht, da die Einnahmen 17.500 EUR übersteigen. Diese Einnahmen in Höhe von 25.000 EUR sind somit gemäß § 2b UStG der Umsatzsteuer zu unterwerfen.

Nach der Auslegung der Finanzgerichtsbarkeit können dagegen die mit der sog. Kurtaxe entgoltenen Leistungen einer Gemeinde in ihrer Gesamtheit („Betrieb von Kureinrichtungen“) nicht von privaten Anbietern erbracht werden, da private Anbieter nicht in der Lage sind, das gleiche Bedürfnis der Kurgäste zu befriedigen. Die Gemeinde ist daher diesbezüglich als Nichtunternehmerin zu behandeln.[174] Erbringt eine Gebietskörperschaft Schülertransportdienstleistung, stellt dies keine wirtschaftliche Tätigkeit dar und die Körperschaft des öffentlichen Rechts ist damit nicht steuerpflichtig.[175]

Betreibt eine Gemeinde ein Parkhaus, kann ein Betrieb gewerblicher Art (BgA) dann anzunehmen sein, wenn sie sich mit einer Benut-

---

174 FG BW, Urt. v. 18. 10. 2018 – 1 K 1458/18, BeckRS 2018, 31414.
175 EuGH, Urt. v. 12. 5. 2016 – C-520/14, MwStR, 2016, 492.

zungssatzung der Handlungsformen des öffentlichen Rechts bedient.[176] Überlässt sie hingegen mit der Aufstellung von Parkscheinautomaten auf Grundlage der Straßenverkehrsordnung Parkplätze gegen Parkgebühren, handelt sie insoweit nicht als Unternehmer i. S. d. UStG.[177]

Die Gestellung von Personal durch die KdöR gegen Erstattung der Kosten wird grundsätzlich als ein Leistungsaustausch behandelt, sofern die gestellende juristische Person Arbeitgeber bleibt. Ob dieser Leistungsaustausch der Umsatzsteuer unterliegt, hängt nach § 2b Abs. 3 Nr. 2c UStG davon ab, ob die Personalgestellung im Rahmen eines Betriebs gewerblicher Art (BgA) i. S. v. den §§ 1 Abs. 1 Nr. 6, 4 KStG vorgenommen wird. Solange die Personalgestellung aus dem Hoheitsbereich einer KdöR an den Hoheitsbereich einer anderen KdöR vorgenommen wird, handelt es sich um einen nicht steuerbaren Vorgang. Wird dagegen das Personal einer KdöR aus ihrem Hoheitsbereich an privatrechtliche Unternehmer oder an einen als gemeinnützig anerkannten eingetragenen Verein abgestellt, liegen in diesem Fall steuerbare Leistungen vor.[178]

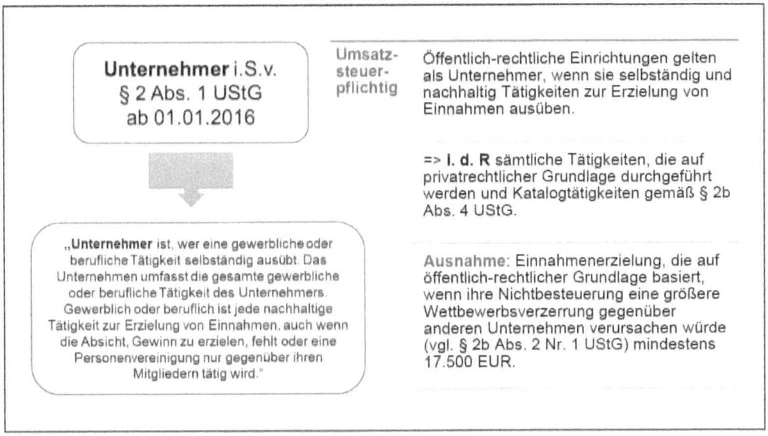

Abbildung 2: Unternehmereigenschaft der Körperschaften des öffentlichen Rechts i. S. d. UStG (eigene Darstellung)

---

176 BFH, Urt. v. 10. 12. 1992 – V R 3/88, BStBl. II 1993 S. 380, UStAE (2025), 2.11.
177 *BMF* (2025), UStAE, 2.11.
178 *BMF* (2025), UStAE, 2.11.

Das BMF hat mit Schreiben vom 12. Juni 2024 einen Umsatzsteuer-Anwendungserlass über die Grundsätze zur Besteuerung bei der Trennung von hoheitlichen und wirtschaftlichen Tätigkeiten veröffentlicht.[179] So sind für den Vorsteuerabzug der juristischen Personen des öffentlichen Rechts zunächst und vorrangig die allgemeinen Regelungen anzuwenden. Es ist zwischen der umsatzsteuerlich relevanten Betätigung im wirtschaftlichen Bereich und der nicht unternehmerischen Betätigung zu unterscheiden. Bei Eingangsleistungen ist zu unterscheiden, ob sie für unternehmerische oder nicht unternehmerische Tätigkeiten bezogen werden. Unter den übrigen Voraussetzungen sind nach § 15 Abs. 1 UStG nur Vorsteuerbeträge aus Eingangsleistungen für das Unternehmen der juristischen Person des öffentlichen Rechts abzugsfähig.[180] Der Vorsteuerabzug ist dagegen ausgeschlossen, wenn die jPöR Leistungen für ihren nicht unternehmerischen Bereich – insbesondere für nichtwirtschaftliche Tätigkeiten – bezieht. Bei teilunternehmerisch verwendeten Leistungen kann die Vorsteueraufteilung in analoger Anwendung von § 15 Abs. 4 Satz 3 UStG nach einem Einnahmeschlüssel vorgenommen werden. Zu berücksichtigen sind alle Einnahmen, die im Besteuerungszeitraum zufließen. Hierzu gehören insbesondere die Einnahmen aus wirtschaftlichen Tätigkeiten (z. B. aus Vermietungen, Warenverkäufen, Veranstaltungen) sowie Zuschüsse, Spenden, Steuereinnahmen, Finanzzuweisungen, Umlagen, Verwaltungseinnahmen, Gebühren, Einnahmen aus Beteiligungen usw. Nicht dazu gehören Einnahmen, die an andere Empfänger weitergeleitet werden (z. B. Abführungen im Finanzausgleich, Durchleitungsspenden).[181]

Der BFH hat entschieden, dass eine juristische Person des öffentlichen Rechts umsatzsteuerrechtlich nur ein einziges Unternehmen unterhält, sodass in dem ihr gegenüber zu erlassenden Umsatzsteuerbescheid alle wirtschaftlichen Tätigkeiten zu erfassen sind.[182]

---

[179] BMF, Umsatzsteuer-Anwendungserlass (2024).

[180] *BMF*, Umsatzsteuer-Anwendungserlass (2024), Rn. 5.

[181] *BMF*, Umsatzsteuer-Anwendungserlass (2024), Rn. 15–16.

[182] BFH, Urt. v. 17. 4. 2024 – XI R 13/21, MwStR, 2024, 854.

3.1.2 Die Körperschaftsteuer

Im Rahmen einer korrekten Erfassung der steuerlichen Pflichten von jPöR ist auch die Körperschaftsteuer relevant. Nach § 1 Abs. 1 Satz 1 Nr. 6 KStG sind die Betriebe gewerblicher Art (BgA) von juristischen Personen des öffentlichen Rechts unbeschränkt körperschaftssteuerpflichtig. Die unbeschränkte Körperschaftsteuerpflicht erstreckt sich dabei auf sämtliche Einkünfte. Nur die BgA von juristischen Personen des öffentlichen Rechts, die § 5 Abs. 1 Nr. 2 KStG auflistet, sind von der Körperschaftsteuer befreit.

Der Begriff der Körperschaft des öffentlichen Rechts i. S. d. § 1 Abs. 1 Satz 1 Nr. 6 KStG bezieht sich auf alle juristischen Personen des öffentlichen Rechts, z. B. Körperschaften, (rechtsfähige) Anstalten, Zweckverbände und Stiftungen.[183] Juristische Personen des öffentlichen Rechts i. S. d. Körperschaftsteuergesetzes sind insbesondere die Gebietskörperschaften (Bund, Länder, Gemeinden, Gemeindeverbände), Zweckverbände, die öffentlich-rechtlichen Religionsgesellschaften, die Innungen, Handwerkskammern, Industrie- und Handelskammern und sonstigen Gebilde, die aufgrund öffentlichen Rechts eigene Rechtspersönlichkeit besitzen. Dazu gehören neben Körperschaften auch Anstalten und Stiftungen des öffentlichen Rechts z. B. Rundfunkanstalten des öffentlichen Rechts.[184]

Zu Beteiligungen an juristischen Personen des Privatrechts wird klargestellt, dass die Beteiligung grundsätzlich keinen eigenständigen BgA begründet. Ein BgA liegt aber vor, wenn mit der Beteiligung tatsächlich ein entscheidender Einfluss auf die laufende Geschäftsführung des Unternehmens ausgeübt wird.[185] Die Finanzverwaltung zieht zur Bestimmung eines körperschaftsteuerlichen Betriebs gewerblicher Art (BgA) eine auf dem Jahresumsatz basierende Erheblichkeitsschwelle von 45.000 EUR heran.[186] Übersteigt der Jahresumsatz i. S. d. § 1 Abs. 1 Nr. 1 UStG die Schwelle von 45.000 EUR nachhaltig, ist ein wichtiger Anhaltspunkt dafür zu sehen, dass eine

183 BFH, Urt. v. 13. 3. 1974 – I R 7/71, BeckRS 1974, 2200, 2567.
184 Vgl. *BMF* (2022), Amtliches Körperschaftsteuer-Handbuch, R 4.1, KStR 2022.
185 Vgl. *BMF* (2022), Amtliches Körperschaftsteuer-Handbuch, R 4.1, KStR 2022.
186 Vgl. *BMF* (2022), Amtliches Körperschaftsteuer-Handbuch, R 4.1, KStR 2022.

Tätigkeit von einigem wirtschaftlichem Gewicht vorliegt. So kann regelmäßig bei diesem Jahresumsatz davon ausgegangen werden, dass die Tätigkeit sich innerhalb der Gesamtbetätigung der KdöR wirtschaftlich heraushebt. Wird die nachhaltige Schwelle von über 45.000 EUR im Einzelfall nicht erreicht, ist ein BgA nur anzunehmen, wenn hierfür besondere Gründe von der Körperschaft vorgetragen werden. Solche Gründe sind insbesondere gegeben, wenn die KdöR mit ihrer Tätigkeit zu anderen Unternehmen unmittelbar in Wettbewerb tritt.[187]

§ 4 Abs. 1 Satz 1 KStG definiert den Begriff des „Betriebs gewerblicher Art" dahingehend, dass eine juristische Person des öffentlichen Rechts eine „nachhaltige wirtschaftliche Tätigkeit zur Erzielung von Einnahmen" ausübt. Es ist ausreichend, dass die wirtschaftliche Tätigkeit auf die Erzielung von Einnahmen gerichtet ist. Die Absicht, Gewinn zu erzielen, und die Beteiligung am allgemeinen wirtschaftlichen Verkehr sind nicht erforderlich.[188]

Bei der Körperschaftsbesteuerung von jPöR ist zu beachten, dass die Ausübung von Tätigkeiten im Bereich der öffentlichen Gewalt insbesondere dann anzunehmen ist, wenn es sich um Leistungen handelt, zu deren Annahme der Leistungsempfänger aufgrund gesetzlicher oder behördlicher Anordnung verpflichtet ist. So ist z. B. die Verwertung bzw. die Veräußerung von Material oder Gegenständen aus dem hoheitlichen Bereich einer jPöR dem hoheitlichen Bereich zuzuordnen. Das gilt z. B. für den An- und Verkauf von Dienstkraftfahrzeugen auch dann, wenn die Veräußerung regelmäßig vor Ablauf der wirtschaftlichen Nutzungsdauer erfolgt. Die Anzahl der von der Beschaffungsstelle vorgenommenen An- und Verkäufe ist dabei unbeachtlich.[189]

Insbesondere gilt für Sozialleistungsträger die Behandlung der Mitglieder (Versicherter) in ihren eigenen Rehabilitationseinrichtungen als eine hoheitliche Tätigkeit. In Abgrenzung dazu muss beachtet werden, dass eine wirtschaftliche Tätigkeit (und damit ein BgA) jedoch dann vorliegt, wenn ein Sozialversicherungsträger in seinen Rehabilitationseinrichtungen gegen Entgelt auch Mitglieder privater Versicherungen oder Privatpersonen behandelt. Als Ausnahme

[187] Vgl. *BMF* (2022), Amtliches Körperschaftsteuer-Handbuch, R 4.1, KStR 2022.
[188] BFH, Urt. v. 15. 4. 2010 – V R 10/09, DStR, 2010, 1280 (1282).
[189] Vgl. *BMF* (2022), Amtliches Körperschaftsteuer-Handbuch, R 4.4, KStR 2022.

gilt hier eine Schwelle von 5 %, die bei der Anzahl der Behandlung zu beachten ist.

Die Bereitstellung von öffentlichen Parkflächen in Parkhäusern, Tiefgaragen oder zusammenhängenden Parkflächen außerhalb öffentlicher Straßen ist dagegen als wirtschaftliche Tätigkeit anzusehen (Verkehrsbetrieb i. S. d. § 4 Abs. 3 KStG). Dies gilt auch dann, wenn sich die jPöR aufgrund einer Benutzungssatzung oder einer Widmung zum öffentlichen Verkehr der Handlungsform des öffentlichen Rechts bedient. Dagegen ist die Parkraumüberlassung durch eine jPöR an ihre Bediensteten bzw. durch eine öffentlich-rechtliche Hochschule an ihre Studenten als Vermögensverwaltung anzusehen, soweit sie ohne weitere Leistungen erfolgt.[190]

Die Abbildung 3 zeigt zusammenfassend die Abgrenzung zur Grundentscheidung „BgA ja/nein" gemäß § 4 Abs. 1 KStG (nachhaltige wirtschaftliche Tätigkeit, Einnahmeerzielung, wirtschaftliches Hervortreten). Die Negativabgrenzung zum Hoheitsbetrieb (überwiegend Ausübung öffentlicher Gewalt) nach § 4 Abs. 5 KStG schließt den BgA aus. Nach den Sondertatbeständen sind z. B. Versorgungsbetriebe kraft Gesetzes BgA (§ 4 Abs. 3 KStG); auch die Verpachtung eines solchen Betriebs bleibt ein BgA (§ 4 Abs. 4 KStG). Eine Zusammenfassung mehrerer BgA ist unter den Voraussetzungen des § 4 Abs. 6 KStG möglich. Gewinnabsicht und Teilnahme am allgemeinen wirtschaftlichen Verkehr sind nicht erforderlich, Beteiligungen mit entscheidendem Einfluss können einen BgA begründen.[191]

---

190 Vgl. *BMF* (2022), Amtliches Körperschaftsteuer-Handbuch, R 4.5, KStR 2022.
191 Vgl. *BMF* (2022), Amtliches Körperschaftsteuer-Handbuch, R 4.1, KStR 2022.

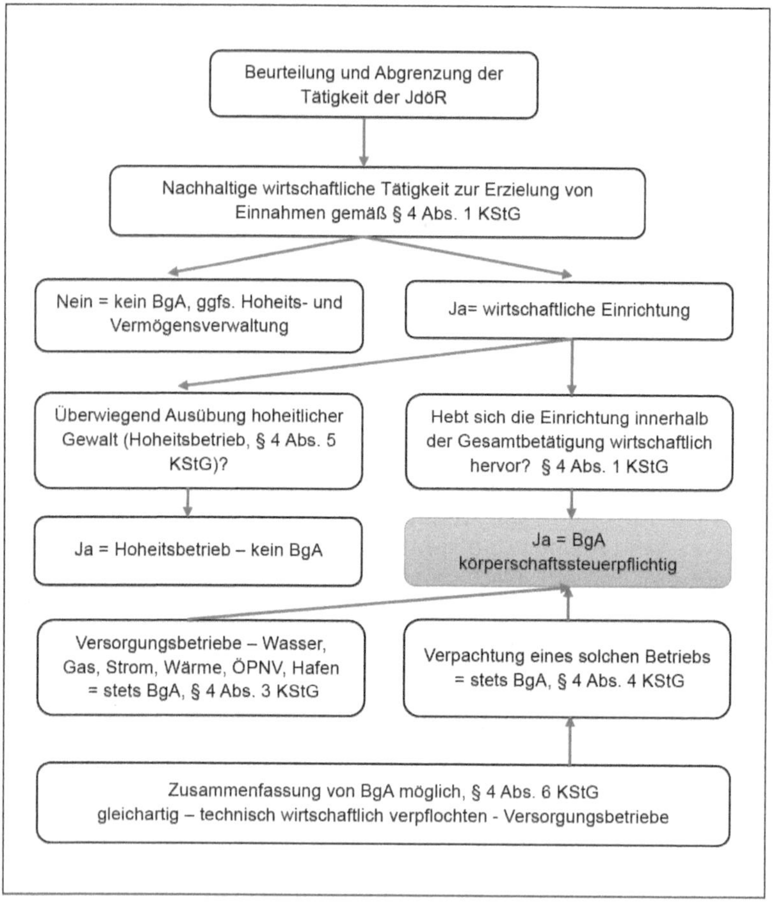

Abbildung 3: Abgrenzung von Betrieben gewerblicher Art (BgA) bei jPöR gemäß KStR R 4.1 zu § 4 KStG (eigene Darstellung)

Unterliegt der BgA der jPöR der Steuerpflicht i. S. d. KStG, beträgt der Steuersatz 15 % des zu versteuernden Einkommens, vgl. § 23 KStG. Das Einkommen der BgA zählt nach § 20 Abs. 1 Nr. 10 EStG zu den Einkünften aus Kapitalvermögen. Nach § 8 Abs. 1 Satz 1 KStG bestimmt sich das Einkommen und dessen Ermittlung nach den Vorschriften des EStG und des KStG. Bei Betrieben gewerblicher Art i. S. d. § 4 KStG sind die Absicht, Gewinn zu erzielen und die Beteiligung am allgemeinen wirtschaftlichen Verkehr nicht erforderlich. Nach § 8 Abs. 5 KStG bleiben bei Körperschaften für die Ermittlung des Einkommens Beiträge, die aufgrund der Satzung von den Mitgliedern lediglich in ihrer Eigenschaft als Mitglieder erhoben werden, außer Ansatz. Vom ermittelten Einkommen der steuerpflichtigen Körperschaften, Personenvereinigungen oder Vermögensmassen ist ein Freibetrag von 5.000 EUR, höchstens jedoch in Höhe des Einkommens abzuziehen, vgl. § 24 Satz 1 KStG.

Praxishinweis:

Die Buchführungspflicht eines BgA ergibt sich aus § 141 AO. Das Einkommen sollte für jeden BgA gesondert ermittelt werden, mehrere BgA dürfen aber zusammengefasst werden.[192]

3.2 Tax-Compliance

Die steuerliche Compliance (Tax-Compliance) von jPöR steht seit der Reform der Umsatzbesteuerung der öffentlichen Hand im Fokus eines strukturierten Steuerkontrollsystems. Ausgangspunkt ist die klare Trennung zwischen Tätigkeiten im Rahmen der öffentlichen Gewalt und der wirtschaftlichen Aktivitäten sowie ertragsteuerlich die Abgrenzung von Hoheitsbereich und „Betrieben gewerblicher Art" (BgA). Diese Systematik prägt sämtliche Pflichten in der Umsatz- und Körperschaftsteuer und verlangt von der öffentlichen Verwaltung belastbare Prozesse, nachvollziehbare Dokumentation und gelebte Verantwortlichkeiten. Hier werden die Rahmenbedingungen für die Implementierung eines Tax-Compliance-Management-Systems (Tax-CMS) zusammengefasst.

Wesentlich für die Projektplanung zur Tax-Compliance ist eine verlängerte Übergangsregelung: Durch das Jahressteuergesetz (JStG) 2024 wird mit der Änderung des § 27 Abs. 22a UStG die verpflichtende Anwendung des § 2b UStG für jPöR, die rechtzeitig optiert hatten, nochmals bis zum 31. Dezember 2026 hinausgeschoben. Die Neuregelung gilt damit verbindlich ab 1. Januar 2027. Dadurch bleibt Zeit, Leistungen zu inventarisieren, Rechtsgrundlagen zu prüfen sowie Verträge und systemseitige Prozesse anzupassen. Zu-

192 BFH, Urt. v. 8. 11. 1989 – I R 187/85, BeckRS 1989, 22009245.

gleich sind Vorsteuer-Konsequenzen der Verschiebung sorgfältig zu beurteilen.[193]

Ein wiederkehrender Prüfpunkt betrifft den Vorsteuerabzug der jPöR. Nach dem BMF-Schreiben vom 12. Juni 2024[194] sind zunächst die allgemeinen Regeln maßgeblich, wie die Direktzuordnung und sachgerechte Aufteilung. Bei gemischt genutzten einheitlichen Gegenständen ist die Zuordnung zum Unternehmen nur zulässig, wenn mindestens 10 % unternehmerische Nutzung vorliegt. Für die Aufteilung sieht die Verwaltung bei typischer Doppelfunktion der jPöR Vereinfachungen vor. Das verlangt eine belastbare Eingangsleistungszuordnung, ein konsistentes Kontierungs- und Dokumentationskonzept und regelmäßige Plausibilisierung anhand objektiver Kriterien.[195]

Ein wirksames Tax-Compliance-Management-System (Tax-CMS) ist das zentrale Schutzdach. Der aktualisierte Prüfungsstandard IDW PS 980 n. F. (09/2022)[196] beschreibt die Elemente eines CMS (z. B. Compliance-Ziele, Risikoanalyse, Kontrollen, Kommunikation, Überwachung, Verbesserung) und dient als Referenz für Angemessenheit und Wirksamkeit. Ergänzend eröffnet § 38 EGAO[197] seit 2023 eine Pilotphase für Prüfungserleichterungen, wenn die Finanzverwaltung die Wirksamkeit eines Steuerkontrollsystems bestätigt. Dies stellt einen starken Anreiz in der Verwaltungspraxis dar, ein Tax-CMS strukturiert aufzubauen und fortlaufend zu auditieren.[198] Ein Steuerkontrollsystem umfasst gemäß § 38 Abs. 2 EGAO „alle innerbetrieblichen Maßnahmen, die gewährleisten, dass die Besteuerungsgrundlagen zutreffend aufgezeichnet und berücksichtigt werden sowie die hierauf entfallenden Steuern fristgerecht und vollständig abgeführt werden. Das Steuerkontrollsystem muss die steuerlichen Risiken laufend abbilden."

---

[193] BGBl. I 2024 Nr. 387; *Kirchof*, JStG 2024 – Die Übergangsregelung zu § 2b UStG wird bis zum 31. 12. 2026 verlängert.

[194] *BMF* (2024), Umsatzsteuer-Anwendungserlass.

[195] Vgl. BFH, Urt. v. 6. 12. 2023 – XI R 33/21, DStR, 2024, 753.

[196] Vgl. *IDW PS 980* (2022).

[197] BGBl. I S. 3341; BGBl. 1977 I S. 667, zuletzt geändert Art. 20 d. Gesetzes v. 2. 12. 2024 (BGBl. 2024 I Nr. 387).

[198] Vgl. *Vitale/Walz*, Neuer § 38 EGAO – Tax CMS als Voraussetzung für eine nach Art und Umfang reduzierte Betriebsprüfung.

Praxishinweis:

JPöR sollten ihre Tax-Compliance entlang eines klaren Vorgehens verankern: (1.) Leistungsinventur mit Kennzeichnung öffentlich-rechtlicher und privatrechtlicher Tätigkeiten sowie Prüfung von Wettbewerbsrelevanz (§ 2b UStG) und Bagatellgrenzen; (2.) BgA-Abgrenzung und Spartentrennung (KStR R 4.1 zu § 4 KStG) mit periodischer Überprüfung; (3.) Vorsteuer-Design (Direktzuordnung, Aufteilungsmaßstäbe, 10 %-Zurechnung) einschließlich belastbarer Dokumentation; (4.) Tax-CMS mit Verantwortlichkeiten, Kontrollen (Vier-Augen-Prinzip, IT-Freigaben), Schulung und Monitoring; (5.) Etablierung eines Rechtsprechungs- und Verwaltungsmonitoring sowie Nutzung von verbindlichen Auskünften für komplexe Sachverhalte. So wird Steuerrecht nicht nur regelkonform umgesetzt, sondern in die Integritätskultur der Verwaltung integriert – als ein Kernelement wirksamer Compliance im öffentlichen Dienst.[199]

III

4. Schutz vor Ordnungswidrigkeiten

Bedeutsam ist gleichermaßen die Verhinderung und Verfolgung von Ordnungswidrigkeiten nach den §§ 1 ff. OWiG.[200] Ist der Tatbestand eines Gesetzes verwirklicht, liegt eine rechtswidrige, vorwerfbare Handlung – und damit eine Ordnungswidrigkeit – vor, die, soweit gesetzlich geregelt, die Ahndung mit einer Geldbuße zulässt. Der Begriff des Tatbestandes beschreibt die Gesamtheit aller gesetzlichen Merkmale, die das verbotene Verhalten „sachlich-gegenständlich" beschreiben; also die konkrete Verbotsmaterie. Dabei kann die materielle Verbotsnorm Allgemein- oder Sonderdelikte, Begehungs- oder Unterlassungsdelikte, Erfolgs- oder Tätigkeitsdelikte umfassen.[201] Neben dem Tatbestand gehören auch die Rechtswidrigkeit, die Kausalität, die objektive Zurechnung und der Vorsatz zur Verwirklichung einer Ordnungswidrigkeit. Fahrlässigkeit kommt nach § 10 OWiG nur in Betracht, wenn das Gesetz fahrlässiges Handeln ausdrücklich mit Geldbuße bedroht. Fahrlässig handelt gemäß § 276 Abs. 2 BGB, wer die im Verkehr erforderliche Sorgfalt

---

199 Vgl. *Sauter/Meissner*, Die Implementierung eines Tax Compliance Management Systems in der öffentlichen Verwaltung, S. 39 ff.

200 BGBl. 1987 I S. 602, zuletzt geändert BGBl. 2024 I Nr. 234.

201 *Niehaus* in: Mitsch, KK-OWiG, § 1 Rn. 9.

außer Acht lässt, zu der er nach den Umständen und nach seinen persönlichen Kenntnissen und Fähigkeiten verpflichtet und imstande ist und deshalb die Möglichkeit der Tatbestandsverwirklichung nicht erkennt, aber erkennen kann (unbewusste Fahrlässigkeit) oder die Tatbestandsverwirklichung zwar für möglich hält, aber darauf vertraut, dass sie nicht eintreten werde (bewusste Fahrlässigkeit).[202]

Bei der Absicht als Vorsatzform ist das Willenselement besonders stark ausgeprägt. Der tatbestandliche Erfolg wird vom Täter herbeigeführt (zielgerichteter Erfolgswille).[203]

4.1 Normadressaten der Ordnungswidrigkeit

Tatbestände einer Ordnungswidrigkeit können nicht nur in eigener Person, sondern auch als gesetzlicher Vertreter, z. B. als vertretungsberechtigtes Organ einer juristischen Person gemäß § 9 Abs. 1 Nr. 1 OWiG erfüllt werden. Dies kann eine juristische Person des Privatrechts oder des öffentlichen Rechts sein. Somit sind die Adressaten des § 9 Abs. 1 Nr. 1 OWiG nur die vertretungsberechtigten Organe, denen nach dem Gesetz die Geschäftsführung für die juristische Person nach außen wie nach innen obliegt. Dies sind z. B. bei den Trägern der Sozialversicherung als rechtsfähige Körperschaften des öffentlichen Rechts nach § 31 Abs. 1 SGB IV die Vertreterversammlung, der Vorstand und der Geschäftsführer.[204] Verwirklicht das Organ, d. h. die Leitungsperson, einen Bußgeldtatbestand, eine Straftat oder eine Ordnungswidrigkeit, die in einem Zurechnungszusammenhang zur Organisation steht, weil durch sie Pflichten verletzt wurden (z. B. Verletzung von Aufsichtspflichten i. S. v. § 130 OWiG), ist eine Sanktion in Form einer Geldbuße zu verhängen.

Der in § 30 Abs. 1 Nr. 1 bis 5 genannte Täterkreis der Leitungspersonen ist identisch mit dem in § 74e StGB. Der Kreis der Leitungspersonen umfasst dabei nicht nur die für das operative Geschäft Verantwortlichen, sondern auch die Personen, die zur Überwachung der Geschäftsführung oder die sonstige Ausübung von Kontrollbefugnissen berufen sind.

Demzufolge können z. B. auch Compliance-Beauftragte bei Straftaten, die aus dem Unternehmen heraus begangen werden und dem Unternehmen erhebliche Nachteile durch Haftungsrisiken oder An-

---

202 *Rengier* in: Mitsch, KK-OWiG, § 10 Rn. 24.
203 *Rengier* in: Mitsch, KK-OWiG, § 10 Rn. 6.
204 Vgl. *Rogall* in: Mitsch, KK-OWiG, § 30 Rn. 61.

sehensverlust bringen können, eine strafrechtliche Garantenpflicht i. S. d. § 13 Abs. 1 StGB treffen.[205] Sie kommen dann auch als Täter i. S. v. § 30 Abs. 1 Nr. 5 OWiG in Betracht.[206]

4.2 Unterlassung der Aufsichtspflicht und Rechtsfolge

Eine strafbewehrte Ordnungswidrigkeit stellt nach § 130 Abs. 1 OWiG die Unterlassung von erforderlichen Aufsichtsmaßnahmen dar, die der Verhinderung von Zuwiderhandlungen gegen Pflichten in Betrieben und Unternehmen dienen. Gemäß dem Absatz 2 ist der Betrieb oder ein Unternehmen in diesem Sinne auch das öffentliche Unternehmen. Erfasst werden soll von der Norm aber nicht die Verwaltungstätigkeit des Staates, sondern das öffentliche Unternehmen als diejenige Einheit, mit denen die öffentliche Verwaltung am Wirtschaftsleben teilnimmt.[207]

Die Sanktionierung der Aufsichtspflichtverletzung soll sicherstellen, dass erforderliche und zumutbare Vorkehrungen gegen die Begehung von Verstößen aus der Organisation getroffen werden. Im Schrifttum unbestritten ist, dass es sich bei der Norm des § 130 OWiG um ein echtes Unterlassungsdelikt handelt.[208] Die Aufsichtspflicht trifft grundsätzlich den Inhaber des Betriebs oder des Unternehmens, die auch eine Personenmehrheit oder eine juristische Person sein kann. Die Handlungen der Organe und Vertreter werden der juristischen Person als Inhaber zugerechnet, vgl. § 9 Abs. 1 OWiG. Eine Beauftragung über eine Delegation der Aufsichtspflicht ist nach § 9 Abs. 2 OWiG auf andere Personen möglich. Zu beachten ist im Fall einer Delegierung von Verantwortung nach § 130 OWiG, dass die verlangten Aufsichtsmaßnahmen zumutbar und praktisch durchführbar sein müssen.[209] Die Beauftragung gilt nach § 9 Abs. 2 Satz 3 OWiG auch für Stellen, die Aufgaben der öffentlichen Verwaltung wahrnehmen. Damit sind von dieser Zurechnungsnorm auch Behörden und Körperschaften des öffentlichen Rechts umfasst. Unbestritten ist dabei, dass die Aufsichtspflicht des Inhabers neben der übertragenen Aufsichtspflicht weiter besteht.

---

[205] BGHSt 54, 44, NJW 2009, 3173.
[206] *Rogall* in: Mitsch, KK-OWiG, § 30 Rn. 61, 82–84.
[207] Vgl. *Rogall* in: Mitsch, KK-OWiG, § 130 Rn. 30–32.
[208] *Rogall* in: Mitsch, KK-OWiG, § 130 Rn. 17.
[209] OLG Düsseldorf, Beschl. v. 12. 11. 1998 – 2 Ss OWi 385-98, NStZ-RR, 1999, 151.

Ein Unterlassen meint die in der jeweiligen Situation erforderlichen und zumutbaren Maßnahmen. Kriterien für die Beurteilung der erforderlichen Aufsichtsmaßnahmen sind die Wahrscheinlichkeit des Eintritts der Gefahr, die Erheblichkeit der drohenden Verletzungen und verschiedene betriebsspezifische Gesichtspunkte. Die erforderliche Maßnahme muss objektiv zumutbar, d. h. zunächst rechtlich zulässig sein.[210] Weiterhin sollte sie nicht mit unverhältnismäßigen hohen Kosten und keiner Störung der Effektivität des Betriebsablaufs, des Betriebsklimas und des Vertrauensverhältnisses zwischen Arbeitgeber und Arbeitnehmer verbunden sein. Somit wäre eine Totalüberwachung von Beschäftigten nicht als erforderliche Maßnahme anzusehen.[211] § 130 Abs. 1 Satz 2 OWiG verweist konkret auf die Bestellung, sorgfältige Auswahl und Überwachung von Aufsichtspersonen als erforderliche Aufsichtsmaßnahme. Der Arbeitgeber hat folglich eine sorgfältige Personalauswahl durchzuführen, aber auch die Pflicht, konkrete und klare Aufteilung der Verantwortlichkeiten und Zuständigkeiten zu regeln, sowie die Beschäftigten über rechtliche Regelungen aufzuklären, die ihre Position im Unternehmen betrifft. Bei einer Pflichtverletzung (Unterlassen) drohen strafrechtliche Konsequenzen und hohe Geldbußen. Neben dem § 130 OWiG existieren weitere bußgeldbewehrte Normen: z. B. des Datenschutzrechts (vgl. § 43 BDSG), des Vergabe- und Kartellrechts (vgl. § 81 GWB), sowie des Steuerrechts (vgl. § 377 AO), die auch in der öffentlichen Verwaltung und in öffentlichen Unternehmen Anwendung finden.

Für den Nachweis der Erfüllung der Organisations-, Überwachungs- und Aufsichtspflichten von Organisationen nach § 130 OWiG ist die Implementierung von Compliance-Strukturen unumgänglich. Eine darüber hinaus gesteigerte Überwachungspflicht – bei der intensivere Aufsichtsmaßnahmen notwendig sind – besteht u. a. dann, wenn in einem Unternehmen in der Vergangenheit bereits Unregelmäßigkeiten vorgekommen sind.[212] Die Rechtsprechung verpflichtete die Geschäftsleitung eines Unternehmens, entsprechend dem Risikoprofil der Organisation geeignete Compliance-Maßnahmen zu ergreifen, die die Normeinhaltung „durch den Verband und im Verband" sicherstellen.[213] In seinen Leitsätzen führt der BGH aus, dass

[210] *Rogall* in: Mitsch, KK-OWiG, § 130 Rn. 51.
[211] *Rogall* in: Mitsch, KK-OWiG, § 130 Rn. 51, 52.
[212] OLG Nürnberg, Urt. v. 30. 3. 2022 – 12 U 1520/19, LMuR, 2022, 545 (550).
[213] BGH, Urt. v. 9. 5. 2017 – 1 StR 265/16, CCZ, 2017, 285.

bei der Bemessung einer Geldbuße nach § 30 OWiG gegen ein Unternehmen zu berücksichtigen ist, ob es im Zeitpunkt von Gesetzesverstößen ein aus ex-ante-Sicht angemessenes und effektives CMS installiert hatte. Des Weiteren ist in die Bußgeldbemessung einzubeziehen, ob das Unternehmen im Zuge der Aufklärung der Non-Compliance zu Tage getretene Defizite des CMS behebt und Maßnahmen ergreift, um vergleichbare Normverletzungen in Zukunft zu verhindern oder zumindest wesentlich zu erschweren.[214] Somit ist der Nachweis eines wirkungsvollen CMS für die Überwachung i. S. d. § 130 Abs. 1 OWiG im Rahmen der Sanktionierung von Unternehmen für Gesetzesverstöße auf Tatbestandsebene von Bedeutung.

Die Frage nach dem „Ob" zur Implementierung von Compliance-Strukturen stellt sich damit nicht, sondern nach dem „Wie".[215]

4.3 CMS als erforderliche Aufsichtsmaßnahme?

Die Rechtsprechung betont in den letzten Jahren, dass das Unterlassen von Aufsichtsmaßnahmen auch die Nichtetablierung einer Unternehmensorganisation zur Wahrung des Vier-Augen-Prinzips für die Verhinderung von schadensträchtigen Tätigkeiten durch die Geschäftsführung umfasst. Im Fall einer GmbH sah das Gericht eine Haftung des Geschäftsführers für hierdurch entstehende Schäden als gegeben an. Das OLG begründete die Haftung damit, dass zum Umfang der Pflichten eines Geschäftsführers im Rahmen der internen Unternehmensorganisation die Schaffung von Compliance-Strukturen zur gehörigen Überwachung von Mitarbeitern gehört.[216] Eine Intensivierung der Überwachungspflicht, die mit einer Ausweitung der Aufsichtsmaßnahmen einhergeht, kann insbesondere dann erforderlich sein, wenn in einem Unternehmen in der Vergangenheit bereits Unregelmäßigkeiten aufgetreten sind.[217]

Die Rechtsprechung hat zudem die Verpflichtung eines Vorstandsmitglieds zur Einhaltung der gesetzlichen Vorgaben bestätigt, die eine Organisation und Aufsicht eines Unternehmens gewährleisten soll, um Gesetzesverstöße zu verhindern. Die Organisationspflicht kann von einem Vorstandsmitglied bei Vorliegen einer entsprechenden Gefährdungslage nur dann erfüllt werden, wenn ein

---

[214] BGH, Urt. v. 9. 5. 2017 – 1 StR 265/16, CCZ, 2017, 285.
[215] Siehe III.4.3.
[216] OLG Nürnberg, Urt. v. 30. 3. 2022 – 12 U 1520/19, LMuR, 2022, 545.
[217] OLG Nürnberg, Urt. v. 30. 3. 2022 – 12 U 1520/19, LMuR, 2022, 545 (550).

funktionsfähiges CMS zur Schadensprävention und Risikokontrolle eingerichtet wird. Entscheidend dabei sind die Art, die Größe und die Organisation des Unternehmens sowie die zu beachtenden Vorschriften, die geografische Präsenz wie auch Verdachtsfälle aus der Vergangenheit.[218]

Mittlerweile geht die nationale Rechtsprechung – nach dem Vorbild des Common Law (Case Law) im angloamerikanischen Bereich – dazu über, bei der Bemessung der Höhe der Geldbuße mitzuberücksichtigen, ob z. B. die juristische Person ein effizientes CMS installiert hat, um zu überprüfen, dass der Pflicht, Rechtsverletzungen aus der Sphäre des Unternehmens zu verhindern, nachgekommen wurde. Dabei ist auch von Bedeutung, ob und inwieweit die juristische Person bei einem der Tatentdeckung nachfolgenden staatlichen Sanktionsverfahren entsprechende Regelungen optimiert und betriebsinterne Abläufe in einer Weise ausgestaltet, sodass entsprechende Normverletzungen in Zukunft jedenfalls deutlich erschwert werden.[219]

Zusammenfassend lässt sich somit festhalten: auch wenn die öffentliche Verwaltung nicht direkt Normadressat der §§ 9, 30 OWiG ist, wird sie doch indirekt über das öffentliche Unternehmen in die Anwendung miteinbezogen. Tatbestände des Ordnungswidrigkeitenrechts können somit auch die Körperschaften des öffentlichen Rechts und ihre vertretungsberechtigten Organe treffen. Damit sollte auch ohne gesetzliche Vorgaben die öffentliche Verwaltung effiziente Compliance-Strukturen einführen, um erforderliche und zumutbare Strukturen zur Verhinderung von Rechtsverstößen aus der Organisation heraus zu schaffen. Letztendlich wird die Schaffung geeigneter Strukturen preiswerter sein, als hohe Geldbußen nach dem OWiG zahlen zu müssen.

Praxishinweis:

Innerhalb der Organisation sollten die vertretungsberechtigten Organe einer juristischen Person nach § 9 OWiG eine Organisationsstruktur (z. B. ein CMS) schaffen, mit der die Rechtmäßigkeit des Handelns der Organisation kontrolliert und Pflichtverletzungen vermieden werden können. Somit las-

---

218 LG München, Urt. v. 10. 12. 2013 – 5 HK O 1387/10, NZWiSt, 2014, 183.

219 BGH, Urt. v. 9. 5. 2017 – 1 StR 265/16, NJW, 2017, 3798.

sen sich Haftungsrisiken sowie die Höhe von Geldbußen durch ein effizientes CMS erheblich reduzieren. Die Delegation von Überwachungspflichten gemäß § 130 OWiG ist zwar möglich, jedoch verbleibt die Aufsichtspflicht im Unternehmen parallel beim Inhaber.[220]

5. Das effiziente Compliance-Management-System (CMS)

Die öffentliche Verwaltung sowie öffentliche Unternehmen sehen sich in zunehmendem Maße mit Herausforderungen und Risiken konfrontiert, die aus Verstößen gegen geltendes Recht resultieren können. Daher besteht die Empfehlung in der Rechtsprechung und Literatur darin, ein Compliance-Management-System (CMS) in öffentlichen Unternehmen einzuführen und weiterzuentwickeln.[221] Compliance beschränkt sich somit nicht allein auf Regelbefolgung durch die Organisation. Es umschreibt viel mehr die Summe der organisatorischen Maßnahmen einer Organisation, mit denen gewährleistet werden soll, dass sich die Geschäftsführung wie auch die Beschäftigten rechtmäßig verhalten. Der erweiterte Begriff der Compliance umfasst damit auch die „Compliance-Organisation" einer Organisation und deren Strukturen. In diesem Kontext bezeichnet der Begriff „Organisation" das Compliance-Management-System (CMS). Die Befolgung von Regeln wird in der Praxis regelmäßig durch organisationsinterne Richtlinien wie z. B. Ethik-Richtlinien (Codes of Ethics/Codes of Conduct) unterstützt. Diese werden in ein CMS miteinbezogen.

5.1 Schritte zur Implementierung eines CMS

Die International Compliance Association (ICA) empfahl schon 2005 die interne Umsetzung von Compliance-Programmen in fünf Schritten:

1. **Identification** – to identify the risks that an organization faces and advise on them.

---

[220] OLG Nürnberg, Urt. v. 30. 3. 2022 – 12 U 1520/19, LMuR 2022, 545 (556).

[221] *Wendt* et al., Public Corporate Governance und Compliance – Ein Leitfaden für öffentliche Unternehmen, zuletzt geprüft am 3. 11. 2024.

2. **Prevention** – to design and implement controls to protect an organization from those risks.
3. **Monitoring and detection** – to monitor and report on the effectiveness of those controls in the management of an organization exposure to risks.
4. **Resolution** – to resolve compliance difficulties as they occur.
5. **Advisory** – to advise the business on rules and controls.[222]

Es ist empfehlenswert, dass jede Organisation mit der Analyse potenzieller Risikofelder durch eine Bestandsaufnahme beginnt. Dabei können z. B. die rechtlichen Rahmenbedingungen, die Geschäftsbesonderheiten, die Stakeholder, die Kunden, die Lieferanten sowie die Bewertung der jeweiligen Branchenrisiken berücksichtigt werden. In die Risikoanalyse sollten auch Schadensfälle, die in der Vergangenheit der Organisation geschadet haben, einfließen. Ableitend davon sind technische, organisatorische und personelle Schutzmaßnahmen zu entwickeln, um die Compliance-Organisation in der Organisation zu etablieren. Dazu gehören die Einführung und Bekanntmachung interner Richtlinien, Positionspapiere, Manuals, Softwares und technische Systeme. Danach sollte ein ständiger Überwachungsprozess, z. B. mit internen und externen Audits, eingesetzt werden, um die getroffenen Maßnahmen zu überprüfen und zu verbessern. Im Falle des Auftretens von Schadensfällen sind ausgearbeitete Krisenpläne, d. h. ein proaktiv entwickeltes Krisenmanagement zur Verfügung zu stellen. Eine Beratung zum Aufbau eines CMS kann intern durch die Compliance-Abteilung mit Workshops, Schulungen und/oder durch externe unabhängige Berater erfolgen.

In der Folge lässt sich ein erster, allgemein gültiger Implementierungsablauf für Compliance-Strukturen in Organisationen aufzeigen, der mit den entsprechenden Anpassungen an den Zweck und Gegenstand der Organisation modifiziert anwendbar ist.

---

222 Ursprungsquelle: http://www.int-comp.org/ v. 23. 8. 2005 in: Brandstetter, Rechtsabteilung & Unternehmenserfolg, S. 74–76.

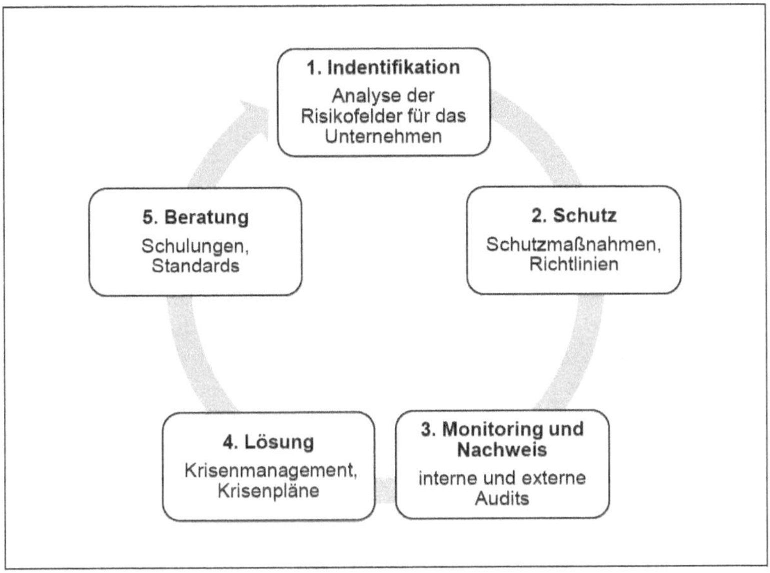

Abbildung 4: Implementierungskreislauf eines CMS (Quelle: Brandstetter, Rechtsabteilung & Unternehmenserfolg, S. 74–76)

5.2 Die Grundelemente und Standards eines CMS

Eine Definition des Begriffs „Compliance-Strukturen“ findet sich in dem vom Institut der Wirtschaftsprüfer (IDW) herausgegebenen Standard IDW PS 980.[223] Die Prüfung eines CMS nach dem IDW PS 980 ist in der Praxis über alle Branchen und Unternehmensgrößen hinweg als Standard etabliert.[224] Er bezieht Unternehmen wie z. B. Gesellschaften bürgerlichen Rechts, rechtsfähige bzw. nicht rechtsfähige Vereine, Stiftungen, Gebietskörperschaften, sonstige Körperschaften, Eigenbetriebe, Anstalten des öffentlichen Rechts mit ein.[225] Der IDW-Prüfungsstandard ist erstmals anzuwenden bei freiwilligen Prüfungen von CMS, die nach dem 31. Dezember 2022 beauftragt werden. Der IDW definiert das CMS als ein System, das „auf der Grundlage der von den gesetzlichen Vertretern festgeleg-

---

223 IDW PS 980 (2022).

224 *Wendt* et al., Public Corporate Governance und Compliance – Ein Leitfaden für öffentliche Unternehmen, zuletzt geprüft am 3. 11. 2024.

225 IDW PS 980 (2022), Tz. 13 ff.

ten Ziele eingeführten Regelungen eines Unternehmens, die auf ein regelkonformes Verhalten der gesetzlichen Vertreter und der Mitarbeiter des Unternehmens sowie ggf. von Dritten, d. h. auf die Einhaltung bestimmter Regeln und damit auf die Verhinderung von wesentlichen Verstößen (Regelverstöße) abzielt".[226]

Nach dem IDW-PS-980-Standard umfasst ein CMS sieben Grundelemente: die Förderung einer günstigen Compliance-Kultur sowie die Festlegung der Compliance-Ziele, den Aufbau der Compliance-Organisation (Aufbau- und Ablauforganisation), den Prozess der Feststellung und Analyse der Compliance-Risiken durch das Unternehmen, den Prozess der Erstellung des Compliance-Programms, die Entwicklung eines Kommunikationsprozesses sowie von Verfahren zur Überwachung und Verbesserung des CMS. Die Grundelemente stehen miteinander in Wechselwirkung und sind in die Geschäftsabläufe eingebunden. Die Konzeption des CMS sollte die Wechselwirkungen zwischen den Grundelementen berücksichtigen.[227]

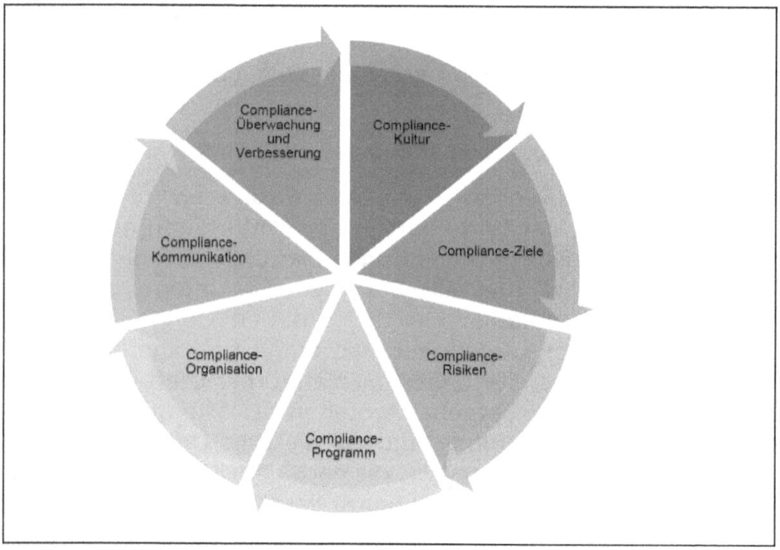

Abbildung 5: Grundelemente eines CMS nach IDW PS 980, 2022, Tz. A23-A29 (Quelle: IDW)

226 IDW PS 980 (2022), Tz. 1.2.
227 IDW PS 980 (2022), Tz. A23-A29.

Der Standard lässt zu, Organisationen – die ein CMS erstmals einrichten oder erweitern – im Rahmen einer Angemessenheitsprüfung bereits während der Entwicklung, Einführung, Änderung oder Erweiterung des Systems projektbegleitend in Form einer IDW-PS-980-Prüfung zu begleiten. Diese Begleitung ermöglicht auch eine eingeschränkte Beratung der Organisation hinsichtlich der Ausgestaltung des CMS. Der Prüfer darf aber kein System prüfen, das er als Ganzes oder in Teilbereichen selbst entwickelt hat. Damit würde gegen das Selbstprüfungsverbot verstoßen werden.[228]

Der IDW PS 980 beinhaltet in der Anlage 1 allgemein anerkannte CMS-Rahmenkonzepte wie die DIN ISO 37301:2021 (Anforderungen mit Anleitung zur Anwendung) sowie die DIN ISO 37001:2016 (Managementsysteme zur Korruptionsbekämpfung – Anforderungen mit Leitlinien zur Anwendung).[229] Auch für den Baustein des Hinweisgebersystems sind mittlerweile Leitlinien in Form der DIN ISO 37002:2021 veröffentlicht.[230] Anhand dieser Leitlinien können sich Organisationen bei der Implementierung und Überwachung eines CMS orientieren. Die Norm zielt darauf ab, Richtlinien für die Implementierung, Verwaltung, Evaluierung, Aufrechterhaltung und Verbesserung von effektiven Hinweisgebersystemen bereitzustellen. Die Richtlinien sind allgemein für alle Organisationen im privaten wie im öffentlichen Sektor ungeachtet ihrer Größe, Art, Geschäftstätigkeit anwendbar. Es wird darauf hingewiesen, dass das Hinweisgeberschutzsystem als einzelner Baustein oder als Bestandteil des CMS installiert werden kann.[231] Der Standard empfiehlt, Hinweisgeber und andere beteiligte Personen zu unterstützen und zu schützen, sicherzustellen, dass Meldungen über Missstände ordnungsgemäß und zeitnah bearbeitet werden sowie die Organisationskultur und -führung zu verbessern. Vor allem aber soll die Norm Organisationen dabei helfen, ein Hinweisgebersystem aufzubauen, das auf den Grundsätzen von Vertrauen, Objektivität und Sicherheit beruht.[232]

III

---

228 *Moosmayer/Lösler*, Corporate Compliance: Handbuch der Haftungsvermeidung im Unternehmen, § 46 Rn. 36.

229 DIN ISO 37001:2018

230 DIN ISO 37002:2021.

231 DIN ISO 37301:2021; ISO (2021;) *Wendt* et al., Public Corporate Governance und Compliance – Ein Leitfaden für öffentliche Unternehmen, zuletzt geprüft am 3. 11. 2024.

232 DIN ISO 37301:2021.

Orientieren können sich Unternehmen und Organisationen auch an Empfehlungen von Behörden. So gibt das Bundesamt für Wirtschaft und Ausfuhrkontrolle (BAFA) u. a. aktuelle Empfehlungen zu Kriterien eines CMS in der Exportkontrolle heraus.[233] Diese wiederum sind abgeleitet von den Empfehlungen der EU-Kommission zu internen Compliance-Programmen für die Kontrolle des Handels mit Gütern mit doppeltem Verwendungszweck (Dual-Use-Gütern mit doppeltem Verwendungszweck).[234] Danach sind die folgenden Kernelemente für ein Compliance-Programm zur wirksamen Kontrolle des Dual-Use-Handels besonders wichtig:

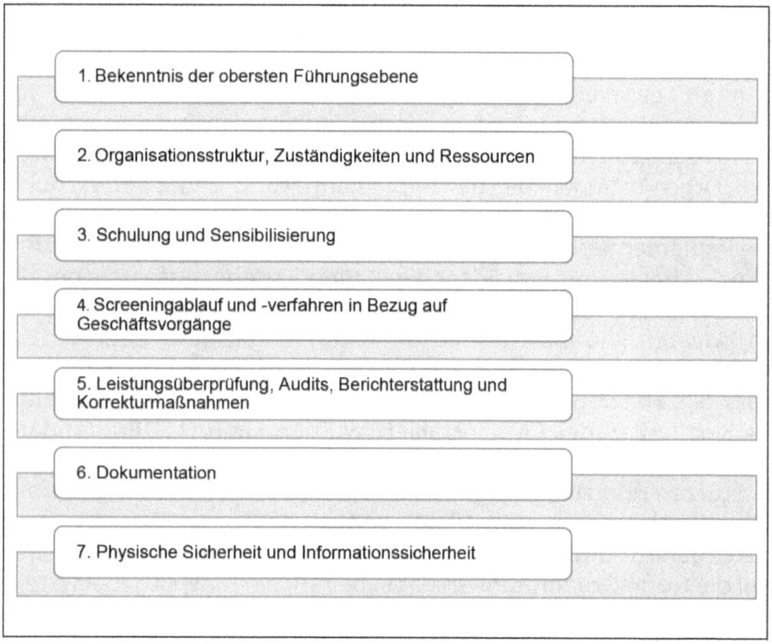

Abbildung 6: Kernelemente für ein Compliance-Programm zur wirksamen Kontrolle des Dual-Use-Handels (eigene Darstellung nach ABl. 2019, L 205/18)

233 *BAFA* (2024), Firmeninterne Exportkontrolle – Betriebliche Organisation im Außenwirtschaftsverkehr.

234 ABl. 2019, L 205/18.

Zu jedem Kernelement werden die verfolgten Ziele beschrieben sowie die Maßnahmen spezifiziert und mögliche Lösungen für die Entwicklung oder die Umsetzung von Compliance-Verfahren aufgezeigt. Schlussendlich weisen auch diese Empfehlungen darauf hin, dass ein CMS von Unternehmen und Organisationen auf die Größe, die Struktur und den Umfang des Unternehmens oder der Organisation und insbesondere auf die jeweilige Geschäftstätigkeit und die damit verbundenen Risiken zugeschnitten sein sollte. Gegenstand einer sorgfältigen Risikobewertung sind die Produktpalette, die Kundschaft und die Geschäftstätigkeit. Die Ergebnisse dieser Risikobewertung haben einen Einfluss auf die notwendigen Maßnahmen und geeigneten Lösungen für die Entwicklung oder Umsetzung der unternehmensspezifischen CMS. Jedoch müssen alle Maßnahmen mit den geltenden Rechtsvorschriften vereinbar sein.[235]

So existieren mittlerweile eine ganze Reihe von Standards und Empfehlungen, um Organisationen eine Orientierungshilfe zum Aufbau eines CMS zu geben. Die Einhaltung aller gesetzlicher Vorschriften ist als kontinuierlicher Plan-Do-Check-Act (PDCA)-Zyklus zu verstehen. Dieser fortlaufende Prozess muss kontinuierlich, strukturiert und gezielt mittels Standards überwacht werden.

Praxishinweis:
Ein Nachweis, dass Organisationen mittels anerkannter internationaler Standards geeignete Compliance-Strukturen implementiert haben, ist für alle beteiligten Akteure sehr wertvoll. Profitieren können davon die Organisationen, Beschäftigten, Kunden, Versicherten, Mitgliedsunternehmen, Lieferanten sowie die Selbstverwaltung. Zum Aufbau einer guten Reputation und Öffentlichkeitsarbeit sollten die Organisationen im öffentlichen Dienst die Voraussetzungen für den Aufbau von Vertrauen schaffen, um sich an die geltenden Gesetze, Vorschriften, Branchenkodizes, freiwilligen Standards und Verhaltenskodizes zu halten und danach zu arbeiten. Ein zertifiziertes CMS bietet ein festes Bekenntnis zu guter Public Governance und ethischen Praktiken, die allerdings umgesetzt werden müssen, um die Glaubwürdigkeit in der Gesellschaft zu gewährleisten.

[235] ABl. 2019, L 205/18.

5.3 Das angemessene und effiziente CMS für den öffentlichen Dienst

Wie aufgezeigt, lassen sich allgemeine Grundsätze zur Ausgestaltung eines effektiven und effizienten CMS aus der Rechtsprechung, dem Schrifttum, behördlichen Leitfäden und anerkannten Standards und Normen ableiten. Grundsätzlich bleibt aber festzuhalten, dass keine gesetzliche Vorschrift existiert, welche die Struktur eines effizienten CMS vorschreibt. Lediglich der Zweck eines CMS lässt sich aus § 91 Abs. 2 AktG für börsennotierte Unternehmen ableiten. Danach hat der Vorstand geeignete Maßnahmen zu treffen, insbesondere ein Überwachungssystem einzurichten, damit gefährdende Entwicklungen zum Fortbestand der Gesellschaft früh erkannt werden.

Zur Struktur eines CMS können die Maßnahmen nach § 125 GWB herangezogen werden. § 125 Abs. 1 Satz 1 Nr. 3 GWB beinhaltet die ansatzweise notwendigen Maßnahmen zur Selbstreinigung eines Unternehmens nach dem Ausschluss von öffentlichen Vergabeverfahren, die dem Bundeskartellamt nachzuweisen sind, um wieder am Vergabeverfahren teilnehmen zu können. Bestandteile eines angemessenen und wirksamen Risikomanagements sind teilweise auch in § 25a Abs. 1 Nr. 1 bis 6 KWG enthalten. Diese Elemente beginnen mit der Festlegung der Strategie, insbesondere der Festlegung einer nachhaltigen Entwicklung der Organisation, eines Verfahrens zur Ermittlung und Sicherstellung der Risikotragfähigkeit, der Einrichtung interner Kontrollverfahren, aufbau- und ablauforganisatorischen Regelungen mit klarer Abgrenzung der Verantwortungsbereiche, Prozesse zur Identifizierung, Beurteilung der Steuerung sowie Überwachung und Kommunikation der Risiken, einer Risikocontrolling-Funktion und einer Compliance-Funktion sowie einer angemessenen personellen und technisch-organisatorischen Ausstattung der Organisation, der Festlegung eines angemessenen Notfallmanagements und eines angemessenen, transparenten und auf nachhaltige Entwicklung der Organisation ausgerichteten Vergütungssystems für die Geschäftsführung und Beschäftigten. Die Ausgestaltung des Risikomanagements hängt von Art, Umfang, Komplexität und Risikogehalt der Geschäftstätigkeit ab. Die Angemessenheit und die Wirksamkeit eines CMS sind ständig zu überprüfen. Auch wenn der Anwendungsbereich des KWG auf den Bankensektor und deren Finanz- und Kreditinstitute begrenzt ist, kann das Vorgehen zur Implementierung eines angemessenen und wirksamen Risikomanagementsystem bei der Einführung eines CMS in Organisationen beachtet werden. Das System ist auf die Art und das spezielle Risiko der Organisation im öffentlichen Dienst anzupassen.

Folglich ist es von essenzieller Bedeutung, einen angemessenen Ansatz zu wählen, der in der Organisation gelebt wird und sich an der aktuellen Rechtsprechung sowie an gesetzlichen Regelungen sowie Standards und Normen orientiert. Nach der Rechtsprechung des BGH muss ein effizientes Compliance-Management-System auf die Vermeidung von Rechtsverstößen ausgelegt sein. Dies soll auch gelten, wenn das Unternehmen erst dann, wenn bereits Rechtsverstöße bekannt und Ermittlungen durch Behörden eingeleitet worden sind, entsprechende Regelungen optimiert und betriebsinterne Abläufe so gestaltet hat, dass vergleichbare Normverletzungen zukünftig jedenfalls deutlich erschwert werden. Die Rechtsprechung kann bei der Bemessung der Geldbuße berücksichtigen, inwiefern die Beschuldigten ihrer Pflicht zur Unterbindung von Rechtsverletzungen aus der Sphäre des Unternehmens nachgekommen sind und ein effizientes CMS etabliert haben, welches auf die Vermeidung von Rechtsverstößen ausgelegt ist.[236] Somit erkennt der BGH zwar die positive Wirkung eines effizienten CMS an, lässt aber im Einzelnen offen, wie die Ausgestaltung durch die Unternehmen und Organisationen zu erfolgen hat. Das Schrifttum bewertet die Rechtsansicht des BGH positiv, lässt aber genauso offen, wie ein effektives und effizientes CMS ausgestaltet werden kann.[237] III

Kritisch festzuhalten ist, dass zwar Standards und Normen, wie dargestellt, existieren, aber die Meinung vertreten wird, dass juristische Fragestellungen damit nicht beantwortet werden. Für die Beantwortung der Frage, ob ein ordnungsgemäßes CMS vorliegt, sind nur die Vorgaben der Rechtsprechung und der Gesetze entscheidend. Kritisiert wird, dass keine größen- oder branchenspezifischen Möglichkeiten zur Anpassung des CMS nach dem IDW PS 980 gegeben sind und eine Zertifizierung des Unternehmens nach dem IDW PS 980 weder für das Unternehmen noch das handelnde Organ exkulpierende Wirkung hat.[238] Der IDW PS 980 führt aus, dass hinreichende Sicherheit nicht absolute Sicherheit bedeutet: „Auch ein wirksames CMS unterliegt systemimmanenten Grenzen,

---

236 BGH, Urt. v. 9. 5. 2017 – 1 StR 265/16, NJW, 2017, 3798, Rn. 118.

237 *Wiedmann/Greubel*, Compliance Management Systeme – Ein Beitrag zur effektiven und effizienten Ausgestaltung, S. 89.

238 *Hastenrath*, Das neue obiter dictum des BGH, S. 328.

sodass möglicherweise auch wesentliche Regelverstöße auftreten können, ohne systemseitig verhindert oder aufgedeckt zu werden. Diese systemimmanenten Grenzen ergeben sich u. a. aus menschlichen Fehlleistungen, z. B. infolge von Nachlässigkeit, Ablenkungen, Beurteilungsfehlern und Missverstehen von Arbeitsanweisungen, Missbrauch oder Vernachlässigung der Verantwortung durch für bestimmte Maßnahmen verantwortliche Personen, der Umgehung oder Außerkraftsetzung von Kontrollen durch Zusammenwirken zweier oder mehrerer Personen oder dem Verzicht des Managements auf bestimmte Maßnahmen, weil die Kosten dafür höher eingeschätzt werden als der erwartete Nutzen."[239]

Eine Zertifizierung kann jedoch zu einer Verbesserung des Problembewusstseins beitragen und durch den kommunikativen Prozess während der Zertifizierung innerhalb des Unternehmens einen Wert darstellen.[240] Klarheit sollte darüber herrschen, dass es nicht „das eine CMS" gibt. Die Organisationen sind in unterschiedlicher Art und Weise von den Elementen und der Struktur eines CMS betroffen.[241] Jede Organisation muss nach ihrer Art, ihrer Größe, ihrer Geschäftsvorfälle- und -prozesse, Beziehungen zu Kunden, Versicherten, Mitgliedsunternehmen, Lieferanten sowie spezieller Risiken festlegen, wie ein angemessenes und effizientes CMS zur Vermeidung von Fehlverstößen aus der Organisation beitragen kann. Standards und Empfehlungen können dazu als Unterstützung dienen.

---

[239] IDW PS 980 (2022), Rn. A 20.

[240] *Hastenrath*, Das neue obiter dictum des BGH, S. 328.

[241] *Wiedmann/Greubel*, Compliance Management Systeme – Ein Beitrag zur effektiven und effizienten Ausgestaltung, S. 89.

IV. Arbeits- und beamtenrechtliche Besonderheiten bei Compliance-Verstößen

IV. Arbeits- und beamtenrechtliche Besonderheiten bei Compliance-Verstößen

1. Einleitung

Compliance-Verstöße werden im öffentlichen Dienst nicht einheitlich sanktioniert, sondern je nach Beschäftigtenstatus unterschiedlich: arbeitsrechtlich für Tarifbeschäftigte und disziplinarrechtlich für Beamte. Während Tarifbeschäftigte dem TVöD unterfallen, in dem insbesondere Abmahnung und – bei fortgesetztem Fehlverhalten – eine Kündigung als abgestufte Rechtsfolgen vorgesehen sind, gelten für Beamte die spezialgesetzlichen Pflichten und Disziplinarmaßnahmen des Bundes- und Landesrechts. Compliance dient der Sicherung von Legalität, Integrität und Gleichbehandlung und muss sowohl die beamtenrechtlichen Besonderheiten als auch die kollektiv- und individualarbeitsrechtlichen Rahmenbedingungen berücksichtigen. Insgesamt verlangt der Umgang mit Compliance-Verstößen im Verwaltungsalltag ein systematisches, statusdifferenziertes Vorgehen, das rechtliche Pflichten, Verfahrenswege und Organisationspflichten konsistent verzahnt. Im nächsten Abschnitt werden diese arbeits- und beamtenrechtlichen Besonderheiten bei Compliance-Verstößen analysiert und dazu die jeweiligen Regelungen des TVöD für die Angestellten und die des BBG für Beamte beleuchtet. Für die Landesbeamten finden sich ähnliche Regelungen in den Länderbeamtengesetzen des jeweiligen Bundeslandes.

Eine Voraussetzung, um in das Beamtenverhältnis berufen werden zu können, ist die Amtsfähigkeit nach § 45 Abs. 1 StGB. Aufgrund einer Verurteilung wegen eines Verbrechens zu einer Freiheitsstrafe von mindestens einem Jahr geht für die Dauer von 5 Jahren die Fähigkeit, öffentliche Ämter zu bekleiden, verloren. Nach Absatz 3 geht mit dem Verlust der Fähigkeit, öffentliche Ämter zu bekleiden, gleichzeitig auch der Verlust der entsprechenden Rechtsstellungen und Rechte einher.[242] Werden Beamte im ordentlichen Strafverfahren durch das Urteil eines deutschen Gerichts z. B. wegen einer vorsätzlichen Tat zu einer Freiheitsstrafe von mindestens einem

[242] *Kanzenbach*, Arbeits- und Dienstrecht für das Public Management, S. 227.

Jahr verurteilt, verlieren sie ihre Beamtenrechte, vgl. § 41 Abs. 1 Nr. 1 BBG. Das Beamtenverhältnis endet mit Rechtskraft des Urteils. Nach Beendigung des Beamtenverhältnisses besteht gemäß § 41 Abs. 2 BBG kein Anspruch auf Besoldung und Versorgung, soweit gesetzlich nichts anderes bestimmt ist. Die Amtsbezeichnung und die im Zusammenhang mit dem Amt verliehenen Titel dürfen nicht weitergeführt werden.

Kommt es zu einem Compliance-Verstoß in einer Behörde, sind interne Untersuchungen anzustoßen. In der Praxis stellen sich interne Untersuchungen im öffentlichen Dienst oftmals schwieriger dar als in privatwirtschaftlichen Unternehmen. Zum einen erfordern sie solide Kenntnisse der Umstände der öffentlichen Verwaltung. Zum anderen müssen die Besonderheiten der arbeits- und beamtenrechtlichen Regelungen berücksichtigt werden. Neben der Einleitung eines strafrechtlichen Ermittlungsverfahrens ist die Aufklärung und Verfolgung von Pflichtverstößen von Beamten im Rahmen eines Disziplinarverfahrens nach dem Bundesdisziplinargesetz (BDG)[243] geregelt. Ergänzend zu den strafrechtlichen Folgen können sich somit für den Beamten im aktiven und im passiven Beamtenverhältnis disziplinarrechtliche Auswirkungen nach dem BDG ergeben. Das Disziplinarrecht enthält das materielle Recht für die Regelung von dienstlichen Pflichtverletzungen und spezielle Regelungen zum allgemeinen Verwaltungsverfahrensrecht. Ein langwieriges Disziplinarverfahren ist zu vermeiden. Das Beamtenverhältnis endet bei der Verwirklichung dieser erfolgsqualifizierten Verbrechen und Tatbestände kraft Gesetzes mit dem Eintritt der Rechtskraft des Strafurteils[244] oder der Entscheidung des BVerfG.[245] Dazu bedarf es weder einer Anhörung des Beamten noch der Mitwirkung der Personalvertretung.[246] Aufgrund der Beendigung des Beamtenverhältnisses kraft Gesetzes ist ein rechtsgestaltender Verwaltungsakt überflüssig. Eine schriftliche Mitteilung an den Beamten ist aber zu empfehlen. Der Beamte kann mit einer Feststellungsklage gemäß § 43 Abs. 1 VwGO hinsichtlich des Fortbestehens des Beamtenverhältnisses oder einer Leistungsklage gemäß § 43 Abs. 2 VwGO um

[243] BGBl. 2001 I S. 1510, zuletzt geändert durch BGBl. 2024 I Nr. 247.
[244] *Kanzenbach*, Arbeits- und Dienstrecht für das Public Management, S. 227.
[245] *Hebeler* in: Battis, BBG, § 41 Rn. 9.
[246] BVerwG, Urt. v. 29. 12. 1969 – VI C 4.65, VerwRspr, 1970, 657.

Rechtsschutz vor den Verwaltungsgerichten ersuchen. Diese sind aber an die Rechtskraft des Urteils gebunden.[247]

Die Entfernung eines Beamten aus dem Beamtenverhältnis kann somit aufgrund einer Pflichtverletzung, d. h. eines Dienstvergehens, als härteste Disziplinarmaßnahme nach den §§ 5 ff. BDG durch einen Verwaltungsakt vom Dienstherrn veranlasst werden, vgl. § 30 Nr. 3 BBG, § 21 Nr. 3 BeamtStG, § 10 BDG. Das disziplinarrechtliche Verfahren wird meist dem strafrechtlichen Verfahren nachgeschaltet. Dies verstößt auch nicht gegen das Verbot der Doppelbestrafung gemäß § 103 Abs. 3 GG, da diese Regelung sich nur auf dieselbe Tat der allgemeinen Strafgesetze bezieht.[248]

2. Das Dienstvergehen

Der Begriff des Dienstvergehens ist in § 77 Abs. 1 BBG und § 47 Abs. 1 BeamtStG geregelt. Es wird zwischen inner- und außerdienstlichen Vergehen unterschieden. Ein Dienstvergehen liegt vor, wenn der Beamte rechtswidrig und schuldhaft eine Pflichtverletzung begeht.[249] Das bedeutet, der Beamte muss entweder mit Vorsatz (Wissen und Wollen) oder mit Fahrlässigkeit (vgl. § 276 Abs. 2 BGB) gehandelt haben. Die Fälle der Pflichtverletzungen lassen sich gegenüber den normierten strafrechtlichen Tatbeständen aus den Dienst- und Treuepflichten der Beamten nach den §§ 60 ff. BBG ableiten. Beispiele für Compliance-relevante Dienstvergehen im Beamtenverhältnis können sein: Verstoß gegen die Verschwiegenheitspflicht (§ 67 BBG), Verstoß gegen die Anzeige von Nebentätigkeiten (§ 99 Abs. 1 BBG), Verstoß gegen die Annahme von Vorteilen (§ 71 BBG), Verstoß gegen die freiheitlich demokratische Grundordnung (§ 60 BBG), Diebstahl an anvertrautem staatlichem Eigentum, Unterschlagung, Veruntreuung, Betrug zulasten des Dienstherrn, längeres unentschuldigtes Fernbleiben vom Dienst (§ 96 BBG) sowie die Amtsdelikte (§§ 331 ff. StGB) und Datenschutzverstöße.

---

[247] *Hebeler* in: Battis, BBG, § 41 Rn. 13.

[248] *Kanzenbach*, Arbeits- und Dienstrecht für das Public Management, S. 228.

[249] BVerfG, Beschl. v. 19. 2. 2003 – 2 BvR 1413/01, NVwZ, 2003, 1504.

3. Das disziplinarrechtliche Verfahren der Behörde

Die Sanktionsmöglichkeiten des Dienstherrn zählt das Disziplinarrecht in den §§ 5 bis 10 BDG abschließend auf. Diese reichen vom Verweis über eine Geldbuße, die Kürzung der Dienstbezüge, die Zurückstufung bis hin zur Entfernung aus dem Beamtenverhältnis. Gemäß § 5 Abs. 3 BDG können gegen Beamte auf Probe und Beamte auf Widerruf nur die Disziplinarmaßnahmen des Verweises und der Geldbußen erteilt werden. Der Dienstherr hat nach § 13 Abs. 1 Satz 1 BDG die jeweilige Maßnahme unter Wahrung des Verhältnismäßigkeitsgrundsatzes nach pflichtgemäßem Ermessen anzuwenden und dabei die jeweiligen Umstände des Einzelfalles zu berücksichtigen.

Die Einleitung eines Disziplinarverfahren gegen einen Beamten durch den Dienstvorgesetzten hat nach § 17 Abs. 1 Satz 1 BDG von Amts wegen zu erfolgen, wenn zureichende tatsächliche Anhaltspunkte vorliegen, die den Verdacht eines Dienstvergehens rechtfertigen. Die Einleitung ist aktenkundig zu machen. Der Beamte ist nach § 20 Abs. 1 BDG über die Einleitung des Disziplinarverfahrens unverzüglich zu unterrichten, sobald dies ohne Gefährdung der Aufklärung des Sachverhalts möglich ist. Hierbei ist ihm zu eröffnen, welches Dienstvergehen ihm zur Last gelegt wird. Daneben wird dem betroffenen Beamten eine Reihe weiterer Rechte eingeräumt, etwa sich zu äußern und sich einen Bevollmächtigten oder Beistand zu nehmen (vgl. § 20 Abs. 1 Satz 3 BDG), die Teilnahme an Beweiserhebungen (vgl. § 24 Abs. 4 BDG) sowie Einsicht in die Akte zu nehmen (vgl. § 3 BDG, § 29 VwVfG).[250]

Liegen zunächst nicht genügend zureichende tatsächliche Anhaltspunkte vor, die den Verdacht eines Dienstvergehens rechtfertigen, muss der Dienstvorgesetzte regelmäßig die ungefähren Vermutungen zunächst konkretisieren, wozu er sogenannte Vorermittlungen durchführen und sich weitere Informationen beschaffen kann. Im Rahmen dieser Vorermittlungen steht ihm eine Reihe von Untersuchungsmaßnahmen zur Verfügung. Hierzu zählen etwa die Durchsicht der im Dienstbetrieb allgemein zugänglichen Geschäftsvorfälle, die Inaugenscheinnahme von Diensträumen und Schränken, die Sichtung von behördeninternem E-Mail-Verkehr und informelle Befragungen. Der Dienstvorgesetzte hat aber die Dienstpflicht, das behördliche Disziplinarverfahren von Amts wegen unverzüg-

[250] *Rotsch/Beckemper*, Criminal Compliance: Handbuch, § 13 Rn. 86.

lich einzuleiten, sobald ihm ein Verdacht i. S. v. § 17 Abs. 1 Satz 1 BDG bekannt wird.[251] Die wirksame Einleitung des behördlichen Disziplinarverfahrens gemäß § 17 Abs 1 Satz 3 BDG setzt dabei voraus, dass der Einleitungsvermerk inhaltlich eindeutig ist und dem Dienstvorgesetzten als Verfasser zugeordnet werden kann. Eine längere Untätigkeit des Dienstvorgesetzten entgegen § 17 Abs. 1 Satz 1 BDG ist i. d. R. als mildernder Umstand bei der Bemessung einer Disziplinarmaßnahme zu berücksichtigen, falls der Beamte über die disziplinarrechtliche Relevanz seines Verhaltens im Unklaren gelassen wird und er bei rechtzeitiger Einleitung des behördlichen Disziplinarverfahrens voraussichtlich keine weiteren Dienstpflichtverletzungen begangen hätte.[252]

Nach § 33 Abs. 1 BDG werden die Maßnahmen des Verweises, einer Geldbuße, einer Kürzung der Dienstbezüge oder einer Kürzung des Ruhegehalts angezeigt und durch den jeweiligen Dienstvorgesetzten mittels Disziplinarverfügung ausgesprochen. Die Disziplinarverfügung ist zu begründen und zuzustellen, vgl. § 33 Abs. 6 BDG. Die Kürzung der Dienstbezüge erfolgt durch die oberste Dienstbehörde. Bei der Entfernung des Beamten aus dem Beamtenverhältnis hat die Dienstbehörde allerdings Disziplinarklage nach § 34 Abs. 1 BDG gegen den Beamten zu erheben. Diese Klage wird durch die oberste Dienstbehörde erhoben.[253]

Die Klage gegen den Beamten ist gemäß § 52 BDG schriftlich zu erheben. Inhaltlich muss die Klage neben dem persönlichen und beruflichen Werdegang des Beamten den bisherigen Gang des Disziplinarverfahrens, die Tatsachen, in denen ein Dienstvergehen gesehen wird, sowie die weiteren Tatsachen und Beweismittel, die für die Entscheidung bedeutsam sind, enthalten. Das Gericht erhebt die erforderlichen Beweise. Das Gericht erkennt mit Beschluss oder Urteil entweder auf die erforderliche Disziplinarmaßnahme oder weist die Disziplinarklage ab, vgl. die §§ 59, 60 BDG. Die Beteiligten können nach § 64 Abs. 1 BDG gegen das Urteil des Verwaltungsgerichts Berufung an das Oberverwaltungsgericht innerhalb eines Monats nach Zustellung einlegen.[254]

---

[251] BVerwG, Beschl. v. 18. 11. 2008 – 2 B 63/08, NVwZ, 2009, 399.
[252] BVerwG, Beschl. v. 18. 11. 2008 – 2 B 63/08, NVwZ, 2009, 399.
[253] *Kanzenbach*, Arbeits- und Dienstrecht für das Public Management, S. 229.
[254] *Kanzenbach*, Arbeits- und Dienstrecht für das Public Management, S. 229.

Die Beendigung des Beamtenstatus tritt automatisch mit der Rechtskraft des Urteils ein. Die Rechtsfolgen für den Beamten sind folgenschwer. Der aus dem Beamtenverhältnis entfernte Beamte verliert den Anspruch auf Dienstbezüge und Versorgung sowie die Befugnis, die Amtsbezeichnung und die im Zusammenhang mit dem Amt verliehenen Titel zu führen (vgl. § 10 Abs. 1 BDG). Die Rechtsfolgen erstrecken sich auf alle Ämter, die der Beamte zum Zeitpunkt der Entfernung innehatte. Ein nach § 10 BDG entfernter Beamter darf nach Absatz 6 nicht wieder zum Beamten ernannt werden; es soll auch kein anderes Beschäftigungsverhältnis begründet werden.[255]

4. Der Haftungs- und Schadensersatzanspruch gegenüber jPöR

Bei Compliance-Verstößen einer jPöR stellt sich die Haftung primär status- und funktionsbezogen dar: Erfolgt der Verstoß im Rahmen hoheitlicher Tätigkeit, ist der Schadensersatzanspruch regelmäßig als Amtshaftungsanspruch nach § 839 BGB i. V. m. Art. 34 GG zu prüfen. Die Verantwortlichkeit trifft dabei grundsätzlich den Staat bzw. die Behörde bzw. die Körperschaft des öffentlichen Rechts – mit vorbehaltenem Rückgriff bei Vorsatz oder grober Fahrlässigkeit. Für die Durchsetzung des Anspruchs ist nach Art. 34 Satz 3 GG der ordentliche Rechtsweg, also der Zivilrechtsweg, eröffnet. Gemäß § 71 Abs. 2 Nr. 2 GVG sind die Landgerichte sachlich zuständig.[256] Der haftungsrechtliche Beamtenbegriff ist weit gefasst: Neben Angehörigen des öffentlichen Dienstes können auch Zivilpersonen unter den Begriff des Beamten i. d. S. fallen, wenn diese mit der Wahrnehmung hoheitsrechtlicher Tätigkeiten betraut waren und gehandelt haben.[257]

Ungenügende Beachtung von Compliance in Behörden des öffentlichen Diensts führt zu einem erhöhten Haftungsrisiko im Außenverhältnis. Es drohen hohe Geldbußen bei Straftaten oder Ordnungswidrigkeiten gegen die juristischen Personen, vgl. § 30 OWiG. Auch Schadenersatzforderungen in Form von materiellen und immateriellen Schäden gemäß den §§ 249, 253 BGB, verbunden mit Gerichts- und Anwaltskosten, sind bei Compliance-Verstößen möglich.

---

255 *Kanzenbach*, Arbeits- und Dienstrecht für das Public Management, S. 230.

256 *Ruland* et al., Sozialrechtshandbuch, § 6 Rn. 181–182.

257 Wissenschaftliche Dienste des Deutschen Bundestag, Grundsätze der Amtshaftung, WD 3 (2020), S. 1.

Auch können Schadensersatzforderungen bei Verstößen gegen den Datenschutz hinzukommen, da Behörden personengebundene Daten sowie Gesundheitsdaten von Bürgern, Versicherten oder Unternehmern verarbeiten. So sind z. B. Klagen auf immateriellen Schadensersatz nach Art. 82 DSGVO neben entsprechenden Bußgeldern eines der wichtigsten Themen in der Datenschutzpraxis.[258]

Juristische Personen des öffentlichen Rechts handeln über ihre Organe. Organe sind bei den Sozialleistungsträgern z. B. die Vertreterversammlung oder der Vorstand gemäß § 31 Abs. 1 SGB IV (Selbstverwaltungsorgane). Die Mitglieder der Organe sind ehrenamtlich tätig. Der Vorstand verwaltet den Sozialleistungsträger und vertritt ihn gerichtlich und außergerichtlich, während die Vertreterversammlung die Satzung und sonstiges autonomes Recht des Sozialleistungsträgers beschließt und den Vorstand zu überwachen hat. Auch wenn für den Vorstand einer Körperschaft des öffentlichen Rechts eine gesetzliche Regelung wie z. B. des Vorstandes einer Aktiengesellschaft nach § 91 Abs. 2 AktG ein Überwachungssystem einzurichten, damit die den Fortbestand der Gesellschaft gefährdende Entwicklungen früh erkannt werden, fehlt, darf man zu Recht fragen, warum solche Pflicht nicht auch den Vorstand einer Körperschaft des öffentlichen Rechts treffen sollte. Der BGH hat im Jahr 2009 ausgeführt, dass bei einer Anstalt des öffentlichen Rechts „der Gesetzesvollzug das eigentliche Kernstück ihrer Tätigkeit ist. Dies bedeutet auch, dass die Erfüllung dieser Aufgaben in gesetzmäßiger Form zentraler Bestandteil ihres Handelns ist."[259] Folglich sollte auch für den Vorstand von Körperschaften des öffentlichen Rechts gelten, dass zur Gewährleistung von Compliance-konformem Verhalten Compliance-Strukturen zur Prävention und Verhinderung von Straftaten als eine Art Überwachungssystem implementiert werden sollten.

IV

5. Der Haftungs- und Schadensersatzanspruch gegenüber den Organen

Nach § 42 Abs. 2 SGB IV haften z. B. die Mitglieder der Selbstverwaltungsorgane für den Schaden, der dem Sozialleistungsträger, den Körperschaften des öffentlichen Rechts aus einer vorsätzlichen oder grob fahrlässigen Verletzung der ihnen obliegenden Pflichten

258 EuGH, Urt. v. 21. 12. 2023 – C-667/21, NZA, 2024, 393.
259 BGH, Urt. v. 17. 7. 2009 – 5 StR 394/08, NJW, 2009, 3173 (3175).

entsteht (Innenhaftung). Bei Verletzung der Amtspflicht einem Dritten gegenüber (Außenhaftung) richtet sich die Haftung nach § 839 BGB i. V. m. Art. 34 GG. Es gelten somit die Vorschriften über die Amtshaftung. Die Summe der sich für das Mitglied einer öffentlich-rechtlichen Selbstverwaltungskörperschaft aus dem Organverhältnis ergebenden Pflichten sind seine Amtspflichten. Zu den Amtspflichten gehört ein Handeln nach Gesetz und Recht.[260] Die obliegenden Pflichten sind insbesondere solche aus SGB I, SGB IV, SGB X sowie dem autonomen Recht des Versicherungsträgers. Zu den Amtspflichten gehört auch die Pflicht, rechtmäßig zu handeln, das Ermessen fehlerfrei auszuüben sowie sich verhältnismäßig zu verhalten. Die allgemeine Amtspflicht der Organe umfasst, den Sozialversicherungsträger vor Schaden zu bewahren. Die Organmitglieder dürfen nicht schuldhaft gegen die Belange des Sozialleistungsträgers handeln, dem sie kraft ihrer Ehrenämter zu dienen haben. Sie sind verpflichtet, dessen Interessen zu wahren und sich ihm gegenüber loyal zu verhalten.[261]

Verstößt z. B. der Beschluss eines Selbstverwaltungsorgans gegen Gesetz oder sonstiges für den Sozialleistungsträger maßgebendes Recht, hat der Vorsitzende des Vorstands den Beschluss schriftlich und mit Begründung zu beanstanden und dabei eine angemessene Frist zur erneuten Beschlussfassung zu setzen, vgl. § 38 Abs. 1 SGB IV.[262] Bei Vorsatz oder grob fahrlässigem Verschulden kann der Vorsitzende schadensersatzpflichtig sein. So handelt der Verwaltungsratsvorsitzende beim MDK z. B. pflichtwidrig, wenn er ohne die satzungsmäßige Beteiligung des Verwaltungsrates den Geschäftsführern eine Zulage um bis zu vier Besoldungsgruppen gewährt.[263] Dabei indiziert die Amtspflichtverletzung die Rechtswidrigkeit der schadensauslösenden Handlung.[264] Nach der Gesetzesbegründung ergibt sich die Haftung des Geschäftsführers und seines Stellvertreters aus dem für sie maßgebenden Dienstrecht, sodass eine besondere Regelung nicht erforderlich ist. Dies gilt auch,

---

260 LSG Niedersachsen-Bremen, Urt. v. 19. 3. 2019 – L 16 KR 61/16, BeckRS 2019, 5872.

261 LSG Niedersachsen-Bremen, Urt. v. 19. 3. 2019 – L 16 KR 61/16, BeckRS 2019, 5872, Rn. 83.

262 *Bünnemann* in: Rolfs et al., SGB IV, § 42 Rn. 12.2.

263 LSG Niedersachsen-Bremen, Urt. v. 19. 3. 2019 – L 16 KR 61/16, BeckRS 2019, 5872, Rn. 83.

264 LSG Niedersachsen-Bremen, Urt. v. 19. 3. 2019 – L 16 KR 61/16, BeckRS 2019, 5872, Rn. 87.

soweit der Geschäftsführer in den Selbstverwaltungsorganen tätig ist.[265] Die Ansprüche aus § 42 Abs. 1 SGB IV verjähren gemäß der regelmäßigen Verjährungsfrist des § 195 BGB binnen 3 Jahren. Den Beginn der regelmäßigen Verjährungsfrist regelt § 199 BGB.

6. Der Haftungs- und Schadensersatzanspruch gegenüber Beschäftigten

Im Innenverhältnis wird die Behörde diejenige Person in Regress nehmen, die für den Compliance-Verstoß verantwortlich ist. Somit haben die Arbeitgeber im öffentlichen Dienst die Möglichkeit, die Beschäftigten, die das Fehlverhalten und den Pflichtverstoß zu verantworten haben, arbeitsrechtlich zu sanktionieren. Beschäftigte können sich bei typischen Compliance-Verstößen schadensersatzpflichtig machen. Grundsätzlich haftet der Arbeitnehmer gemäß § 280 i. V. m. § 619a BGB für jeden Sachschaden, den er dem Arbeitgeber durch schuldhafte, fahrlässige oder vorsätzliche (vgl. § 276 Abs. 1 und 2 BGB) Verletzung seiner arbeitsvertraglichen Pflichten zufügt. Dabei ist es irrelevant, ob der Beschäftigte eine Hauptleistungspflicht nach § 280 Abs. 1 Satz 1 BGB, eine Nebenpflicht aus dem Arbeitsvertrag oder eine gesetzliche Nebenpflicht gemäß § 241 Abs. 2 BGB verletzt.[266] Im Arbeitsrecht gilt die Beweislastumkehr, d. h. der Arbeitgeber muss das Verschulden des Arbeitnehmers beweisen, vgl. § 619a BGB. Ein etwaiges Mitverschulden des Arbeitgebers nach § 254 BGB ist selbstverständlich zu berücksichtigen.

Der Arbeitnehmer hat dem Arbeitgeber auch die durch das Tätigwerden einer spezialisierten Anwaltskanzlei entstandenen notwendigen Kosten, z. B. die Untersuchungs- und Ermittlungskosten oder Detektivkosten, zu ersetzen, wenn der Arbeitgeber diese anlässlich eines konkreten Verdachts einer erheblichen Verfehlung des Arbeitnehmers mit Ermittlungen gegen den Arbeitnehmer beauftragt hat und der Arbeitnehmer einer schwerwiegenden vorsätzlichen Vertragspflichtverletzung überführt wird. Eine Voraussetzung der Erstattungsfähigkeit von Ermittlungskosten ist ein konkreter Verdacht einer erheblichen Verfehlung, einer strafbaren Handlung oder schwerwiegenden Vertragsverletzung des Arbeitnehmers. Der Verdacht muss darüber hinaus dringend sein, d. h. es muss eine große

---

265 BT-Drs. 7/4122, S. 36.

266 *Mengel*, Compliance und Arbeitsrecht: Implementierung, Durchsetzung, Organisation, § 5 Rn. 49.

Wahrscheinlichkeit dafür bestehen, dass der Arbeitnehmer die Straftat oder schwerwiegende Vertragsverletzung tatsächlich begangen hat. Letztlich muss der Arbeitnehmer aufgrund der Ermittlungen einer vorsätzlichen Vertragsverletzung bzw. unerlaubten Handlung überführt worden sein und der Arbeitgeber die konkrete Darlegung und den Nachweis der entstandenen Kosten erbringen, damit die Schadensersatzpflicht nach § 249 Abs. 1 BGB greift.[267]

Häufig wird durch Compliance-Verstöße vor allem die Treue- und Rücksichtnahmepflicht verletzt. Eine volle Haftung des Arbeitnehmers kommt nach der Rechtsprechung des BAG bei Vorsatz und grober Fahrlässigkeit zum Tragen. Es können jedoch im Einzelfall Haftungserleichterungen in Betracht kommen.[268] Bei Compliance-Verstößen wird aber i. d. R. vorsätzliches oder zumindest grob fahrlässiges Verhalten der involvierten Arbeitnehmer vorliegen.

Für Tarifbeschäftigte des öffentlichen Dienstes und Beamte gelten bei dienstlich oder betrieblich veranlassten Tätigkeiten tarifliche Haftungsbeschränkungen, vgl. § 3 Abs. 6 TVöD, § 3 Abs. 6 BG-AT. Hier ist die Haftung auf Vorsatz und grobe Fahrlässigkeit beschränkt. So finden für die Schadenshaftung der Beschäftigten des Bundes die Bestimmungen, die für die Beamten des Bundes gelten, entsprechende Anwendung. Nach § 75 Abs. 1 BBG, § 48 BeamtStG haben Beamte, die vorsätzlich oder grob fahrlässig die ihnen obliegenden Pflichten verletzt haben, dem Dienstherrn, dessen Aufgaben sie wahrgenommen haben, den daraus entstehenden Schaden zu ersetzen. Ergänzend dazu sind Disziplinarmaßnahmen nach dem BDG möglich.

Abzugrenzen davon ist die Haftung gegenüber Dritten (Außenverhältnis). Dies sind Schäden, die bei der Ausübung hoheitlicher Tätigkeiten entstehen. In diesen Fällen gilt die Amtshaftung nach Art. 34 Satz 1 GG i. V. m. § 839 BGB. Dabei gelten für die Beschäftigten des öffentlichen Dienstes die Regelungen für die Beamten, vgl. Art. 33 Abs. 4 GG. Damit der Amtshaftungsanspruchs greift, muss die handelnde Person Inhaber eines öffentlichen Amtes sein. Dies umfasst jede Person, die funktionell hoheitliche Aufgaben wahrnimmt. Das sind z. B. die Beschäftigten einer Körperschaft des öffentlichen Rechts.[269] Ferner muss im Rahmen des öffentlichen Amtes gehandelt

---

267 BAG, Urt. v. 29. 4. 2021 – 8 AZR 276/20, NJW, 2021, 3483, Rn. 30–31.

268 BAG, Urt. v. 15. 11. 2012 – 8 AZR 705/11, NJOZ, 2013, 709.

269 *Ruland* et al., Sozialrechtshandbuch, § 6 Rn. 184, 185.

worden sein. Die ständige Rechtsprechung des BGH führt dazu aus: „... ob die eigentliche Zielsetzung, in deren Sinn der Betreffende tätig wird, hoheitlicher Tätigkeit zuzurechnen ist und ob zwischen dieser Zielsetzung und der schädigenden Handlung ein so enger äußerer und innerer Zusammenhang besteht, dass die Handlung ebenfalls als noch dem Bereich hoheitlicher Betätigung angehörend angesehen werden muss".[270] Des Weiteren wird eine dritte Person in Ausübung der hoheitlichen Tätigkeiten an einem schützenswerten Rechtsgut verletzt, z. B. Verletzung der Auskunftspflicht durch eine fehlerhafte Beratung (unrichtiger Rentenauskunft) nach § 14 oder § 15 SGB I.[271] Wie ausgeführt, muss der Amtsinhaber gemäß § 839 Abs. 1 Satz 1 BGB i. V. m. Art. 34 Satz 1 GG vorsätzlich oder fahrlässig, d. h. schuldhaft, gehandelt haben. Der BGH legt einen objektivierten Sorgfaltsmaßstab an.[272] Die Kausalität zwischen der Pflichtverletzung und dem eingetretenen Vermögensschaden wird im Zivilrecht mit der Adäquanztheorie geprüft. Die Darlegungs- und Beweislast dafür, welchen Verlauf die Dinge bei pflichtgemäßem Verhalten des Amtsträgers genommen hätte, obliegt grundsätzlich dem Geschädigten.[273] Auch wenn zunächst die jPöR haftet, bleibt nach Art. 34 Satz 2 GG bei Vorsatz oder grober Fahrlässigkeit der Rückgriff vorbehalten.

Compliance-Verstöße juristischer Personen des öffentlichen Rechts werden haftungsrechtlich in erster Linie über den Amtshaftungsanspruch (§ 839 BGB i. V. m. Art. 34 GG) geregelt. Die Verantwortlichkeit wird auf den Staat bzw. die jPöR übergeleitet; ein interner Rückgriff bleibt – wie beschrieben – bei Vorsatz oder grober Fahrlässigkeit eröffnet. Ein regel- und wertebasiertes Compliance-Management in der Verwaltung reduziert Haftungsrisiken, stärkt Nachweisfähigkeit und verbessert die Aufarbeitung von Pflichtverletzungen – von präventiver Risikoanalyse bis zur geordneten Abwicklung inklusive möglichem internem Regress.

---

270 *Ruland* et al., Sozialrechtshandbuch, § 6 Rn. 186; BGH, Urt. v. 14. 5. 2009 – III ZR 86/08, NJW-RR, 2009, 1398.

271 *Ruland* et al., Sozialrechtshandbuch, § 6 Rn. 190; BGH, Urt. v. 10. 7. 2003 – III ZR 155/02, JuS, 2004, 258.

272 *Ruland* et al., Sozialrechtshandbuch, § 6 Rn. 192; BGH, Urt. v. 9. 7. 1998 – III ZR 87–97, NJW, 1998, 2738.

273 *Ruland* et al., Sozialrechtshandbuch, § 6 Rn. 196.

V. Das Rahmenwerk der Kodizes

V. Das Rahmenwerk der Kodizes

1. Herleitung

Neben den vielfältigen gesetzlichen Regelungen zu Compliance in der öffentlichen Verwaltung gibt es ein Regelwerk, dessen Rechtsnatur als Verwaltungsrichtlinien zu verstehen ist. Ein solches Regelwerk hat u. a. eine Ordnungs- und Kommunikationsfunktion.

Die Kommunikationsfunktion bedeutet in diesem Kontext, dass ein Kodex die Grundcharakteristika der guten Unternehmensführung (Corporate-Governance-Kodex) kompakt zusammenfassen und verständlich machen soll. Diese Aufgabe lässt sich präzisierend auch als Erklärungsfunktion bezeichnen. Ein Kodex liefert demnach für alle beteiligten Akteure, u. a. durch Nennung der einschlägigen Paragrafen, eine erklärende Übersicht zu allen besonders wichtigen gesetzlichen und nicht gesetzlichen Bestimmungen. Es kann dadurch die Kenntnisse über Rechte, Pflichten, Zuständigkeiten und Abläufe verbessern und zu einem besseren Gesamtverständnis für die von sehr vielen Bestimmungen determinierte Corporate Governance beitragen. So können über solch ein Regelwerk Unklarheiten oder Lücken mit über das Gesetz hinausgehenden Empfehlungen und Anregungen gezielt adressiert sowie unterstützende Hinweise gegeben werden. Zuvor ungeschriebene Regeln können transparent gemacht und Maßstäbe pflichtgemäßer Unternehmensleitung und -überwachung ausdifferenziert werden.[274]

Über ein Rahmenwerk von Kodizes[275] und den darin enthaltenen Bestimmungen versuchen der Bund und die Länder Unternehmen, an denen sie Beteiligungen halten, zu überwachen. Die Kodizes sollen durch mehr Transparenz, Verantwortungsbewusstsein und Kontrolle sowohl das öffentliche Vertrauen in Unternehmen mit Bundes- oder Landesbeteiligung als auch das in den Bund und in die Länder als Anteilseigner stärken. Bund und Länder nehmen in ihren Kodizes Bezug auf die Compliance ihrer jeweiligen öffentlichen Unternehmen. So wird Compliance nahezu wortgleich definiert als das Sorgetragen für die Einhaltung der gesetzlichen

[274] *Papenfuß*, Ein Public Corporate Governance Kodex ist aus theoretischer und praktischer Perspektive nützlich: Eine Replik zu einer Köpenickiade, S. 311.

[275] Institut für den öffentlichen Sektor e. V. (2024), zuletzt geprüft am 27. 9. 2024.

Bestimmungen und der unternehmensinternen Richtlinien durch die Geschäftsführung. In den letzten Jahren wurde der Begriff erweitert. So soll die Geschäftsführung für angemessene, an der Risikolage des Unternehmens ausgerichtete Maßnahmen (Compliance-Management-System) sorgen. Dies umfasst auch Maßnahmen zur Korruptionsprävention und zum Hinweisgeberschutz nach dem Hinweisgeberschutzgesetz. Die zuständige Stelle für Compliance soll unmittelbar der Geschäftsführung unterstellt sein.[276]

Die öffentliche Verwaltung ist bei der Wahrnehmung ihrer Aufgaben nicht auf eine bestimmte Organisationsform festgelegt, es sei denn, die Rechtsform ist gesetzlich vorgeschrieben wie z. B. für Sozialleistungsträger, die rechtsfähige Körperschaften des öffentlichen Rechts mit Selbstverwaltung sind, vgl. § 31 Abs. 1 SGB IV. Bei einer erwerbswirtschaftlichen Betätigung gilt aber der Grundsatz der Wahlfreiheit hinsichtlich der am besten geeigneten Rechtsform. Zur Wahl stehen juristische Personen des öffentlichen aber auch des privaten Rechts wie eine GmbH oder eine AG. Tritt eine jPöR selbst als Unternehmensträgerin auf, so geschieht dies entweder als Regie- oder als Eigenbetrieb. Eigenbetriebe werden in der Praxis vielfältig von den Städten und Gemeinden gegründet, so z. B. in der Rechtsform einer Abfallbeseitigung GmbH, einer Nahverkehr GmbH, einer Energieversorgung GmbH oder einer Wasserversorgung GmbH.

Ein Vorteil von Eigenbetrieben liegt in der größeren Autonomie, da sie organisatorisch und finanzwirtschaftlich selbstständig agieren. Allerdings ist der Eigenbetrieb rechtlich nicht verselbstständigt. Die rechtliche Unselbständigkeit ermöglicht eine unmittelbare Rückkoppelung an die demokratisch legitimierten Organe der Gebietskörperschaft und begründet eine unbeschränkte Haftung des öffentlich-rechtlichen Trägers für die erwerbswirtschaftliche Betätigung.[277] Zur Umsetzung der verfassungsrechtlichen Vorgaben finden sich in den Haushaltsordnungen von Bund und Ländern ebenso wie in den Gemeindeordnungen bestimmte Vorgaben, die bei der Gründung und Führung von Unternehmen in privatrechtlicher Form zu beachten sind. Insbesondere muss die Gründung eines Unternehmens oder die Beteiligung daran stets einem öffentlichen

---

276 PCGK, Ziff. 5.1.2.

277 *Hommelhoff/Hopt/Leyens*, Unternehmensführung durch Vorstand und Aufsichtsrat, § 50 Rn. 12.

Zweck dienen.[278] Das BVerwG führt dazu aus, dass das wirtschaftliche Unternehmen auch öffentliche Zwecke ausführen kann, wenn damit keine Daseinsvorsorge betrieben wird. Im sozialen Rechtsstaat können z. B. die Gemeinden durch ihre wirtschaftlichen Unternehmen im öffentlichen Interesse zahlreiche und vielgestaltige Aufgaben übernehmen, die durch die genannte Zweckbestimmung gedeckt sind.[279]

Der PCGK des Bundes und der Länder sind keine Gesetzeswerke, sondern Grundsätze zur verantwortungsvollen Leitung und Steuerung sowie zur Überwachung von öffentlichen Unternehmen, die sich in der Praxis bewährt haben. Die Grundsätze spiegeln die geltende Gesetzeslage wider und sind als Verwaltungsrichtlinien und Anweisungen zu verstehen.[280] Der PCGK legt als Regelwerk den Standard guter Unternehmensführung mit Anforderungen und Erwartungen an die Unternehmensorgane fest.

2. Der Public-Corporate-Governance-Kodex (PCGK)

Die Aufgaben des Bundes können sowohl durch eigene Behörden als auch durch juristische Personen des öffentlichen aber auch des privaten Rechts organisierter Unternehmen erfüllt werden. Der Bund hat dabei die Voraussetzungen des § 65 BHO zu beachten und kann bei Vorliegen dieser seine Aufgaben durch eine Beteiligung an einem privatrechtlich organisierten Unternehmen erfüllen. Die Bundesregierung hat für diese Beteiligungen den PCGK mit Beschluss zu erlassen.[281] Die aktuelle Fassung wurde am 13. Dezember 2023 beschlossen. Der PCGK findet Anwendung auf Unternehmen in der Rechtsform einer juristischen Person des privaten Rechts, an denen der Bund unmittelbar mehrheitlich beteiligt ist. Für unmittelbare Minderheitsbeteiligungen wird eine Anwendung des PCGK angeregt. Börsennotierte Unternehmen sind vom Anwendungsbereich ausgenommen.[282] Diese müssen gemäß § 161 AktG eine jährliche

[278] *Hommelhoff/Hopt/Leyens*, Unternehmensführung durch Vorstand und Aufsichtsrat, § 50 Rn. 17.

[279] BVerwG, Urt. v. 22. 2. 1972 – I C 24/69, VerwRspr, 1973, 215 (218).

[280] *Stober/Ohrtmann*, Compliance für die öffentliche Verwaltung, § 13 Rn. 1230.

[281] GMBl. 2024, S. 250.

[282] *Hommelhoff/Hopt/Leyens*, Unternehmensführung durch Vorstand und Aufsichtsrat, § 50 Rn. 66.

Erklärung zum Deutschen Corporate Governance Kodex (DCGK) abgeben.

In der Präambel des PCGK wird darauf hingewiesen, dass die Unternehmen, an denen der Bund beteiligt ist, das Leben von Millionen Menschen bestimmen. Die Bürger nutzen die angebotenen Dienstleistungen der Unternehmen und vertrauen damit auf das Funktionieren der Unternehmen. Für zahlreiche Menschen sind die Unternehmen mit Bundesbeteiligung auch Arbeitgeber. Daneben unterhalten verschiedene privatwirtschaftliche Unternehmen Geschäftsbeziehungen zu Unternehmen mit Bundesbeteiligung. Die Bundesunternehmen, ihre Organe und die Beteiligungsführung stehen somit im besonderen Fokus der Öffentlichkeit. Hieraus entsteht eine besondere Verantwortung sowohl hinsichtlich der Unternehmen und ihrer Organe als auch der Beteiligungsführung, dass die Wahrnehmung ihrer jeweiligen Funktion im Einklang mit der geltenden Rechtsordnung und den Prinzipien der sozialen Marktwirtschaft steht. Dies soll sich in der Corporate Governance der Unternehmen mit Bundesbeteiligung und der Art und Weise, wie der Bund seine Beteiligungen führt, widerspiegeln. Die Grundsätze guter Unternehmens- und aktiver Beteiligungsführung im Bereich des Bundes bilden dafür, neben den gesetzlichen Vorschriften des Gesellschafts- und des Haushaltsrechts, den Rahmen.[283] Es geht somit um das öffentliche Vertrauen in die Corporate Governance von Unternehmen, deren Anteile mehrheitlich von der öffentlichen Hand gehalten werden. Die Grundsätze sollen dazu beitragen, das Vertrauen der Bürger in die Entscheidungen aus der Verwaltung und der Politik zu stärken.

3. Struktur des PCGK

Der PCGK umfasst zwei Teile, Empfehlungen und Anregungen sowie die Richtlinien für eine aktive Beteiligungsführung bei Unternehmen mit Bundesbeteiligung.

[283] Präambel PCGK.

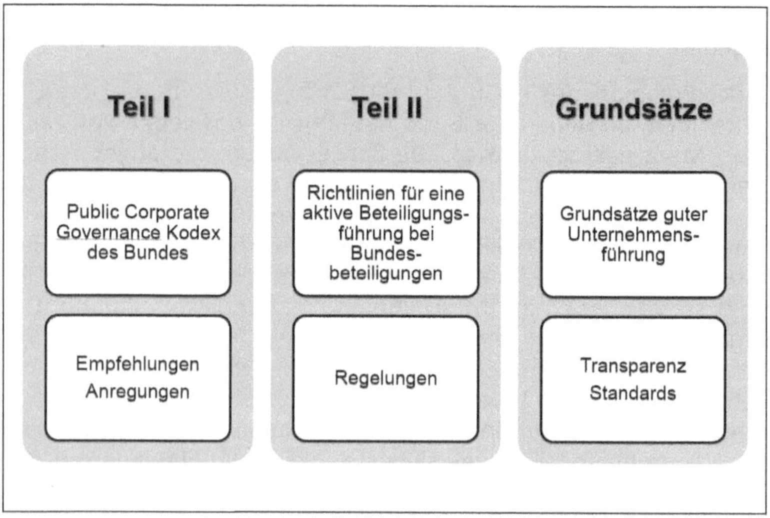

Abbildung 7: Struktur des PCGK (eigene Darstellung)

V

Der PCGK enthält Standards guter Unternehmensführung für Unternehmen, an denen der Bund beteiligt ist (siehe oben). Beispiele dafür sind die Bundesdruckerei GmbH, die DFS Deutsche Flugsicherung GmbH oder auch die Deutsche Bahn AG. Der PCGK, der sich an die Unternehmen selbst richtet, enthält vorrangig Empfehlungen zur Gestaltung von Prozessen und Arbeitsstrukturen der Unternehmensorgane, z. B. des Vorstands, der Geschäftsführung bzw. des Aufsichts- und Verwaltungsrats sowie zu deren Zusammensetzung, insbesondere hinsichtlich der Gleichstellung der Geschlechter. Wichtiger Bestandteil sind auch die Empfehlungen zur Vergütung der Mitglieder der Geschäftsführung, einschließlich einer Begrenzung der Höhe der Gesamtvergütung und der individualisierten Offenlegung der Vergütung von Mitgliedern von Geschäftsführungen/Vorständen sowie von Aufsichts- bzw. Verwaltungsräten.[284]

Der **Teil I** des PCGK beinhaltet Empfehlungen und Anregungen sowie Regelungen, die geltendes Recht wiedergeben. Die Empfehlungen sind durch die Verwendung des Wortes „soll" gekennzeichnet. Sie sind auf die jeweilige Rechtsform und ihre Struktur- und Organverhältnisse anzupassen. Die Unternehmen erklären jährlich,

[284] Vgl. PCGK.

dass sie den Empfehlungen folgen, oder sie legen dar, in welchen Punkten sie abweichen (sog. Mechanismus des „comply or explain"). Sie können von den Empfehlungen abweichen, wenn sie dies zusammen mit der Begründung für das Abweichen jährlich in ihrem Corporate-Governance-Bericht offenlegen. Das Vorgehen entspricht der gesetzlichen Regelung des § 161 Abs. 1 AktG für börsennotierte Unternehmen. Auf der anderen Seite enthält der PCGK sog. Best Practice in Form von Anregungen, von denen ohne Offenlegung abgewichen werden kann. Hierfür werden die Formulierungen „sollte" oder „kann" verwendet.

Im **Teil II** des PCGK sind die Adressaten der Richtlinien für eine aktive Beteiligungsführung, insbesondere die beteiligungsführenden Stellen des Bundes, benannt. Dies sind i. d. R. die fachpolitisch zuständigen beteiligungsführenden Bundesministerien.[285] Die Richtlinien sollen eine gute Beteiligungsführung nach einheitlichen Kriterien ermöglichen, einer ordnungsgemäßen Wahrnehmung der Interessen des Bundes dienen und die Kontrolle der Beteiligungen erleichtern. Die Richtlinien sind interne Verwaltungsvorschriften, die von den maßgeblichen Stellen zu beachten sind.[286] Dazu werden u. a. die Voraussetzungen, wie sie die Bundeshaushaltsordnung für Unternehmensbeteiligungen des Bundes vorsieht, erläutert und die Aufgaben der Beteiligungsführung präzisiert. Ein weiterer wesentlicher Abschnitt des Teils II umfasst das Prüfungsrecht und das Prüfungsverfahren nach den Haushaltsgesetzen des Bundes. In den Anlagen zu den Richtlinien für eine aktive Beteiligungsführung finden sich z. B. Muster zu Gesellschaftsverträgen und zu Geschäftsordnungen für Aufsichtsräte.[287]

4. Anwendungsbereich des PCGK

Nicht anzuwenden ist der PCGK auf Unternehmen, an denen der Bund unmittelbar oder mittelbar beteiligt ist und die aufgrund einer Börsennotierung i. S. d. § 161 Abs. 1 Satz 2 AktG dem Deutschen Corporate Governance Kodex unterfallen. Der PCGK regt an, die guten Unternehmensgrundsätze auf unmittelbare Minderheitsbeteiligungen anzuwenden. Eine Minderheitsbeteiligung des Bundes liegt vor, wenn der Bund allein oder zusammen mit einem oder mehreren dem Bund zurechenbaren Vermögensträgern 50 % oder

[285] PCGK, Teil II, Ziff. 2.
[286] PCGK, Teil II, Ziff. 3.
[287] PCGK, Teil II, Ziff. 5.

weniger der Kapitalanteile und der Stimmrechte an der juristischen Person des Privatrechts hält. Der PCGK findet Anwendung auf Mehrheitsbeteiligungen an Unternehmen, die von Anstalten des öffentlichen Rechts für den Bund gehalten werden, auch bei mehrstufigen Beteiligungsverhältnissen.[288] Unmittelbarer Adressat des PCGK ist der Bund, der sich an einem privatrechtlichen Unternehmen beteiligt. Die Grundsätze der guten Unternehmensführung des Bundes sind in ihrer Rechtsnatur als interne Verwaltungsanweisungen zu betrachten, die bei der Beteiligungsverwaltung zu beachten sind.

In der Rechtsform einer GmbH kann der Bund z. B. als Allein- oder Mehrheitsgesellschafter einen entsprechenden Gesellschafterbeschluss herbeiführen, an den sich die Geschäftsführung gemäß § 37 Abs. 1 GmbHG halten muss. Die Anwendung des PCGK könnte auch im Gesellschaftsvertrag geregelt werden.[289] Neben den Kapitalgesellschaften, also vornehmlich der AG und der GmbH, gilt der PCGK auch für andere juristische Personen des Privatrechts und des öffentlichen Rechts, deren Gegenstand ein gewerblicher oder sonstiger wirtschaftlicher Betrieb ist oder einen solchen überwiegend umfasst. Darunter fallen auch Vereine, Genossenschaften, juristische Personen des öffentlichen Rechts sowie privatrechtliche Stiftungen.[290]

5. Funktionen des PCGK

Der PCGK enthält Empfehlungen zur Verbesserung von Prozessen und Arbeitsstrukturen der Unternehmensorgane: Geschäftsführung, Vorstand und Aufsichts- oder Verwaltungsrat. Auch die Rolle des Bundes als Anteilseigner wird definiert. Der PCGK des Bundes beinhaltet dazu drei Funktionen: eine Verhaltenssteuerungs-, eine Transparenz- sowie eine Ordnungs- und Kommunikationsfunktion. So empfiehlt Ziff. 7.1 PCGK, dass die Geschäftsführung und das Überwachungsorgan (Gesellschafterversammlung (§ 46 GmbHG), Aufsichtsrat (§ 111 AktG)) jährlich über die Corporate Governance der Gesellschaft berichten sollen. Bestandteil des Corporate-Governance-Berichts ist eine Erklärung, dass den Empfehlungen des PCGK in der jeweils geltenden Fassung entsprochen wurde bzw. wird sowie welche Empfehlungen nicht angewendet wurden.

---

[288] PCGK, Teil I, Ziff. 2.2.–2.4.

[289] *Hommelhoff/Hopt/Leyens*, Unternehmensführung durch Vorstand und Aufsichtsrat, § 50 Rn. 71.

[290] PCGK, Teil I, Ziff. 2.1.

Die Nichtanwendung ist nachvollziehbar zu begründen. Der Bericht soll auch die eine kurze Darstellung der Maßnahmen zu einer nachhaltigen Unternehmensführung, einschließlich einer Aussage zur Nachhaltigkeitsberichterstattung des Unternehmens, zu einer gleichstellungsfördernden, toleranten und diskriminierungsfreien Kultur auf allen Ebenen im Unternehmen sowie eine Darstellung der Entwicklung des Anteils an Frauen in Führungspositionen in der Geschäftsführung und den beiden Führungsebenen darunter und im Überwachungsorgan umfassen, sofern sich dies nicht bereits aus anderen veröffentlichten Unternehmensinformationen ergibt. Die Beschäftigten und Führungskräfte sollen diesbezüglich mit Fortbildungs- und Informationsangeboten unterstützt werden.[291]

Der PCGK empfiehlt, dass die Unternehmen mit Bundesbeteiligung sich nicht nur zu gesetzeskonformem, sondern auch zu ethisch fundiertem, verantwortlichem Verhalten verpflichten. Dazu verweist der PCGK explizit auf das Leitbild des „Ehrbaren Kaufmanns". Die mit öffentlichen Vermögen verbundene Verantwortung verpflichtet zu einem sparsamen und nachhaltigen Einsatz der Unternehmensressourcen. Dabei stehen insbesondere die Angemessenheit und Transparenz der Vergütung der Geschäftsführung im Fokus der Öffentlichkeit. Die Kommunikationsfunktion beinhaltet relevante Meldepflichten, die zentrales Corporate-Governance-Thema sind. So werden in den Ziff. 2.4.1 und 2.4.2 (Teil II) auf aktienrechtliche Meldepflichten und kapitalmarktrechtliche Mitteilungs- und Informationspflichten des Bundes bei Beteiligungen hingewiesen. Die Berufung von Personen in das Überwachungsorgan ist ein zentrales Element der Informationsversorgung der Beteiligungsführung über die Gesellschaft. Das Überwachungsorgan der Gesellschaft soll einen Prüfungsausschuss einrichten. Dieser soll sich insbesondere mit der Überwachung des Rechnungslegungsprozesses, der Wirksamkeit des internen Kontrollsystems, des Risikomanagementsystems und des internen Revisionssystems sowie der Abschlussprüfung (hier insbesondere der Auswahl und der erforderlichen Unabhängigkeit der Abschlussprüferin bzw. des Abschlussprüfers, der Erteilung des Prüfungsauftrages an die Abschlussprüferin bzw. den Abschlussprüfer, der Bestimmung von Prüfungsschwerpunkten, den Zusatzleistungen und der Honorarvereinbarung) befassen.[292] Dies ist als Beitrag zur Ordnungs- und Steuerungsfunktion des PCGK anzusehen.

291 PCGK, Teil I, Ziff. 5.5.1-5.5.3.
292 PCGK, Teil I, Ziff. 6.1.6.

6. Verantwortlichkeiten für Compliance (Legalitätspflicht)

Der PCGK weist die Zuständigkeit für Compliance der Geschäftsführung zu. Sie hat für die Einhaltung der gesetzlichen Bestimmungen und der unternehmensinternen Richtlinien zu sorgen und wirkt auf deren Beachtung durch die Konzernunternehmen hin (Compliance). Dazu soll sie ein angemessenes Compliance-Management-System (CMS) etablieren, welches auch Maßnahmen zur Korruptionsprävention und zum Hinweisgeberschutz nach dem Hinweisgeberschutzgesetz umfasst.[293] Die Compliance-Definition gibt die sich bereits aus dem Gesellschaftsrecht ergebende Sorgfaltspflicht für den Vorstand und die Geschäftsführung wieder, vgl. die §§ 76 Abs. 1, 91 Abs. 2, 93 Abs. 1 AktG, § 43 Abs. 1 GmbHG. Die Compliance-Pflicht wird als Legalitätspflicht gedeutet und fordert die allgemeine Beachtung der für die Gesetzmäßigkeit des unternehmerischen Handelns maßgeblichen Rechtspflichten und begründet eine Einstandspflicht der Unternehmensleitung. So hat die Geschäftsführung die Pflicht, sich gesetzestreu zu verhalten und dafür zu sorgen, dass die von ihnen geleitete Gesellschaft ihre gesetzlichen Pflichten erfüllt. Daran knüpft die Legalitätsorganisationspflicht der Geschäftsführung an, Gesetzesverstöße von Beschäftigten zu unterbinden.[294] Dafür wird empfohlen, angemessene und wirksame Kontrollsysteme, insbesondere ein Risikomanagementsystem und Risikocontrolling, im Unternehmen zu installieren. Dabei soll die Ausgestaltung aller Kontrollsysteme im Unternehmen von Art, Umfang, Komplexität und Risikogehalt der Geschäftstätigkeit abhängen und gemäß anerkannter unternehmensspezifischer Standards erfolgen.[295]

Die Geschäftsführung soll im Rahmen einer Regelberichterstattung das Überwachungsorgan regelmäßig, zeitnah und umfassend über alle für das Unternehmen relevanten Fragen der Strategien, der Planung, der Geschäftsentwicklung, der Wirtschaftlichkeit, der Risikolage, des Risikomanagements und der Compliance sowie über Geschäfte von besonderer Bedeutung für die Wirtschaftlichkeit oder Liquidität des Unternehmens und für das Unternehmen bedeutende Veränderungen des wirtschaftlichen Umfelds informieren. Dies gewährleistet die Sicherstellung, dass das Überwachungsorgan seine

[293] PCGK, Teil I, Ziff. 5.1.2.
[294] *Burgi* et al., Öffentliches Recht des Unternehmens, Rn. 127.
[295] PCGK, Teil I, Ziff. 5.1.3.

Kontrollaufgaben nach § 46 Nr. 6 GmbHG und § 111 Abs. 1 AktG effektiv wahrnehmen kann. Gleichzeitig soll das Überwachungsorgan zur Vermeidung von Risiken einer Rechtsverletzung durch das Unternehmen auf ein effektives Compliance-System hinwirken. Der Vorsitz des Überwachungsorgans hat gegenüber der Geschäftsführung eine Beratungspflicht bezüglich Compliance.[296] Somit wird das Überwachungsorgan hinsichtlich der Umsetzung und Fortentwicklung des CMS eingebunden. Damit trägt das Überwachungsorgan gleichsam eine „akzessorische Compliance-Verantwortung", die sich auf die Kontrolle der Umsetzung der Compliance durch die Geschäftsführung bezieht.[297]

Eine Empfehlung zur Organisationsstruktur beinhaltet, dass die für Compliance zuständige Stelle unmittelbar der Geschäftsführung unterstellt sein soll. Dagegen soll die interne Revision als unabhängige Stelle eingerichtet werden. Die interne Revision erbringt unabhängige und objektive Prüfungs- und Beratungsdienstleistungen, welche darauf ausgerichtet sind, Mehrwerte zu schaffen und Geschäftsprozesse zu verbessern. Sie unterstützt die Organisation bei der Erreichung ihrer Ziele, indem sie mit einem systematischen und zielgerichteten Ansatz die Effektivität des Risikomanagements, der Kontrollen und der Führungs- und Überwachungsprozesse bewertet und diese verbessern hilft. Beide Organisationseinheiten sind weitestgehend weisungsunabhängig und haben umfassende Informationsrechte. Die Ziele der internen Revision und des Compliance-Managements überschneiden sich im Hinblick auf die Steuerung von Risiken und die Effizienz- und Effektivitätssteigerung im Unternehmen.

7. Compliance-Anforderungen öffentlicher Unternehmen

Die Gesellschaften mit Beteiligungen des Bundes stehen unter der besonderen Beobachtung durch die Öffentlichkeit, da an sie hohe Integritätsanforderungen gestellt werden. Einerseits nehmen sie hinsichtlich der Beachtung gesetzlicher Vorgaben eine Vorbildfunktion in der öffentlichen Wahrnehmung ein und andererseits müssen sie aufgrund der Vermögensherkunft aus Abgaben, Beitragseinah-

[296] PCGK, Teil I, Ziff. 6.1.4.
[297] *Burgi* et al., Öffentliches Recht des Unternehmens, Rn. 130.

men und Steuern eine erhöhte Sorgfalt an eine ordnungsgemäße und sachgerechte Vermögensverwendung erfüllen.

Die Grundsätze des PCGK zu guter Unternehmens- und aktiver Beteiligungsführung im Bereich des Bundes bilden dafür neben den gesetzlichen Vorschriften (v. a. des Gesellschafts- und des Haushaltsrechts) den maßgeblichen Rahmen. Daher wird der PCGK als Lösungsansatz für Fragen der Compliance bei diesen Beteiligungsgesellschaften herangezogen und ist insoweit derzeit das nationale Vorbild eines zeitgemäßen Compliance-Verständnisses der öffentlichen Hand.[298]

Mit der Zusammenstellung von Grundsätzen verantwortungsvoller Steuerung, Leitung und Überwachung öffentlicher Unternehmen verfügen der Bund und die Länder ein ähnliches Regelwerk, mit dem die Unternehmen von den Empfehlungen situationsgerecht abweichen können. Diese sind aber jährlich in Entsprechenserklärungen zu begründen und die stattdessen gewählte Lösung muss nachvollziehbar erläutert werden. Der PCGK versucht damit eine gesetzliche Lücke zu schließen, die für börsennotierte Unternehmen nach § 161 AktG gilt.[299] Mit jeder Ergänzung und Neufassung des PCGK werden die Grundsätze aufgrund verschiedener Entwicklungen auf rechtlicher und tatsächlicher Ebene angepasst. Ziel dieser Weiterentwicklung der Corporate Governance der Bundesunternehmen ist es, Digitalisierungspotenziale zu heben, die nach Größe des Unternehmens gestufte Nachhaltigkeitsberichterstattung fortzuschreiben, die Resilienz der Bundesunternehmen zu stärken und die Abschlussprüfungsanforderungen an die gesetzlichen Voraussetzungen anzupassen.

[298] *Zwirner/Boecker/Hartmann*, Vorteile von Compliance Management Systemen bei Beteiligungsgesellschaften der öffentlichen Hand aus Sicht der Bewertungspraxis, S. 227.

[299] *Papenfuß*, Ein Public Corporate Governance Kodex ist aus theoretischer und praktischer Perspektive nützlich: Eine Replik zu einer Köpenickiade, S. 302.

VI. Ableitungen für die Praxis im öffentlichen Dienst

VI. Ableitungen für die Praxis im öffentlichen Dienst

1. Grundlagen zur Organisationsstruktur

Es bleibt festzuhalten, dass Compliance im öffentlichen Dienst ein komplexes Thema ist, welches eine Vielzahl von Rechtsgrundlagen, Regelungen und Rahmenwerke umfasst. Die oberste Ebene der Rechtsgrundlagen bilden dabei das Europa- und das Verfassungsrecht. Für den öffentlichen Dienst geben weiterhin die verwaltungsrechtlichen Grundlagen wie Gesetze, Verordnungen und Verwaltungsvorschriften auf Bundes- und Landesebene den Rechtsrahmen vor. Für die Amtsträger sind insbesondere die Amtsdelikte zur Vorteilsannahme, zur Bestechung sowie andere strafbaren Handlungen zu beachten. Es ist wichtig, dass alle Beschäftigten im öffentlichen Dienst über die relevanten Rechtsgrundlagen informiert sind und diese einhalten. Die Implementierung von Compliance-Systemen und -Maßnahmen ist entscheidend, um die Einhaltung der Regeln zu gewährleisten. Darüber hinaus ist Compliance mehr als nur die Einhaltung von Gesetzen. Es geht auch um ethisches Verhalten und die Förderung einer Kultur der Integrität. Compliance dient dazu, dass alle Handlungen im öffentlichen Dienst im Einklang mit Gesetzen und Vorschriften stehen. Es hilft, Korruption, Bestechung und andere Formen von Fehlverhalten zu verhindern. Compliance trägt dazu bei, dass öffentliche Mittel und Ressourcen verantwortungsbewusst und i. S. d. Allgemeinwohls eingesetzt werden. Die Einhaltung von Compliance-Regeln stärkt das Vertrauen der Bürger in die Integrität des öffentlichen Dienstes. Durch die Einhaltung von Compliance-Regeln werden Risiken minimiert, die aus Verstößen entstehen können. Unterstützt werden kann die Umsetzung von Compliance mit der Organisationsentwicklung sowie mit der Etablierung eines Risikomanagementsystems. Welche Organisationsstrukturen können im öffentlichen Dienst den Compliance-Gedanken in der Praxis unterstützen? Damit wird sich der nächste Abschnitt befassen.

2. Compliance-Beauftragte im öffentlichen Dienst

Spezielle Regelungen für sog. besondere gesetzliche organisatorische Bestimmungen zur Einrichtung von Compliance-Strukturen wie einer Compliance-Funktion, eines Compliance-Beauftragten oder eines Compliance-Officers finden sich für die Versicherungs- und Bankenbranche in den Regelungen der § 25a Abs. 1 Nr. 3c KWG, § 80 Abs. 13 WpHG sowie § 26 Abs. 8 VAG. Somit haben gesetzliche Vorgaben im stark regulierten Finanzsektor mit der permanenten Einrichtung zu einer wirksamen und angemessen ausgestatteten Compliance-Funktion geführt. Grundsätzlich können die sektorspezifischen Compliance-Regularien daher auch Organisationen anderer Bereiche als hilfreiche Leitlinien dienen.[300]

Das Fehlen gesetzlicher Vorgaben für die öffentliche Verwaltung zeigt sich auch in der Aufbauorganisation von Behörden. Nicht in allen Organigrammen der Bundes- und Landesbehörden findet sich eine Compliance-Funktion oder ein separates Compliance-Referat. Falls ein Compliance-Beauftragter etabliert ist, handelt der Beauftragte zumeist als alleiniger Beauftragter oder ist in das Referat Recht und Integrität oder in die Interne Revision eingegliedert. Nur ganz allmählich wächst das Bewusstsein eines zusätzlichen Stellenbedarfs für ein separates Compliance-Referat.

Ableiten ließe sich die Überlegung zur Einrichtung einer Compliance-Funktion aus dem BGH-Urteil von 2009.[301] In diesem strafrechtlichen Urteil gegen den Leiter der Innenrevision einer Anstalt des öffentlichen Rechts verwendete das Gericht den Begriff des Compliance-Officers.[302] In sensiblen Bereichen, in denen Geldströme eine relevante Rolle spielen, wie in der Versicherungs- und Bankenbranche, gibt es mittlerweile die gesetzliche Vorgabe zur Einrichtung einer Compliance-Funktion. Da im öffentlichen Sektor mit Steuer- und Beitragseinnahmen gewirtschaftet wird, kann man sich fragen, ob die Aufsicht über die Einnahmen nicht ähnlich gestaltet sein sollte. Eine Compliance-Funktion trägt dazu bei, Transparenz und Verantwortlichkeit im Umgang mit den Einnahmen zu erhöhen. Somit unterstützt die Compliance-Funktion die finanzielle Integrität der öffentlichen Verwaltung. Dies ist wiederum wichtig für das Vertrauen der Öffentlichkeit und für eine gute Unternehmensführung.

Verantwortlich für Compliance sind die Leitungs- und Kontrollorgane, die Mitgliederversammlungen und der Vorstand sowie besondere etablierte Ausschüsse oder Gremien. Bedeutende Stakeholder

---

300 *Bürkle/Hauschka/Schieffer*, Der Compliance Officer: Ein Handbuch in eigener Sache, § 5 Rn. 6.

301 BGHSt 54, 44; NJW, 2009, 3173.

302 BGHSt 54, 44; NJW 2009, 3173 (3175).

sind dabei die internen Revisionen, die Konformitätsabteilungen, die Abteilungen Recht und Integrität, Antikorruptionsbeauftragte, Compliance-Beauftragte, die Justiziariate und die Personalabteilungen, denen Compliance-Aufgaben übertragen werden. In einigen Behörden sind diese Abteilungen oder Referate als Stabsstellen eingerichtet.[303] Der Verantwortungsbereich der Compliance kann aber auch durch Delegation an eine Fachabteilung oder durch die Schaffung einer eigenständigen Compliance-Abteilung bzw. Ernennung eines Chief Compliance Officers (CCO), Compliance-Beauftragten oder durch Berufung eines autonomen Compliance-Committee erfolgen. Compliance-Aufgaben lassen sich auch outsourcen. Welche dieser Optionen jeweils geeignet sind, richtet sich nach Art und Größe der Organisation. Compliance-Beauftragte verantworten die Integration und Weiterentwicklung von Compliance-Strukturen, z. B. eines Compliance-Management-Systems in bestehende Organisationsstrukturen sowie die Überwachung und Weiterentwicklung des CMS.

Compliance-Beauftragte sind dabei zentrale Akteure, um die Einhaltung von Gesetzen, Richtlinien und internen Vorgaben sicherzustellen. Ihre Aufgaben umfassen u. a. die Identifizierung von Compliance-Risiken, die Entwicklung und Implementierung von Compliance-Management-Systemen sowie die Durchführung von Schulungen und Sensibilisierungsmaßnahmen. Insbesondere im Bereich der Sozialversicherung unterstützt eine starke Compliance-Funktion dabei, das Image und Vertrauen mit einer Steigerung der Service-Qualität zu erhöhen sowie die Einhaltung der Gesetze, Regeln und Rahmenwerke zu gewährleisten. Damit können Compliance-Risiken sowie hohe Bußgelder und Strafen vermieden werden.

Compliance-Beauftragte spielen eine zentrale Rolle in der öffentlichen Auftragsvergabe. Forschungsergebnisse zeigen, dass Compliance im Vergabeverfahren mit vergaberechtlichen Regelungen zur Minderung von Korruption und Ineffizienz im Prozess der Auftragsvergabe des öffentlichen Dienstes beiträgt.[304] Ein rechtssicher durchgeführtes Vergabeverfahren gewährleistet, dass öffentliche Ressourcen effizient und ethisch genutzt werden. Die Compliance-Funktion interagiert und überschneidet sich mit ethischem Ver-

303 *Kanzenbach*, Arbeits- und Dienstrecht für das Public Management, S. 16–18.
304 *Asamoah* et al., The influence of the status quo bias theory in the compliance to public procurement regulations in a Sub-Saharan economy, S. 15.

halten und der Organisationskultur im öffentlichen Sektor. Diese Funktion beinhaltet einen Vermittlungseffekt für ethisches Verhalten, was darauf hindeutet, dass die Förderung einer ethischen Kultur die Einhaltung von Vorschriften erheblich verbessern kann. Eine bessere Einhaltung der Vorschriften und eine höhere Effizienz im öffentlichen Sektor können zu einer besseren Arbeitskultur und einem größeren Vertrauen in die staatlichen Behörden führen.

Praxishinweis:
Im Rahmen der Ernennung von Compliance-Beauftragten ist es essenziell, dass ausschließlich fachlich adäquat qualifizierte Beschäftigte für diese Positionen selektiert werden. Des Weiteren ist die Schaffung eindeutiger Kompetenzen und Verantwortlichkeiten sowie klarer Berichtslinien für einen ordnungsgemäßen Arbeitsablauf von signifikanter Relevanz.[305]

Zusammenfassend lässt sich festhalten, dass die Compliance-Funktion in der öffentlichen Verwaltung zwar nicht gesetzlich gefordert ist, aber eine fundamentale Rolle spielt, um die finanzielle Integrität, eine Kultur der Verantwortlichkeit und Transparenz sowie eine soziale Verantwortung des öffentlichen Dienstes zu stärken. Die Etablierung eines Compliance-Beauftragten und die effektive Ausfüllung der Aufgaben können das Vertrauen der Öffentlichkeit und die Effizienz der Verwaltung verbessern, was die Compliance-Funktion zu einem unverzichtbaren Aspekt der Tätigkeit des öffentlichen Dienstes macht. Somit gewinnt die Rolle von Compliance-Beauftragten im öffentlichen Dienst zunehmend an Bedeutung. Dies ist vor allem auf die steigende Komplexität rechtlicher Rahmenbedingungen und den erhöhten Bedarf an Transparenz und Integrität in öffentlichen Verwaltungen zurückzuführen. Die Notwendigkeit von Compliance und ihrer Funktionen in der öffentlichen Verwaltung rückt spätestens mit der nationalen Umsetzung europäischer Richtlinien weiter ins Bewusstsein.

[305] *Neufeld/Hitzelberger-Kijima*, Compliance im öffentlichen Dienst – Teil 1: Notwendigkeit und Aufbau eines Compliance-Management-Systems, S. 23.

3. Organisation der Compliance-Funktion

Aus der unbestimmten Formulierung des § 130 Abs. 1 Satz 2 OWiG „Zu den erforderlichen Aufsichtsmaßnahmen gehören auch die Bestellung, sorgfältige Auswahl und Überwachung von Aufsichtspersonen" lassen sich unter der Voraussetzung der wirtschaftlichen Tätigkeit sowie der Art und des Umfangs der Organisationsstruktur geeignete Aufsichtsmaßnahmen für die öffentliche Verwaltung ableiten, um eine Compliance-Funktion zu schaffen.[306] In der Praxis haben sich die Begrifflichkeiten des „Compliance-Beauftragten", „Chief Compliance Officers" (CCO) oder des „Compliance-Officers" etabliert.

3.1 Organisationsstrukturen der Compliance-Funktion

Die Compliance-Funktion lässt sich als Stabsstelle zentral oder dezentral aufbauen. Kennzeichnend für Letzteres ist, dass in jeder Geschäftseinheit bzw. in jedem Unternehmensteil verantwortliche Compliance-Beauftragte tätig sind und ggf. an einen Chief Compliance Officer berichten, wohingegen bei einem zentralen System eine einzige Compliance-Abteilung die Aufgaben wahrnimmt und alle Organisationseinheiten und Referate betreut. Das BAG hat in seinen Leitsätzen bestätigt, dass die Einrichtung einer Abteilung für Compliance sowie deren Beauftragung mit der Ermittlung möglicher Pflichtverstöße von Beschäftigten für sich genommen nicht unredlich, sondern sachgerecht ist.[307] Die Annahme, dass die Aufgabenkonzentration und Spezialisierung in einer unterhalb der Geschäftsführung eingebundenen Compliance-Abteilung grundsätzlich die Effektivität der Aufklärung steigerten, begegnet nach der Rechtsprechung keinen rechtlichen Bedenken.[308]

Mit zunehmender Größe der Behörde und einem erhöhten Risikopotenzial (z. B. hohe Beitrags- und Steuereinnahmen, Vergabeprozesse, Bescheide über Geldleistungen an Versicherte) erfordert effektive Compliance auch ein höheres Maß an Unabhängigkeit und Durchsetzungskraft. In der Regel empfiehlt sich die Einrichtung einer autonomen Compliance-Abteilung, die dem Compliance-Beauftragten oder dem Compliance-Officer fachlich und disziplinarisch zugeordnet ist und als solche die operative Gesamtverantwortung

---

306 *Stober/Ohrtmann*, Compliance für die öffentliche Verwaltung, § 6 Rn. 303.
307 BAG, Urt. v. 5. 5. 2022 – 2 AZR 483/21, NZA, 2022, 1276.
308 BAG, Urt. v. 5. 5. 2022 – 2 AZR 483/21, NZA, 2022, 1276 (1279).

für das CMS übernimmt. Die Ressourcenausstattung und -aufstellung innerhalb der Compliance-Abteilung müssen dabei entlang der konkreten gesetzlichen sowie Satzung gemäßen Aufgaben der Organisation und Strukturen ausgerichtet und kontinuierlich weiterentwickelt werden.

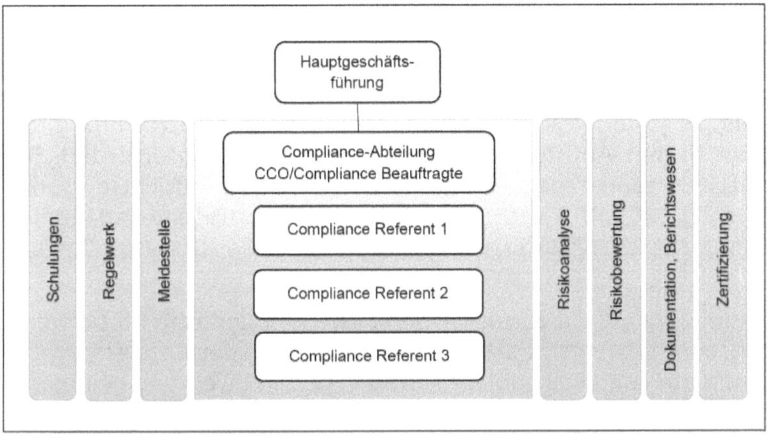

Abbildung 8: Autonome Compliance-Fachabteilung / Referat mit Fachaufgaben (eigene Darstellung)

VI

In der Praxis der öffentlichen Verwaltung findet man auch die Kombination von Fachabteilungen und/oder Referaten. Die Leitung der Serviceeinheit Recht und Corporate Governance nimmt z. B. die Funktion des Chief Compliance Officers gemäß der jeweils gültigen Ausgestaltung von Compliance und Korruptionsprävention sowie die Koordinationsfunktion von rechtlichen Fragen von besonderer Bedeutung und entsprechende rechtliche Auseinandersetzungen wahr. Auch in einer Fachabteilung Recht und Integrität werden Compliance-Beauftragte integriert. Diese Organisation ist dann als Matrix-Organisation zu verstehen. Die Struktur bedingt einen hohen Abstimmungsaufwand zwischen den Beteiligten. Es besteht die Gefahr, dass Aufgaben nicht oder nicht zeitgerecht wahrgenommen werden, sofern die Zuständigkeiten nicht eindeutig definiert sind. Dadurch erhöht sich der Abstimmungsbedarf. Ferner erschwert diese Struktur den Aufbau von Expertenwissen im Bereich der Compliance, sodass regelmäßig auf externes Fachwissen von Anwaltskanzleien oder Wirtschaftsprüfungsgesellschaften zurückgegriffen werden muss. Dies stellt einen nicht unerheblichen Kostenfaktor dar.[309]

In der Praxis häufig anzufinden ist der Compliance-Beauftragte als Einzelkämpfer. Oftmals wird die Verantwortung für Compliance-Aufgaben einer Einzelperson übertragen, z. B. dem Justiziar oder der Stabsstelle Recht, ohne angemessene Ressourcen oder ein Budget zur Verfügung zu stellen. Dies führt zu einer Diskrepanz zwischen der geforderten Verantwortung und den tatsächlichen Handlungsmöglichkeiten. Hier versucht die Geschäftsführung, die gesetzlichen Anforderungen mit der Etablierung erforderlicher Aufsichtsmaßnahmen und der Bestellung von Aufsichtspersonen gemäß § 130 OWiG zu erfüllen. Es soll der Eindruck einer adäquaten Compliance-Struktur vermittelt werden.

Neue gesetzliche Compliance-Anforderungen bzgl. Datenschutz, Nachhaltigkeit, Cyber- und Arbeitssicherheit und Lieferkettensorgfalt sowie gesteigerte Integritätserwartungen der Gesellschaft, Beschäftigten und Stakeholder erweisen sich als divers und beinhalten zahlreiche strategische, finanzielle und operative Risiken, die es zu adressieren gilt. In einem komplexen und regulatorischen Umfeld sind Organisationen einer stetig zunehmenden Anzahl von Herausforderungen ausgesetzt, die es zu identifizieren, zu bewerten und zu beurteilen gilt. Damit wird es zunehmend schwieriger, einen ganzheitlichen Überblick über die allgemeine Risikosituation der Organisation zu erhalten. Defizite in der Risikoanalyse und -beurteilung der unterschiedlichen Aufgaben und Geschäftsprozesse in den Fachabteilungen und Referaten sowie fehlende Schnittstellen und Abstimmungen führen zu Lücken in der Datenerfassung, -analyse und -dokumentation und somit zu einem unvollständigen Berichtswesen an die Hauptgeschäftsführung und den Vorstand.

Die Bündelung der neuen gesetzlichen Aufgaben mit den althergebrachten könnte zu einem integrierten und ganzheitlichen Compliance- und Risk-Management-Organisationsmodell der Risikovorsorge führen.[310] Diese Struktur umfasst die Governance, Risk und Compliance (GRC)-Aufgaben und lässt sich durchaus auf die öffentliche Verwaltung übertragen, in dem die Interne Revision die Aufgabe des Risi-

---

[309] *Rotsch/Beckemper*, Criminal Compliance: Handbuch, § 6 Rn. 3.

[310] *Soong/Ochs*, GRC: Ein koordiniertes und ganzheitliches Compliance- und Risk-Management-Modell, S. 61.

komanagements innehat. Das GRC-Modell umfasst die drei relevanten Handlungsfelder: eine verantwortungsvolle, integre und nachhaltige Unternehmensführung, das Risikomanagement und Compliance.

Die Governance beinhaltet die Strukturen und Prozesse, die sicherstellen, dass die Organisation im Einklang mit ihren Zielen und Werten geführt wird sowie die Festlegung von Verantwortlichkeiten, die Überwachung der Leistung und die Förderung einer ethischen Unternehmenskultur. Das Risikomanagement bezieht sich auf die Identifizierung, Bewertung und Steuerung von Risiken, die die Ziele des Unternehmens gefährden könnten. Ziel ist es, potenzielle Bedrohungen frühzeitig zu erkennen und geeignete Maßnahmen zur Risikominimierung zu ergreifen. Das dritte Handlungsfeld Compliance beschreibt die Einhaltung von Gesetzen, Vorschriften, internen Richtlinien und ethischen Standards. Ein effektives Compliance-Management-System hilft, rechtliche und finanzielle Risiken zu vermeiden und das Vertrauen von Stakeholdern zu stärken.[311] Das GRC-Referat ist für alle Fachabteilungen innerhalb der Organisation verantwortlicher Ansprechpartner.

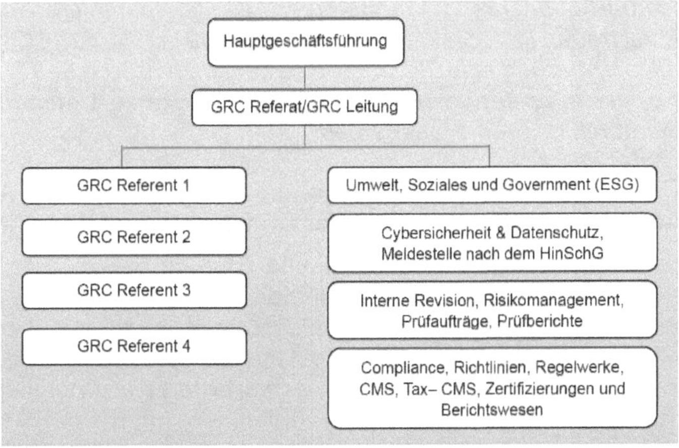

VI

Abbildung 9: GRC-Organisationsmodell für Organisationen (Quelle: Soong/Ochs, Ein koordiniertes und ganzheitliches Compliance- und Risk-Management-Modell, S. 61)

[311] *Soong/Ochs*, GRC: Ein koordiniertes und ganzheitliches Compliance- und Risk-Management-Modell, S. 61.

Durch die Integration von Governance, Risikomanagement und Compliance können Organisationen Doppelarbeit vermeiden, Ressourcen effizienter nutzen und somit auch effizienter arbeiten. Ein ganzheitlicher GRC-Ansatz ermöglicht eine umfassende Risikobetrachtung und trägt dazu bei, potenzielle Gefahren frühzeitig zu erkennen und zu bewältigen. Die Einhaltung von Gesetzen und ethischen Standards stärkt das Vertrauen von Bürgern, Versicherten, Mitgliedsunternehmen und anderen Stakeholdern. Organisationen mit einem effektiven GRC-Organisationsmodell sind besser in der Lage, sich an Veränderungen anzupassen und langfristig erfolgreich zu sein. Allerdings kann die GRC-Implementierung in der Praxis durch die Komplexität der regulatorischen Anforderungen, die mangelnde Integration von IT-Systemen, Widerstand gegen Veränderungen innerhalb der Organisation sowie mangelnde Ressourcen und Fachkenntnisse herausfordernd sein.

Praxishinweis:

Das GRC-Organisationsmodell ist ein unverzichtbarer Bestandteil der modernen Organisationsstruktur. Durch die Integration von Governance, Risikomanagement und Compliance können Organisationen ihre Effizienz steigern, Risiken minimieren und das Vertrauen ihrer Stakeholder stärken. Eine erfolgreiche GRC-Implementierung erfordert jedoch eine ganzheitliche Betrachtung, klare Verantwortlichkeiten und eine starke Unterstützung durch das Top-Management.

3.2 Aufgaben und Qualifikation der Compliance-Funktion

Es existiert kein einheitliches Berufsbild oder ein gesetzlicher Aufgabenkatalog der Compliance-Funktion in der öffentlichen Verwaltung. So vielfältig wie die Bezeichnungen auch sind, werden auch ihre Aufgaben beschrieben. Eine der Kernaufgaben des Compliance-Beauftragten ist die systematische Erfassung aller relevanten Compliance-Risiken. Diese Risikoinventur, oft in Form eines „Compliance-Risk-Assessments“, bildet die Grundlage für alle weiteren Compliance-Maßnahmen und -Programme. Dabei ist es von entscheidender Bedeutung, sowohl juristische Perspektiven als auch die gesetzlichen oder satzungsmäßigen Aufgaben der Organisation zu berücksichtigen. Nach der Identifizierung der Risiken folgen deren Analyse und Bewertung hinsichtlich des potenziellen Schadensausmaßes und der Eintrittswahrscheinlichkeit. Hierbei werden Geschäftsprozesse in risikobehafteten Bereichen wie Einkauf, Leistungsbereiche und/oder Finanzbereiche genauestens untersucht, um potenzielle Schwachstellen aufzudecken. Basierend auf dieser Risikoanalyse entwickelt der Compliance-Beauftragte Handlungsempfehlungen, um die Eintrittswahrscheinlichkeit von Risiken zu reduzieren. Dies kann die Implementierung von Kontrollfunktionen, die Anpassung von Arbeitsabläufen oder die Schulung von Mitarbeitern umfassen. Ein wesentlicher Aspekt der Arbeit des Compliance-Beauftragten ist die enge Zusammenarbeit mit der Geschäftsleitung. Gemeinsam werden die identifizierten Risiken besprochen und eine umfassende Compliance-Strategie entwickelt. Diese Strategie umfasst Ziele, Inhalte und konkrete Maßnahmen, die in einem Compliance-Programm festgehalten werden. Da sich sowohl das Unternehmen als auch sein Umfeld ständig verändern, ist eine regelmäßige Überprüfung und Anpassung der Compliance-Strategie unerlässlich. Faktoren wie Unternehmenswachstum, neue rechtliche Anforderungen oder veränderte Marktbedingungen können neue Risiken mit sich bringen.[312]

Die Hauptaufgaben eines Compliance-Beauftragten in der öffentlichen Verwaltung umfassen somit die Überwachung der Einhaltung gesetzlicher Vorschriften, Richtlinien und ethischen Standards, die Entwicklung und Implementierung von Compliance-Programmen sowie die Schulung von Mitarbeitern in ethischen und rechtlichen Fragen. Sie sind auch dafür verantwortlich, das Whistleblowing-Verfahren zu implementieren und sicherzustellen, dass die Organisation auf externe und interne Herausforderungen in Bezug auf Legitimität und Ethik reagiert. Darüber hinaus müssen sie regelmäßig Risikoanalysen und Compliance-Audits durchführen, um potenzielle Verstöße zu erkennen und zu beheben. Eine wichtige Rolle bei der Umsetzung der Aufgaben spielt eine effektive Kommunikation über Compliance-Ziele und -Risiken in der Organisation. Die Compliance-Funktion wird im Unternehmen nur effektiv arbeiten können, wenn sie eine direkte Berichtslinie an die Geschäftsführung hat, die die Verantwortung für die Gesetzes- und Rechtskonformität der zu erledigenden Tätigkeiten trägt. Der BGH weist in einem Urteil explizit darauf hin, dass sich der Angeklagte (als Leiter des

312 *Bürkle/Hauschka/Schieffer*, Der Compliance Officer: Ein Handbuch in eigener Sache, Rn. 31–32.

Stabsbereichs Gremienbetreuung sowie Leiter der Rechtsabteilung) einer strafrechtlichen Haftung bereits durch eine Unterrichtung der im Betrieb der Organisation entdeckten Straftaten an den Vorstand hätte entledigen können.[313] Das unterstreicht die Bedeutung, dass der Compliance-Beauftragte rechtlich und tatsächlich klar geregelte Berichtsmöglichkeiten an die Geschäftsleitung und/oder den Vorstand haben muss; nicht zuletzt aus Gründen des Selbstschutzes.[314]

Letztlich ist es Aufgabe des Compliance-Beauftragten, eine Kultur der Compliance innerhalb der Organisation zu fördern. Dies bedeutet, dass die Einhaltung von Vorschriften und ethischen Standards als integraler Bestandteil der Organisationskultur angesehen werden muss. Eine solche Kultur trägt dazu bei, das Vertrauen der Öffentlichkeit in die Verwaltung zu stärken und das Risiko von Verstößen zu minimieren.

Die Rolle des Compliance-Beauftragten in der öffentlichen Verwaltung ist damit vielfältig und entscheidend für die Sicherstellung der Einhaltung von Gesetzen und ethischen Standards. Durch die Implementierung von Compliance-Programmen, Schulung der Mitarbeiter, Risikobewertung, Zusammenarbeit mit Regulierungsbehörden und Förderung einer Compliance-Kultur trägt der Compliance-Beauftragte wesentlich zur Integrität und Transparenz der öffentlichen Verwaltung bei.

Ein Compliance-Beauftragter in der öffentlichen Verwaltung sollte über fundierte Kenntnisse in rechtlichen und ethischen Fragen verfügen. Ein Abschluss in den Rechtswissenschaften oder ein gleichwertiger Abschluss ist oft erforderlich, ergänzt durch regelmäßige Schulungen im Bereich Compliance. Die Professionalisierung des Compliance-Berufs erfordert zudem eine kontinuierliche Weiterbildung, um mit den sich ändernden gesetzlichen Anforderungen Schritt zu halten. Die Fähigkeit, komplexe rechtliche Informationen zu interpretieren und effektiv zu kommunizieren, ist ebenfalls eine wesentliche Qualifikation für diese Rolle.

Eine Studie der EQS Group aus dem Jahr 2022 hat ergeben, dass die Mehrheit der Compliance-Führungskräfte in den DAX40-Unternehmen einen juristischen Hintergrund hat:

---

[313] BGH, Urt. v. 17. 7. 2009 – 5 StR 394/08, NJW, 2009, 3173 (3175).

[314] *Rotsch/Beckemper*, Criminal Compliance: Handbuch, § 6a Rn. 6.

- 63 % haben Rechtswissenschaften studiert.
- 23,5 % haben einen wirtschaftswissenschaftlichen Hintergrund (Volks-, Betriebswirtschaft oder Business-Administration).
- Ca. 8 % haben Ingenieurwissenschaften studiert.[315]

Für die öffentliche Verwaltung gibt es eine solche Untersuchung noch nicht. Das Ergebnis dürfte aber ähnlich ausfallen. Ein direkter Einstieg in eine Position als Compliance-Officer ist eher unüblich. Stattdessen sammeln die meisten Compliance-Officers zunächst Erfahrungen in anderen Bereichen des Unternehmens, oft in der Rechtsabteilung, bevor sie in das Compliance-Management wechseln. Aufgrund der Bedeutung juristischer Kenntnisse ist ein Quereinstieg aus anderen Berufsfeldern schwierig.

Praxishinweis:

Es ist zu empfehlen, einen schriftlichen Aufgabenkatalog der Compliance-Funktion zu erstellen. Dieser sollte die Tätigkeitsfelder enthalten, um klare Verantwortlichkeiten, eindeutige Berichtswege und Abgrenzungen zur Internen Revision oder zur Rechtsabteilung festzulegen. Aber auch gemeinsame Schnittstellen sollten aufgezeigt werden. Dabei sind beamtenrechtliche Vorschriften der Dienst- und Fachaufsicht zu berücksichtigen.

4. Risikomanagement und Internes Kontrollsystem

Eine explizite gesetzliche Pflicht zur Einrichtung eines internen Kontroll- und Risikomanagementsystems gab es bis 2021 nicht. Mit der Aufarbeitung des Wirecard-Skandals hat der Gesetzgeber den Absatz 3 in den § 91 AktG mitaufgenommen.[316] Danach hat der Vorstand einer börsennotierten Gesellschaft „ein im Hinblick auf den Umfang der Geschäftstätigkeit und die Risikolage des Unternehmens angemessenes und wirksames internes Kontrollsystem und Risikomanagementsystem einzurichten“. Somit wurde eine ausdrückliche gesetzliche Pflicht zur Einrichtung sowohl eines angemessenen und wirksamen internen Kontrollsystems und Risikomanagementsystems für börsennotierte Aktiengesellschaften

[315] *EQS* (2022), zuletzt geprüft am 24. 3. 2025.
[316] BT-Drs. 19/26966, S. 41.

festgelegt.[317] Gleichzeitig führt die Gesetzesbegründung aber aus, dass die Vorstandsmitglieder nicht börsennotierter Unternehmen die Pflicht zur Einrichtung entsprechender Systeme weiterhin aus der sie treffenden Sorgfaltspflicht nach § 93 Abs. 1 AktG treffen kann. Die Entscheidung, Risikomanagement- oder interne Kontrollsysteme einzuführen, steht bei diesen Unternehmen weiterhin im Leitungsermessen des Vorstands.

Ein internes Kontrollsystem umfasst dabei die Grundsätze, Verfahren und Maßnahmen zur Sicherung der Wirksamkeit und Wirtschaftlichkeit der Geschäftstätigkeit, zur Sicherung der Ordnungsmäßigkeit der Rechnungslegung und zur Sicherung der Einhaltung der maßgeblichen rechtlichen Vorschriften.[318] Somit liegt die Risikofrüherkennung bei der Unternehmensleitung. Nach § 93 Abs. 2 Satz 1 AktG sind Vorstandsmitglieder, die ihre Pflichten verletzen, der Gesellschaft zum Ersatz des daraus entstehenden Schadens als Gesamtschuldner verpflichtet.

Der Umgang mit Gefahren und Risiken im öffentlichen Dienst sind nicht neu. So muss z. B. beim Arbeitsschutz die strukturierte Betrachtung in einem einheitlichen System etabliert werden. Ziel ist es, Risiken systematisch zu erfassen und Entscheidungen aus dem Bereich der Unsicherheit herauszuführen. Risiken sind in diesem Kontext als Ereignisse innerhalb und außerhalb der Verwaltung definiert, die die Zielerreichung der Organisationen beeinträchtigen können. Hierbei geht es um eine verbesserte Verwaltungssteuerung durch bewussten Umgang mit Chancen und Risiken sowie die Optimierung der Informationsbasis für Verwaltungsentscheidungen. Ein effektives Risikomanagement erweitert den Handlungsspielraum der öffentlichen Verwaltung. Die frühzeitige Erkennung von Risiken ermöglicht proaktives Handeln und minimiert potenzielle Schäden. Das Risikomanagement muss in die bestehenden Strukturen der Verwaltung eingebunden werden. Die IT-Sicherheit spielt bei der Risikobetrachtung eine immer größer werdende Rolle.[319]

4.1 Elemente eines Risikomanagementsystems

Anhaltspunkte für den Aufbau eines Risikomanagement- und internen Kontrollsystems für die öffentliche Verwaltung finden sich im

---

[317] BT-Drs. 19/26966, S. 114 f.

[318] BT-Drs. 19/26966, S. 115.

[319] *KGSt*, Risikomanagement, abgerufen am 27. 3. 2025.

PCGK des Bundes unter der Verantwortung der Geschäftsführung. Diese sorgt für „angemessene und wirksame Kontrollsysteme, insbesondere ein Risikomanagementsystem und Risikocontrolling im Unternehmen".

Die Ausgestaltung aller Kontrollsysteme im Unternehmen hängt grundsätzlich von Art, Umfang, Komplexität und Risikogehalt der Geschäftstätigkeit ab und erfolgt gemäß anerkannter unternehmensspezifischer Standards. Die interne Revision soll als unabhängige Stelle unterhalten werden.[320] Das Risikomanagement kann als ein Instrument verstanden werden, welches sich systematisch und planvoll mit den unterschiedlichen Risiken einer Organisation beschäftigt.

Ein Risikomanagementsystem i. S. d. IDW-Prüfungsstandards weist die folgenden miteinander in Wechselwirkung stehenden acht Grundelemente auf, die in die Geschäftsabläufe eingebunden sind. Die Grundelemente sind

- Risikokultur,
- Ziele,
- Organisation,
- Risikoidentifikation,
- Risikobewertung,
- Risikosteuerung,
- Risikokommunikation und
- Überwachung und Verbesserung des Risikomanagementsystems.

Die Wechselwirkungen zwischen den Grundelementen sind dabei zu berücksichtigen. Die Ausgestaltung des Risikomanagementsystems hängt insbesondere von den festgelegten Zielen des Risikomanagementsystems sowie – wie bereits beschrieben – von Art, Umfang und Komplexität der Geschäftstätigkeit der Organisation ab.[321]

Damit die Organisationen im öffentlichen Dienst geeignet auf mögliche Risiken reagieren können, bedarf es einer umfassenden Analyse zur Früherkennung von Risiken. Ein Risiko verwirklicht zukünftige mögliche bzw. ungewisse negative Auswirkungen, welche mit Nachteilen, einem Verlust oder anderen Schäden verbunden ist. Ein soge-

---

320 PCGK, Ziff. 5.1.3.

321 IDW PS 981 (2025), Rn. 31.

nanntes Risikofrüherkennungssystem umfasst die Identifikation, Bewertung und Steuerung von Risiken. Parallel sollten die frühzeitigen Risiken entdeckt werden, die Ziele der Organisation gefährden. Dies umfasst alle Aktivitäten zur Analyse, Bewertung und Priorisierung der Risiken. Ziel ist es, Transparenz für potenzielles Fehlverhalten zu schaffen und Risiken frühzeitig zu erkennen und gegenzusteuern. Die Risikoanalyse hilft bei der Entscheidungsfindung, insbesondere, wenn es um weitreichende Entscheidungen geht und die Folgen einer Fehlentscheidung der Organisation großen Schaden zufügen können. Die Risikoanalyse beinhaltet folgende Maßnahmen:

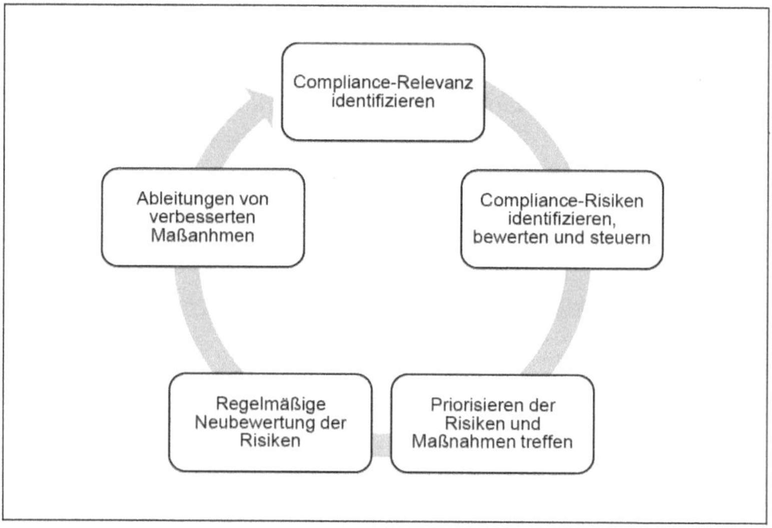

Abbildung 10: Zyklus einer Risikoanalyse eines Risikofrüherkennungssystems (Quelle: Petsche/Neuper/Toifl, Compliance Management Standards: Praxiskommentar, S. 83)

Eine Risikoanalyse beinhaltet die Unterscheidung in interne und externe Risiken. Interne Risiken beruhen auf Unternehmens- bzw. Organisationsentscheidungen, während die Beeinflussung von externen Risiken nur bedingt möglich ist. Eine Kategorisierung kann z. B. nach operativen, strategischen, politischen und rechtlichen Entwicklungen, informationstechnischen, finanziellen sowie personellen Risiken erfolgen.[322] Die Analyse sollte in diesem Zyklus regelmäßig durchlaufen werden, mindestens einmal im Jahr. Dabei sind auch Kombinationen sinnvoll wie z. B. eine jährliche Risikoinventur in Form einer Standortbestimmung über die risikorelevanten Vorgänge in der Organisation. Dem angeschlossen erfolgt eine Identifizierung und Bewertung der Compliance-Risiken, während die Maßnahmen zur Behandlung der Compliance-Risiken laufend durchgeführt und vierteljährlich überwacht und berichtet werden.[323]

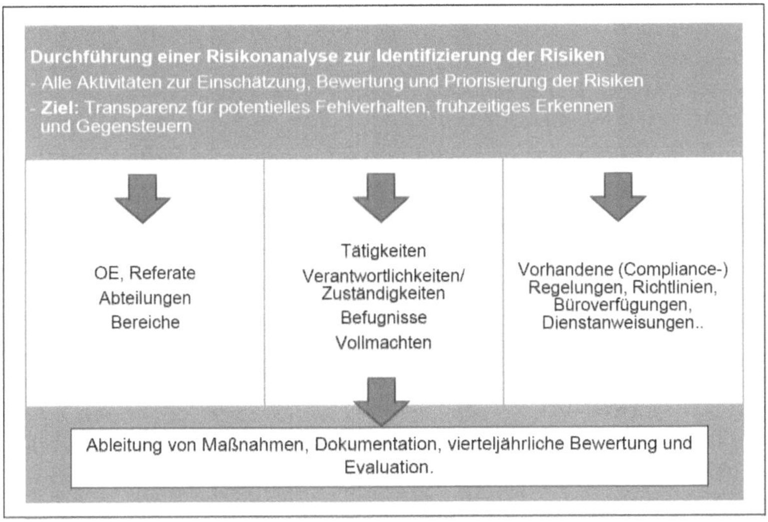

Abbildung 11: Durchführung einer Risikoanalyse (eigene Darstellung)

Die Identifizierung der Compliance-relevanten Vorgänge wird sinnvollerweise für jede Behörde oder Institution im öffentlichen Dienst spezifisch erfolgen. Sie muss sich an den Aufgaben, den Dienstleistungsbereichen und Geschäftsvorfällen sowie an den Zielen der jeweiligen Organisation orientieren. Das erste Interesse ist auf alle Vorgänge gerichtet, die mit Geld zu tun haben. Der Zahlungsverkehr, die Rechnungslegung, die Einnahmen- und Erstattungszahlungen, aber auch Lieferantenbeziehungen, das Vertragsmanagement

322 *Kark*, Compliance-Risikomanagement: Gefährdungslagen erkennen und steuern, § 2 Rn. 49–54.

323 *Petsche* et al., Compliance Management Standards: Praxiskommentar, S. 83.

VI

einer Organisation sind durch Gesetze, Vorschriften und detaillierte Handlungsanweisungen geregelt. Den entsprechenden Regelverstößen, Betrugs-, Korruptionsdelikten sowie Kartellrechtsverstößen gilt auch das größte öffentliche Interesse. Die wesentlichen geld- und finanzrelevanten Vorgänge einer Organisation sind erste Kandidaten für Compliance-Relevanz. Hinzu kommen datenschutz- und umweltbezogene, vergabe- und steuerrechtliche Vorgänge.[324]

Praxishinweis:

So werden nach § 122 GWB öffentliche Aufträge nur an fachkundige und leistungsfähige geeignete Unternehmen vergeben, die nicht nach den §§ 123 oder 124 GWB ausgeschlossen worden sind. Der Nachweis der Eignung und des Nichtvorliegens von Ausschlussgründen nach den §§ 123 und 124 GWB sind im Wege eines Risikomanagements nach Eingang des Angebotes zu überprüfen. Dabei sind die zwingenden und die fakultativen Ausschlussgründe zu beurteilen und zu gewichten.

Mit der Identifizierung der Compliance-relevanten Vorgänge sind die einzelnen Risiken eines Regelverstoßes, z. B. einer Gesetzesverletzung, zu beschreiben und zu bewerten. Die Bewertung dieser Risiken erfolgt anhand zweier Kriterien: des potenziellen Schadens und der Eintrittswahrscheinlichkeit. Der Schaden, der durch einen Regelverstoß entstehen kann, ist vielfältig und kann finanzielle, rechtliche, organisatorische oder reputationsbezogene Auswirkungen haben. Die Schwere des Schadens wird auf einer dreistufigen Skala (niedrig, mittel, hoch) bewertet, die die unmittelbaren und mittelbaren Auswirkungen auf den Erfolg und die Handlungsfähigkeit der Organisation widerspiegelt. Die Eintrittswahrscheinlichkeit eines Regelverstoßes wird ebenfalls auf einer dreistufigen Skala (niedrig, mittel, hoch) bewertet, jedoch mit einem klaren zeitlichen Horizont von 1 bis zu 10 Jahren.[325]

Mittels einer Risikomatrix, in der die beiden Kriterien Schadenshöhe und Eintrittswahrscheinlichkeit kombiniert werden, kann bestimmt werden, bei welchen Risiken zuerst Maßnahmen angesetzt werden, bei welchen in weiterer Folge oder je nach Ressourcenverfügbar-

324 *Petsche* et al., Compliance Management Standards: Praxiskommentar, S. 84.
325 *Petsche* et al., Compliance Management Standards: Praxiskommentar, S. 84 f.

keit und welche Risiken vorläufig nur unter Beobachtung gehalten werden.[326] Für die Berechnung kann eine einfache Formel helfen:

Risikowert (RW) = Eintrittswahrscheinlichkeit (E) × Schadenshöhe (S).

Mithilfe eines Ampelsystems (rot, gelb, grün) lässt sich die Priorisierung und Gewichtung der Risiken anschaulich aufzeigen. Eine Gefährdungsmatrix zur Systematik der Durchführung von Gefährdungsanalysen im Arbeitsschutz haben *Nohl/Thiemecke* 1988 entwickelt. Diese Matrix lässt sich auf die Risikomatrix zur Priorisierung von identifizierten risikorelevanten Vorgängen übertragen:

	Schadenshöhe		
Eintrittswahrscheinlichkeit	Niedrig	Mittel	Hoch
Hoch	!	⊖	⊖
Mittel	✓	!	⊖
Niedrig	✓	✓	!

Tabelle 1: Gefährdungsmatrix (Quelle: Nohl/Thiemecke, Systematik zur Durchführung von Gefährdungsanalysen, Abb. 16, S. 83)

Einschätzungen in roter Farbe belegen, dass Maßnahmen notwendig sind sowie unmittelbar festgelegt und durchgeführt bzw. eingeleitet werden sollten. Im gelben Bereich sind Maßnahmen erforderlich und sollten geplant und je nach Verfügbarkeit der Ressourcen bzw. Kostenabwägung begonnen werden. Bewegt sich die Risikogefährdung im grünen Bereich, können konkrete Maßnahmen überlegt werden. Hier reicht es aber normalerweise aus, die Risiken unter Beobachtung zu halten.

[326] *Petsche* et al., Compliance Management Standards: Praxiskommentar, S. 85.

Ein Beispiel könnte folgendermaßen aussehen:

Lfd. Nr.	**Abteilung/ Referat**	**Vorgangsbeschreibung**	**Schadensart**	**Schadenshöhe**	**Eintrittswahrscheinlichkeit**
1	Buchhaltung	Zahlungsvorgang, Anlegen eines Kreditorenkontos für Betrugszwecke	Strafrechtlich, Veruntreuung von Geldern, § 266 StGB	Mittel	Niedrig
2	Vertrieb	Annahme von Veranstaltungskarten eines Mitgliedsunternehmens Unterlassung einer gesetzlich vorgeschriebenen Gebührenzahlung	Strafrechtlich, Vorteilsannahme, Bestechlichkeit §§ 331, 332 StGB Geldbuße §§ 30, 130 OWiG Imageschaden	Hoch	Mittel
3	Einkauf/ Vergabe	Verstöße gegen das öffentliche Vergabeverfahren	Strafrechtlich, § 298 StGB Schadenersatzansprüche Nachprüfungsverfahren Geldbuße, §§ 81, 81c GWB Imageschaden	Hoch	Niedrig
4	Personal	Weiterbeschäftigung eines Angestellten nach Erreichen der Regelaltersgrenze als „freien Mitarbeiter" mit derselben Tätigkeitsbeschreibung	Scheinselbständigkeit, rückwirkende Abführung von Sozialversicherungsbeiträgen und Lohnsteuer Strafrechtlich, § 266a StGB Geldbuße, §§ 30, 130 OWiG	Hoch	Mittel

Lfd. Nr.	Abteilung/ Referat	Vorgangsbeschreibung	Schadensart	Schadenshöhe	Eintrittswahrscheinlichkeit
5	IT	Verstöße gegen datenschutzrechtliche Regelungen, Verlust und unberechtigte Veröffentlichung von personengebundenen Daten von Versicherten bei der Übertragung in ein anderes System	Strafrechtlich, § 42 BDSG Schadensersatz, § 82 DSGVO Geldbußen, §§ 83, 84 DSGVO, § 43 BDSG Imageschaden	Hoch	Mittel
6	Alle Bereiche	Verstöße gegen Arbeitsschutzvorschiften nach ArbSchG, ArbZG	Strafrechtlich, § 26 ArbSchG Bußgelder, § 25 ArbSchG und § 22 ArbZG	Mittel	Niedrig

Tabelle 2: Fiktives Beispiel eines Risikokatalogs: Abriss (eigene Darstellung)

VI

Praxishinweis:

Die Auflistung stellt einen kleinen Ausschnitt der Organisationseinheiten (OE) und möglichen Vorgangsbeschreibungen innerhalb einer Behörde, Institution oder eines Sozialversicherungsträgers dar. Die Compliance-Abteilung ist integraler Bestandteil des Risikomanagements. Sie übernimmt die Identifikation von Compliance-Risiken. Dazu zählen rechtliche Risiken, die oft schwer erkennbar sind. Die Risiken werden hinsichtlich ihrer Eintrittswahrscheinlichkeit und potenziellen Auswirkungen bewertet. Es müssen Steuerungsmaßnahmen zur Minderung von Risiken beschlossen und überwacht werden. Regelmäßige Berichte und die Evaluation über den Status der Risiken fördern die Transparenz und Nachvollziehbarkeit innerhalb der Organisation. Je mehr Zeit sich für die Risikoanalyse genommen wird, desto besser kann im Voraus reagiert werden. Compliance sollte die Tätigkeiten und Geschäftsvorgänge der einzelnen Abteilungen kennen und verstehen.

Ein effektives Risikomanagement ist für Organisationen von zentraler Bedeutung, insbesondere im Kontext der Compliance-Abteilung. Es dient dazu, potenzielle Gefährdungen frühzeitig zu identifizieren, zu bewerten und durch geeignete Maßnahmen zu minimieren. Ein ordnungsgemäßes Risikomanagement schützt Führungskräfte vor Haftungsansprüchen, indem es die Einhaltung der unternehmerischen Sorgfaltspflicht dokumentiert. Verstöße gegen rechtliche Regelungen können erhebliche strafrechtliche, finanzielle und reputative Schäden verursachen, einschließlich Schadensersatzforderungen sowie Bußgelder nach sich ziehen. Die Compliance-Abteilung übernimmt dabei eine Schlüsselrolle, da sie sicherstellt, dass rechtliche und interne Anforderungen eingehalten werden.

4.2 Internes Kontrollsystem (IKS)

Wie bereits angesprochen, haben börsennotierte Kapitalgesellschaften neben dem Risikomanagement gemäß § 91 Abs. 3 AktG ein angemessenes und wirksames internes Kontrollsystem einzurichten. Für den öffentlichen Dienst lässt sich keine gesetzliche Verpflichtung zur Implementierung eines IKS ableiten. Es lässt sich aber eine Herleitung in der Praxis aus dem Präventionsgedanken und, wie ausgeführt, aus dem PCGK des Bundes erkennen. Eine Orientierung an dem IDW-Standard (IDW PS 261)[327] zur Feststellung und Beurteilung von Fehlerrisiken und Reaktionen des Abschlussprüfers auf die beurteilten Fehlerrisiken ist empfehlenswert. Dieser IDW-Prüfungsstandard betrifft Abschlussprüfungen, d. h. Prüfungen von Jahres-, Zwischen- und Konzernabschlüssen. Nach Art. 114 Abs. 2 GG darf der Bundesrechnungshof (BRH) die Rechnung sowie die Wirtschaftlichkeit und Ordnungsmäßigkeit der Haushalts- und Wirtschaftsführung des Bundes prüfen. Ebenfalls geprüft werden die Sozialversicherungsträger und das Handeln des Bundes bei privatrechtlichen Unternehmen, an denen er beteiligt ist. Dies schließ auch das Prüfungsrecht des BRH gegenüber einem privatrechtlich

[327] Vgl. IDW PS 261 (2025).

organisierten Verband von Sozialversicherungsträgern mit ein.[328] Das BVerwG führt in seiner Begründung aus, dass der BRH auch berechtigt ist, bei Stellen außerhalb der unmittelbaren Bundesverwaltung zu prüfen, wenn sie mit dem Bundeshaushalt verflochten sind, indem sie Bundesmittel erhalten oder verwalten oder zu ihren Gunsten Gewährleistungen des Bundes bestehen, vgl. § 91 Abs. 1 Satz 1 BHO. Dem BRH räumen die §§ 91 Abs. 1 Satz 1 Nr. 4, 92 BHO ein Prüfungsrecht auch bei privatrechtlichen Unternehmen ein, an denen der Bund unmittelbar oder mittelbar beteiligt ist. Der § 104 BHO erweitert die Prüfungsbefugnisse des BRH auf juristische Personen des Privatrechts als Prüfungsadressat.[329] Aber auch die Landesrechnungshöfe verfügen über Prüfbefugnisse zur Haushalts- und Wirtschaftsführung der Länder, Gemeinden und Kommunen und ihre landesunmittelbare juristische Person des öffentlichen Rechts. So hat im Jahr 1995 das BVerwG eine Prüfungsbefugnis des Bayerischen Obersten Rechnungshofs zur Haushalts- und Wirtschaftsführung der Handwerkskammern in Bayern positiv beurteilt.[330]

Die Gebietskörperschaften des Bundes und der Länder haben somit ihre Haushaltsführung nach den Grundsätzen des Haushaltsrechts i. S. d. § 1a HGrG zu regeln und aufzustellen. Nach § 48 Abs. 1 bis 3 HGrG ist auf ein Sondervermögen des Bundes oder des Landes, auf bundes- oder landesunmittelbare juristische Personen des öffentlichen Rechts sowie auf Unternehmen in der Rechtsform einer juristischen Person des öffentlichen Rechts, unabhängig von der Höhe der Beteiligung des Bundes oder des Landes, sowie für Unternehmen in der Rechtsform einer juristischen Person des privaten Rechts, an denen die in Absatz 2 Satz 1 genannten Unternehmen unmittelbar oder mittelbar mit Mehrheit beteiligt sind, dieses Gesetz entsprechend anzuwenden. Somit kann nach § 53 HGrG die Gebietskörperschaft verlangen, dass das Unternehmen im Rahmen der Abschlussprüfung auch die Ordnungsmäßigkeit der Geschäftsführung prüfen lässt und die Abschlussprüfer mit einem Bericht beauftragt. Die Aufstellung der Haushaltsführung nach den Grundsätzen der ordnungsgemäßen Buchführung kann mit der Implementierung eines Internen Kontrollsystems (IKS) unterstützt werden.

328 BVerwG, Urt. v. 23. 2. 2011 – 8 C 53/09, NVwZ-RR, 2011, 561.
329 BVerwG, Urt. v. 23. 2. 2011 – 8 C 53/09, NVwZ-RR, 2011, 561, Rn. 37.
330 BVerwG, Urt. v. 11. 4. 1995 – 1 C 34/92, NVwZ, 1995, 889.

Das IDW definiert das Interne Kontrollsystem in der Neufassung des veröffentlichten Prüfungsstandards PS 261 dahingehend, dass die in einer Organisation festgelegten Grundsätze, Verfahren und Regelungen fixiert werden, die auf die organisatorische Umsetzung der Entscheidungen des Managements gerichtet sind. Dabei dient das IKS zur Sicherung der Wirksamkeit und Wirtschaftlichkeit der Geschäftstätigkeit, zur Ordnungsmäßigkeit und Verlässlichkeit der internen und externen Rechnungslegung sowie zur Einhaltung der für das Unternehmen maßgeblichen rechtlichen Vorschriften.[331] Das IKS umfasst nach dem IDW PS 261 Regelungen zur Steuerung der Unternehmensaktivitäten (internes Steuerungssystem) und Regelungen zur Überwachung der Einhaltung dieser Regelungen (internes Überwachungssystem). Das interne Überwachungssystem beinhaltet prozessintegrierte (organisatorische Sicherungsmaßnahmen, Kontrollen) und prozessunabhängige Überwachungsmaßnahmen, die vor allem von der Internen Revision durchgeführt werden.[332] Damit besteht das Interne Kontrollsystem sowohl aus Regelungen zur Steuerung der Aktivitäten als auch aus Vorschriften zur Überwachung der Einhaltung dieser Vorgaben.

VI

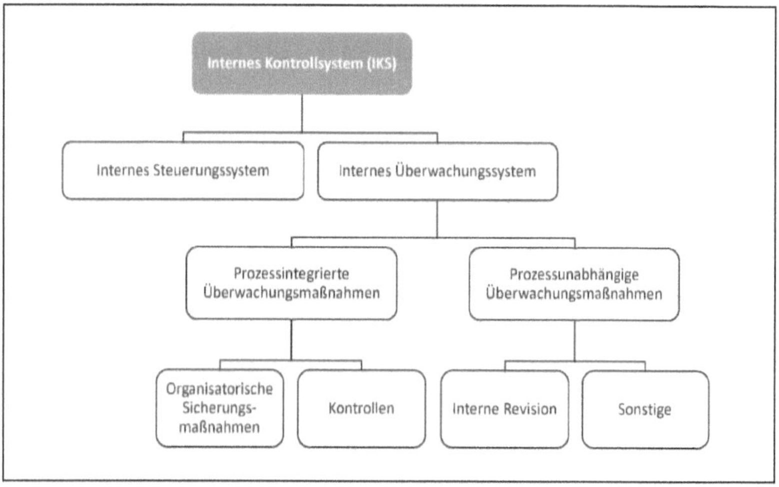

Abbildung 12: Regelungsbereiche des Internen Kontrollsystems (Quelle: IDW PS 261, Abb. 2, Rn. 20)

331 IDW PS 261 (2025), Rn. 19.
332 IDW PS 261 (2025), Rn. 20.

Somit kann das IKS als ein System bezeichnet werden, das auf die Einhaltung von Vorschriften ausgerichtet ist und aus einer Reihe einzelner, aufeinander abgestimmter Bearbeitungs- und Kontrollschritte besteht. Der Zweck ist die Vermeidung und Aufdeckung von Fehlern und Reduzierung von Risiken zur Sicherung der Wirksamkeit und Wirtschaftlichkeit der Geschäftstätigkeit, sowie zur Ordnungsmäßigkeit und Verlässlichkeit der internen und externen Rechnungslegung und zur Einhaltung der für die Organisation maßgeblichen rechtlichen Vorschriften (= Compliance). Das IKS umfasst somit die Steuerung von Prozessrisiken durch angemessene Kontrollaktivitäten und führt systematisch die Dokumentation von Kontrollen in risikorelevanten Prozessen durch.

Das Interne Kontrollsystem besteht aus folgenden Komponenten, die zueinander in wechselseitiger Beziehung stehen:

- Kontrollumfeld,
- Risikobeurteilungen,
- Kontrollaktivitäten,
- Information und Kommunikation,
- Überwachung des Internen Kontrollsystems.[333]

Mittlerweile haben verschiedene Behörden in Bund, Ländern und Kommunen ein IKS eingeführt. Dieses umfasst die Gesamtheit der Mechanismen zur Kontrolle aller angeordneten Vorgänge, Methoden und Maßnahmen, die dazu dienen, einen ordnungsgemäßen Ablauf der Geschäftsprozesse sicherzustellen. Interne Kontrollsysteme sind üblicherweise in Dienstanweisungen oder Büroverfügungen geregelt, die Verfahrensregelungen und Mitzeichnungspflichten vorsehen, Zuständigkeiten und Datenzugriffsrechte, aber auch Funktionstrennungen und Kontrollen vorgeben.[334] Die KGSt hat im Jahr 2011 unter Berücksichtigung des Länderhaushaltsrechtes Empfehlungen für die Risikobetrachtung in Städten, Kreisen und Gemeinden erarbeitet. Danach sorgt das Interne Kontrollsystem (IKS) dafür, dass mögliche Prozessrisiken durch geeignete Kontrollaktivitäten positiv beeinflusst werden: „Dabei sind die Kontrollaktivitäten keineswegs auf Prozesse im Finanzwesen beschränkt. Sie sollten

[333] IDW PS 261 (2025), Rn. 29.

[334] *Moosmayer/Lösler*, Corporate Compliance: Handbuch der Haftungsvermeidung im Unternehmen, § 63 Rn. 41.

vielmehr überall dort systematisch und strukturiert durchgeführt und dokumentiert werden, wo risikorelevante Prozesse vorhanden sind."[335]

Zusammenfassend lässt sich festhalten, dass das vordringliche Ziel eines Internen Kontrollsystems ist, als integraler Bestandteil des organisationsinternen Risikomanagements sowohl operative als auch finanzielle Risiken abzubilden und diese zu minimieren bzw. zu eliminieren. Dabei ist für die Auslegung, Implementierung, Pflege und Überwachung des Internen Kontrollsystems grundsätzlich der gesetzliche Vertreter verantwortlich, sodass dieser die Entscheidung über Zweckmäßigkeit und Wirksamkeit des Internen Kontrollsystems zu treffen hat.

4.3 Three-Lines-Model (das Drei-Linien-Modell)

Ein weltweit anerkanntes Rahmenwerk im Bereich Governance, Risk und Compliance (GRC) ist das Three-Lines-Model des Instituts of Internal Auditors (IIA) für das Risikomanagement der Leitungsorgane der Organisation. Der Zweck des Modells besteht darin, eine klare Trennung von Aufgaben und Verantwortlichkeiten zu schaffen, um das Risikomanagement und die interne Kontrolle zu stärken, Interessenkonflikte zu vermeiden sowie Transparenz und Verantwortlichkeit zu fördern und eine effektive Zusammenarbeit zwischen den verschiedenen Funktionen sicherzustellen. Dieses Modell hilft Organisationen, Strukturen und Prozesse zu identifizieren, die die Zielerreichung am besten unterstützen und eine starke Governance und ein starkes Risikomanagement ermöglichen.[336] Es gestaltet die Rollenverteilung, klärt die Verantwortlichkeiten, gewährleistet die Kommunikation und stärkt die unterschiedlichen Funktionen innerhalb der Organisation, um Risiken effektiv zu managen. Das Gesetz fordert die Einführung eines solchen Modells nicht. Das Modell erlaubt aber eine schnelle Zuordnung der verschiedenen Aspekte der Compliance und der internen Revision und beschreibt die gängigen „Best Practices". Das Modell wird in verschiedenen Kontexten angewandt, u. a. bei öffentlichen Finanzprüfungen, externen öffentlichen Rechnungsprüfungen, Cybersicherheit und KI-Risikomanagements. Im Bereich der Cybersicherheit unterstützt das Modell Organisationen dabei, ein Management von Cyberrisiken

[335] *KGSt*, Risikomanagement, zuletzt geprüft am 11. 4. 2025.
[336] *DIIR* (2020), zuletzt geprüft am 18. 4. 2025.

zu etablieren, indem es Rollen und Verantwortlichkeiten definiert. Es ermöglicht die Identifizierung und Schließung von Lücken in der Risikoabdeckung und trägt zur Optimierung der Überwachung operativer Tätigkeiten bei.[337]

4.3.1 First Line: Operatives Tagesgeschäft

Die „First Line" umfasst das operative Tagesgeschäft, die für die Aufrechterhaltung wirksamer interner Kontrollen und die Durchführung von Risikomanagementprozessen zuständig ist. Diese Linie ist direkt in das Tagesgeschäft eingebunden und hat die Aufgabe, im Rahmen ihrer Routinetätigkeit Risiken zu ermitteln und zu steuern. In den Fachabteilungen der jPöR laufen die Kernprozesse inklusive der Unterstützungsfunktionen. Sie sind hauptsächlich mit der Bereitstellung von Produkten und/oder Dienstleistungen an Bürger, Kunden, Versicherte und Unternehmen befasst. Im Fokus stehen die Sicherungsverfahren innerhalb der operativen Fachabteilungen. Mit dem Vier-Augen-Prinzip oder dem Instrument der Job-Rotation als interne Kontrollen werden Risiken identifiziert, bewertet, präventiv vorgebeugt und in geeigneter Weise kommuniziert. Die Fachabteilungen haben primär selbst dafür zu sorgen, dass das für ihre Geschäfte geltende Recht eingehalten wird.[338] Die Gewährleistung der Einhaltung gesetzlicher Vorschriften durch die Beschäftigten soll durch Schulungen, Trainings mit Fallbeispielen und die notwendige Unabhängigkeit sichergestellt werden. Daneben müssen hiermit verbundene organisatorische Aspekte wie Richtlinien, Leitlinien, Dienstanweisungen und/oder Büroverfügungen beachtet werden.

4.3.2 Second Line: Risk Management and Compliance

Die „Second Line" umfasst verschiedene Risikomanagement- und Compliance-Funktionen, die diese beaufsichtigen und unterstützen. Die vorrangige Funktion dieser Funktionen besteht in der Überwachung und Erleichterung der Umsetzung effektiver Risikomanagementpraktiken sowie der Gewährleistung der Einhaltung geltender Gesetze und Vorschriften. Die vorliegende Instanz nimmt die Funktion einer Kontrollinstanz für die erste Linie ein und gewährleistet, dass die Risiken adäquat gehandhabt werden. Hier ist die Compliance-Funktion angesiedelt. Die Compliance-Funktion wird nicht selbst operativ tätig,

[337] *DIIR* (2020), zuletzt geprüft am 18. 4. 2025.

[338] *DIIR* (2020), S. 3, zuletzt geprüft am 18. 4. 2025.

sondern sorgt ausschließlich für die Einhaltung des Rechts durch die anderen Abteilungen. Dabei arbeitet sie präventiv bzw. begleitend. Sie unterstützt und kontrolliert die operativen Abteilungen. Zusätzlich entwickelt die Compliance Richtlinien, Standards und Methoden für das Risikomanagement, führt Risikoanalysen durch und überwacht die Einhaltung von Vorschriften. Die Compliance unterstützt die erste Linie durch Beratung, Schulung und Kontrolle.

4.3.3 Third Line: Internal Audit

Die „Third Line" stellt die Interne Revision dar. Deren Funktion ist die unabhängige Überprüfung der Effektivität der Unternehmensführung, des Risikomanagements und der internen Kontrollen. Nach § 5 Abs. 1 der Allgemeine Verwaltungsvorschrift Interne Revision (VwV IR) unterstützt sie die Dienststelle bei der Erreichung ihrer Ziele, indem sie unabhängige und objektive Prüfungs- und Beratungsleistungen erbringt, welche darauf ausgerichtet sind, die Geschäftsprozesse der Dienststelle zu verbessern und Risiken zu mindern. Die Interne Revision ist neutral. In der Präambel der Verwaltungsvorschrift wird ausgeführt, dass die Interne Revision sich auch als Unterstützung für die Aufgabenerledigung der Beschäftigten der Dienststelle versteht. Die Regelungen der Verwaltungsvorschrift lehnen sich an die internationalen Standards für die berufliche Praxis der Internen Revision sowie an die Revisionsstandards des Deutschen Instituts für Interne Revision e. V. an.[339] Die Innenrevisoren bewerten den gesamten Rahmen des Risikomanagements und geben Empfehlungen für Verbesserungen. Diese Linie ist von entscheidender Relevanz für eine objektive Evaluation der Risikomanagement- und Kontrollprozesse der Organisation. Die dritte Linie ist schwerpunktmäßig ex ante (repressiv) tätig. Sie behandelt primär schon abgeschlossene Vorgänge. Auch ist sie grundsätzlich nicht in die operativen Vorgänge eingebunden. Unterstützt wird sie durch externe Prüfungen oder Audits. Die „Second Line" und die „Third Line" müssen getrennt sein, nicht zuletzt, um die vollständige Unabhängigkeit der „Third Line" abzusichern.

Im Three-Lines-Model des IIA (Institute of Internal Auditors) übernimmt das Leitungsorgan, der Vorstand oder das Aufsichtsorgan eine zentrale Rolle in der Governance-Struktur. Es steht außerhalb der drei Linien und stellt das oberste Steuerungs- und Überwa-

[339] BAnz AT 29. 9. 2023 B1, vgl. DIIR (2024), zuletzt geprüft am 1. 5. 2024.

chungsorgan in der Organisation dar. Nach dem deutschen Aktiengesetz sind diese Aufgaben zwei unterschiedlichen Organen zugewiesen: dem Vorstand und dem Aufsichtsrat oder dem Vorstand und der Geschäftsführung (vgl. §§ 76, 95 AktG; vgl. § 31 SGB IV bei Sozialleistungsträgern). Das Leitungsorgan beaufsichtigt die Einhaltung rechtlicher, regulatorischer und ethischer Erwartungen und errichtet und überwacht eine unabhängige, objektive und interne Revisionsfunktion.[340] Die wichtigste Aufgabe des Leitungsorgans im Modell ist die Übernahme der Verantwortung für die Governance im Unternehmen. Es stellt sicher, dass Ziele, Werte und Strategien klar definiert und kommuniziert werden. Das Leitungsorgan überwacht die Tätigkeiten der ersten und zweiten Linie (Management und Risikomanagement/Compliance) und sorgt dafür, dass Risiken angemessen identifiziert, bewertet und gesteuert werden. Die dritte Linie (Interne Revision) berichtet direkt an das Leitungsorgan, um die Unabhängigkeit und Objektivität zu gewährleisten. Das Organ genehmigt den Auditplan, bewertet die Leistung der Internen Revision und stellt Ressourcen bereit. Weiterhin sorgt das Leitungsorgan für eine klare Rollenverteilung und Verantwortlichkeiten zwischen den Linien, verlangt regelmäßige Berichte und stellt sicher, dass Informationen verlässlich und transparent sind.

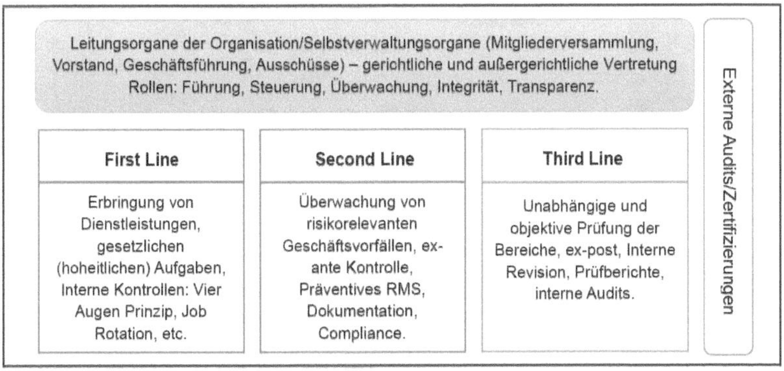

Abbildung 13: The Three-Lines-Model (Quelle: Moosmayer/Lösler, Corporate Compliance: Handbuch der Haftungsvermeidung im Unternehmen, § 45 Rn. 112–116)

[340] *Moosmayer/Lösler*, Corporate Compliance: Handbuch der Haftungsvermeidung im Unternehmen, § 45 Rn. 114.

Die Nummerierung der Linien stellt keine Reihenfolge der Tätigkeiten oder hierarchische Über-/Unterordnungsverhältnisse innerhalb der Organisation dar. Vielmehr sind alle Aufgaben und Rollen nach dem Modell gleichwertig sowie gleichzeitig tätig.[341]

Das Three-Line-Modell, welches eine weite Verbreitung erfährt, sieht sich mit einer Reihe von Herausforderungen konfrontiert. Die Koordination und Kommunikation zwischen den Linien können sich als Herausforderung erweisen, was potenziell zu redundanter Arbeit oder Lücken in der Risikoabdeckung führen kann. Es kann auch zu einer Streuung der Verantwortung führen, was die Verantwortlichkeit und die Wirksamkeit des Risikomanagements verringert. Darüber hinaus wird eine Optimierung des Modells gefordert, um die identifizierten Probleme zu adressieren und dessen Robustheit zu erhöhen. Zudem birgt das Modell eine gewisse Gefahr eines Silodenkens.

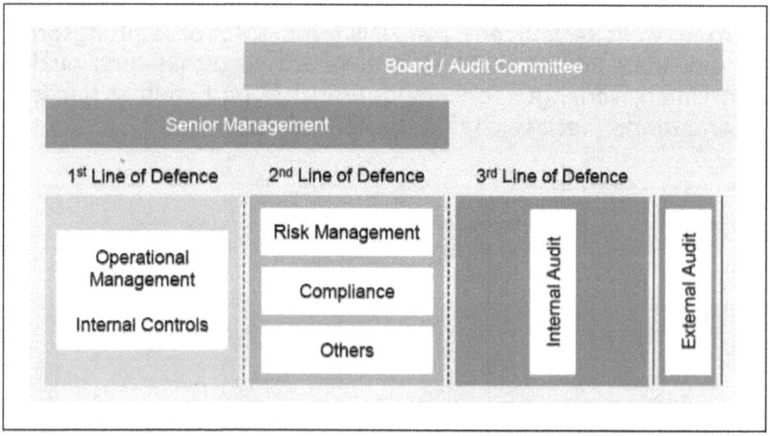

Abbildung 14: Das Three-Lines-of-Defence-Model: Ein Beitrag zu einer besseren Corporate Governance? (Quelle: Wissenschaftlicher Beirat des DIIR, Bantleon/d'Arcy/Eulerich/Hucke/Knoll/Köhler/Pedell, WPg 2017, 682)

[341] *Moosmayer/Lösler*, Corporate Compliance: Handbuch der Haftungsvermeidung im Unternehmen, § 45 Rn. 115.

Die drei Linien können nur dann wirksam sein, wenn sie gut koordiniert und miteinander vernetzt sind. Es widerspricht nicht der Unabhängigkeit der Compliance-Abteilung und der internen Revision, wenn sie sich gegenseitig informieren und unterstützen. Die Aufgaben, die Funktionen und die Verantwortlichkeiten jeder Linie sollten sorgfältig geprüft werden. Eine transparente Kommunikation und die Kooperation sind Erfolgsfaktoren zur Maximierung der drei Linien, um die Risikoziele der Organisation zu erreichen.[342]

Der öffentliche Dienst ist durch Gesetze und Vorschriften stark reguliert. Das Modell kann hier bei der klaren Zuweisung von Verantwortlichkeiten im öffentlichen Dienst unterstützen. Das Modell trägt zur Einhaltung von Prinzipien wie Good Governance, Korruptionsprävention und Effizienz bei und stärken die Transparenz und Rechenschaftspflicht. Es ist skalierbar, flexibel anwendbar und somit für unterschiedliche Größen der Organisationen – vom kleinen Amt bis zur großen Bundesbehörde – angepasst geeignet.

Damit kann das Three-Lines-Model einen grundlegenden Rahmen auch in der öffentlichen Verwaltung für die Governance, das Risikomanagement und Compliance (GRC) darstellen. Das Modell unterstützt eine systematische Kontrolle und Überwachung, die frühzeitige Identifikation von Risiken und Regelverstößen, die Stärkung der Unternehmenskultur in Bezug auf Integrität und Verantwortung sowie eine effiziente Ressourcennutzung durch klare Rollenzuweisung. Es bietet einen strukturierten Ansatz für das Risikomanagement auf diversen Organisationsebenen. Trotz der bestehenden Herausforderungen ist es nach wie vor ein relevantes Instrument zur Optimierung der Risikomanagementpraktiken und zur Gewährleistung einer effektiven Governance. Organisationen sind nach wie vor bestrebt, das Modell zu modifizieren und zu optimieren, um den sich wandelnden Ansprüchen an das Risikomanagement zu entsprechen.

Ein wirksames Risikomanagement im öffentlichen Dienst folgt somit einem prozessorientierten Ansatz: Es identifiziert, bewertet und behandelt Risiken kontinuierlich und eingebettet in Governance, Strategie und Kultur. Das IKS setzt diese Steuerungsziele operativ um, indem es das Kontrollumfeld, die Risikobeurteilung, die Kon-

[342] *Vaagt/Groß*, Beck'sches Formularbuch für die Rechtsabteilung, Form. A.II.4 Anm. 1.

trollhandlungen, die Kommunikation und die Überwachung systematisch verzahnt. Das Three-Lines-Model ordnet damit die Rollen und Verantwortlichkeiten.

Praxishinweis:

Für die Bundesverwaltung konkretisiert die Allgemeine Verwaltungsvorschrift Interne Revision (VwV IR) die Einrichtung, Unabhängigkeit und Aufgaben der dritten Linie.[343] *Praxisorientierte Modelle wie z. B. die Risiko-Instrumente-Matrix des Bundesrechnungshofes helfen, IKS-Instrumente risikobezogen zuzuordnen und Reifegrade zu entwickeln.*[344] *Im Ergebnis entsteht ein integriertes System: Der IDW 261 schafft Prinzipien, die Elemente und den Prozess des Risikomanagements, das IKS liefert die Architektur und Kontrolldesign, das Three-Lines- Model sichert klare Zuständigkeiten und unabhängige Assurance. Zusammen erhöhen sie die Wertschöpfung, Transparenz und Belastbarkeit im Verwaltungsalltag.*

343 BAnz AT 29. 9. 2023 B1.

344 *BRH*, Modell eines Risikomanagements für die Bundesverwaltung, zuletzt geprüft am 1. 5. 2024.

VII. HR-Compliance in der öffentlichen Verwaltung

VII. HR-Compliance in der öffentlichen Verwaltung

1. Bedeutung einer HR-Compliance

Die öffentliche Verwaltung steht zunehmend unter dem Druck, nicht nur effizient und bürgernah zu agieren, sondern auch rechtlich einwandfrei und ethisch verantwortungsvoll zu handeln. In diesem Kontext gewinnt das Thema HR-Compliance – also die rechtskonforme und regelgeleitete Gestaltung personalbezogener Prozesse – an zentraler Bedeutung. Während Compliance in der Privatwirtschaft bereits fest etabliert ist, entwickelt sich die öffentliche Verwaltung zunehmend zu einem Raum, in dem rechtliche, ethische und organisatorische Anforderungen an das Personalmanagement systematisch verankert werden müssen. Der Begriff HR-Compliance ist nicht eindeutig definiert und wird unterschiedlich betrachtet. Zum einen wird HR-Compliance als das aufgezeigte Aufgabenspektrum der Personalabteilung verstanden, sodass sich die Compliance-Anforderung insbesondere darauf konzentriert, dass die Beschäftigten der Personalabteilung die Personalrichtlinien richtig zur Anwendung bringen und Missbrauch durch Beschäftigte anderer Abteilungen verhindern. Zum anderen stellt HR-Compliance einen Teilaspekt des CMS dar, für das die Compliance-Abteilung zuständig ist. Dabei geht es entweder um die Aufbau- und Ablauforganisation der Compliance-Abteilung oder um personalnahe Themen eines Programms, z. B. Trainings oder arbeitsrechtliche Maßnahmen.[345] In diesem Buch soll HR-Compliance als die Summe aller arbeits-, dienst- und beamtenrechtlichen Anforderungen und Risiken verstanden werden, die als Teilaspekt in ein CMS mitaufgenommen werden muss.

2. Herausforderungen von HR-Compliance im öffentlichen Dienst

Die Herausforderungen sind vielfältig: Die zunehmende Digitalisierung der Verwaltung, der Einsatz von KI in Bewerbungsprozessen und die wachsenden Anforderungen an Transparenz und Gleichbe-

[345] *Marschlich/Krause*, Die Berücksichtigung von HR-Themen in einem Compliance-Management-System, S. 358.

handlung stellen HR vor komplexe Aufgaben. So gelten KI-gestützte Systeme zur Personalrekrutierung oder Leistungsbewertung nach dem EU AI Act[346] als „Hochrisiko-Systeme" und unterliegen strengen Prüf-, Dokumentations- und Transparenzpflichten. Gleichzeitig müssen Personalabteilungen sicherstellen, dass personenbezogene Daten von Beschäftigten nur im Rahmen der gesetzlichen Vorgaben verarbeitet werden. Ein Bereich, der durch die geplante nationale Gesetzgebung zum Beschäftigtendatenschutz weiter an Komplexität gewinnen dürfte. Für 2026 wird die Umsetzung der EU-Entgelttransparenzrichtlinie auch im öffentlichen Dienst zu beachten sein. Mit der zu erwartenden Realisierung kommen weitere Transparenzpflichten auf Organisationen zu. Die Auskunftsrechte für die Beschäftigten nach dem Entgelttransparenzgesetz dürfte erweitert werden. Organisationen werden daher ihre Eingruppierungen transparent kommunizieren müssen, z. B. in Stellenausschreibungen. Auch die jetzt bereits aufgestellten Vorgaben zur Arbeitszeiterfassung, zum Schutz der Sicherheit und Gesundheit der Beschäftigten über ein „objektives, verlässliches und zugängliches System" nach den Kriterien der Rechtsprechung[347] sowie die geplante Änderung der Möglichkeit einer wöchentlichen anstatt einer täglichen Höchstarbeitszeit (vgl. § 3 ArbZG) in Einklang mit der europäischen Arbeitszeitrichtlinie[348] zu bringen, bedeutet für die Personalabteilungen einen neuen Aufwand.

3. Abgrenzung zu allgemeiner Verwaltungs-Compliance

HR-Compliance umfasst dabei die Einhaltung arbeitsrechtlicher, beamtenrechtlicher und datenschutzrechtlicher Vorgaben sowie neuer europäischer Regulierungen wie dem EU AI Act, der den Einsatz von Künstlicher Intelligenz (KI) in Personalprozessen streng reglementiert. Die Personalabteilungen öffentlicher Einrichtungen sind damit nicht nur für die korrekte Umsetzung von Tarifverträgen und beamtenrechtlichen Vorschriften verantwortlich, sondern auch für die Sicherstellung von Datenschutzstandards gemäß DSGVO und

[346] ABl. L 2024, S. 1689.
[347] EuGH v. 14. 5. 2019 – C-55/18 – [CCOO] Rn. 38 ff., 60 ff.; BAG, Beschl. v. 13. 12. 2022 – 1 ABR 22/21, Rn. 22.
[348] CDU, CSU, SPD (2025), zuletzt geprüft am 1. 8. 2025.

BDSG sowie für die Bewertung und Kontrolle digitaler HR-Systeme, insbesondere solcher mit KI-Komponenten.

Auch klassische Compliance-Themen wie der Umgang mit Fehlverhalten, die Einhaltung von Arbeitsschutzvorgaben oder die Vermeidung von Diskriminierung im Bewerbungsprozess bleiben zentrale Aufgabenfelder. Die Rolle von HR als „Compliance-Wächter" innerhalb der Verwaltung wird damit immer wichtiger, nicht nur zur Vermeidung rechtlicher Risiken, sondern auch zur Förderung einer Kultur der Integrität und Transparenz. Somit zeigt sich, dass HR-Compliance kein Randthema ist, sondern ein strategischer Erfolgsfaktor für eine moderne, rechtssichere und vertrauenswürdige öffentliche Verwaltung. Dieses Kapitel beleuchtet die rechtlichen Rahmenbedingungen, organisatorischen Anforderungen und praktischen Herausforderungen, die mit HR-Compliance im öffentlichen Sektor verbunden sind.

4. Rechtliche Grundlagen der HR-Compliance

Die rechtlichen Rahmenbedingungen für HR-Compliance in der öffentlichen Verwaltung sind komplex und vielschichtig. Sie umfassen, wie angesprochen, nationale arbeits- und beamtenrechtliche Vorschriften, datenschutzrechtliche Anforderungen sowie neue europäische Regulierungen wie den EU AI Act. Der Arbeitgeber sollte mittels seines Weisungsrechtes den Einsatz und die Nutzung von KI konkretisieren. So sollten intern sogenannte „Use-Cases" bzw. Abläufe, Prozesse oder Analysen festgelegt werden, bei denen eine KI-Nutzung erfolgen darf. Die Eingabe personenbezogener Daten sowie von Betriebs- und Geschäftsgeheimnissen über nicht eigen entwickelte KI-Tools sollte untersagt werden.[349] Die Einhaltung dieser Normen ist essenziell, um rechtssichere Personalprozesse zu gewährleisten und das Vertrauen in staatliche Institutionen zu stärken.

4.1 Arbeitsrecht im öffentlichen Dienst

Das Allgemeine Gleichbehandlungsgesetz (AGG), in Kraft seit dem 18. August 2006, hat das Ziel, Benachteiligungen aus Gründen der Rasse oder ethnischen Herkunft, des Geschlechts, der Religion oder Weltanschauung, einer Behinderung, des Alters oder der sexuellen Identität zu verhindern oder zu beseitigen (§ 1 AGG). Es gilt sowohl

---

[349] *Müller*, Künstliche Intelligenz (KI) im Arbeitsverhältnis, S. 27.

für die Privatwirtschaft als auch für den öffentlichen Dienst und stellt ein zentrales Instrument zur Förderung von Chancengleichheit und Antidiskriminierung dar.

Das AGG findet unmittelbare Anwendung auf Arbeitnehmerinnen und Arbeitnehmer sowie Auszubildende im öffentlichen Dienst. Für Beamtinnen und Beamte gilt es gemäß § 24 Nr. 1 AGG entsprechend, wobei deren besondere Rechtsstellung zu berücksichtigen ist. Das bedeutet, dass auch Beamte vor Diskriminierung geschützt sind, jedoch unter Berücksichtigung beamtenrechtlicher Besonderheiten.

Der sachliche Anwendungsbereich des Gesetzes umfasst nach § 2 AGG z. B. die Unzulässigkeit von Benachteiligungen insbesondere in Bezug auf die Bedingungen, einschließlich Auswahlkriterien und Einstellungsbedingungen, für den Zugang zu einem öffentlichen Amt im öffentlichen Dienst. Es betrifft die Stellenausschreibungen, das Stellenbesetzungsverfahren und das Auswahlverfahren, die Arbeitsbedingungen und den beruflichen Aufstieg, die Weiterbildung und die Umschulung oder die Beendigung von Dienstverhältnissen. Öffentliche Arbeitgeber sind deshalb genauso wie private Arbeitgeber verpflichtet, ein diskriminierungsfreies Stellenbesetzungsverfahren sicherzustellen, Beschäftigte über ihre Rechte zu informieren sowie in der Dienstelle eine Beschwerdestelle gemäß § 13 AGG einzurichten. Verstöße gegen das AGG können zu Schadensersatz- und Entschädigungsansprüchen führen, vgl. §§ 15, 21 AGG. So kann z. B. der Verstoß des Arbeitgebers gegen Vorschriften bzw. Verfahrens- und/oder Förderpflichten nach den §§ 164 Abs. 1 Nr. 4, 165 Satz 1 SGB IX zugunsten schwerbehinderter Menschen regelmäßig die Vermutung einer Benachteiligung wegen der (Schwer-)Behinderung i. S. v. § 22 AGG begründen, da diese Pflichtverletzungen grundsätzlich geeignet sind, den Anschein zu erwecken, an der Beschäftigung schwerbehinderter Menschen uninteressiert zu sein.[350] Die Rechtsprechung hat wiederholt betont, dass auch im öffentlichen Dienst eine diskriminierungsfreie Verwaltungspraxis erwartet wird.[351] VII

Das AGG ergänzt die Diskriminierungsverbote der Art. 3 Abs. 3 und Art. 33 Abs. 3 GG, die sich auf das staatliche Handeln beziehen. Während das Grundgesetz Diskriminierung wegen Herkunft, Geschlecht, Sprache, Religion oder politischen Anschauungen ver-

---

350 BAG, Urt. v. 25. 11. 2021 – 8 AZR 313/20, NZA, 2022, 638.

351 BVerfG, Beschl. v. 28. 11. 2018 – 2 BvL 3/15, NVwZ, 2019, 223; BAG, Urt. v. 21. 1. 2021 – 8 AZR 488/19, NZA, 2021, 1011.

bietet, erweitert das AGG diesen Schutz auf weitere Merkmale wie sexuelle Identität und Behinderung und schafft konkrete Rechtsansprüche für Betroffene. Zu beachten ist, dass bei Beamten die Anwendung des AGG durch beamtenrechtliche Vorschriften eingeschränkt wird. Als Beispiel dient regelmäßig die Ablehnung eines Bewerbers wegen z. B. einer verfassungsfeindlichen Tätowierung aufgrund besonderer beamtenrechtlicher Regelungen. So muss eine nicht vorhandene charakterliche Eignung, d. h. die persönlichen Voraussetzungen für das öffentlich-rechtliche Dienst- und Treueverhältnis nach § 7 Abs. 1 BBG sowie im Hinblick auf das Verhalten und das Erscheinungsbild im Kontext der Pflichterfüllung nach § 61 Abs. 2 BBG, in besonderer Weise beurteilt werden. Dennoch bleibt das AGG ein wichtiger Maßstab für die Bewertung von Auswahlentscheidungen und dienstlichen Maßnahmen.

4.1.1 Besonderheiten gegenüber dem privaten Arbeitsrecht

Das Arbeitsrecht im öffentlichen Dienst unterscheidet sich in wesentlichen Punkten vom allgemeinen Arbeitsrecht. Für Tarifbeschäftigte gelten spezifische Tarifverträge wie der Tarifvertrag für den öffentlichen Dienst (TVöD) oder der Tarifvertrag der Länder (TV-L). Diese regeln u. a. die Arbeitszeiten, Vergütung, Urlaub und Mitbestimmung. Es gelten zudem besondere arbeitsrechtliche Vorschriften für den öffentlichen Dienst wie z. B. § 19 Arbeitszeitgesetz (ArbZG). Danach können bei der Wahrnehmung hoheitlicher Aufgaben im öffentlichen Dienst, soweit keine tarifvertragliche Regelung besteht, durch die zuständige Dienstbehörde die für Beamte geltenden Bestimmungen über die Arbeitszeit auf die Arbeitnehmer übertragen werden. In diesen Fällen finden die §§ 3 bis 13 ArbZG keine Anwendung. Für die Übertragung der beamtenrechtlichen Regelungen bedarf es eines ausdrücklichen Aktes durch die zuständige Dienstbehörde. Die Möglichkeit der Übertragung der beamtenrechtlichen Vorschriften über die Arbeitszeit auf Beschäftigte im öffentlichen Dienst bleibt auf hoheitliche Aufgaben beschränkt.[352] Diese besonderen Regelungen umfassen aber nur einen limitierten Personenkreis wie z. B. leitende Angestellte oder Beschäftigte bei einem freien Träger. Hier werden anstelle eines Tarifvertrags die Bedingungen im individuellen Arbeitsvertrag festgehalten.

[352] *Häberle* in. Erbs/Kohlhaas, Strafrechtliche Nebengesetze: ArbZG, § 19 Rn. 1.

4.1.2 Tarifrecht (TVöD, TV-L)

Die rechtliche Grundlage für die Tarifverträge[353] bildet das Tarifvertragsgesetz (TVG). Nach § 4 Abs. 1 TVG gelten die tariflichen Regelungen unmittelbar und zwingend für die tarifgebundenen Parteien. Dies bedeutet, dass die Regelungen des TVöD bzw. TV-L für die Angestellten im öffentlichen Dienst automatisch Bestandteil des Arbeitsvertrags werden, sofern beide Parteien tarifgebunden sind. Der TVöD wurde im Jahr 2005 eingeführt und gilt für die Beschäftigten des Bundes. Er löste den früheren Bundes-Angestelltentarifvertrag (BAT) sowie den Manteltarifvertrag für Arbeiter (MTArb) ab. Der TVöD umfasst verschiedene Bereiche, darunter den TVöD-Bund für Bundesbehörden, den TV-L für die Länder, den TVöD-VKA für kommunale Arbeitgeber oder den TVöD-SuE für den Sozial- und Erziehungsdienst.

Bei Neueinstellungen im öffentlichen Dienst gehören zu den zentralen Regelungsinhalten die Eingruppierung und Entgeltordnung, wobei die Eingruppierung nach Tätigkeitsmerkmalen in Entgeltgruppen (EG 1 bis 15) erfolgt, ergänzt durch Stufen. Dabei ist zu beachten, dass eine „Einstellung" i. S. d. § 16 TVöD-AT nicht nur bei Neueinstellung, sondern auch bei Wiedereinstellung vorliegt.[354] Nach § 16 Abs. 2 Satz 1 TVöD werden bei Einstellung die Beschäftigten der Stufe 1 (eine Ausnahme bildet die EG 1) zugeordnet, sofern keine einschlägige Berufserfahrung vorliegt. Die einschlägige Berufserfahrung ist das zentrale Tatbestandsmerkmal für die Stufenzuordnung. Eine einschlägige Berufserfahrung ist laut der Protokollzusatzerklärung Nr. 1 zu Absatz 2 eine berufliche Erfahrung in der übertragenen oder einer auf die Aufgabe bezogen entsprechenden Tätigkeit. Dabei setzt nach BAG-Rechtsprechung für das Vorliegen einschlägiger Berufserfahrung die Beurteilung voraus, ob die frühere Tätigkeit fachliche Anforderungen gestellt hat, welche nach der Einstellung den Entfall einer Einarbeitungszeit erwarten lassen. Das beinhaltet bei einer Vorbeschäftigung im öffentlichen Dienst grundsätzlich eine eingruppierungsrechtliche Gleichwertigkeit der alten und der neuen Tätigkeit.[355] Somit sind folgende Aspekte nach der BAG-Rechtsprechung zu berücksichtigen: ein tätigkeitsbezogener Vergleich der bisherigen und der nunmehr auszuübenden Tätigkeit. Dazu wären in der Praxis zwei Konstellationen möglich:

353 TVöD i. d. F. des 22. ÄTV v. 6. 4. 2025.

354 BAG, Urt. v. 27. 1. 2011 – 6 AZR 382/09, AP TVöD § 16 Nr. 1.

355 BAG, Urt. v. 29. 6. 2022 – 6 AZR 475/21, AP TV-L § 16 Nr. 20.

Beispiel:

Alternative 1: Die frühere Tätigkeit wird im Wesentlichen unverändert fortgeführt, z. B. eine Tätigkeit als Sachbearbeiter in der Beitragsabteilung beim Sozialleistungsträger X und später beim Sozialleistungsträger Y. Dieser Fall dürfte unproblematisch sein, da die einschlägige Berufserfahrung gegeben ist.

Alternative 2: Die frühere Tätigkeit ist inhaltlich gleichartig, was grundsätzlich voraussetzt, dass die Tätigkeiten eingruppierungsrechtlich gleichwertig sind. So ein Fall kann sich ergeben beim Wechsel von der Privatwirtschaft in den öffentlichen Dienst. Hier ist zu prüfen, ob bei der Vergleichbarkeit der fachlichen Anforderungen der beiden Tätigkeiten die erworbene Erfahrung das volle inhaltliche Spektrum der späteren Tätigkeit abdeckt, sodass zu erwarten ist, dass die Einarbeitungszeit weitgehend entfällt.[356] *Wird die Gleichartigkeit bejaht, muss weiter geprüft werden, ob frühere und künftige Tätigkeiten eingruppierungsrechtlich gleichwertig sind. Dies kann z. B. der Fall sein, wenn eine Lohnbuchhalterin aus einem Unternehmen in der Privatwirtschaft als Sachbearbeiterin in der Personalabteilung für die Entgeltabrechnung im öffentlichen Dienst beschäftigt werden soll. Somit können einschlägige Berufserfahrungszeiten auch bei anderen Arbeitgebern erworben werden.*

Es kommt bei dem Erwerb einschlägiger Berufserfahrung nach § 16 Abs. 2 TVöD/TV-L nicht darauf an, ob die Vorbeschäftigung in Teilzeit oder Vollzeit ausgeübt wurde. Das BAG weist darauf hin, dass im Einzelfall beurteilt werden muss, ob der zeitliche Umfang der Vorbeschäftigung oder Aufgaben so gering war, dass der Erwerb einschlägiger Berufserfahrung nicht mehr angenommen werden kann.[357] In den §§ 16, 17 TVöD/TV-L ist keine Regelung zu Vorgaben zu der Zeit, die zwischen dem Erwerb der einschlägigen Berufserfahrung und der neuen Tätigkeit liegen darf, enthalten. Es sollte aber in der Praxis nach allgemeiner Lebenserfahrung berücksichtigt werden, dass erworbene Berufserfahrung bei Untätigkeit oder einer anderen Berufstätigkeit auch wieder verloren gehen kann. Maßgeblich ist auf das Berufsbild abzuzielen. Es obliegt der Personalabteilung der jeweili-

[356] *BMI* (2024), Rundschreiben v. 30. 5. 2024, S. 6.

[357] BAG, Urt. v. 29. 6. 2022 – 6 AZR 475/21, NZA, 2022, 1484, 1486, Rn. 25; BAG, Urt. v. 18. 2. 2021 – 6 AZR 205/20, NZA, 2021, 723.

gen Dienststelle, jeden Einzelfall sorgfältig zu prüfen, um festzustellen, ob eine einschlägige Berufserfahrung vorliegt.[358] Nach § 16 Abs. 2 Satz 2 TVöD/TV-L sind Beschäftigte, die bei Einstellung über eine einschlägige Berufserfahrung von mindestens 1 Jahr verfügen, in die Stufe 2, bei mindestens 3 Jahren in die Stufe 3 zuzuordnen. Mit der Zuordnung beginnt die jeweilige Stufenlaufzeit zum Erreichen der jeweils nächsthöheren regulären Stufe von Neuem zu laufen. Die Stufenrestlaufzeiten einschlägiger Berufserfahrung aus früheren Arbeitsverhältnissen werden nicht angerechnet.[359]

Beispiel:

Frau Müller bewirbt sich auf eine Stelle als Verwaltungsmitarbeiterin in der Personalabteilung einer Landesbehörde. Die Stelle ist nach Entgeltgruppe 9a TV-L bewertet. Frau Müller war zuvor 2 Jahre bei einer kommunalen Verwaltung in einer vergleichbaren Position tätig. Die Tätigkeit dort war einschlägig, also inhaltlich vergleichbar mit der neuen Stelle. Da Frau Müller mehr als 1 Jahr einschlägige Berufserfahrung bei einem anderen Arbeitgeber hat, wird sie nicht in Stufe 1, sondern in Stufe 2 eingestuft. Hätte sie mindestens 3 Jahre einschlägige Berufserfahrung, würde sie in Stufe 3 eingestuft. Die Stufenlaufzeit beginnt mit der Einstellung neu. Das bedeutet: Die 2 Jahre Berufserfahrung bei der kommunalen Verwaltung verkürzen nicht die Zeit, die Frau Müller nun in Stufe 2 verbringen muss, bevor sie in Stufe 3 aufsteigt. Die Stufenrestlaufzeit aus dem vorherigen Arbeitsverhältnis wird nicht angerechnet.

Nach § 16 Abs. 2 Satz 3 TVöD kann der Arbeitgeber bei Neueinstellungen aber auch sogenannte förderliche Zeiten zur Deckung des Personalbedarfs berücksichtigen. Diese Zeiten können aus einer vorherigen beruflichen Tätigkeit ganz oder teilweise für die Stufenzuordnung anerkannt werden, wenn diese Tätigkeit für die vorgesehene Tätigkeit förderlich ist. Da es sich hier um eine Kann-Vorschrift handelt, hat der Arbeitsgeber dabei einen hohen Ermessensspielraum. Mit dieser Regelung soll erreicht werden, dass der Arbeitgeber aufgrund des Fachkräftemangels und der damit einhergehenden Personalgewinnungsschwierigkeiten flexibel be-

[358] *BMI* (2024), Rundschreiben v. 30. 5. 2024, S. 8.
[359] *BMI* (2024), Rundschreiben v. 30. 5. 2024, S. 8.

gegnen kann. Solche Schwierigkeiten können in bestimmten Tätigkeitsbereichen oder Fachrichtungen, aber auch bei örtlich besonders schwieriger Bewerberlage für bestimmte Aufgaben auftreten.[360] Nach der Rechtsprechung des BAG setzt aber die Anerkennung von Zeiten förderlicher Tätigkeit als ungeschriebenes Tatbestandsmerkmal nicht voraus, dass die Bewerber bei Einstellung eine Berücksichtigung solcher Zeiten verlangen müssen. Die Berücksichtigung von Zeiten förderlicher Tätigkeiten ohne ein entsprechendes Verlangen des Bewerbers genügt den haushaltsrechtlichen Grundsätzen der Wirtschaftlichkeit und Sparsamkeit, wenn der öffentliche Arbeitgeber einen objektiv nachvollziehbaren Grund für seine Entscheidung hat.[361]

Folgende tarifrechtliche Voraussetzungen für die Anerkennung förderlicher Zeiten sind zu beachten:

- Die Besetzung der Stelle kann nicht anforderungsgerecht erfolgen, wenn z. B. zur Deckung des Personalbedarfs bei besonders gesuchten Berufsgruppen (MINT-Berufe), Ärzte, Ärztinnen nur wenig geeignete Bewerbungen vorliegen oder regional ein Bewerbermangel vorliegt.
- Die vorherige berufliche Tätigkeit muss für die vorgesehene Tätigkeit förderlich sein.
- Aufgrund der konkreten Umstände des Einzelfalls ist die Berücksichtigung der Vorbeschäftigungszeit die einzige ermessensfehlerfreie Entscheidung.[362]

Die Ermessensentscheidung über die Anerkennung förderlicher Zeiten unterliegt aufgrund des in Art. 20 Abs. 2 Satz 2 GG verankerten Grundsatzes der Gewaltenteilung nur einer gerichtlichen Ermessenskontrolle, ohne dass jedoch die zur Überprüfung der getroffenen Entscheidung berufenen Gerichte ihr eigenes Ermessen an die Stelle des Ermessens der Behörde setzen könnten. Die Gerichte können insoweit die öffentlichen Arbeitgeber nur verpflichten, vorherige Zeiten förderlicher Tätigkeiten bei der Stufenzuordnung zu berücksichtigen, wenn nach den Umständen des Einzelfalls das Ermessen des Arbeitgebers auf Null reduziert wäre.[363] Die Rechtsprechung führt aus, dass die Stufenzuordnung und die Entscheidung über eine etwaige Anerkennung vorheriger Zeiten förderlicher Tätigkeiten

[360] BAG, Urt. v. 15. 10. 2021 – 6 AZR 254/20, NZA-RR, 2022, 85, 87.
[361] BAG, Urt. v. 15. 10. 2021 – 6 AZR 254/20, NZA-RR, 2022, 85, 87.
[362] BAG, Urt. v. 21. 3. 2018 – 7 AZR 408/16, NJOZ, 2019, 778.
[363] BAG, Urt. v. 21. 3. 2018 – 7 AZR 408/16, NJOZ, 2019, 778, 783.

bei jeder Einstellung neu zu erfolgen hat. Arbeitgeber, die bereits in einem früheren Arbeitsverhältnis solche Zeiten anerkannt haben, sind nicht allein aus diesem Grund verpflichtet, diese auch bei einer Wiedereinstellung zu berücksichtigen.[364]

Bei der Berücksichtigung förderlicher Zeiten sind geringere Anforderungen zu stellen als an die einschlägige Berufserfahrung. Damit ist eine identische oder gleichartige vorherige Tätigkeit nicht erforderlich. Berufliche Tätigkeiten können förderlich sein, wenn sie für die übertragene Tätigkeit nützlich sind, z. B. wenn die erworbenen Kenntnisse, Fertigkeiten und Kompetenzen der früheren Tätigkeit die Qualität und Quantität der Arbeitsvorgänge der übertragenen Tätigkeit erhöhen. Keine Rolle spielt, ob die förderlichen Zeiten in einer geringerwertigen Entgeltgruppe erbracht wurden und bei welchem Arbeitgeber. Insoweit können auch förderliche Zeiten einer früheren selbstständigen Tätigkeit anerkannt werden. Für den zeitlichen Zusammenhang zwischen der früheren und übertragenen neuen Tätigkeit enthält die Regelung des § 16 Abs. 2 TVöD keine Vorgaben. Trotzdem sollte beachtet werden, dass ein zeitlicher wie sachlicher Zusammenhang noch gegeben ist, denn auch erworbenes Wissen, Kenntnisse und Kompetenzen können mit Zeitablauf verfallen.[365]

Nicht berücksichtigungsfähig sind hingegen Zeiten, die Beschäftigte erst befähigen, gleichwertige Tätigkeiten ausüben zu können, z. B. Berufsausbildungszeiten.

Praxishinweis:

Die Personalabteilungen im öffentlichen Dienst sollten bei Neueinstellung eine Checkliste zur Prüfung nutzen, mit der die Berufserfahrung überprüft, die Vergleichbarkeit bewertet sowie förderliche Zeiten identifiziert werden. Der jeweilige Ermessensspielraum ist dabei zu nutzen, um qualifizierte Fachkräfte zu gewinnen. Als Nachweise der Erlangung der einschlägigen Berufserfahrung eignen sich insbesondere Arbeitszeugnisse des vorherigen Arbeitgebers und Tätigkeits-/Stellenbeschreibungen. Der Vorgang muss in der Personalakte nachvollziehbar begründet und dokumentiert werden. Beschäftigte haben ein Recht auf Information über die Gründe ihrer Stufenzuordnung.

---

[364] BAG, Urt. v. 15. 10. 2021 – 6 AZR 268/20, NZA, 2021, 1800.

[365] *BMI* (2024), Rundschreiben v. 30. 5. 2024, S. 10.

Eine transparente Kommunikation stärkt das Vertrauen und vermeidet Konflikte und spätere Rechtsstreitigkeiten. Bei der Einstellung und Eingruppierung ist Mitbestimmung des Personalrates oder Betriebsrates nach § 78 Abs. 1 Nr. 1 und 4 BPersVG oder § 99 Abs. 1 BetrVG zu beachten. Regelmäßige Schulungen von Führungskräften und Beschäftigten der Personalabteilungen zur Anwendung des § 16 Abs. 2 TVöD sollten ebenfalls durchgeführt werden.

Eine Checkliste zur Eingruppierung und Stufenzuordnung gemäß § 16 TVöD/TV-L findet sich im Anhang.[366]

Die Arbeitszeit für Angestellte im öffentlichen Dienst wird maßgeblich durch den TVöD und den TV-L geregelt. Die Regelungen unterscheiden sich je nach Bundesland, Tarifgebiet und Tätigkeitsbereich. § 6 TVöD/TV-L regelt die Bemessung und die Verteilung der regelmäßigen Arbeitszeit im öffentlichen Dienst. Die regelmäßige tarifvertragliche Wochenarbeitszeit beträgt i. d. R. 39 Stunden. Für bestimmte Bereiche wie Krankenhäuser oder Pflegeeinrichtungen gelten abweichende Regelungen, z. B. 38,5 Stunden im TVöD-K. Die TVöD/TV-L umfassen zahlreiche Flexibilisierungsregeln hinsichtlich der täglichen, wöchentlichen und jährlichen Dauer sowie das Zulassen zahlreicher Sonderformen und Nutzung gesetzlicher Ausnahmen wie z. B. die mögliche Verteilung auf 6 statt auf 5 Tage (vgl. § 6 Abs. 1 Satz 3 TVöD), das Zulassen von Abweichungen durch Dienstvereinbarung oder Betriebsvereinbarung im Rahmen von § 7 Abs. 1 und 2, § 12 ArbZG aus dringenden betrieblichen und dienstlichen Gründen (vgl. § 6 Abs. 4 TVöD), die Einrichtung eines wöchentlichen Arbeitszeitkorridors von bis zu 45 Stunden durch Betriebs-/Dienstvereinbarung (vgl. § 6 Abs. 6 TVöD) sowie die Einführung einer täglichen Rahmenzeit von bis zu zwölf Stunden zwischen 6 bis 20 Uhr durch Betriebs-/Dienstvereinbarung (vgl. § 6 Abs. 7 TVöD). Mit der Protokollerklärung zu § 6 TVöD wird ergänzt, dass Gleitzeitregelungen unter Wahrung der jeweils geltenden Mitbestimmungsrechte unabhängig von den Vorgaben zu dem Arbeitszeitkorridor und der Rahmenzeit nach den Absätzen 6 und 7 möglich sind. Zusätzlich wurde mit den Änderungen des TVöD zum 1. Januar 2026 ein neuer Absatz in § 6 Abs. 1a TVöD eingefügt, der den öffentlichen

[366] Siehe Anhang IX, 1.

Arbeitgebern erlaubt, mit ihren Beschäftigten, im gegenseitigen Einvernehmen, frühestens nach Ablauf der Probezeit eine Erhöhung der regelmäßigen Arbeitszeit auf bis zu durchschnittlich 42 Stunden wöchentlich in Textform zu vereinbaren. Nach Satz 3 ist die Erhöhung auf max. 18 Monate zu befristen. In § 7 Abs. 9 TVöD wird dazu klargestellt, dass Erhöhungsstunden nach § 6 Abs. 1a TVöD keine Überstunden nach den Absätzen 7 und 8 sind.

Für die Berechnung des Durchschnitts der regelmäßigen wöchentlichen Arbeitszeit von 39 Stunden ist ein Zeitraum von bis zu einem Jahr zugrunde zu legen, vgl. § 6 Abs. 2 Satz 1 TVöD/TV-L. Somit verweisen die Tarifverträge nicht auf das Kalenderjahr, sodass der Ausgleichszeitraum auch unterjährig beginnen bzw. enden und dann bis zu 12 Monate lang sein kann. Es ist lediglich erforderlich, dass einmal nach Ablauf von 12 Monaten die Nulllinie überschritten wird und das Arbeitszeitkonto also ausgeglichen ist. Nach 12 Monaten beginnt der Ausgleichszeitraum somit von Neuem zu laufen. Die Arbeitszeit kann auch auf 5 oder 6 Werktage verteilt werden. Die Verteilung richtet sich nach dienstlichen Erfordernissen und kann durch Dienstvereinbarungen konkretisiert werden. Die Pausenregelungen richten sich nach dem Arbeitszeitgesetz (ArbZG), wonach bei mehr als sechs Stunden Arbeit mindestens 30 Minuten Pause, bei mehr als neun Stunden mindestens 45 Minuten Pause einzuhalten sind. § 5 ArbZG regelt, dass für die Beschäftigten nach Beendigung der täglichen Arbeitszeit eine ununterbrochene Ruhezeit von mindestens elf Stunden einzuhalten ist. Zudem ist die Arbeitszeit, soweit sie über acht Stunden werktäglich hinausgeht, gemäß § 16 Abs. 2 ArbZG vom Arbeitgeber aufzuzeichnen.

Darüber hinaus hat das BAG am 13. September 2022 entschieden, dass die gesamte Arbeitszeit der Beschäftigten aufzuzeichnen ist. Der Arbeitgeber ist nach § 3 Abs. 2 Nr. 1 Arbeitsschutzgesetz (ArbSchG) verpflichtet, ein System einzuführen, mit dem der Beginn und das Ende der täglichen Arbeitszeit der Beschäftigten einschließlich der Überstunden erfasst werden.[367] Das BAG verweist in seiner Begründung auf ein Urteil des Europäischen Gerichtshofs (EuGH) vom 14. Mai 2019, welches die Auslegung der Arbeitszeitrichtlinie betraf. Der EuGH hatte entschieden, dass Arbeitgeber verpflichtet sind, ein objektives, verlässliches und zugängliches System zur Messung von Beginn und Ende der täglichen Arbeitszeiten einschließlich

[367] BAG, Beschl. v. 13. 9. 2022 – 1 ABR 22/21, NZA, 2022, 1616.

der Überstunden einzuführen, um eine Organisation und die erforderlichen Mittel zum Schutz der Sicherheit und der Gesundheit der Arbeitnehmer bereitzustellen.[368] Nach der BAG-Entscheidung ist das Urteil des EuGH aufgrund des Arbeitsschutzgesetzes bereits heute von den Arbeitgebern in Deutschland zu beachten und umzusetzen, wobei die Arbeitszeit nicht zwingend elektronisch erfasst werden muss. Auch Aufzeichnungen in Papierform genügen.[369]

§ 7 TVöD/TV-L definiert die Sonderformen der Arbeit. Diese umfassen die Arbeitsformen, welche außerhalb der regelmäßigen Arbeitszeit nach § 6 Abs. 1 TVöD/TV-L zu erbringen sind. Dazu gehören die Wechselschicht- und die Schichtarbeit, der Rufbereitschaftsdienst, der Bereitschaftsdienst, die Nachtarbeit, die Mehrarbeit und die Überstunden. In der Praxis relevant sind vor allem die Mehrarbeit und die Überstunden. Mehrarbeit sind nach § 7 Abs. 6 TVöD/TV-L die Arbeitsstunden, die Teilzeitbeschäftigte über die vereinbarte regelmäßige Arbeitszeit hinaus bis zur regelmäßigen wöchentlichen Arbeitszeit von Vollbeschäftigten (vgl. § 6 Abs. 1 Satz 1 TVöD/TV-L) leisten. Für diese ist kein Zuschlag zu zahlen.[370] Dagegen sind Überstunden nach § 7 Abs. 7 TVöD/TV-L die auf Anordnung des Arbeitgebers geleisteten Arbeitsstunden, die über die im Rahmen der regelmäßigen Arbeitszeit von Vollbeschäftigten (vgl. § 6 Abs. 1 Satz 1 TVöD/TV-L) für die Woche dienstplanmäßig bzw. betriebsüblich festgesetzten Arbeitsstunden hinausgehen und nicht bis zum Ende der folgenden Kalenderwoche ausgeglichen werden können. Für die Überstunden fallen für die Beschäftigten neben dem Entgelt für die tatsächliche Arbeitsleistung Zeitzuschläge nach § 8 Abs. 1 TVöD/TV-L an. Die Zeitzuschläge können entsprechend in Zeit umgewandelt und ausgeglichen werden. Der Freizeitausgleich muss im Dienstplan besonders ausgewiesen und bezeichnet werden. Für die im Dienstplan eingeplanten Arbeitsstunden scheidet eine solche Zuschlagspflicht dagegen aus.[371] Zur Abgrenzung von Mehrarbeit und Überstunden ein kleines Praxisbeispiel:

[368] EuGH, Urt. v. 14. 5. 2019 – C-55/18, NZA, 2019, 683, 687.
[369] BAG, Beschl. v. 13. 9. 2022 – 1 ABR 22/21, NZA, 2022, 1616.
[370] BAG, Urt. v. 15. 10. 2021 – 6 AZR 253/19, NZA, 2022, 115.
[371] BAG, Urt. v. 15. 10. 2021 – 6 AZR 253/19, NZA, 2022, 115.

Beispiel:

Herr Müller arbeitet als Verwaltungsangestellter im öffentlichen Dienst mit einer vertraglich vereinbarten Wochenarbeitszeit von 25 Stunden. Die regelmäßige Wochenarbeitszeit für Vollzeitbeschäftigte beträgt 39 Stunden. In einer besonders arbeitsintensiven Woche leistet Herr Müller 35 Stunden. Die zusätzlichen 10 Stunden sind vom Arbeitgeber angeordnet. Die Stunden über die vertraglich vereinbarte Arbeitszeit von 25 Stunden bis zur regulären Vollzeitgrenze von 39 Stunden gelten als Mehrarbeit. In diesem Fall sind 10 Stunden Mehrarbeit angefallen. Überstunden wären entstanden, wenn die 39 Stunden überschritten werden und die Arbeit angeordnet wurde. Herr Müller hat somit keine Überstunden geleistet. Für die Mehrarbeit erhält Herr Müller gemäß § 8 Abs. 2 TVöD eine Vergütung in Höhe von 100 % des Stundenentgelts seiner Entgeltgruppe und Stufe, sofern kein Freizeitausgleich erfolgt. Es wird kein Überstundenzuschlag gezahlt, da keine Überstunden im tariflichen Sinne vorliegen.

Die Rechtsprechung des BAG aus dem Jahr 2021 urteilte, dass die Differenzierung zwischen Mehrarbeit und Überstunden keine Diskriminierung darstellt, solange sachliche Gründe vorliegen und die Regelungen transparent und fair sind.[372] Gegen dieses Urteil wurde Verfassungsbeschwerde eingereicht. Dagegen sah das BAG in seinem Urteil aus dem Jahr 2024 bei einer tarifvertraglichen Regelung, die für das Verdienen von Überstundenzuschlägen auch bei Teilzeitarbeit das Überschreiten der regelmäßigen Arbeitszeit eines in Vollzeit beschäftigten Arbeitnehmers voraussetzt, als eine Ungleichbehandlung an. Solche Regelung kann gegen das Verbot der Diskriminierung von in Teilzeit beschäftigten Arbeitnehmern nach § 4 Abs. 1 TzBfG verstoßen, wenn es an sachlichen Gründen für die Ungleichbehandlung fehlt.[373] Dies könnte z. B. der Fall sein, wenn innerhalb der Gruppe der in Teilzeit Beschäftigten signifikant mehr Frauen als Männer vertreten sind. Eine solche tarifvertragliche Regelung könnte gegen § 7 Abs. 1 AGG verstoßen und eine mittelbare Benachteiligung für weibliche Beschäftigte aufgrund des Geschlechts darstellen.

[372] BAG, Urt. v. 15. 10. 2021 – 6 AZR 253/19, NZA, 2022, 115.
[373] BAG, Urt. v. 5. 12. 2024 – 8 AZR 370/20, NZA, 2025, 431.

Praxishinweis:

Um eine Überstunde von einer Mehrarbeits- oder einer Gleitzeitstunde zu unterscheiden, ist es wichtig, dies im Rahmen der Zeiterfassung getrennt zu dokumentieren, z. B. durch eine gesonderte Erfassung.[374] *Die öffentlichen Arbeitgeber sollten Teilzeitbeschäftigte klar darüber informieren, dass Mehrarbeit bis zur Vollzeitgrenze nicht zuschlagspflichtig ist, aber vergütet wird oder durch Freizeit ausgeglichen werden kann. Es kann sinnvoll sein, im Arbeitsvertrag oder in einer Zusatzvereinbarung zu regeln, unter welchen Bedingungen Teilzeitkräfte zur Mehrarbeit oder Überstunden herangezogen werden dürfen.*

Ein weiterer Aspekt ist der tarifvertraglich vereinbarte Erholungsurlaub, der den Beschäftigten im öffentlichen Dienst zu gewähren ist. Erholungsurlaub ist die Freistellung von der Arbeitspflicht unter Fortzahlung der Bezüge. Das in Art. 31 Abs. 2 GRCh verankerte Grundrecht garantiert den Beschäftigten das Recht auf bezahlten Jahresurlaub. Der Anspruch auf bezahlten Jahresurlaub gemäß § 1 Bundesurlaubsgesetz (BUrlG) umfasst nach st. Rspr. des EuGH einen doppelten Zweck. Zum einen dem Arbeitnehmer zu ermöglichen, sich von der Ausübung der ihm von seinem Arbeitsvertrag obliegenden Aufgaben unter Fortzahlung des Entgelts zu erholen und zum anderen über einen Zeitraum der Entspannung und Freizeit zu verfügen.[375] Den gesetzlichen Urlaubsanspruch regelt das Bundesurlaubsgesetz. Danach beträgt der gesetzliche Urlaubsanspruch jährlich mindestens 24 Werktage. Der Urlaubsanspruch im öffentlichen Dienst beträgt nach § 26 TVöD für die Beschäftigten 30 Arbeitstage in jedem Kalenderjahr bei einer 5-Tage-Woche. Nach § 13 BUrlG sind mit Ausnahme der §§ 1, 2 und 3 Abs. 1 des BUrlG alle Vorschriften tarifdispositiv. Trotzdem regelt der TVöD nur wenige Aspekte eigenständig und verweist ansonsten auf das Gesetz.

Der Urlaubsanspruch ist grundsätzlich auf das jeweilige Kalenderjahr bezogen. Urlaubsjahr ist das Kalenderjahr, vgl. § 26 Abs. 1 Satz 5 TVöD, § 1 BurlG. Der Erholungsurlaub muss im laufenden Kalenderjahr gewährt und kann auch in Teilen genommen werden. Gemäß der Protokollerklärung zu § 6 Abs. 1 Satz 5 TVöD soll der Urlaub grundsätzlich zusammenhängend gewährt werden, Dabei

374 *Hahn/Kuckuk*, Flexible Arbeitszeit im öffentlichen Dienst, S. 140.
375 EuGH, Urt. v. 22. 9. 2022 – C-518/20, C-727/20, NZA, 2022, 1323, 1324.

soll ein Urlaubsteil von 2 Wochen Dauer angestrebt werden. Eine Übertragung des Jahresurlaubs ins folgende Kalenderjahr ist nur nach Maßgabe der gesetzlichen (vgl. § 7 Abs. 3 BUrlG) bzw. tariflichen Bestimmungen möglich. Danach ist eine Übertragung des Urlaubs auf das nächste Kalenderjahr nur möglich, wenn dringende betriebliche oder in der Person des Arbeitnehmers liegende Gründe dies rechtfertigen. Die Beschäftigten haben den Urlaub in diesen Fällen in den ersten 3 Monaten bis zum 31. März des folgenden Kalenderjahres zu nehmen, ansonsten würde der nicht genommene Urlaub (Resturlaub) verfallen. Der tarifvertragliche Teil des Jahresurlaubs ist vom Arbeitgeber nach § 26 Abs. 2 lit. a TVöD bis zum 31. Mai des folgenden Kalenderjahres zu gewähren. Der gesetzliche Mindesturlaubsanspruch kann nach den Vorgaben des EuGH nur unter besonderen Umständen verfallen oder verjähren. Denn der Arbeitgeber hat dafür Sorge zu tragen, dass der von den Beschäftigten erworbene Anspruch auf bezahlten Jahresurlaub auch tatsächlich wahrgenommen werden kann.[376] Als schwächere Partei des Arbeitsverhältnisses sollen die Angestellten vom Arbeitgeber in die Lage versetzt werden, den Urlaub tatsächlich zu nehmen. Nur unter dieser Voraussetzung kann der Arbeitgeber sich nicht auf Verfall oder Verjährung berufen. Das bedeutet, dass der Arbeitgeber seinen Mitwirkungsobliegenheiten nachkommen muss, d. h. die Beschäftigten förmlich hinzuweisen und aufzufordern sowie ihnen klar und rechtzeitig mitzuteilen, dass der Urlaub mit Ablauf des Kalenderjahres oder Übertragungszeitraums verfällt, wenn er nicht beantragt wird.[377] Diese Aufforderungs- und Hinweisobliegenheiten des Arbeitgebers bestehen auch, wenn und solange die Beschäftigten arbeitsunfähig sind. Somit erlischt der gesetzliche Urlaubsanspruch eines seit Beginn oder im Verlauf des Urlaubsjahres arbeitsunfähig erkrankten Arbeitnehmers gemäß § 7 Abs. 3 Satz 2 BUrlG bei ununterbrochen fortbestehender Arbeitsunfähigkeit 15 Monate nach Ablauf des Urlaubsjahres, wenn der Arbeitgeber seine Mitwirkungsobliegenheiten rechtzeitig erfüllt hat, andernfalls bleibt der Urlaubsanspruch erhalten.[378] Die Mitwirkungsobliegenheiten des Arbeitgebers umfassen den gesetzlichen Mindesturlaub, den tariflichen Mehrurlaub sowie den Zusatzurlaub für Schwerbehinderte nach § 208 Abs. 1 SGB IX.

376 EuGH, Urt. v. 6. 11. 2018 – C-684/16, NZA, 2018, 1474, 1475.
377 BAG, Urt. v. 7. 9. 2021 – 9 AZR 3/21, NZA, 2022, 107.
378 BAG, Urt. v. 7. 9. 2021 – 9 AZR 3/21, NZA, 2022, 107.

Zu beachten ist, dass die Erstellung der Entgeltabrechnung nach § 108 Abs. 1 GewO in Textform, die eine bestimmte Anzahl von Urlaubstagen und saldiert genommene und offene Urlaubstage fortlaufend ausweist, lediglich eine Wissenserklärung und keine Willenserklärung ist, welche auf eine Bestätigung oder Veränderung der Rechtslage gerichtet ist.[379] Somit erfüllt der Arbeitgeber mit der Erstellung und Überreichung der Gehaltsabrechnung an die Beschäftigten seine Mitwirkungsobliegenheiten hinsichtlich des Urlaubsverfalls nicht.

Praxishinweis:

Der Arbeitgeber muss die betreffenden Beschäftigten individuell, konkret und transparent über den bestehenden Urlaubsanspruch informieren, z. B. über die Anzahl der Urlaubstage bzw. zum Urlaubsantrit auffordern und dies idealerweise gleich zu Beginn des Kalenderjahres. Er sollte rechtzeitig auf den drohenden Verfall hinweisen, wenn der Urlaub nicht beantragt wird. Diese Informationen müssen sich auf einen konkret bezeichneten Urlaubsanspruch eines bestimmten Jahres beziehen. Allgemeine Hinweise in Arbeitsverträgen oder Merkblättern sind nach der Rechtsprechung nicht ausreichend. Die Mitteilung der übertragenen Urlaubsansprüche sollte über die Personalabteilung spätestens vor Ablauf des Übertragungszeitraums (31. März bzw. 31. Mai bei besonderen Gründen) direkt an die betroffenen Beschäftigten in Textform (z. B. per E-Mail) erfolgen. Die Mitteilung sollte dokumentiert werden, um im Streitfall den Nachweis führen zu können. Die Mitwirkungspflichten des Arbeitgebers gelten auch für den Zusatzurlaub für Schwerbehinderte nach § 208 Abs. 1 SGB IX. Um eine Kumulierung von Urlaubsansprüchen zu vermeiden, sollte der Arbeitgeber auch für zurückliegende Urlaubsjahre die Mitwirkungsobliegenheit nachholen. Nimmt der Beschäftigte in einem solchen Fall den kumulierten Urlaubsanspruch im laufenden Urlaubsjahr nicht wahr, obwohl es ihm möglich gewesen wäre, verfällt der Urlaub im öffentlichen Dienst zum gesetzlichen bzw. tarifvertraglich geregelten Übertragungszeitraum.

[379] BAG, Urt. v. 7. 9. 2021 – 9 AZR 3/21, NZA, 2022, 107.

Hier ein Mustertext in Textform, der als E-Mail versendet werden kann:

> *Betreff: Hinweis auf Urlaubsanspruch und drohenden Verfall des Resturlaubs*
>
> *Sehr geehrte(r) Frau/Herr ......,*
>
> *wir möchten Sie hiermit über Ihren aktuellen Urlaubsanspruch informieren und Sie zur rechtzeitigen Inanspruchnahme auffordern:*
>
> – *Urlaubsanspruch für das Kalenderjahr 2025: 30 Arbeitstage*
>
> – *Noch nicht genommener Urlaub (Stand: 15. 10. 2025): 12 Arbeitstage*
>
> *Bitte beachten Sie, dass der Urlaub grundsätzlich bis zum 31. 12. 2025 genommen werden muss. Eine Übertragung in das Folgejahr ist nur aus dringenden betrieblichen/dienstlichen oder persönlichen Gründen möglich und verfällt spätestens am 31. 05. 2026, sofern er nicht bis dahin genommen wird.*
>
> *Wir fordern Sie daher auf, Ihren Urlaub rechtzeitig zu beantragen und zu nehmen. Andernfalls kann der Anspruch gemäß den gesetzlichen und tariflichen Regelungen verfallen.*
>
> *Für Rückfragen oder Unterstützung bei der Urlaubsplanung stehen wir Ihnen gerne zur Verfügung.*
>
> *Mit freundlichen Grüßen*
>
> *[Unterschrift]*
>
> *[Name, Funktion, Personalabteilung]*

Eine Checkliste zu den Mitwirkungsobliegenheiten des Arbeitgebers sowie eine Dokumentations-Checkliste finden sich im Anhang.[380] **VII**

Zum 1. Januar 2026 ist mit dem § 29a TVöD ein „Zeit-statt-Geld-Wahlmodell" eingeführt worden. Mit diesem Modell wird den Beschäftigten die Möglichkeit eröffnet, einen Teil ihrer Jahressonderzahlung nach § 20 TVöD in zusätzliche freie Tage umzuwandeln. Die Umwandlung ist für bis zu 3 Tauschtage zulässig, darf jedoch die Anzahl der wöchentlichen Arbeitstage der Beschäftigten nicht übersteigen. Bei Inanspruchnahme des Zeit-statt-Geld-Modells müssen die Beschäftigten die Anzahl der Tauschtage vom Arbeitgeber bis zum 1. September des laufenden Kalenderjahres in Textform beantragen. Anspruchsberechtigt sind die Beschäftigten, die im laufenden Kalenderjahr Anspruch auf mindestens fünf Zwölftel der Jahressonderzahlung nach § 20 TVöD haben. Die Bemessungsgrundlage für die Berechnung des Wertes eines Tauschtages ist das

---

380 Siehe Anhang IX, 2.

durchschnittliche monatliche Entgelt der Beschäftigten. Für den Wert eines Tauschtages wird die Anzahl der Stunden ermittelt, indem die individuell vereinbarte durchschnittliche wöchentliche Arbeitszeit durch die Anzahl der vereinbarten Arbeitstage pro Kalenderwoche geteilt wird. Die Berechnung richtet sich nach der Protokollerklärung zu § 29a Abs. 2 TVöD. Bei nachgewiesener Arbeitsunfähigkeit oder dringenden dienstlichen/betrieblichen Gründen ist dem Wunsch der Beschäftigten nach einer Verlegung innerhalb des verbleibenden Inanspruchnahme-Zeitraums zu entsprechen. Für den Fall, dass Tauschtage innerhalb des Inanspruchnahme-Zeitraums nicht genommen werden, verfallen diese und es entsteht ein finanzieller Ausgleichsanspruch in Höhe des Wertes der nicht genommenen Tauschtage. Die Auszahlung erfolgt bis spätestens zum 31. März des folgenden Kalenderjahres.[381]

Beispiel:

Zeit-statt-Geld-Wahlmodell 2027:

Sachbearbeiter, EG 11, Stufe 4, Tarifbereich TVöD Bund, 2027, 2 Tauschtage. Laut öffentlicher-dienst.info beträgt der „Preis" eines Tauschtages für EG 11 im Jahr 2026 in der Stufe 4 ca. 133,37 EUR pro Tauschtag, d. h. der Abzug für 2 Tauschtage beträgt 2 × 133,37 EUR = 266,74 EUR.[382] Dieser Betrag wird von der Jahressonderzahlung (Weihnachtsgeld) abgezogen, die für EG 9a bis EG 12 ab 2026 auf 90 % erhöht wurde. Nach der Auslegung des § 29a Abs. 1 TVöD ist der späteste Antragstermin der 1. September 2026 (Textform, mit Angabe der gewünschten Anzahl der Tauschtage). Der Abzug erfolgt mit der Abrechnung der Jahressonderzahlung Ende November 2026. Der Zeitraum der Inanspruchnahme ist das Kalenderjahr 2027. Somit hat der Sachbearbeiter zwei zusätzliche freie Tage im Jahr 2027 zu Erholungszwecken zur Verfügung. Die freien Tage müssen innerhalb des Inanspruchnahme-Zeitraums genommen werden. Nicht genommene Tage können bis spätestens 31. März 2028 ausgezahlt werden. Eine Beantragung auf Tauschtage kann erfolgen, ist aber nach Antragstellung bindend.

VII

[381] *Öffentlicher-dienst.info* (2025), zuletzt geprüft am 28. 9. 2025.
[382] *Öffentlicher-dienst.info* (2025), zuletzt geprüft am 28. 9. 2025.

Zusammenfassend stellt das Tarifrecht im öffentlichen Dienst ein eigenständiges und komplexes Regelungssystem dar, das auf die besonderen Anforderungen der öffentlichen Arbeitgeber zugeschnitten ist. Die Einhaltung der tariflichen Vorgaben ist ein zentraler Bestandteil der HR-Compliance und trägt wesentlich zur Rechtssicherheit und Fairness im öffentlichen Dienst bei. Darüber hinaus sind bei Personalangelegenheiten sowie sozialen und organisatorischen Angelegenheiten die Initiativrechte, Mitbestimmungs- und Mitwirkungsrechte zu beachten.

4.1.3 Mitbestimmung durch Personalräte

Ein zentrales Element des Arbeitsrechts im öffentlichen Dienst ist die Mitbestimmung durch Personalräte, welche durch das Bundespersonalvertretungsgesetz (BPersVG) bzw. die jeweiligen Landesgesetze geregelt wird. Die wichtigsten Tatbestände in Angelegenheiten der Mitbestimmung sind mit der Novellierung des BPersVG[383] in den §§ 78 bis 80 BPersVG verankert. Diese umfassen die Mitbestimmung in personellen Einzelmaßnahmen sowie in sozialen und organisatorischen Angelegenheiten. So haben die Personalräte u. a. Mitbestimmungsrechte bei Einstellungen und Eingruppierungen, Versetzungen und Kündigungen sowie bei Arbeitszeitregelungen und Urlaubsgrundsätzen. Das Ziel der Mitbestimmung ist die Sicherstellung der korrekten Anwendung tariflicher Vorgaben und Vermeidung von Ungleichbehandlungen der Beschäftigten. Nachfolgend wird auf die Mitbestimmung bei der Eingruppierung, bei der Gestaltung flexibler Arbeitszeitformen und bei Urlaubsgrundsätzen eingegangen. VII

Die Mitbestimmung des Personalrates in personellen Angelegenheiten ist im § 78 BPersVG für die Tarifbeschäftigten, Dienstordnungsangestellten, Auszubildenden und die Beamten normiert. Für die Begriffsbestimmung ist § 4 Abs. 1 BPersVG maßgeblich. Soweit eine Maßnahme der Mitbestimmung des Personalrats unterliegt, kann sie nur mit seiner Zustimmung getroffen werden, vgl. § 70 Abs. 1 BPersVG. Die Eingruppierung von Beschäftigten in eine Entgeltgruppe nach TVöD oder TV-L ist grundsätzlich eine personelle Einzelmaßnahme nach § 78 Abs. 1 Nr. 4 BPersVG, die der Mitbestimmung des Personalrats unterliegt. Die Dienststellenleitung hat den Perso-

[383] BGBl. 2021 I S. 1614, zuletzt geändert durch Art. 8 G v. 20. 12. 2023 (BGBl. 2023 I Nr. 389).

nalrat von der beabsichtigten Maßnahme zu unterrichten und die Zustimmung zu beantragen. Der Personalrat kann eine Begründung verlangen und hat den Beschluss innerhalb von 10 Arbeitstagen der Dienststellenleitung mitzuteilen.

Das Mitbestimmungsrecht des Personalrates nach § 78 Abs. 1 Nr. 4 BPersVG umfasst die Eingruppierung, Höher- oder Rückgruppierung, Stufenzuordnung für die Arbeitnehmer (Tarifbeschäftigte, Dienstordnungsangestellte und Auszubildende), sofern sie nicht im Ermessen des Arbeitgebers liegt, d. h. wenn sie insbesondere auf tariflichen Automatismen beruht. Die Rechtsprechung des BVerwG sieht auch die Gewährung einer Zulage als Eingruppierung an, wenn diese etwas über die Stellung des Beschäftigten innerhalb des Vergütungsschemas aussagt, weil sie unter Bewertung von Faktoren erfolgt, die über die Wertigkeit der jeweiligen Tätigkeiten der Beschäftigten im Verhältnis zueinander von Bedeutung sind.[384] Das Mitbestimmungsverfahren bei der Eingruppierung wird als einheitliches Verfahren definiert, da es in allen Teilen erfasst werden muss, auch wenn sie sich aus mehreren Einzelfragen zusammensetzt. Die Nichtbeachtung dieses Mitbestimmungsrechts kann der Personalrat als Gesetzesverstoß geltend machen.[385] Nach st. Rspr. des BVerwG ist die Mitbestimmung des Personalrats hierbei kein Mitgestaltungs-, sondern ein Mitbeurteilungsrecht. Somit soll sichergestellt werden, dass die Rechtsanwendung möglichst zutreffend erfolgt. Es geht darum, die Einreihung des Beschäftigten in eine Vergütungs-, Lohn- oder Entgeltgruppe im Wege der Subsumtion der auszuübenden Tätigkeit, Qualifikation und beruflichen Erfahrung unter die abstrakt-generellen Merkmale der in der Dienststelle angewandten Entgeltordnung zu kontrollieren. Diese Kontrolle der Vereinbarkeit der Eingruppierung mit den anzuwendenden tarifrechtlichen Vorgaben dient der Wahrung des arbeitsrechtlichen Gleichbehandlungsgrundsatzes, der Lohngerechtigkeit und der Transparenz der Entgeltpraxis, mithin der Stärkung des Friedens innerhalb der Dienststelle.[386]

Nach der Rechtsprechung unterliegt auch die nicht nur vorübergehende und nicht nur geringfügige Stundenaufstockung bei einer

---

384 BVerwG, Beschl. v. 12. 8. 2021 – 5 P 11.20, BeckRS 2021, 36919.

385 Vgl. BVerwG, Beschl. v. 12. 8. 2021 – 5 P 11.20, BeckRS 2021, 36919.

386 Vgl. BVerwG, Beschl. v. 15. 5. 2012 – 6 P 9.11, DÖV, 2012, 980; BVerwG, Beschl. v. 26. 5. 2015 – 5 P 9.14, DÖV, 2015, 803; BVerwG, Beschl. v. 12. 8. 2021 – 5 P 11.20, BeckRS 2021, 36919.

Teilzeitbeschäftigung des Mitbestimmungsrechts des Personalrates. Die Stundenaufstockung bei einer Teilzeitbeschäftigung ist i. d. R. nur dann „nicht nur vorübergehend", wenn sie für einen Zeitraum von mehr als 3 Monaten vereinbart wird. Als „nicht nur geringfügig" ist die Stundenaufstockung bei einer Teilzeitbeschäftigung regelmäßig anzusehen, wenn das Arbeitsvolumen um zehn oder mehr Wochenstunden erhöht wird.[387]

Praxishinweis:
Mitbestimmungspflichtig sind somit alle Maßnahmen, die die tarifliche Eingruppierung betreffen, also die Zuordnung zu einer Entgeltgruppe und ggf. zu einer (Erfahrungs-)Stufe. Nicht mitbestimmungspflichtig sind Stufenzuordnungen, die ausschließlich im Ermessen des Arbeitgebers liegen, es sei denn, es existieren dienststellenübergreifende Grundsätze, die eine einheitliche Anwendung sicherstellen. Der Personalrat muss rechtzeitig und umfassend informiert werden und die Maßnahme darf erst nach Zustimmung des Personalrats umgesetzt werden. Die Bewertungsgrundlagen sollten nachvollziehbar dokumentiert werden, z. B. Tätigkeitsmerkmale, Stellenbeschreibung, tarifrechtliche Bewertung. Zu prüfen ist, ob die Stufenzuordnung auf allgemeinen Grundsätzen beruht, falls ja, ist die Mitbestimmung auch hier erforderlich. Mit dem Personalrat ist transparent und rechtzeitig zu dieser Maßnahme zu kommunizieren, insbesondere bei Rückgruppierungen oder Höhergruppierungen.

Die Mitbestimmung bei Arbeitszeitregelungen betrifft organisatorische Angelegenheiten und ist besonders relevant für die Gestaltung der täglichen Arbeitsbedingungen. Der § 80 Abs. 1 BPersVG listet uneingeschränkte Tatbestände in organisatorischen Angelegenheiten der Mitbestimmung auf. Es handelt sich hierbei um Angelegenheiten, die durch einen kollektiven Bezug gekennzeichnet sind. Ein kollektiver Tatbestand liegt immer dann vor, wenn sich eine Regelungsfrage stellt, die die Interessen der Beschäftigten unabhängig von der Person und den individuellen Wünschen des Einzelnen berührt. In den meisten Fällen gelten diese für alle oder einen Teil

[387] OVG Lüneburg, Beschl. v. 27. 3. 2025 – 18 LP 3/24, öAT, 2025, 173.

der Beschäftigten in der Dienststelle, also für Arbeitnehmer und Beamte gleichermaßen.[388]

Die Mitbestimmung in organisatorischen Angelegenheiten des Personalrates nach § 80 Abs. 1 Nr. 3 BPersVG umfasst die Einführung, Änderung und Aufhebung von Arbeitszeitmodellen wie z. B. Gleitzeit- oder Schichtarbeit. Das Mitbestimmungsrecht des Personalrates bei der Einführung und Anwendung flexibler Arbeitszeitmodelle ist in der Rechtsprechung langjährig anerkannt.[389] Flexible Arbeitszeitmodelle umfassen Vollzeit, Teilzeit, Gleitzeit- oder ein Arbeitszeitkonto, ein Lebenszeit- oder Langzeitkonto. Hier besteht für die Beschäftigten die Möglichkeit, Arbeitsstunden aufzubauen, um diese später in Freizeit auszugleichen. Es ermöglicht aber im Bedarfsfall, auch Minusstunden aufbauen zu können. Mit den Beschäftigten kann nach § 10 Abs. 6 TVöD ab dem 1. Juli 2025 die Einrichtung eines Langzeitkontos vereinbart werden. Ein in das Langzeitkonto eingebrachtes Wertguthaben kann gemäß § 7c SGB IV insbesondere für ein Sabbatical, für eine Verringerung der Arbeitszeit, für eine Freistellung wegen Kinderbetreuungszeiten oder Pflegezeit verwendet werden. In einer Dienst- oder Betriebsvereinbarung sollen insbesondere die Verfahren zur Einbringungsmöglichkeit – vor allem bei Einzahlung von Entgeltbestandteilen, bei Regelung von Störfällen und bei Übertragung des Wertguthabens, bei Beendigung des Arbeitsverhältnisses, Erwerbsminderung, Tod, der Rahmen der Ansparvereinbarung, Regelungen zur Freistellungsphase, Entgelt in der Freistellungsphase und das Verfahren bei Insolvenzsicherung im Falle der Insolvenzfähigkeit des Arbeitgebers – geregelt werden. Diese Verpflichtung betrifft aber nur diejenigen Betriebe, die insolvenzfähig sind. Nach § 12 Abs. 1 InsO ist das Insolvenzverfahren über das Vermögen des Bundes und der Länder unzulässig.

VII

Mit flexiblen Arbeitszeitmodellen möchte der öffentliche Dienst die Familienfreundlichkeit und die Vereinbarkeit von Familie, Pflege und Beruf sowie von Personalgewinnung fördern. Der kollektive Mitbestimmungstatbestand umfasst die allgemeine Einführung, Änderung und Aufhebung von Arbeitszeitmodellen innerhalb der Dienststelle, nicht jedoch personelle Einzelmaßnahmen.[390] Der kollektive Mitbestimmungstatbestand der Einführung, Änderung und Aufhebung von Arbeitsformen außerhalb der Dienststelle ist mit

---

388 BVerwG, Beschl. v. 12. 8. 2002 – 6 P 17/01, BeckRS 2002, 23908.

389 BVerwG, Beschl. v. 9. 10. 1991 – 6 P 21.89, BeckRS 1991, 31284577.

390 BT-Drs. 19/26820, S. 123.

der BPersVG-Novelle in einen eigenständigen Tatbestand überführt worden, vgl. § 80 Abs. 1 Nr. 5 BPersVG. Damit trägt der Gesetzgeber der gestiegenen Bedeutung flexibler und mobiler Arbeitsformen Rechnung. Die Ermöglichung des flexiblen und ortsungebundenen Arbeitens (z. B. Homeoffice) außerhalb der Dienststelle sowie der Telearbeit oder des mobilen Arbeitens während Dienstreisen steigern die Attraktivität des öffentlichen Dienstes als Arbeitgeber und unterstützen die Familienfreundlichkeit und die Vereinbarkeit von Familie, Pflege und Beruf für die Beschäftigten. Der Personalrat wird so in die Lage versetzt, über die Einhaltung weiterer gesetzlicher Regelungen zu wachen. Dies gilt insbesondere für die Einhaltung der Arbeitszeitgesetze, z. B. der Höchstwochenarbeitszeit. Insbesondere bei flexiblen Arbeitszeitmodellen bedarf es des Schutzes der Beschäftigten vor Überforderung und Entgrenzung. Zu beachten ist, dass die Dauer der regelmäßigen Wochenarbeitszeit mit 39 Stunden je Woche nach TVöD tariflich festgelegt ist und nicht der Mitbestimmung unterliegt. Die konkrete Verteilung hingegen schon.

Praxishinweis:

Typische Praxisbeispiele für Mitbestimmungstatbestände des Personalrates in organisatorischen Angelegenheiten gemäß § 80 Abs. 1 Nr. 3 BPersVG sind die Einführung eines neuen Gleitzeitmodells oder die Umstellung auf Vertrauensarbeitszeit und für Nr. 5 die Einführung von Homeoffice-Regelungen, z. B. 2 Tage pro Woche mobiles Arbeiten über eine Dienst- oder Betriebsvereinbarung. Dabei sollte die Dienststelle den Personalrat rechtzeitig informieren und miteinbeziehen, bevor Entscheidungen zur Einführung von flexiblen Arbeitszeitmodellen getroffen werden. Alle relevanten Unterlagen, z. B. Entwürfe von Dienst- oder Betriebsvereinbarungen zu Arbeitszeitmodellen, Konzepten für mobile Arbeit wie flexibles Arbeiten, müssen dem Personalrat zur Verfügung gestellt werden. Die Informationen müssen zudem so vollständig und nachvollziehbar sein, dass der Personalrat eine fundierte Entscheidung treffen kann. Der Arbeitgeber sollte die Kernzeiten, Gleitzeiten, Schichtsysteme, die Anspruchsberechtigten und die Voraussetzungen zur Inanspruchnahme konkret und transparent definieren und für Arbeitsformen außerhalb der Dienststelle organisatorische Regelungen zu Erreichbarkeit, Datenschutz, Arbeitsplatzausstattung, Arbeitszeiterfassung und zum Arbeits- und Gesundheitsschutz treffen. Der gesamte Betei-

ligungsprozess sollte dokumentiert werden: Informationsweitergabe, Stellungnahmen, ggf. Verhandlungen. Im Fall der Ablehnung durch den Personalrat muss die Begründung geprüft und ggf. nachgebessert werden.

Eine Checkliste zum Abschluss einer Dienst- oder Betriebsvereinbarung zum mobilen Arbeiten nach § 80 Abs. 1 Nr. 5 BPersVG findet sich im Anhang.[391]

Ein dritter relevanter Mitbestimmungstatbestand ist die Aufstellung allgemeiner Urlaubsgrundsätze[392] (z. B. zum Betriebsurlaub oder zu Vertretungsregelungen) und die Festlegung des Urlaubsplans sowie die Festsetzung der zeitlichen Lage des Erholungsurlaubs für einzelne Beschäftigte, wenn zwischen der Dienststelle und den beteiligten Beschäftigten kein Einverständnis erzielt wird. Die Rechtsprechung hat bestätigt, dass auch abstrakt-generelle Regelungen wie die Festlegung von Vertretungsmodellen oder Betriebsurlaub unter das Mitbestimmungsrecht fallen.[393] So ist z. B. die Anordnung, *„eine gegenseitige Urlaubsvertretung nur noch innerhalb der Abteilung sicherzustellen"*, als ein der Mitbestimmung des Personalrats unterliegender allgemeiner Urlaubsgrundsatz anzusehen. Die Anordnung stellt eine abstrakt-generelle Regelung für die spätere Koordinierung in einem Urlaubsplan angegebenen dienstlichen Interesse dar, das notwendige Wissen innerhalb der Abteilung auch in der Urlaubszeit sicherzustellen und berührt damit individuelle Urlaubsansprüche der betroffenen Beschäftigten. Deren Urlaubswünsche können danach nur eingeschränkt berücksichtigt werden, nämlich nur, soweit eine Urlaubsvertretung auf eine bestimmte Weise gewährleistet werden kann. Dies hat hinreichende Auswirkungen auf die zeitliche Festlegung des Urlaubs in künftigen Urlaubsplänen und löst auch die für die Mitbestimmung erforderliche kollektive Betroffenheit aus.[394]

Der Zweck des Mitbestimmungstatbestandes des § 80 Abs. 1 Nr. 6 BPersVG dient damit dem Ausgleich der Urlaubswünsche der Beschäftigten untereinander bzw. dazu, diese mit den dienstlichen Erfordernissen in Einklang zu bringen. Dem Personalrat soll die

[391] Siehe Anhang IX, 4.
[392] BVerwG, Beschl. v. 23. 8. 2007 – 6 P 7/06, NVwZ-RR, 2008, 119.
[393] BVerwG, Beschl. v. 21. 9. 2022 – 5 P 17.21, AP LPVG NW § 72 Nr. 34.
[394] BVerwG, Beschl. v. 21. 9. 2022 – 5 P 17.21, AP LPVG NW § 72 Nr. 34 Rn.22.

Möglichkeit der Einwirkung auf das Direktionsrecht des Dienststellenleiters bei der Urlaubsfestsetzung gegeben werden, um unter Beachtung der Interessen des Dienstbetriebs das Interesse der Beschäftigten an einer gleichmäßigen Verteilung der Urlaubszeiten durchzusetzen und dabei erforderlichenfalls deren Urlaubswünsche zu harmonisieren.[395] Der Schutzweck der Norm besteht aber nur, soweit kollektive Interessen betroffen sind. Entweder weil dienstliche Interessen mit Freistellungsinteressen allgemein abzustimmen sind oder Urlaubswünsche von Beschäftigten in Widerstreit geraten, da sie aus dienstlichen Gründen nicht gleichzeitig erfüllt werden können. Der Beteiligungstatbestand bezieht sich nicht nur auf den Erholungsurlaub, sondern grundsätzlich auf jede Form von Urlaub, d. h. auf jede bezahlte oder unbezahlte Freistellung der Beschäftigten von der Arbeit.

Dabei muss der Personalrat beachten, dass der Dienstbetrieb durch urlaubsbedingte Personalausfälle möglichst wenig gestört wird und eine ordnungsgemäße Aufgabenerledigung trotz sich überschneidender Urlaubszeiten der in gleichen Sachbereichen tätigen Beschäftigten gewährleistet bleibt.[396]

In den Fällen der unabweisbaren dienstlichen angeordneten Urlaubssperre der Dienstellenleitung für bestimmte Zeiträume kann die Urlaubsplanung nicht Bestandteil der Mitbestimmung durch den Personalrat sein, sondern stellt eine dieser zeitlich und sachlich vorausgehende organisatorische Maßnahme dar.[397] **VII**

Die beschriebenen Mitbestimmungstatbestände verdeutlichen die zentrale Rolle des Personalrats bei der Gestaltung von personellen Angelegenheiten wie der Eingruppierung, aber auch bei flexiblen Arbeitszeitmodellen und Urlaubsgrundsätzen. Sie dienen dem Schutz der Beschäftigten vor willkürlichen Maßnahmen und fördern Transparenz, Fairness und Beteiligung im öffentlichen Dienst. Besonders bei Eingruppierungen und Arbeitszeitregelungen ist die Mitbestimmung ein wichtiges Instrument zur Sicherstellung tariflicher und gesetzlicher Vorgaben sowie zur Wahrung der Interessen der Beschäftigten.

---

[395] BVerwG, Beschl. v. 9. 8. 2022 – 5 P 14.21, NZA-RR, 2023, 317, 318.
[396] BVerwG, Beschl. v. 19. 1. 1993 – 6 P 19/90, NVwZ-RR, 1993, 308.
[397] BVerwG, Beschl. v. 19. 1. 1993 – 6 P 19/90, NVwZ-RR, 1993, 308.

4.2 Beamtenrecht und Compliance in der öffentlichen Verwaltungspraxis

Das Beamtenrecht bildet eine tragende Säule der öffentlichen Verwaltung in Deutschland. Es regelt die Rechtsverhältnisse der Beamten in einem öffentlich-rechtlichen Dienst- und Treueverhältnis. Als Angehörige des öffentlichen Dienstes werden i. d. R. hoheitliche Aufgaben im Namen des Staates wahrgenommen. In Zeiten wachsender Anforderungen an Transparenz, Integrität und Rechtsstaatlichkeit gewinnt das Beamtenrecht auch im Kontext von Compliance zunehmend an Bedeutung. Denn die Einhaltung beamtenrechtlicher Vorschriften ist nicht nur Ausdruck rechtlicher Korrektheit, sondern auch Voraussetzung für eine vertrauenswürdige und leistungsfähige Verwaltung.

Verfassungsrechtlich ist das Berufsbeamtentum in Art. 33 GG verankert. Besonders relevant sind dabei die Absätze 4 und 5. So bestimmt Art. 33 Abs. 4 GG, dass hoheitsrechtliche Befugnisse grundsätzlich nur von Personen in einem öffentlich-rechtlichen Dienst- und Treueverhältnis ausgeübt werden dürfen. Art. 33 Abs. 5 GG verpflichtet den Gesetzgeber, das Beamtenrecht unter Berücksichtigung der „hergebrachten Grundsätze des Berufsbeamtentums" zu regeln und fortzuentwickeln. Die althergebrachten Grundsätze wie z. B. das Lebenszeitprinzip, das Leistungsprinzip, die Treuepflicht und das Alimentationsprinzip sind nicht nur historische Relikte, sondern prägen bis heute die Struktur und Kultur des öffentlichen Dienstes. So definiert das BVerfG diese Grundsätze u. a. als den „Kernbestand von Strukturprinzipien, die allgemein oder doch ganz überwiegend und während eines längeren traditionsbildenden Zeitraums (mindestens unter der Reichsverfassung von Weimar) als verbindlich anerkannt und gewahrt worden sind".[398] Die Grundsätze sollen gleichzeitig auch fortentwickelt werden.

Das zentrale Regelwerk auf Bundesebene ist das Bundesbeamtengesetz, das die Voraussetzungen für die Begründung, Ausgestaltung und Beendigung des Beamtenverhältnisses sowie die Rechte und Pflichten der Bundesbeamten festlegt. Daneben regelt das Beamtenstatusgesetz (BeamtStG) die beamtenrechtlichen Vorgaben für die Landesbeamten der Länder.

Im Rahmen der HR-Compliance in der Verwaltungspraxis ist das Beamtenrecht insbesondere in folgenden Bereichen relevant:

[398] Vgl. BVerfG, Beschl. v. 2. 12. 1958 – 1 BvL 27/55, NJW, 1959, 189.

- **Personalentscheidungen:** Die Bestenauslese nach Art. 33 Abs. 2 GG verlangt transparente und diskriminierungsfreie Auswahlverfahren.
- **Dienstpflichten und Disziplinarrecht:** Verstöße gegen beamtenrechtliche Pflichten können disziplinarrechtliche Konsequenzen nach sich ziehen und müssen durch interne Kontrollsysteme erkannt und geahndet werden.[399]
- **Nebentätigkeiten und Interessenkonflikte:** Die Genehmigungspflicht für Nebentätigkeiten (§§ 97 ff. BBG) dient der Sicherung der Unparteilichkeit und Integrität.
- **Datenschutz und Amtsverschwiegenheit:** Beamte unterliegen besonderen Anforderungen an den Umgang mit personenbezogenen Daten und vertraulichen Informationen.

Die Einhaltung dieser Regelungen ist nicht nur eine rechtliche Notwendigkeit, sondern auch Ausdruck einer ethisch verantwortungsvollen Verwaltungskultur. Ein funktionierendes Compliance-Management-System muss daher auch die beamtenrechtlichen Vorgaben systematisch integrieren und überwachen.

Nachfolgend werden die verfassungsrechtlichen Grundlagen, die Rechte und Pflichten im Beamtenverhältnis sowie die gesetzlichen dienstrechtlichen Besonderheiten und die praxisrelevanten Herausforderungen des Beamtenrechts im Kontext der öffentlichen Verwaltungspraxis und im Rahmen der HR-Compliance insbesondere bei Personalentscheidungen beleuchtet.

4.2.1 Rechte und Pflichten im Beamtenverhältnis

Das Beamtenverhältnis ist nach § 4 BBG ein öffentlich-rechtliches Dienst- und Treueverhältnis zwischen dem Dienstherrn und dem Beamten. Es unterscheidet sich grundlegend vom privatrechtlichen Arbeitsverhältnis und ist durch besondere Rechte und Pflichten geprägt, die auf den hergebrachten Grundsätzen des Berufsbeamtentums beruhen. Im Gegensatz zu den gegenseitigen Rechten und Pflichten des Arbeitsverhältnisses begründen die Beamtenverhältnisse für den Beamten und den Dienstherrn besondere geregelte Pflichten, die unmittelbar aus dem Gesetz folgen und nicht vertraglich vereinbart werden. Der Beamte hat die gesetzlich normierte Pflicht, dem Dienstherrn seine Arbeitskraft mit dem vollen

[399] Siehe VI.

persönlichen Einsatz zur Verfügung zu stellen. Der Dienstherr ist im Gegenzug dazu verpflichtet, dem Beamten einen amtsangemessenen Unterhalt für sich und seine Familie zu gewähren, vgl. § 78 BBG.

Die zentralen Pflichten sind im Bundesbeamtengesetz geregelt, hier insbesondere in den §§ 60 ff. BBG. Dazu gehören z. B. die Treuepflicht (§ 60 BBG), die Dienstleistungspflicht (§ 61 BBG), die Gehorsamspflicht (§ 62 BBG), die Remonstrationspflicht (§ 63 BBG), die Verschwiegenheitspflicht (§ 67 BBG) und das Verbot der Vorteilsannahme (§ 71 BBG).

Die Treuepflicht umfasst gemäß § 60 Abs. 1 Satz 2 BBG die unparteiische und gerechte Aufgabenerfüllung zum Wohl der Allgemeinheit. Gegenüber allen gesellschaftlichen Interessengruppen wie Bürgern, Versicherten, Unternehmen soll der Beamte gemeinwohlorientiert und interessenneutral seine Dienste ausüben. Das Neutralitätsprinzip, das sich aus Art. 33 Abs. 3 und 5 GG sowie Art. 3 Abs. 3 GG ergibt, umfasst insbesondere die Verpflichtung, dass das Berufsbeamtentum in seiner Neutralität sicherstellt, den verfassungsmäßigen Regierungen unabhängig von deren politischer Ausrichtung loyal zur Verfügung zu stehen. Nur so kann die Funktionsfähigkeit der öffentlichen Verwaltung in der Demokratie gewährleistet werden. Das Berufsbeamtentum soll eine „Institution, die, gegründet auf Sachwissen, fachliche Leistung und loyale Pflichterfüllung, eine stabile Verwaltung sichern und damit einen ausgleichenden Faktor gegenüber den das Staatsleben gestaltenden politischen Kräften darstellen ...".[400]

Beamte müssen sich durch ihr gesamtes Verhalten zu der freiheitlichen demokratischen Grundordnung i. S. d. Grundgesetzes bekennen und für deren Erhaltung eintreten. Aus dem Verhalten des Beamten muss deutlich werden, dass er Angriffe gegen die freiheitliche demokratische Grundordnung, die in seiner Gegenwart erfolgen, nicht billigt.[401] Die Pflicht zur Verfassungstreue leitet sich aus Art. 33 Abs. 5 GG und § 33 Abs. 1 Satz 3 BBG ab. Damit unvereinbar ist z. B. in der elektronischen Kommunikation mit Dritten (in Einzel- oder Gruppenchats) volksverhetzende, ausländerfeindliche, rassistische, menschenverachtende, rechtsextreme oder den Nationalsozialismus verherrlichende bzw. verharmlosende Beiträge zu posten, weiterzuleiten oder derartige Beiträge zustimmend zu

400 BVerfG, Beschl. v. 17. 10. 1957 – 1 BvL 1/57, NJW, 1957, 1795.
401 *Grigoleit* in: Battis, BBG, § 60 Rn. 14.

kommentieren. Dabei ist es nicht von Bedeutung, ob dieses Verhalten Ausdruck einer dementsprechenden inneren Einstellung des Beamten ist. So ist nach der Rechtsprechung ein Verstoß gegen § 33 Abs. 1 Satz 3 BBG bereits durch das Setzen eines „bösen Scheins" einer nicht verfassungstreuen Gesinnung durch aktives Verhalten ausreichend.[402]

Beamte haben das Recht, sich politisch zu betätigen. Das umfasst auch die Mitgliedschaft oder die aktive Tätigkeit von Beamten in einer politischen Partei. Allerdings muss hier zwischen verfassungskonformen, verfassungsfeindlichen und verfassungswidrigen Parteien unterschieden werden. Die Mitgliedschaft und das aktive Engagement eines Beamten in einer als verfassungsfeindlich eingestuften Partei oder Vereinigung, aber auch bei deren nicht positiv verfassungsfeindlichen Feststellung, kann den Dienstherrn zu Zweifeln an der Eignung des Beamten veranlassen. Ist eine Partei vom BVerfG nach Art. 21 Abs. 2 GG als verfassungswidrig eingestuft, ist bereits die Mitgliedschaft des Beamten verboten und mit seinem Amt unvereinbar. Bei der Ausübung erlaubter politischer Tätigkeiten und Äußerungen haben Beamte eine amtsangemessene Mäßigung und Zurückhaltung zu wahren, um das Vertrauen der Bürger in die Funktionsfähigkeit der öffentlichen Verwaltung sicherzustellen.

Die Dienstleistungspflicht der Beamten nach § 61 BBG umfasst die Art und Weise der Wahrnehmung der Aufgaben, das Verhalten innerhalb und außerhalb des Dienstes sowie das Erscheinungsbild. So haben Beamte sich nach § 61 Abs. 1 Satz 1 BBG mit vollem persönlichem Einsatz ihrem Beruf während der Arbeitszeit zu widmen.[403] Das übertragene Amt haben sie uneigennützig, also unbefangen und ohne den Verdacht der Bestechlichkeit, nach bestem Gewissen wahrzunehmen. Der Dienst der Beamten soll i. d. R. einen Lebensberuf darstellen, da das Lebenszeitprinzip als hergebrachter Grundsatz des Berufsbeamtentums festgelegt ist. Aus dem Zweck dieses Grundsatzes leitet sich der volle persönliche Einsatz für den Beruf ab. Weiterhin kann aus dem vollen persönlichen Einsatz für den Beamten eine Pflicht zur Gesunderhaltung abgeleitet werden. Diese Pflicht beinhaltet z. B., alle gebotenen und zumutbaren

[402] OVG Münster, Urt. v. 25. 6. 2025 – 31 A 1775/23.O, BeckRS 2025, 16265.
[403] *Grigoleit* in: Battis, BBG, § 61 Rn. 3.

Maßnahmen zu ergreifen, um die eingeschränkte oder verlorene Dienstfähigkeit wieder herzustellen.

Beispiel:

Die Pflicht des Beamten zur Erhaltung bzw. Wiederherstellung seiner Gesundheit ist gesetzlich nicht ausdrücklich geregelt. Sie folgt aus dem Beamtenverhältnis als öffentlich-rechtlichem Dienst- und Treueverhältnis. Die volle Hingabe an den Beruf erschöpft sich nicht allein darin, nach dem jeweiligen Gemüts- und Gesundheitszustand eine optimale Arbeitsleistung zu erbringen, sondern beinhaltet auch die Verpflichtung, die Arbeitskraft bestmöglich wiederherzustellen. So kann es z. B. zur Wiederherstellung der Dienstfähigkeit nach einem Dienstunfall möglich sein, dass der Beamte nach Aufforderung des Dienstherrn eine zumutbare Operation durchführen lassen muss. Zumutbar ist eine ärztliche Behandlung, wenn diese allgemein üblich und nicht mit erheblicher Gefahr für Leib und Gesundheit verbunden ist.[404] *Auf einen Verstoß gegen Gesunderhaltungs- und Wohlverhaltenspflicht der Beamten kann der Dienstherr dem ersten Anschein nach bei der Ausübung einer körperlich und/oder psychisch anspruchsvollen Freizeitaktivität während des Genesungszeitraums auf eine Beeinträchtigung der Wiedergenesung schließen, falls ein arbeitsunfähig erkrankter Beamter jegliche Angaben zu seiner Erkrankung verweigert.*[405]

Bestimmte Anforderungen werden auch an das Erscheinungsbild eines Beamten gestellt. Gemäß § 61 Abs. 2 BBG sind Beamte verpflichtet, bei der Ausübung ihres Dienstes oder bei Tätigkeiten mit unmittelbarem Dienstbezug auch hinsichtlich ihres Erscheinungsbildes Rücksicht auf das ihrem Amt entgegengebrachte Vertrauen zu nehmen. Die Vorschrift wurde im Jahr 2021 durch das Gesetz zur Regelung des Erscheinungsbildes von Beamtinnen und Beamten eingeführt.[406] Die Regelung erlaubt insbesondere das Einschränken oder das Verbieten bestimmter Kleidungsstücke, Schmuck, Symbole und Tätowierungen im sichtbaren Bereich, Vorgaben zur Haar- und Barttracht des Dienstherrn (z. B. für Soldaten), die Einschränkungen

[404] OVG Münster, Urt. v. 14. 2. 1990 – 6 A 2041/89, NJW, 1990, 2950.
[405] OVG Lüneburg, Beschl. v. 29. 5. 2017 – 6 AD 2/17, NVwZ-RR, 2017, 743.
[406] BGBl. 2021 I S. 2250.

religiös oder weltanschaulich konnotierter Merkmale, sofern sie objektiv geeignet sind, das Vertrauen in die neutrale Amtsführung zu beeinträchtigen, sowie ein generelles Verbot der Gesichtsverhüllung im Dienst mit Ausnahme bei dienstlichen oder gesundheitlichen Gründen.

Die Vorschrift berührt das allgemeine Persönlichkeitsrecht gemäß Art. 2 Abs. 1 GG und die Menschenwürde gemäß Art. 1 Abs. 1 GG. Einschränkungen sind daher nur zulässig, wenn sie auf einer hinreichend bestimmten gesetzlichen Grundlage beruhen und verhältnismäßig sind. So stellte auch das BVerwG in seiner Entscheidung klar, dass eine Regelung des zulässigen Ausmaßes von Tätowierungen bei Beamten einer hinreichend bestimmten gesetzlichen Ermächtigung bedarf.[407] Somit können Tätowierungen im sichtbaren Bereich wie Symbole, die als Kennzeichnen der Waffen-SS verwendet wurden, von der obersten Dienstbehörde eingeschränkt oder untersagt werden, soweit die Funktionsfähigkeit der Verwaltung oder die Pflicht zum achtungs- und vertrauenswürdigen Verhalten dies erfordert. Demgegenüber wurde ein Bewerber für den Polizeidienst, der mit einem großflächigen Löwenkopf auf dem Unterarm tätowiert war, nicht abgelehnt, da das Motiv neutral war und keine Zweifel an der Verfassungstreue aufkamen. Das Gericht verwies auf den gesellschaftlichen Wandel und die zunehmende Akzeptanz von Körperschmuck.[408] Im Zweifel muss vor einem Verbot geprüft werden, ob es nicht ausreicht, das Bedecken des Tattoos durch langärmelige Kleidung anzuordnen.

Des Weiteren besteht für Beamte in Ausübung ihres Dienstes und bei Tätigkeiten mit unmittelbarem Dienstbezug die Pflicht zur religiösen und weltanschaulichen Neutralität. Das BVerfG führt hierzu aus: *„Das Grundgesetz begründet für den Staat als Heimstatt aller Staatsbürger in Art. 4 Abs. 1, Art. 3 Abs. 3 Satz 1, Art. 33 Abs. 3 GG sowie durch Art. 136 Abs. 1 und 4 und Art. 137 Abs. 1 Weimarer Reichsverfassung (WRV) i. V. m. Art. 140 GG die Pflicht zu religiöser und weltanschaulicher Neutralität."*[409] Das GG untersagt die Privilegierung bestimmter Bekenntnisse ebenso wie die Ausgrenzung Andersgläubiger. Der Staat und seine Bediensteten haben auf eine am Gleichheitssatz orientierte Behandlung der verschiedenen Reli-

[407] BT-Drs. 19/26839; BVerwG, Urt. v. 17. 11. 2017 – 2 C 25.17, NJW, 2018, 1185.
[408] BVerwG, Urt. v. 14. 5. 2020 – 2 C 13.19, JuS, 2020, 1228.
[409] BVerfG, Beschl. v. 14. 1. 2020 – 2 BvR 1333/17, NJW, 2020, 1049, 1052.

gions- und Weltanschauungsgemeinschaften zu achten und dürfen sich nicht mit einer bestimmten Religionsgemeinschaft identifizieren. Insoweit wird das Recht auf Tragen eines Kopftuchs durch eine Rechtsreferendarin aufgrund der auferlegten Pflicht, bei Tätigkeiten, bei denen sie als Repräsentanten des Staates wahrgenommen werden oder wahrgenommen werden könnten, um die Neutralität der Justiz zu wahren, eingeschränkt. Diese Entscheidung stützte sich auf das Neutralitätsgebot und die objektive Eignung zur Beeinträchtigung des Vertrauens in die Amtsführung.[410] Die Regelung des Erscheinungsbildes ist ein Ausdruck der Pflicht zum achtungs- und vertrauenswürdigen Verhalten, vgl. § 61 Abs. 1 BBG. Sie dient dem Schutz der Funktionsfähigkeit der Verwaltung und der Wahrung der staatlichen Neutralität.

§ 61 Abs. 2 BBG stellt sicher, dass das äußere Erscheinungsbild von Beamten mit der Würde und Neutralität ihres Amtes vereinbar bleibt. Die Vorschrift ist verfassungsrechtlich sensibel und verlangt eine sorgfältige Interessenabwägung zwischen dem Persönlichkeitsrecht und dem öffentlichen Vertrauen. Sie ist ein zentraler Bestandteil der beamtenrechtlichen Compliance und muss in der Verwaltungspraxis mit Augenmaß umgesetzt werden. Einschränkungen des Erscheinungsbildes sind, wie bereits dargelegt, nur dann zulässig, wenn sie auf einer gesetzlichen Grundlage beruhen (vgl. § 61 Abs. 2 BBG), im Einzelfall verhältnismäßig und objektiv geeignet sind, das Vertrauen in die Amtsführung zu beeinträchtigen. Die Rechtsprechung betont die Notwendigkeit einer differenzierten Bewertung unter Berücksichtigung von Grundrechten und der Funktionsfähigkeit der Verwaltung.

Praxishinweis:
Bei Durchsetzung von Maßnahmen zum Erscheinungsbild hat zwingend immer eine Einzelfallprüfung zu erfolgen. Pauschale Verbote sind unzulässig. Die Verhältnismäßigkeit muss gewahrt bleiben. Einschränkungen müssen geeignet, erforderlich und angemessen sein und bedürfen einer Ermächtigungsnorm. Je erheblicher diese in die Rechtsstellung des Betroffenen eingreift, desto höhere Anforderungen müssen an den Bestimmtheitsgrad der Ermächtigung gestellt werden. Maßnahmen zum

---

[410] BVerfG, Beschl. v. 14. 1. 2020 – 2 BvR 1333/17, NJW, 2020, 1049.

Erscheinungsbild, die in das Persönlichkeitsrecht eingreifen, sollten durch die Dienststelle dokumentiert und begründet werden, insbesondere bei religiösen oder weltanschaulichen Merkmalen.

4.2.2 Dienstrechtliche Besonderheiten

Beamte unterliegen einer sogenannten Folgepflicht. Die Folgepflicht gehört zu den hergebrachten Grundsätzen des Berufsbeamtentums.[411] Beamte haben ihre Vorgesetzten zu beraten und zu unterstützen, vgl. § 62 Abs. 1 BBG. Sie sind verpflichtet, deren dienstliche Anordnungen auszuführen und deren allgemeine Richtlinien zu befolgen. Die Folgepflicht besteht, wenn der Vorgesetzte *zum Erlass* der fachlichen oder dienstlichen Weisung örtlich und sachlich zuständig, der Beamte *zur Ausführung* der Weisung örtlich und sachlich zuständig und die Weisung von dem Vorgesetzten in dessen *amtlicher Eigenschaft* ausgesprochen sowie zu amtlichen oder dienstlichen *Zwecken* ergangen ist.[412] Die Pflicht gilt aber nicht, soweit die Beamtinnen und Beamten nach besonderen gesetzlichen Vorschriften an Weisungen nicht gebunden sind wie z. B. die Mitglieder des Bundespersonalausschusses. Diese sind gemäß § 121 Nr. 1 BBG unabhängig und nur dem Gesetz unterworfen. Sie dürfen wegen ihrer Tätigkeit weder dienstlich gemaßregelt noch benachteiligt werden.

Die Verantwortung für die Rechtmäßigkeit der Diensthandlungen der Beamten ergibt sich aus § 63 BBG. Diese Norm konkretisiert den rechtsstaatlichen Grundsatz der Bindung der Verwaltung an Gesetz und Recht (Art. 20 Abs. 3 GG) und soll eine gesetzestreue Verwaltung gewährleisten. Grundsätzlich tragen Beamte die volle persönliche Verantwortung für die Rechtmäßigkeit ihrer dienstlichen Handlung (§ 63 Abs. 1 BBG) und haben allen dienstlichen Anordnungen und allgemeinen Richtlinien ihrer unmittelbaren Vorgesetzten i. S. d. § 3 Abs. 2 und 3 BBG grundsätzlich Folge zu leisten. Verstößt der Beamte gegen eine solche Weisung, verhält er sich pflichtwidrig.

Die Folgepflicht wird durch eine konkrete dienstliche Anordnung ausgelöst, kann aber durch die unverzügliche Remonstration des Beamten gemäß § 63 Abs. 2 Satz 1 BBG vorläufig ausgesetzt sein.

---

411 Vgl. BVerfG, Urt. v. 27. 4. 1959 – 2 BvF 2/58, NJW, 1959, 1171.
412 *Grigoleit* in: Battis, BBG, § 62 Rn. 4.

Die Remonstration ist das Hervorbringen von Bedenken an den nächsthöheren Vorgesetzten gegen die Rechtmäßigkeit dienstlicher Anordnungen. Das wäre der Fall, wenn die Anordnung sich als „offensichtlich und in schwerwiegender Weise rechtswidrig" erweist.[413] Die Folgepflicht lebt aber wieder auf, sobald die Remonstration erfolglos geblieben ist, es sei denn, die Anordnung erweist sich als rechtswidrig oder das dem Beamten aufgetragene Verhalten ist erkennbar strafbar oder ordnungswidrig oder verletzt die Würde des Menschen.[414] Eine solche Anordnung muss evident rechtswidrig sein, insbesondere in schwerwiegender Weise gegen elementare Grundrechte wie die Menschenwürde, oder gegen Strafgesetze verstoßen, vgl. § 63 Abs. 2 Satz 4 BBG. Die Remonstration kann gegenüber allen ranghöheren Vorgesetzten erfolgen. Wird von dort die Anordnung gegenüber dem Beamten bestätigt, hat dies zur Folge, dass der Beamte die Anordnung ausführen muss, aber von seiner Verantwortung entlastet wird. Die Bestätigung hat auf Verlangen schriftlich zu erfolgen.

Für die Beamten hat die Remonstration somit eine wichtige Bedeutung, da sie eine Entlastungsfunktion beinhaltet. Beim Nachkommen der Remonstrationspflicht werden Beamte somit von ihrer persönlichen Verantwortung freigestellt. Die Remonstrationspflicht besteht bereits dann, wenn der Beamte die Weisung als möglicherweise rechtswidrig ansieht.

Die Remonstrationspflicht ist ein zentrales Instrument zur Sicherung der Rechtsstaatlichkeit in der öffentlichen Verwaltung. Sie schützt Beamte vor persönlicher Haftung und fördert die behördeninterne Selbstkontrolle. Ihre Anwendung erfordert Mut, Fachkenntnis und eine klare Kommunikation, sowohl von den remonstrierenden Beamten als auch von den Führungskräften.

---

[413] BVerwG, Urt. v. 20. 9. 2018 – 2 C 45/17, NVwZ-RR, 2019, 235, 237.

[414] OVG Magdeburg, Urt. v. 31. 1. 2023 – 11 L 1/21, BeckRS 2023, 2572, Rn. 106.

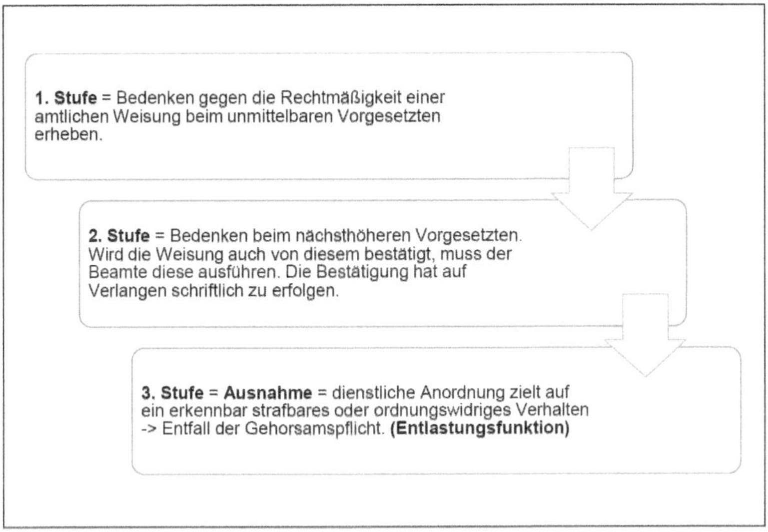

Abbildung 15: Stufen Remonstrationspflicht und -recht der Beamten nach den §§ 62, 63 BBG (eigene Darstellung)

Praxishinweis:

Beamte tragen die volle Verantwortung für die Rechtmäßigkeit ihrer dienstlichen Handlungen. Bei Bedenken gegen eine Anordnung muss unverzüglich remonstriert werden Die Umsetzung der Remonstrationspflicht erfolgt in drei Stufen: zunächst gegenüber dem unmittelbaren Vorgesetzten, danach gegenüber dem nächsthöheren Vorgesetzten. Bei Bestätigung muss die Ausführung der Anordnung, außer bei offensichtlicher Rechtswidrigkeit, erfolgen. Es gibt für die Remonstration keine gesetzlichen Formvorschriften. Sie ist somit mündlich oder schriftlich möglich. In der Praxis empfiehlt es sich, schriftlich mit einer konkreten Begründung und mit Bezug auf die Rechtsnormen zu remonstrieren. Die Personalabteilung sollte die Dokumentation und Nachvollziehbarkeit des Remonstrationsverfahrens sicherstellen. Auf Wunsch des Beamten muss die Bestätigung der Weisung schriftlich erfolgen. Die Dokumentation schützt den Beamten vor Disziplinarmaßnahmen und Amtshaftung nach Art. 34 GG i. V. m. § 839 BGB. Die Grenzen der Folgepflicht der Beamten sind insbesondere bei der Verlet-

zung der Menschenwürde, strafbarem Verhalten und bei einer offensichtlichen Ordnungswidrigkeit gegeben. Führungskräfte sollten Remonstrationen ernst nehmen und nicht als Illoyalität werten. Schulungen der Führungskräfte zur korrekten Handhabung von Remonstrationen in der öffentlichen Verwaltung fördern das Rechtsbewusstsein und die Integrität. Auch bietet sich die Unterstützung der Beamten durch die Mitglieder des Personalrats oder der Hinweis auf eine Rechtsberatung an. Alle Beschäftigten sollten für die Bedeutung der Remonstration als Instrument der Rechtsstaatlichkeit sensibilisiert werden.

Beispiel:

Ein Beamter im gehobenen Dienst einer kommunalen Bauverwaltung erhält die dienstliche Weisung, eine Baugenehmigung für ein Projekt zu erteilen, obwohl die Unterlagen unvollständig sind und ein Verstoß gegen das geltende Bebauungsrecht vorliegt. Der Beamte erkennt, dass die Genehmigung gegen § 30 BauGB verstoßen würde und möglicherweise zu einem rechtswidrigen Verwaltungsakt führt.

Vorgehen:

1. *Der Beamte remonstriert mündlich bei seiner direkten Vorgesetzten und verweist auf die fehlende Genehmigungsfähigkeit.*
2. *Die Vorgesetzte hält die Anordnung aufrecht und fordert die Genehmigung.*
3. *Der Beamte legt schriftlich Bedenken bei der nächsthöheren Dienststelle vor.*
4. *Auch dort wird die Weisung bestätigt – jedoch mit dem Hinweis, dass die Verantwortung nun bei der Leitung liegt.*
5. *Der Beamte führt die Weisung aus, dokumentiert die Remonstration und lässt sich die Bestätigung schriftlich geben.*

Ergebnis: Der Beamte ist nun von der persönlichen Verantwortung befreit, da er den dreistufigen Remonstrationsweg eingehalten hat. Sollte die Genehmigung später aufgehoben oder rechtlich beanstandet werden, ist er disziplinarrechtlich geschützt.

Des Weiteren unterliegen Beamte nach § 67 BBG i. V. m. § 353b StGB einer umfassenden Verschwiegenheitsverpflichtung. Als einer der wichtigsten Verpflichtungen der öffentlichen Amtsträger normiert § 67 BBG die Verschwiegenheitspflicht als eine zentrale beamtenrechtliche Pflicht, die zu den hergebrachten Grundsätzen des Berufsbeamtentums zählt, vgl. Art. 33 Abs. 5 GG.[415] Sie dient primär dem Schutz des Amtsgeheimnisses vor unbefugtem Zugriff. Dies ist wesentlich für die Funktionsfähigkeit einer rechtsstaatlichen, unparteiischen und gerechten Verwaltung, vgl. Art. 33 Abs. 4 GG. Die Pflicht zur Verschwiegenheit umfasst nicht nur den externen Informationsfluss, sondern auch interne Abläufe innerhalb der Behörde. Informationen dürfen nur im Rahmen dienstlich zugewiesener Aufgaben und Zuständigkeiten weitergegeben werden. Dienstliche Äußerungen, die zur unmittelbaren Aufgabenerfüllung erforderlich sind, fallen nicht unter die Verschwiegenheitspflicht. Beamte dürfen dienstliche Informationen nur weitergeben, wenn dies zur Erfüllung ihrer Aufgaben erforderlich ist. Ein Verstoß gegen die Verschwiegenheitspflicht dienstlicher Angelegenheiten i. S. d. § 67 Abs. 1 BBG liegt z. B. vor, wenn interne Entscheidungsprozesse, Ermittlungsergebnisse, behördeninterne Unterlagen, vertrauliche Personalangelegenheiten oder der Inhalt von selbst oder von anderen erstellten Prüfungsaufgaben ohne Genehmigung nach außen getragen werden.[416] Es werden alle dienstliche Angelegenheiten vor einer Weitergabe geschützt, von denen Beamte ohne ihre dienstliche Tätigkeit nicht erfahren hätten.[417]

Beamte benötigen eine ausdrückliche Aussagegenehmigung ihres Dienstvorgesetzten, wenn sie über dienstliche Angelegenheiten sprechen wollen; auch nach Beendigung des Beamtenverhältnisses. Ohne diese Genehmigung dürfen sie weder vor Gericht noch außergerichtlich aussagen, vgl. § 67 Abs. 3 BBG. So wurde z. B. einer früheren Staatssekretärin die Aussagegenehmigung verweigert, da dienstliche Belange betroffen waren. Mangels Verletzung subjektiver Rechte der Antragstellerin, insbesondere ihres allgemeinen Persönlichkeitsrechts, hat die Verschwiegenheitspflicht als hergebrachter Grundsatz des Berufsbeamtentums hier Vorrang. Das Gericht betont in dieser Entscheidung, dass die Bedeutung

415 BVerfG, Beschl. v. 28. 4. 1970 – 1 BvR 690/65, NJW, 1970, 1498, 1500.
416 *Grandjot* in: Brinktrine/Schollendorgf, BeckOK BeamtenR Bund, § 67 Rn. 5, 5.1.
417 *Grandjot* in: Brinktrine/Schollendorgf, BeckOK BeamtenR Bund, § 67 Rn. 6.

der beamtenrechtlichen Verschwiegenheitspflicht zugunsten der Aufrechterhaltung und Funktionsfähigkeit einer geordneten öffentlichen Verwaltung und einer innerdienstlich offenen und unbefangenen Meinungsbildung essenziell sei.[418] Die Verschwiegenheitspflicht, der die ehemalige Beamtin unterliege und die mit Verfassungsrang versehen sei, komme nach der Einschätzung des Gerichts ein höheres Gewicht zu.

Die Schutzrichtung des § 67 BBG unterscheidet sich von der Geheimhaltungspflicht nach § 30 VwVfG, der dem Schutz individueller Grundrechte (z. B. informationelle Selbstbestimmung gemäß Art. 2 Abs. 1 i. V. m. Art. 1 Abs. 1 GG sowie Art. 14 GG) dient. Während § 67 BBG das öffentliche Interesse an einer funktionierenden Verwaltung schützt, dient § 30 VwVfG dem Schutz individueller Grundrechte wie z. B. Datenschutz und Geschäftsgeheimnisse. Zudem stellt § 67 BBG eine Schranke der Meinungsfreiheit nach Art. 5 Abs. 1 GG dar, ist jedoch als allgemeines Gesetz i. S. d. Art. 5 Abs. 2 GG verfassungsrechtlich zulässig.[419]

Die Verschwiegenheitspflicht entfällt nach § 67 Abs. 2 BBG bei:

- gebotenen Mitteilungen im dienstlichen Verkehr,
- offenkundigen Tatsachen, die keiner Geheimhaltung bedürfen,
- begründetem Verdacht auf Korruption (§§ 331 bis 337 StGB),
- Meldungen nach dem Hinweisgeberschutzgesetz (HinSchG).

Ein Spannungsverhältnis kann zwischen dem Schutzbedürfnis der Verwaltung und dem öffentlichen Interesse an Transparenz bestehen, z. B. nach dem Informationsfreiheitsgesetz (IFG)[420] oder nach dem Umweltinformationsgesetz (UIG)[421]. Die Auskunftspflichten aus diesen Gesetzen treffen jedoch den Dienstherrn, nicht den einzelnen Beamten. So hat z. B. nach dem IFG jedermann Anspruch auf Zugang zu amtlichen Informationen. Eine amtliche Information i. S. d. IFG ist jede zu amtlichen Zwecken dienende Aufzeichnung, unabhängig von der Art ihrer Speicherung. Der Anspruch auf Informationszugang besteht z. B. nicht, wenn das Bekanntwerden der Information nachteilige Auswirkungen auf internationale Be-

---

[418] VG Minden, Urt. v. 6. 9. 2024 – 12 L 588/24 (nicht rechtskräftig), GRUR-Prax, 2024, 832.
[419] BVerfG, Beschl. v. 28. 4. 1970 – 1 BvR 690/65, NJW, 1970, 1498.
[420] BGBl. 2005 I S. 2722.
[421] BGBl. 2004 I S. 4764.

ziehungen oder militärische und sonstige sicherheitsempfindliche Belange der Bundeswehr haben kann. Weiterhin gehen Regelungen in anderen Rechtsvorschriften über den Zugang zu amtlichen Informationen vor.

Ein Verstoß gegen die Verschwiegenheitspflicht nach § 67 BBG kann für Beamte schwerwiegende disziplinarrechtliche und strafrechtliche Konsequenzen nach sich ziehen. Die konkreten Folgen hängen vom Einzelfall, insbesondere vom Verschuldensgrad und der Bedeutung der verletzten Geheimhaltung ab. Nach den §§ 5 ff. BDG können gegen Beamte folgende Maßnahmen verhängt werden:

- Verweis oder Ermahnung bei geringfügigen Verstößen.
- Geldbuße oder Kürzung der Dienstbezüge bei mittleren Pflichtverletzungen.
- Zurückstufung in eine niedrigere Besoldungsgruppe.
- Entfernung aus dem Beamtenverhältnis bei schwerwiegenden Verstößen.

Rechtsprechung: *Nach einem Urteil des BVerwG wurde ein Beamter des Bundesnachrichtendienstes (BND), der gegen § 67 BBG verstoßen hatte, aufgrund der Verletzung der Verschwiegenheitspflicht, die als ein schwerwiegendes Dienstvergehen eingeordnet wurde, aus dem Dienst entfernt, da er sensible Informationen unbefugt weitergegeben hatte. Das Gericht urteilte, dass dieses konkrete Verhalten die Integrität des öffentlichen Dienstes erheblich beschädigt hatte.*[422] *Mit dem festgestellten Verhalten hatte der Beamte die ihm obliegenden Dienstpflichten vorsätzlich, rechtswidrig und schuldhaft verletzt. Damit hat er ein einheitliches, innerdienstliches Dienstvergehen i. S. d. § 77 Abs. 1 Satz 1 BBG begangen. Die Verletzung der Verschwiegenheitspflicht nach § 67 Abs. 1 BBG ist in Verwaltungsbereichen, in denen die Geheimhaltungspflicht von besonderer Bedeutung ist, insbesondere beim Auslandsgeheimdienst, ein schwerwiegendes Dienstvergehen, das eine Disziplinarmaßnahme bis zur Entfernung aus dem Beamtenverhältnis rechtfertigen kann.*[423]

Zusätzlich kann ein Verstoß auch strafrechtlich relevant sein, insbesondere, wenn Dienstgeheimnisse oder personenbezogene Daten unbefugt offenbart werden, eine Verletzung von Privatgeheimnis-

VII

[422] BVerwG, Urt. v. 2. 3. 2023 – 2 A 19.21, NVwZ-RR, 2023, 916.
[423] BVerwG, Urt. v. 2. 3. 2023 – 2 A 19.21, NVwZ-RR, 2023, 916, 917.

sen nach § 203 Abs. 2 StGB oder ein Geheimnisverrat nach § 353b StGB vorliegt. Mögliche strafrechtliche Konsequenzen sind die Erteilung einer Geldstrafe oder einer Freiheitsstrafe bis zu 5 Jahren, insbesondere bei besonders schwerem Fall von Geheimnisverrat.

Hier eine übersichtliche Darstellung zu den disziplinar- und strafrechtlichen Konsequenzen bei einem Verstoß gegen § 67 BBG:

Art der dienstrechtlichen Konsequenz	Maßnahme	Erläuterung/Beispiel
Disziplinarrechtlich	– Verweis, § 6 BDG – Geldbuße, § 7 BDG – Kürzung der Bezüge, § 8 BDG – Zurückstufung, § 9 BDG – Entfernung aus dem Dienst, § 10 BDG	Abhängig von Schwere und Umständen des Verstoßes, z. B. Entfernung bei schwerem Geheimnisverrat.
Strafrechtlich	– Geldstrafe – Freiheitsstrafe bis zu 5 Jahren	Bei Verstoß gegen § 203 Abs. 2 StGB oder § 353b StGB, z. B. Geheimnisverrat, Verletzung von Privatgeheimnissen.
Amtshaftung (§ 839 BGB i. V. m. Art. 34 GG)	– Staat haftet für schuldhafte Pflichtverletzung der Beamten im Amt	Der Staat kann den Beamten in Regress nehmen, wenn dieser vorsätzlich oder grob fahrlässig gehandelt hat.
Zivilrechtlich	– Schadensersatzpflicht, §§ 823 ff. BGB i. V. m. §§ 249, 253 BGB	Wenn durch den Verstoß ein Dritter nachweislich geschädigt wurde.
Beruflich/Persönlich	– Vertrauensverlust – Karriereeinbußen – Rufschädigung	Negative Auswirkungen auf das berufliche Fortkommen und Ansehen im öffentlichen Dienst.

Tabelle 3: Zusammenfassung disziplinar- und strafrechtliche Konsequenzen (eigene Darstellung)

Praxishinweis:

Die Personalabteilung sollte bei Dienstantritt eine Aushändigung eines Merkblatts der Erläuterung der Relevanz der Verschwiegenheitspflicht veranlassen. Verpflichtung zur Verschwiegenheit sollte schriftlich dokumentiert und unterschrieben werden. Regelmäßige Sensibilisierungsschulungen, z. B. über Schulungsvideos, insbesondere zum Umgang mit sensiblen personengebundenen und Gesundheitsdaten, können über die Personalabteilung auf den Weg gebracht werden. Das Verfahren zur Aussagegenehmigung kann über das Intranet klar geregelt und kommuniziert werden. Auf die dienstrechtlichen Konsequenzen bei Pflichtverstößen sollte hingewiesen werden.

Zusammenfassend lassen sich folgende Maßnahmen im Rahmen der HR-Compliance empfehlen:

- Entwicklung und Implementierung interner Richtlinien zur Remonstration und Verschwiegenheit.
- Integration der Themen in die Onboarding-Prozesse.
- Einrichtung eines anonymen Hinweisgebersystems.
- Zusammenarbeit mit Datenschutzbeauftragten und Compliance-Stellen.
- Regelmäßige Überprüfung und Aktualisierung der internen Regelwerke.

Eine Checkliste zum Umgang mit der Remonstrations- und Verschwiegenheitsverpflichtung von Beamten findet sich im Anhang.[424]

4.3 Transparenz von Entgelten und Entgeltregelungen

Die Gewährleistung von Entgeltgleichheit zwischen Frauen und Männern stellt einen zentralen Bestandteil moderner Gleichstellungspolitik dar und ist zugleich Ausdruck rechtsstaatlicher Prinzipien in der öffentlichen Verwaltung. Mit dem Inkrafttreten des Entgelttransparenzgesetzes (EntgTranspG) am 6. Juli 2017[425] hat der deutsche Gesetzgeber ein Instrument geschaffen, das die Transparenz von Entgeltstrukturen fördern und geschlechtsbezogene

---

424 Siehe Anhang IX. 5.

425 BGBl. 2017 I S. 2152, zuletzt geändert d. Art. 25 des Gesetzes v. 5. 7. 2021 (BGBl. 2021 I S. 3338).

Diskriminierung bei der Vergütung systematisch verhindern soll. Das Ziel des Gesetzes beinhaltet die Durchsetzung des Gebots gleichen Entgelts für Frauen und Männer bei gleicher oder gleichwertiger Arbeit, welches ein wesentlicher Bestandteil der grundrechtlich geschützten Gleichberechtigung von Frauen und Männern darstellt, vgl. Art. 3 Abs. 2 Satz 2 GG. Mit der Umsetzung des Gesetzes sollen bestehende Nachteile in Bezug auf strukturelle Faktoren und erwerbsbiografische Unterschiede zwischen Frauen und Männern wie z. B. geringere Präsenz von Frauen in Führungspositionen, familienbedingte Erwerbsunterbrechungen und länger andauernde Teilzeittätigkeit, aber auch der Entgeltunterschied zwischen Männern und Frauen bei gleicher formaler Qualifikation und im Übrigen gleichen Merkmalen abgebaut werden. Das Gesetz soll unmittelbare und mittelbare Entgeltdiskriminierung des Geschlechts mittels Transparenz von Entgelten und Entgeltregelungswegen beseitigen.[426] Dieses Gesetz entstand aufgrund einer Empfehlung der EU-Kommission zur Stärkung des Grundsatzes des gleichen Entgelts für Frauen und Männer durch mehr Transparenz.[427] Damit sollen die EU-Mitgliedstaaten mehr Transparenz über betriebliche Entgeltstrukturen sowie über die Kriterien und Maßstäbe der Arbeitsbewertung fördern, um unmittelbare und vor allem mittelbare Entgeltdiskriminierung effektiv zu beseitigen und zu verhindern.[428] Das BAG führt dazu aus, dass, wenn ein Entgeltsystem zur Anwendung kommt, dieses Entgeltsystem nach § 4 Abs. 4 EntgTranspG als Ganzes und auch die einzelnen Entgeltbestandteile so ausgestaltet sein müssen, dass eine Benachteiligung wegen des Geschlechts ausgeschlossen ist. Die Kriterien der Entgeltdifferenzierung müssen konsequent geschlechtsneutral aufgestellt, ausgelegt und in der betrieblichen Praxis angewendet werden. Für unmittelbare Entgeltdiskriminierungen wegen des Geschlechts gibt es keine Möglichkeit der Rechtfertigung.[429]

Vor dem Hintergrund der bevorstehenden Umsetzung der EU-Richtlinie zur Entgelttransparenz[430] gewinnt das EntgTranspG in der öffentlichen Verwaltungspraxis weiter an Bedeutung. Die Mitgliedstaaten haben diese Richtlinie bis zum 7. Juni 2026 umzusetzen.

---

426 BT-Drs. 18/11133, S. 1.
427 ABl. L 69, S. 112.
428 BT-Drs. 18/11133, S. 2.
429 BAG, Urt. v. 21. 1. 2021 – 8 AZR 488/19, NZA, 2021, 1011, 1021.
430 ABl. L 132/21.

Die Richtlinie sieht eine Ausweitung der Transparenzpflichten sowie strengere Sanktionen bei Verstößen vor und wird das bestehende nationale Regelwerk substanziell erweitern. Öffentliche Einrichtungen stehen damit vor der Herausforderung, ihre Vergütungssysteme nicht nur rechtskonform, sondern auch diskriminierungsfrei und nachvollziehbar zu gestalten.

Dieses Kapitel beleuchtet die rechtlichen Grundlagen des EntgTranspG, analysiert die spezifischen Anforderungen an öffentliche Arbeitgeber und zeigt auf, wie Compliance-Strukturen in der Verwaltungspraxis ausgestaltet werden können, um den gesetzlichen Vorgaben wirksam zu entsprechen. Dabei werden sowohl die bestehenden Regelungen als auch die absehbaren Entwicklungen im Zuge der europäischen Rechtsangleichung berücksichtigt.

4.3.1 Geltungsbereich und Adressatenkreis

Das EntgTranspG gilt für alle Arbeitgeber mit i. d. R. mehr als 200 Beschäftigten, vgl. § 12 Abs. 1 EntgTranspG. Für öffentliche Arbeitgeber, insbesondere Körperschaften, Anstalten und Stiftungen des öffentlichen Rechts, gelten die Regelungen entsprechend, sofern sie die personellen Schwellenwerte überschreiten. Mit Blick auf die bevorstehende Umsetzung der EU-Entgelttransparenzrichtlinie wird der Geltungsbereich künftig auf sämtliche Arbeitgeber in öffentlichen und privaten Sektoren ausgeweitet. Arbeitgeber mit mindestens 100 Arbeitnehmern sollen danach regelmäßig über das Entgelt Bericht erstatten. Ein übermäßiger Verwaltungsaufwand für Kleinstunternehmen und kleine Unternehmen ist zu vermeiden.[431] Umfasst sind alle Arbeitnehmer, die gemäß den in dem jeweiligen Mitgliedstaat geltenden Rechtsvorschriften, Tarifverträgen und/ oder Gepflogenheiten einen Arbeitsvertrag haben oder in einem Beschäftigungsverhältnis stehen sowie Stellenbewerber.[432] VII

Vom persönlichen Anwendungsbereich des § 5 Abs. 2 Nr. 1 und 2 EntgTranspG sind Arbeitnehmer und Beamte des Bundes sowie der sonstigen der Aufsicht des Bundes unterstehenden Körperschaften, Anstalten und Stiftungen des öffentlichen Rechts umfasst. Es gilt für Arbeitgeber von natürlichen und juristischen Personen sowie für tarifgebundene Arbeitgeber. Der sachliche Bereich beinhaltet alle

431 ABl. L 132/26.
432 ABl. L 132/32.

Grund- oder Mindestarbeitsentgelte sowie alle sonstigen Vergütungen, die unmittelbar oder mittelbar in bar oder in Sachleistungen aufgrund eines Beschäftigungsverhältnisses gewährt werden, vgl. § 5 Abs. 1 EntgTranspG. Somit sind auch die Arbeitgeber im öffentlichen Dienst in dem Anwendungsbereich miteinbezogen, obwohl durch die Tarifbindung und die Mitbestimmung der Betriebsräte oder Personalräte der Lohnunterschied zwischen Frauen und Männern deutlich geringer als im Durchschnitt ausfällt. Mit dem Gesetz sollen die Arbeitgeber und die betrieblichen Interessenvertretungen zur Wahrnehmung ihrer sozialpartnerschaftlichen Verantwortung aufgefordert werden, ihre Vergütungsstrukturen zu überprüfen und das Gebot der Entgeltgleichheit entsprechend zu gestalten.[433] Das Gesetz verpflichtet somit auch die öffentlichen Arbeitgeber zur Einhaltung spezifischer Informations-, Prüf- und Berichtspflichten, die im Kontext verwaltungsinterner Compliance-Maßnahmen eine zunehmende Relevanz erfahren.

4.3.2 Individueller Auskunftsanspruch

Beschäftigte haben gemäß den §§ 10 ff. EntgTranspG einen Anspruch auf Auskunft über die Kriterien und Verfahren zur Entgeltfindung sowie über das durchschnittliche monatliche Bruttoentgelt von Kollegen des anderen Geschlechts in vergleichbarer Position. Der individuelle Auskunftsanspruch nach § 10 EntgTranspG und die zu erteilende Auskunft nach den §§ 11 ff. EntgTranspG sind nach dem Zweck des EntgTranspG auf die Durchsetzung des Entgeltgleichheitsanspruchs von Männern und Frauen bei gleicher oder gleichwertiger Arbeit gerichtet.[434] Der Anspruch nach den §§ 10 ff. EntgTranspG besteht auch für Beschäftigte des öffentlichen Dienstes gemäß § 5 Abs. 2 Nr. 1 bis 5 EntgTranspG in Dienststellen mit i. d. R. mehr als 200 Beschäftigten. So erstreckt sich gemäß § 10 Abs. 1 Satz 3 EntgTranspG das Auskunftsrecht auf das durchschnittliche monatliche Bruttoentgelt nach § 5 Abs. 1 EntgTranspG und auf bis zu zwei einzelnen Entgeltbestandteilen. Das Auskunftsverlangen hat in Textform zu erfolgen. Öffentliche Arbeitgeber müssen sicherstellen, dass dieser Anspruch innerhalb der gesetzlichen Frist von 3 Monaten erfüllt wird. Die Auskunft kann auch kollektivrechtlich über Personalvertretungen geltend gemacht werden.

433 BT-Drs. 18/11133, S. 3.
434 BAG, Urt. v. 21. 1. 2021 – 8 AZR 488/19, NZA, 2021, 1011.

In der EU-Entgelttransparenzrichtlinie wird den Stellenbewerbern das Recht eingeräumt, vom künftigen Arbeitgeber Informationen über das auf objektiven, geschlechtsneutralen Kriterien beruhende Einstiegsentgelt für die betreffende Stelle oder dessen Spanne und ggf. die einschlägigen Bestimmungen des Tarifvertrags, den der Arbeitgeber in Bezug auf die Stelle anwendet, zu erhalten. Diese Informationen sind beispielsweise in einer veröffentlichten Stellenausschreibung, vor dem Vorstellungsgespräch oder auf andere Weise zur Verfügung zu stellen.[435]

4.3.3 Berichtspflichten

Lageberichtspflichtige öffentliche Arbeitgeber mit mehr als 500 Beschäftigten sind verpflichtet, alle 5 Jahre (bei Tarifbindung) bzw. alle 3 Jahre (ohne Tarifbindung) einen Bericht zur Gleichstellung und Entgeltgleichheit zu erstellen, vgl. § 21 EntgTranspG. Lageberichtspflichtig sind insbesondere Kapitalgesellschaften. Laut Unternehmensregister des Statistischen Bundesamtes sind von den 6.279 Unternehmen mit mehr als 500 Beschäftigten ca. 3.950 Kapitalgesellschaften.[436] Dieser Bericht ist öffentlich zugänglich zu machen und dient der Rechenschaftslegung gegenüber der Öffentlichkeit und den Aufsichtsbehörden.

4.3.4 Ausblick: Umsetzung der EU-Entgelttransparenzrichtlinie

Die EU-Richtlinie 2023/970 zur Stärkung der Entgelttransparenz wird bis spätestens Juni 2026 in nationales Recht umzusetzen sein. Sie sieht u. a. vor: **VII**

- Pflicht zur Offenlegung von Gehaltsinformationen bereits im Bewerbungsverfahren,
- Ausweitung des Auskunftsanspruchs auf Bewerber,
- verpflichtende Entgeltanalysen bei festgestellten Lohnunterschieden von mehr als 5 %,
- Beweislastumkehr zugunsten der Beschäftigten im Streitfall,
- Sanktionsmechanismen bei Verstößen gegen Transparenzpflichten.

---

[435] ABl. L 132/34.

[436] BT-Drs. 18/11133, S. 42.

Die zweite Evaluation zur Wirksamkeit des EntgTranspG im Sommer 2023 hat gezeigt, dass bisher 4 % der befragten Beschäftigten in Betrieben und Einrichtungen des öffentlichen Dienstes mit mehr als 200 Beschäftigten den Auskunftsanspruch geltend gemacht haben. Nur 10 % der Unternehmen ohne tarifliche Entgeltstruktur und knapp 30 % der Unternehmen mit tariflicher Entgeltstruktur haben über Gleichstellung und Entgeltgleichheit berichtet. Das Gutachten empfiehlt, dass das Gesetz bekannter gemacht werden muss, die gesetzlichen Regelungen klarer und einheitlicher und die Verbindlichkeit der gesetzlichen Regelungen und der Instrumente gesteigert werden müssen.[437] Diese Entwicklungen werden die Anforderungen an öffentliche Arbeitgeber erheblich verschärfen und machen eine frühzeitige Anpassung der internen Vergütungs- und Compliance-Strukturen erforderlich.

In einem Urteil von 2021 bewertete das BAG die Verwirklichung des Anspruchs auf Entgeltgleichheit im Rahmen einer Klage wegen eines Verstoßes gegen das Verbot der Benachteiligung wegen des Geschlechts. Die Klägerin forderte die Zahlung eines höheren monatlichen Arbeitsentgeltes bei einer Anstalt des öffentlichen Rechts.[438] Das Gericht kam zu dem Schluss, dass eine Klage auf gleiches Entgelt für gleiche sowie gleichwertige Arbeit ohne Diskriminierung wegen des Geschlechts sowohl auf den direkt anwendbaren Art. 157 AEUV als auch auf § 3 Abs. 1 EntgTranspG und/oder § 7 EntgTranspG gestützt werden kann. Diese Bestimmungen dienen nebeneinander der Verwirklichung des Anspruchs auf Entgeltgleichheit.[439] Der Begriff des „Entgelts" umfasst sämtliche Entgeltbestandteile. Darunter fallen die üblichen Grund- oder Mindestlöhne und -gehälter sowie alle sonstigen Vergütungen, die der Arbeitgeber aufgrund des Dienstverhältnisses dem Arbeitnehmer mittelbar oder unmittelbar als Geld- oder Sachleistung zahlt, vgl. § 5 Abs. 1 EntgTranspG. Bei einer Klage auf gleiches Entgelt für gleiche sowie gleichwertige Arbeit ohne Diskriminierung wegen des Geschlechts ist jeder einzelne Entgeltbestandteil für sich zu betrachten und keine Gesamtbewertung des gezahlten Entgelts vorzunehmen. Nur so ist eine echte Transparenz, die für eine wirksame Kontrolle unerlässlich ist, gewährleistet.[440] Eine Entgeltgleichheitsklage ist somit auf die

[437] *BMBFSFJ* (2023), zuletzt geprüft am 15. 9. 2025.
[438] BAG, Urt. v. 21. 1. 2021 – 8 AZR 488/19, NZA, 2021, 1011.
[439] BAG, Urt. v. 21. 1. 2021 – 8 AZR 488/19, NZA, 2021, 1011, 1014.
[440] BAG, Urt. v. 21. 1. 2021 – 8 AZR 488/19, NZA, 2021, 1011, 1015.

Nachzahlung gleichheitswidrig vorenthaltener Vergütung gerichtet. Wird eine Diskriminierung festgestellt und sind bislang keine Maßnahmen zur Wiederherstellung der Gleichbehandlung getroffen worden, können die Gerichte die Wahrung des Grundsatzes der Gleichbehandlung nur dadurch gewährleisten, dass den Angehörigen der benachteiligten Gruppe dieselben Vorteile gewährt werden wie den Angehörigen der privilegierten Gruppe zugutekommen.[441]

Das BAG stellt fest, dass bei gleicher oder gleichwertiger Arbeit sowohl eine unmittelbare als auch eine mittelbare Benachteiligung wegen des Geschlechts im Hinblick auf sämtliche Entgeltbestandteile und Entgeltbedingungen verboten ist. Eine unmittelbare Entgeltbenachteiligung liegt vor, wenn Beschäftigte wegen des Geschlechts bei gleicher oder gleichwertiger Arbeit ein geringeres Entgelt erhalten, als Beschäftigte des jeweils anderen Geschlechts erhält, erhalten hat oder erhalten würde, vgl. § 3 Abs. 1 und 2 EntgTranspG. Eine mittelbare Entgeltbenachteiligung liegt vor, wenn dem Anschein nach geschlechtsneutrale Regelungen, Auswahlkriterien oder Verfahren in ihrer tatsächlichen Wirkung Beschäftigte eines Geschlechts gegenüber dem anderen Geschlecht in Bezug auf das Entgelt benachteiligen. Eine solche mittelbare Diskriminierung ist nur dann rechtlich zulässig, wenn die betreffenden Regelungen durch ein legitimes Ziel sachlich gerechtfertigt sind und die eingesetzten Mittel zur Erreichung dieses Ziels sowohl angemessen als auch erforderlich sind.[442]

VII

Beispiel:

Teilzeitbeschäftigte im öffentlichen Dienst: In einer kommunalen Verwaltung erhalten Beschäftigte, die in Vollzeit arbeiten, eine monatliche Leistungszulage, wenn sie bestimmte Zielvereinbarungen erfüllen. Teilzeitbeschäftigte hingegen erhalten diese Zulage nicht, da die Verwaltung pauschal davon ausgeht, dass sie aufgrund der geringeren Arbeitszeit die Ziele nicht im gleichen Maße erreichen können. Dies erscheint zunächst eine neutrale Regelung zu sein, denn die Leistungszulage bezieht sich formal auf das Erreichen bestimmter Ziele, unabhängig vom Geschlecht. Trotzdem stellt diese Regelung faktisch eine Benachteiligung dar, da in der Praxis überwiegend Frauen in

441 BAG, Urt. v. 21. 1. 2021 – 8 AZR 488/19, NZA, 2021, 1011, 1022.
442 BAG, Urt. v. 21. 1. 2021 – 8 AZR 488/19, NZA, 2021, 1011, 1015.

Teilzeit beschäftigt sind. Durch den Ausschluss von Teilzeitkräften von der Zulage werden somit vor allem Frauen benachteiligt. Somit liegt in diesem Fall eine mittelbare Diskriminierung vor, insbesondere eine mittelbare Entgeltbenachteiligung, da eine scheinbar neutrale Regelung (Zielerreichung als Voraussetzung für die Zulage) in der Wirkung geschlechtsspezifisch diskriminiert. Eine solche Benachteiligung wäre nur dann zulässig, wenn sie durch ein legitimes Ziel sachlich gerechtfertigt und die Maßnahme zur Zielerreichung geeignet, erforderlich und angemessen wäre. Pauschale Annahmen über die Leistungsfähigkeit von Teilzeitkräften genügen diesen Anforderungen regelmäßig nicht. In diesem Fall wäre die Regelung zur Leistungszulage voraussichtlich nicht mit dem EntgTranspG vereinbar, da sie eine mittelbare Diskriminierung von Frauen darstellt und nicht durch ein legitimes Ziel in angemessener Weise gerechtfertigt ist.

Nach § 4 EntgTranspG liegt gleiche Arbeit vor, wenn Beschäftigte, unabhängig vom Geschlecht, identische oder gleichartige Tätigkeiten verrichten, sei es gleichzeitig an unterschiedlichen Arbeitsplätzen oder nacheinander am selben Arbeitsplatz, vgl. § 4 Abs. 1 EntgTranspG. Eine gleichwertige Arbeit i. S. d. Gesetzes ist gegeben, wenn unter Berücksichtigung einer Gesamtheit relevanter Faktoren, insbesondere die Art der Tätigkeit, erforderliche Qualifikationen sowie Arbeitsbedingungen, eine vergleichbare Situation festgestellt werden kann, vgl. § 4 Abs. 2 Satz 1 und 2 EntgTranspG. Maßgeblich sind dabei die objektiven Anforderungen der Tätigkeit selbst, losgelöst von der Person der Beschäftigten und deren individueller Leistung, vgl. § 4 Abs. 2 Satz 3 EntgTranspG. Der Begriff der gleichwertigen Arbeit ermöglicht es, unterschiedliche Tätigkeiten im Wege einer diskriminierungsfreien Arbeitsbewertung auf ihren Arbeitswert hin zu analysieren und so strukturelle oder mittelbare Entgeltbenachteiligungen zu identifizieren.[443]

[443] BAG, Urt. v. 21. 1. 2021 – 8 AZR 488/19, NZA, 2021, 1011, 1015.

Beispiel:

Gleichwertige Arbeit in einer Landesbehörde: In einer Landesbehörde arbeiten zwei Beschäftigte in unterschiedlichen Funktionen:

- *Beschäftigte A ist als Sachbearbeiterin im Personalwesen tätig. Sie bearbeitet eigenständig komplexe Personalangelegenheiten, erstellt Arbeitsverträge, führt Personalakten und berät Führungskräfte in arbeitsrechtlichen Fragen. Für diese Tätigkeit ist eine abgeschlossene Ausbildung im gehobenen nichttechnischen Verwaltungsdienst erforderlich.*
- *Beschäftigter B arbeitet als Sachbearbeiter im technischen Gebäudemanagement. Er ist zuständig für die Koordination von Wartungsarbeiten, die Überwachung technischer Anlagen und die Einhaltung von Sicherheitsvorschriften. Auch hier ist eine Ausbildung im gehobenen technischen Verwaltungsdienst erforderlich.*

Obwohl sich die Tätigkeiten inhaltlich unterscheiden, sind sie hinsichtlich der Komplexität, Verantwortung, erforderlichen Qualifikation und Arbeitsbedingungen vergleichbar. Eine diskriminierungsfreie Arbeitsbewertung ergibt, dass beide Tätigkeiten denselben Arbeitswert aufweisen. Die Tätigkeiten sind nicht identisch, aber sie sind gleichwertig i. S. v. § 4 Abs. 2 EntgTranspG. Eine unterschiedliche Vergütung wäre nur dann zulässig, wenn sie auf sachlichen, nicht diskriminierenden Gründen beruht. Ergibt sich jedoch, dass die weiblich dominierte Tätigkeit wie z. B. im Personalwesen systematisch schlechter vergütet wird als die männlich dominierte, z. B. im technischen Gebäudemanagement, ohne dass eine sachliche Rechtfertigung vorliegt, liegt eine mittelbare Entgeltbenachteiligung vor.

4.3.5 Darlegungs- und Beweislast

Die Darlegungs- und Beweislast trägt nach § 15 Abs. 5 EntgTranspG beim Unterlassen der Erfüllung der Auskunftspflicht im Streitfall der nicht tarifgebundene Arbeitgeber. Er muss nachweisen, dass kein Verstoß gegen das Entgeltgleichheitsgebot i. S. d. Gesetzes vorliegt. Dies gilt auch, wenn der Betriebsrat aus Gründen, die der Arbeitgeber zu vertreten hat, die Auskunft nicht erteilen konnte. Das BAG hat die Darlegungs- und Beweislast konkretisiert und bestimmt, dass im vorliegenden Rechtsstreit über gleiches Entgelt für gleiche oder gleichwertige Arbeit sich die Verteilung der Darlegungs- und Beweislast grundsätzlich nach § 22 AGG richtet. Diese sieht eine abgestufte Beweislastverteilung vor: Zunächst obliegt es der klagenden Partei, also den Beschäftigten, die sich auf eine geschlechtsbezogene Entgeltbenachteiligung beruft, Indizien vorzutragen und ggf. zu beweisen, die eine Benachteiligung wegen des Geschlechts vermuten lassen. Dazu gehört insbesondere die Darlegung, dass sie eine gleiche oder gleichwertige Tätigkeit wie ein besser vergüteter Kollege des anderen Geschlechts ausübt. Gelingt dieser erste Anschein, kehrt sich die Beweislast um. Der Arbeitgeber muss sodann nachweisen, dass kein Verstoß gegen das Entgeltgleichheitsgebot vorliegt, sondern dass sachliche, nicht geschlechtsbezogene Gründe die unterschiedliche Vergütung rechtfertigen. Hierbei gilt das Beweismaß des Vollbeweises. Ergänzend kann § 15 Abs. 5 EntgTranspG zur Anwendung kommen, wenn der Arbeitgeber seiner Auskunftspflicht nach dem EntgTranspG nicht nachkommt. In diesem Fall trifft ihn eine erweiterte Beweislast: Er muss dann umfassend darlegen und beweisen, dass keine geschlechtsbezogene Entgeltbenachteiligung vorliegt. Diese Regelung stellt eine unionsrechtskonforme Modifikation der allgemeinen Beweislastverteilung nach § 22 AGG dar.[444]

Mittlerweile gibt es drei weitere Urteile aus der Rechtsprechung, die die Beweislastregelung nach § 22 AGG konkretisieren. Das LAG Baden-Württemberg entschied in einem Fall, in dem eine Beschäftigte feststellte, dass ihr Grundgehalt sowie sogenannte „Phantom-Shares" unter dem Median der männlichen Vergleichsgruppe lagen. Sie machte eine Entgeltbenachteiligung wegen ihres Geschlechts geltend und klagte auf höhere Vergütung. Der Arbeitgeber konnte die behaupteten sachlichen Differenzierungskriterien (z. B. Berufserfahrung, Betriebszugehörigkeit, Arbeitsqualität) nicht hinreichend konkret darlegen und belegen. Die Klägerin erhielt eine teilweise Nachzahlung für das Grundgehalt und für die „Phantom-Shares". Somit steht fest, dass, falls ein Beschäftigter im Hinblick auf einen oder mehrere Vergütungsbestandteile niedriger vergütet wurde als diejenige Vergleichsgruppe des anderen Geschlechts, die eine gleiche oder gleichwertige Arbeit verrichtet, der Arbeitgeber darlegen und beweisen muss, dass ausschließlich andere Gründe als das Geschlecht zu einer ungünstigeren Behandlung des

VII

444 BAG, Urt. v. 21. 1. 2021 – 8 AZR 488/19, NZA, 2021, 1011, 1016.

Beschäftigten geführt haben. Beruft sich der Arbeitgeber darauf, dass die Beschäftigten aus der Vergleichsgruppe eine größere Berufserfahrung, eine längere Betriebszugehörigkeit und/oder eine höhere Arbeitsqualität aufweisen, muss er darlegen, wie diese Kriterien im Einzelnen bewertet und zueinander gewichtet wurden. Gelingt die entsprechende Darlegung und ggf. der entsprechende Beweis nicht, steht dem Beschäftigten eine höhere Vergütung nach Maßgabe des EntgTranspG zu.[445] Das LAG führte aus, dass § 22 AGG auch im Rechtsstreit um gleiches Entgelt für gleiche sowie gleichwertige Arbeit nach den speziellen Regelungen in § 3 Abs. 1 bzw. § 7 EntgTranspG maßgebend ist. Besteht die Vermutung einer Benachteiligung, trägt die andere Partei die Beweislast dafür, dass der Gleichbehandlungsgrundsatz nicht verletzt worden ist. Hierfür gilt das Beweismaß des sogenannten Vollbeweises, d. h. der Arbeitgeber muss Tatsachen vortragen und ggf. beweisen, aus denen sich ergibt, dass kein Verstoß gegen das Entgeltgleichheitsgebot vorliegt, sondern ausschließlich andere Gründe als das Geschlecht zu einer ungünstigeren Behandlung geführt haben.[446]

In einem weiteren Urteil des BAG klagte eine Außendienstmitarbeiterin, die für die gleiche Tätigkeit ein geringeres Gehalt als ihr männlicher Kollege erhielt. Der Arbeitgeber berief sich auf individuelle Gehaltsverhandlungen und eine geplante Nachfolgeregelung. Das BAG stellte eine unmittelbare Entgeltbenachteiligung fest. Die bloße Berufung auf Vertragsfreiheit oder individuelles Verhandlungsgeschick reiche nicht aus, um die Vermutung einer Diskriminierung zu entkräften. Die Klägerin erhielt die Differenzvergütung sowie eine Entschädigung nach § 15 Abs. 2 AGG.[447] Das Gericht führte aus, dass eine Entgeltbenachteiligung wegen des Geschlechts nach § 22 AGG vermutet wird, wenn eine Partei darlegt und beweist, dass ihr Arbeitgeber ihr ein niedrigeres Entgelt zahlt als ihren zum Vergleich herangezogenen Kollegen/Kolleginnen des anderen Geschlechts und dass sie die gleiche oder eine gleichwertige Arbeit verrichtet. Der Umstand, dass sich die Parteien eines Arbeitsvertrags im Rahmen ihrer Vertragsfreiheit auf ein höheres Entgelt verständigen als der Arbeitgeber mit einer Arbeitskraft des anderen Geschlechts mit gleicher oder gleichwertiger Arbeit vereinbart, ist für sich allein betrachtet nicht geeignet, die Vermutung

[445] LAG BW, Urt. v. 19. 6. 2024 – 4 Sa 26/23, NZA-RR, 2024, 457.
[446] LAG BW, Urt. v. 19. 6. 2024 – 4 Sa 26/23, NZA-RR, 2024, 457, 464.
[447] BAG, Urt. v. 16. 2. 2023 – 8 AZR 450/21, NZA, 2023, 958.

einer geschlechtsbezogenen Entgeltbenachteiligung nach § 22 AGG zu widerlegen.[448]

In einem Urteil aus 2025 klagte eine Abteilungsleiterin auf Entgeltnachzahlung, da sie weniger verdiente als ein männlicher Kollege mit vergleichbarer Tätigkeit. Sie stützte sich auf das Gehalt des Spitzenverdieners in der männlichen Vergleichsgruppe. Das BAG entschied in diesem Fall, dass ein einzelner besserverdienender Kollege als Vergleichsperson ausreichen kann, um eine Diskriminierungsvermutung zu begründen. Das Gericht stellte klar, dass nicht der Medianlohn, sondern auch das Gehalt eines einzelnen Kollegen als Indiz für eine Benachteiligung herangezogen werden kann. Das Urteil wird als Grundsatzurteil zu Equal Pay betrachtet, denn es gilt: Gleiches Geld für gleiche Arbeit.[449] Das Urteil erleichtert Beschäftigten die Durchsetzung ihres Anspruchs auf gleiches Gehalt bei gleicher oder gleichwertiger Arbeit. Dies stärkt die Position von Klägern im Rahmen der Beweislastumkehr nach § 22 AGG. Der Fall wurde an das Landesarbeitsgericht (LAG) zurückverwiesen, da der Arbeitgeber nun die Möglichkeit hat, den Beweis für eine nicht geschlechtsbedingte Begründung der Gehaltsunterschiede zu erbringen.[450]

Praxishinweis zur Umsetzung der europäischen Entgelttransparenzrichtlinie in 2026:

Zu beachten ist, dass in Stellenanzeigen ab 2026 Gehaltsinformationen bereits im Bewerbungsverfahren offengelegt werden müssen. Somit sollten Stellenausschreibungen um konkrete Gehaltsspannen und Kriterien für die Vergütung ergänzt werden. Für den Auskunftsanspruch sollten Prozesse zur Bearbeitung von Auskunftsanträgen standardisiert werden. Dies könnte mit der Etablierung eines zentralen Ansprechpartners in der Personalabteilung oder einer digitalen Plattform (Intranet) für Anfragen umgesetzt werden. Es empfiehlt sich, wiederkehrend die Entgeltstrukturen zu überprüfen und zu dokumentieren. Es könnten regelmäßige Entgeltanalysen mittels interner Prüfungen durchgeführt werden, um geschlechtsbezogene Unterschiede zu identifizieren. Dazu können digitale

448 BAG, Urt. v. 16. 2. 2023 – 8 AZR 450/21, NZA, 2023, 958.
449 BAG, Urt. v. 23. 10. 2025 – 8 AZR 300/24, becklink 2036059.
450 BAG, Urt. v. 23. 10. 2025 – 8 AZR 300/24, becklink 2036059.

Tools eine hilfreiche Unterstützung zur diskriminierungsfreien Arbeitsbewertung sein. Kriterien und Verfahren zur Entgeltfindung sollten schriftlich festgehalten werden. Ein internes Vergütungshandbuch kann ein gutes Hilfsmittel sein. Öffentliche Arbeitgeber mit mehr als 250 Beschäftigten müssen eine Berichterstattung über das Entgeltgefälle zwischen Arbeitnehmerinnen und Arbeitnehmern erstellen. In Zusammenarbeit mit den Arbeitnehmervertretungen ist eine gemeinsame Entgeltbewertung vorzunehmen.[451] *Die Arbeitgeber stellen bei Vorliegen eines Unterschiedes bei der durchschnittlichen Entgelthöhe von Arbeitnehmerinnen und Arbeitnehmern in Höhe von mindestens 5 % in einer Gruppe von Arbeitnehmern eine gemeinsame Entgeltbewertung den Beschäftigten und den Arbeitnehmervertretungen zur Verfügung und teilen sie der Überwachungsstelle mit. Sie stellen die Informationen auf Ersuchen der Arbeitsaufsichtsbehörde und der Gleichbehandlungsstelle zur Verfügung.*[452] *Für diese verpflichtenden Entgeltanalysen empfiehlt sich, ein standardisiertes Reporting-Format zu entwickeln und Kennzahlen zur Entgeltgleichheit zu integrieren. Es ist auch jetzt schon die Beweislastumkehr zu beachten, sodass bei Vorliegen von Indizien für eine Diskriminierung der Arbeitgeber den Vollbeweis erbringen muss. Dazu sollte eine revisionssichere Dokumentation aller Vergütungsentscheidungen geführt werden. Bei Verletzungen der Rechte und Pflichten im Zusammenhang mit dem Grundsatz des gleichen Entgelts drohen wirksame, verhältnismäßige und abschreckende Sanktionen.*[453] *Es empfiehlt sich, frühzeitig mit einer Gap-Analyse zu starten, um bestehende Prozesse an die EU-Vorgaben anzupassen. Die öffentliche Verwaltung sollte Compliance-Beauftragte für die Entgelttransparenz etablieren und Führungskräfte und Beschäftigte der Personalabteilung für Diskriminierungsrisiken und neue Pflichten sensibilisieren. Unterstützend können E-Learning-Module zur Entgeltgleichheit und Beweislastregelungen zum Einsatz kommen.*

Eine Kurz-Checkliste zur Entgeltgleichheit für die Personalabteilung befindet sich im Anhang.[454]

---

451 ABl. L 132/36.
452 ABl. L 132/37.
453 ABl. L 132/40.
454 Siehe Anhang IX. 6.

4.4 Beschäftigtendatenschutz

Die Verarbeitung personenbezogener Daten im Beschäftigungsverhältnis stellt öffentliche Verwaltungen vor komplexe rechtliche und organisatorische Herausforderungen. Mit der DSGVO und den ergänzenden nationalen Regelungen, insbesondere Art. 88 DSGVO und § 26 BDSG, wurde ein normatives Rahmenwerk geschaffen, das den Schutz der Rechte und Freiheiten von Beschäftigten sicherstellen soll. Art. 88 DSGVO eröffnet den Mitgliedstaaten die Möglichkeit, spezifischere Vorschriften für die Datenverarbeitung im Beschäftigungskontext zu erlassen, um den besonderen Anforderungen des Arbeitsrechts und der Verwaltungspraxis Rechnung zu tragen. § 26 BDSG konkretisiert diese Vorgaben für Deutschland und regelt die Zulässigkeit der Verarbeitung von Beschäftigtendaten für Zwecke der Begründung, Durchführung und Beendigung von Arbeitsverhältnissen sowie zur Erfüllung gesetzlicher Pflichten und kollektiver Vereinbarungen.

Die praktische Umsetzung dieser Normen in der öffentlichen Verwaltung ist jedoch mit erheblichen Compliance-Anforderungen verbunden. Neben der Einhaltung der Grundsätze der Datenverarbeitung wie Zweckbindung, Transparenz und Verhältnismäßigkeit müssen Behörden die strukturelle Unterlegenheit der Beschäftigten berücksichtigen und deren informationelles Selbstbestimmungsrecht wahren. Hinzu kommen aktuelle Entwicklungen wie die Rechtsprechung des Europäischen Gerichtshofs zur Vereinbarkeit nationaler Vorschriften mit Art. 88 DSGVO, die die Auslegung und Anwendung von § 26 BDSG beeinflussen und Anpassungsbedarf in der Verwaltungspraxis erzeugen.[455]

Darüber hinaus erfordert die Digitalisierung der Arbeitswelt, insbesondere durch den Einsatz von Videokonferenzsystemen, mobilen Endgeräten und elektronischen Personalakten, eine fortlaufende Überprüfung technischer und organisatorischer Maßnahmen. Öffentliche Stellen müssen sicherstellen, dass die Datenverarbeitung nicht nur rechtmäßig, sondern auch sicher erfolgt, um Sanktionen und Reputationsschäden zu vermeiden. Die Einbindung von Datenschutzbeauftragten, die Durchführung von Datenschutz-Folgenabschätzungen sowie die Schulung von Führungskräften und Mitarbeitenden sind zentrale Elemente einer wirksamen Compliance-Strategie.

---

[455] EuGH, Urt. v. 30. 3. 2023 – C-34/21, NZA, 2023, 487.

4.4.1 Das Spannungsverhältnis zwischen Art. 88 DSGVO und § 26 BDSG

Das Verhältnis zwischen Art. 88 DSGVO und § 26 BDSG ist seit dem Inkrafttreten der DSGVO[456] und insbesondere nach der jüngeren Rechtsprechung des EuGH vom März 2023 Gegenstand intensiver Diskussionen. Art. 88 DSGVO enthält eine sogenannte Öffnungsklausel, die es den Mitgliedstaaten erlaubt, „spezifischere Vorschriften" für die Verarbeitung personenbezogener Daten im Beschäftigungskontext zu erlassen. Diese Vorschriften müssen jedoch die Grundsätze der DSGVO wahren und insbesondere die in Art. 88 Abs. 2 DSGVO genannten Anforderungen erfüllen, wie die Sicherstellung der menschlichen Würde, der berechtigten Interessen und der Grundrechte der betroffenen Personen.[457] Die EuGH-Entscheidung stellt klar, dass nationale Vorschriften nur dann als „spezifischere Vorschriften" gelten können, wenn sie über eine bloße Wiederholung der DSGVO hinausgehen und die Anforderungen des Art. 88 Abs. 2 DSGVO erfüllen, es sei denn, sie stellen eine Rechtsgrundlage i. S. v. Art. 6 Abs. 3 DSGVO dar, die den Anforderungen dieser Verordnung genügt.[458] § 26 Abs. 1 BDSG beschränkt sich im Wesentlichen auf die Wiedergabe der allgemeinen Erlaubnistatbestände der DSGVO, insbesondere Art. 6 Abs. 1 lit. b DSGVO, und enthält keine zusätzlichen Schutzmechanismen, die die menschliche Würde oder die Grundrechte der Beschäftigten in besonderer Weise sichern. Damit verstößt die Norm gegen das unionsrechtliche Normwiederholungsverbot und ist nach Auffassung des EuGH nicht anwendbar.[459] VII

Für die Praxis bedeutet dies, dass sich öffentliche Arbeitgeber künftig nicht mehr auf § 26 Abs. 1 BDSG als eigenständige Rechtsgrundlage stützen können, sondern unmittelbar die Erlaubnistatbestände der DSGVO heranziehen müssen, insbesondere Art. 6 Abs. 1 lit. b (Vertragserfüllung) und lit. f (berechtigtes Interesse). Gleichwohl bleibt § 26 BDSG nicht vollständig bedeutungslos: Einzelne Absätze, wie § 26 Abs. 4 BDSG zur Verarbeitung auf Grundlage kollektiver Vereinbarungen, können weiterhin Anwendung finden, sofern sie die Anforderungen des Art. 88 Abs. 2 DSGVO sowie die Anforde-

456 ABl. 2016, L 119/1.
457 EuGH, Urt. v. 30. 3. 2023 – C-34/21, NZA, 2023, 487.
458 EuGH, Urt. v. 30. 3. 2023 – C-34/21, NZA, 2023, 487.
459 EuGH, Urt. v. 30. 3. 2023 – C-34/21, NZA, 2023, 487.

rungen der Art. 5, 6 Abs. 1 und 9 Abs. 1 und 2 DSGVO erfüllen. Dies hat der EuGH in einer weiteren Entscheidung vom Dezember 2024 ausdrücklich bestätigt.[460]

4.4.2 Datenverarbeitung in Betriebsvereinbarungen

Nach Art. 88 Abs. 1 DSGVO können die Mitgliedstaaten durch Rechtsvorschriften oder durch Kollektivvereinbarungen spezifischere Vorschriften zur Gewährleistung des Schutzes der Rechte und Freiheiten hinsichtlich der Verarbeitung personenbezogener Beschäftigtendaten im Beschäftigungskontext, insbesondere für Zwecke der Einstellung, der Erfüllung des Arbeitsvertrags einschließlich der Erfüllung von Rechtsvorschriften oder der in Kollektivvereinbarungen festgelegten Pflichten, des Managements, der Planung und der Organisation der Arbeit, der Gleichheit und Diversität am Arbeitsplatz, der Gesundheit und Sicherheit am Arbeitsplatz, des Schutzes des Eigentums der Arbeitgeber oder der Kunden sowie für Zwecke der Inanspruchnahme der mit der Beschäftigung zusammenhängenden individuellen oder kollektiven Rechte und Leistungen und für Zwecke der Beendigung des Beschäftigungsverhältnisses, vorsehen.

Bislang war es üblich, dass die Sozialpartner in Dienstvereinbarungen eigene Ermächtigungsgrundlagen für die Datenverarbeitung schufen, vgl. § 26 Abs. 4 BDSG. Diese Flexibilität ermöglichte es, maßgeschneiderte Regelungen zu treffen, die perfekt auf die Bedürfnisse der Organisationen und der Belegschaft abgestimmt waren. Diese Praxis basierte auf der Annahme, dass Dienstvereinbarungen, die im Rahmen des § 26 Abs. 4 BDSG geschlossen wurden, eine ausreichende rechtliche Grundlage für die Datenverarbeitung darstellen. Arbeitgeber konnten so beispielsweise die Nutzung von Softwarelösungen wie Microsoft 365 einführen, indem sie entsprechende Dienstvereinbarungen mit den Personalräten abgeschlossen haben.

Die aktuelle Rechtslage verdeutlicht die Spannungsfelder zwischen dem Harmonisierungsziel der DSGVO und dem Bedürfnis nach nationaler Differenzierung im Beschäftigtendatenschutz. Die Entscheidung des EuGH hat weitreichende Konsequenzen für Arbeitgeber. Künftig können sich Arbeitgeber nicht mehr darauf

---

[460] EuGH, Urt. v. 19. 12. 2024 – C-65/23, NJW, 2025, 637.

verlassen, dass eine Dienstvereinbarung allein eine ausreichende rechtliche Grundlage für die Datenverarbeitung darstellt. Sie müssen sicherstellen, dass jede Verarbeitung von Beschäftigtendaten den allgemeinen Vorgaben der DSGVO entspricht. Für die öffentliche Verwaltungspraxis ergeben sich daraus erhebliche Compliance-Herausforderungen: Bestehende Dienstvereinbarungen sollten kritisch überprüft und ggf. angepasst werden. Es ist zu empfehlen, zusätzliche Rechtsgrundlagen aus der DSGVO heranzuziehen, um die Rechtmäßigkeit der Datenverarbeitung sicherzustellen. Behörden müssen ihre Datenschutzkonzepte anpassen, interne Richtlinien überprüfen und sicherstellen, dass Datenverarbeitungen auf einer unionsrechtskonformen Grundlage erfolgen. Dies erfordert nicht nur eine Neubewertung bestehender Prozesse, sondern auch eine verstärkte Schulung der Verantwortlichen und die Einbindung von Datenschutzbeauftragten, um Rechtsverstöße und damit verbundene Sanktionen zu vermeiden.

4.4.3 Zweckbindung und Erforderlichkeitsprinzip

Die Grundsätze der Zweckbindung und der Erforderlichkeit bilden die zentralen Eckpfeiler des Beschäftigtendatenschutzes und sind sowohl in der DSGVO als auch im BDSG verankert. Sie dienen der Sicherstellung, dass personenbezogene Daten von Beschäftigten nur in einem rechtlich zulässigen Rahmen verarbeitet werden und die informationelle Selbstbestimmung gewahrt bleibt. So verpflichtet Art. 5 Abs. 1 lit. b DSGVO den Verantwortlichen, personenbezogene Daten „für festgelegte, eindeutige und legitime Zwecke" zu erheben und nicht in einer mit diesen Zwecken unvereinbaren Weise weiterzuverarbeiten. Im Beschäftigungskontext bedeutet dies, dass die Verarbeitung grundsätzlich auf Zwecke beschränkt ist, die unmittelbar mit der Begründung, Durchführung oder Beendigung des Arbeitsverhältnisses zusammenhängen. Eine Zweckänderung ist nur unter den engen Voraussetzungen des Art. 6 Abs. 4 DSGVO zulässig, wobei die Interessen der betroffenen Beschäftigten besonders zu berücksichtigen sind.

Das Erforderlichkeitsprinzip konkretisiert die Zulässigkeit der Datenverarbeitung. Nach Art. 6 Abs. 1 lit. b DSGVO ist die Verarbeitung rechtmäßig, wenn sie „zur Erfüllung eines Vertrags" erforderlich ist. § 26 Abs. 1 BDSG greift diesen Grundsatz auf und erlaubt die Verarbeitung, soweit sie „für die Entscheidung über die Begründung eines Beschäftigungsverhältnisses oder nach dessen Begründung für dessen Durchführung oder Beendigung erforderlich" ist. Die Erforderlichkeit ist dabei streng auszulegen: Es genügt nicht, dass die Verarbeitung lediglich nützlich oder zweckmäßig ist; sie muss für die Erreichung des jeweiligen Zwecks unabdingbar sein. Dies erfordert eine konkrete Prüfung im Einzelfall unter Berücksichtigung des Grundsatzes der Datenminimierung, vgl. Art. 5 Abs. 1 lit. c DSGVO.

Praxishinweis:

Die Umsetzung dieser Grundsätze in der öffentlichen Verwaltungspraxis ist anspruchsvoll. Behörden müssen sicherstellen, dass jeder Verarbeitungsvorgang einem klar definierten Zweck dient und die Erforderlichkeit dokumentiert wird. Dies gilt insbesondere bei digitalen Personalakten, Videoüberwachung oder der Nutzung von KI-Systemen im Bewerbungsverfahren. Verstöße gegen die Zweckbindung oder eine zu weit gefasste Interpretation der Erforderlichkeit können zu erheblichen Rechtsrisiken führen, einschließlich Bußgeldern und Reputationsschäden.

4.4.4 Umgang mit Gesundheitsdaten, Bewerbungsdaten und Personalakten

Die Verarbeitung besonders sensibler personenbezogener Daten im Beschäftigungskontext stellt öffentliche Arbeitgeber vor erhebliche rechtliche und organisatorische Herausforderungen. Gesundheitsdaten, Bewerbungsunterlagen und Personalakten unterliegen strengen Vorgaben der DSGVO sowie des BDSG. Die Einhaltung dieser Vorschriften ist ein zentraler Bestandteil einer wirksamen Compliance-Strategie. So sind Gesundheitsdaten nach Art. 4 Nr. 15 DSGVO personenbezogene Daten, die sich auf die körperliche oder geistige Gesundheit einer Person beziehen. Sie fallen unter die besonderen Kategorien personenbezogener Daten gemäß Art. 9 Abs. 1 DSGVO und dürfen grundsätzlich nicht verarbeitet werden, es sei denn, es liegt eine ausdrückliche gesetzliche Ausnahme vor. Für den Beschäftigungskontext eröffnet Art. 9 Abs. 2 lit. b DSGVO in Verbindung mit § 26 Abs. 3 BDSG eine Rechtsgrundlage, wenn die Verarbeitung zur Ausübung von Rechten oder zur Erfüllung von Pflichten aus dem Arbeitsrecht erforderlich ist, etwa im Rahmen der Lohnfortzahlung im Krankheitsfall oder der betrieblichen Gesundheitsvorsorge. Dabei gilt das Prinzip der Datensparsamkeit: Es dürfen nur die unbedingt erforderlichen Informationen verarbeitet werden und die Daten sind durch geeignete technische und organisatorische Maßnahmen besonders zu schützen.

Zum Umgang mit Gesundheitsdaten im Beschäftigungsverhältnis gibt es interessante Rechtsprechung. So legte das BAG dem EuGH ein Vorabentscheidungsersuchen zu einem Rechtsstreit zwischen einem Arbeitnehmer und Arbeitgeber, dem Medizinischen Dienst der Krankenversicherung (MDK) – einer Körperschaft öffentlichen Rechts – über die rechtswidrige Verarbeitung von Gesundheitsdaten eigener Mitarbeiter vor, in dem es um die Beurteilung der Arbeitsfähigkeit des Arbeitnehmers ging. Das BAG war der Auffassung, dass eine solche Verarbeitung personenbezogener Daten einer Ermächtigung nach der DSGVO bedarf. Die Frage ist, ob eine Ermächtigung nach der DSGVO gegeben sein kann, wenn ein MDK eine gutachtliche Stellungnahme i. S. v. § 275 SGB V zur Beseitigung von Zweifeln an der Arbeitsunfähigkeit der eigenen Beschäftigten erstellt.[461] Als eine Körperschaft öffentlichen Rechts hat er die gesetzliche Aufgabe, u. a. medizinische Gutachten zur Beseitigung von Zweifeln an der Arbeitsunfähigkeit von gesetzlich Versicherten, die in seinen Zuständigkeitsbereich fallen, zu erstellen, und zwar auch dann, wenn diese Gutachten seine eigenen Beschäftigten betreffen. Der Kläger arbeitete in der IT-Abteilung des MDK, bevor er arbeitsunfähig wurde. Nach dem Ende der Entgeltfortzahlung durch den MDK bezog der Kläger Krankengeld von seiner gesetzlichen Krankenkasse. Diese Krankenkasse beauftragte dann den MDK, eine gutachtliche Stellungnahme zur Arbeitsunfähigkeit des Klägers zu erstellen. Eine im MDK tätige Ärztin erstellte das Gutachten, indem sie u. a. Auskünfte vom behandelnden Arzt des Klägers einholte. Als dieser darüber von seinem behandelnden Arzt informiert wurde, kontaktierte er einen seiner Kollegen der IT-Abteilung und bat ihn, Fotos von dem Gutachten, das sich im elektronischen Archiv des MDK befand, zu machen und ihm zu übermitteln. Da er der Auffassung war, dass ihn betreffende Gesundheitsdaten auf diese Weise rechtswidrig von seinem Arbeitgeber verarbeitet worden seien, forderte der Kläger seinen Arbeitgeber, den MDK, auf, ihm eine Entschädigung i. H. v. 20.000 EUR zu zahlen, was der MDK ablehnte.

Der EuGH führt aus, dass es keinen absoluten Schutz vor Zugang zu Gesundheitsdaten durch Arbeitgeber und Kollegen gibt. Art. 9

[461] BAG, Vorlagebeschl. v. 26. 8. 2021 – 8 AZR 253/20, NZA, 2021, 1713.

Abs. 2 lit. h DSGVO ist zum Schutz natürlicher Personen bei der Verarbeitung personenbezogener Daten dahin auszulegen, dass die in dieser Bestimmung vorgesehene Ausnahme unter dem Vorbehalt, dass die betreffende Datenverarbeitung, die die in Art. 9 Abs. 2 lit. h und in Art. 9 Abs. 3 DSGVO ausdrücklich vorgeschriebenen Voraussetzungen und Garantien erfüllt, auf Situationen anwendbar ist, in denen eine Stelle für medizinische Begutachtung Gesundheitsdaten eines ihrer Arbeitnehmer nicht als Arbeitgeber, sondern als Medizinischer Dienst verarbeitet, um die Arbeitsfähigkeit dieses Arbeitnehmers zu beurteilen. Art. 9 Abs. 3 DSGVO ist dahingehend auszulegen, dass der für eine auf Art. 9 Abs. 2 lit. h DSGVO gestützte Verarbeitung von Gesundheitsdaten Verantwortliche gemäß diesen Bestimmungen nicht verpflichtet ist zu gewährleisten, dass kein Kollege der betroffenen Person Zugang zu den Daten über ihren Gesundheitszustand hat.[462] Art. 9 Abs. 2 lit. h DSGVO gestattet solche Verarbeitung, wenn sie „für die Beurteilung der Arbeitsfähigkeit des Beschäftigten (...) auf der Grundlage des Unionsrechts oder des Rechts eines Mitgliedstaats oder auf Grund eines Vertrags mit einem Angehörigen eines Gesundheitsberufs (...) erforderlich" ist. Die Verarbeitung von Gesundheitsdaten ist rechtmäßig, wenn sie mindestens eine der in Art. 6 Abs. 1 DSGVO genannten Rechtmäßigkeitsvoraussetzungen erfüllt. Die Ermächtigungsgrundlage stellt in diesem Fall § 275 Abs. 1a SGB V dar. Der Arbeitgeber kann bei Zweifel an der Arbeitsunfähigkeit verlangen, dass die Krankenkasse eine gutachtliche Stellungnahme des MDK zur Überprüfung der Arbeitsunfähigkeit einholt.

Zum Anspruch auf Schadensersatz führt der EuGH aus, dass der Anspruch aus Art. 82 Abs. 1 DSGVO nur eine Ausgleichsfunktion hat, weil eine auf diese Bestimmung gestützte Entschädigung in Geld ermöglichen solle, den konkret aufgrund des Verstoßes gegen diese Verordnung erlittenen Schaden vollständig auszugleichen. Dieser erfülle hingegen keine abschreckende oder Straffunktion, wenn er auch den Anreiz zur Einhaltung der DSGVO-Normen ergänzen solle. Damit wurde dem Gedanken der *punitive damages* für den Schadensersatzanspruch aus Art. 82 DSGVO eine Absage erteilt.[463]

---

[462] EuGH, Urt. v. 21. 12. 2023 – C-667/21, GuP, 2024, 110.

[463] EuGH, Urt. v. 21. 12. 2023 – C-667/21, GuP, 2024, 110, 113; EuGH, Urt. v. 25. 1. 2024 – C-687/21, NZA, 2024, 320.

Die Verarbeitung von Bewerberdaten ist nach Art. 6 Abs. 1 lit. b DSGVO zulässig, soweit sie zur Durchführung des Bewerbungsverfahrens erforderlich ist. Nach Abschluss des Bewerbungsverfahrens sind die Unterlagen grundsätzlich zu löschen, es sei denn, eine längere Aufbewahrung ist zur Abwehr von Rechtsansprüchen erforderlich (z. B. nach dem Allgemeinen Gleichbehandlungsgesetz). In diesem Fall ist die Speicherung auf das notwendige Maß zu beschränken und durch geeignete Löschkonzepte abzusichern.

Die Führung von Personalakten ist ein zentrales Element der Personalverwaltung. Die Verarbeitung personenbezogener Daten in Personalakten muss sich an den Grundsätzen der Zweckbindung (vgl. Art. 5 Abs. 1 lit. b DSGVO) und der Erforderlichkeit orientieren. Es dürfen nur solche Daten aufgenommen werden, die für die Durchführung des Beschäftigungsverhältnisses erforderlich sind. Dies konkretisiert § 106 Abs. 3 BBG. Personalaktendaten dürfen ohne Einwilligung der Beamten nur für Zwecke der Personalverwaltung oder der Personalwirtschaft verarbeitet werden. Eine Weitergabe oder Nutzung für andere Zwecke, etwa für Leistungsbewertungen außerhalb des vereinbarten Rahmens, ist unzulässig. Zudem sind besondere Schutzmaßnahmen für sensible Inhalte wie Gesundheitsdaten oder Disziplinarverfahren vorzusehen, einschließlich Zugriffsbeschränkungen und Protokollierung.

Praxishinweis:

Öffentliche Arbeitgeber müssen für alle drei Datenkategorien klare Richtlinien und Prozesse implementieren, um die Rechtsgrundlagen zu prüfen und die Verfahren zu dokumentieren. Damit die Verarbeitung rechtmäßig ist, müssen personenbezogene Daten mit Einwilligung der betroffenen Person oder auf einer sonstigen zulässigen Rechtsgrundlage verarbeitet werden, die sich aus der DSGVO oder anderen Rechtsnormen ergeben. Eine Verarbeitung von Daten sollte als rechtmäßig gelten, wenn sie für die Erfüllung oder den geplanten Abschluss eines Vertrags erforderlich ist. Personenbezogene Daten sollten nur verarbeitet werden, wenn der Zweck der Verarbeitung nicht in zumutbarer Weise durch andere Mittel erreicht werden kann. Es ist der Grundsatz der Datensparsamkeit und eine Zweckbindung zu gewährleisten. Um sicherzustellen, dass die personenbezogenen Daten nicht länger als nötig gespeichert werden, sollte der Verantwortliche Fristen für ihre Löschung oder regelmäßige Überprüfung vorsehen. Es sollten dazu gesetzliche Löschfristen beachtet und technisch umgesetzt werden. Auf personengebunden Daten sind in technischen Systemen, digitalen Tools und Apps nur restriktive Zugriffsrechte zu vergeben und regelmäßig zu überprüfen. Zum besonderen Schutz von Gesundheitsdaten sind gesonderte Schutzmaßnahmen zu implementieren (z. B. Verschlüsselung, getrennte Speicherung). Die Informationspflichten und Auskunftsrechte der betroffenen Personen, hier gegenüber den Beschäftigten nach Art.12 ff. DSGVO, ist zu gewährleisten. Die Nichtbeachtung dieser Vorgaben kann zu erheblichen Risiken führen, einschließlich Bußgeldern nach Art. 83 DSGVO und Reputationsschäden für die öffentliche Verwaltung.

Die Löschfristen und Zugriffsbeschränkungen sind in nachstehender Tabelle sowie in einer Compliance-Checkliste zum Beschäftigtendatenschutz für Behörden zusammengefasst:

Datenkategorie	**Zulässige Verarbeitung**	**Löschfrist**	**Zugriffsberechtigte**
Gesundheitsdaten	Nur bei arbeitsrechtlicher Erforderlichkeit (Art. 9 Abs. 2 lit. b DSGVO, § 26 Abs. 3 BDSG)	Sofort nach Wegfall des Zwecks (z. B. Ende Krankheitsfall)	Personalabteilung, Betriebsarzt, Datenschutzbeauftragte
Bewerbungsunterlagen	Durchführung des Bewerbungsverfahrens (Art. 6 Abs. 1 lit. b DSGVO, § 26 Abs. 1 BDSG)	6 Monate nach Abschluss des Verfahrens (AGG-Frist)	Personalabteilung, Fachbereichsleitung
Personalakten	Durchführung des Beschäftigungsverhältnisses (Art. 6 Abs. 1 lit. b DSGVO, § 26 Abs. 1 BDSG) §§ 106 ff. BBG	Nach Beendigung des Arbeitsverhältnisses: 3–10 Jahre (je nach gesetzlicher Aufbewahrungspflicht), § 113 BBG 5 Jahre nach Abschluss	Personalabteilung, Vorgesetzte, Datenschutzbeauftragte

Tabelle 4: Löschfristen und Zugriffsbeschränkungen (eigene Darstellung)

Maßnahme	**Status**	**Verantwortlich**
1. Rechtsgrundlagen prüfen	☐ Offen/ ☐ Erledigt	Datenschutzbeauftragte
Interne Richtlinien auf DSGVO-Konformität prüfen	☐	Rechtsabteilung
Kollektivvereinbarungen überprüfen	☐	Personalabteilung
2. DSFA durchführen	☐ Offen/ ☐ Erledigt	Datenschutzbeauftragte
Risikoprozesse identifizieren	☐	IT/HR
Datenschutzfolgenabschätzung (DSFA) dokumentieren und aktualisieren	☐	Datenschutzbeauftragte
3. Technische & organisatorische Maßnahmen	☐ Offen/ ☐ Erledigt	IT-Abteilung
Zugriffskontrollen implementieren	☐	IT
Verschlüsselung aktivieren	☐	IT
Protokollierung einrichten	☐	IT
4. Compliance-Management-System	☐ Offen/ ☐ Erledigt	Leitung/ Compliance
Handbuch erstellen	☐	Compliance-Team
Monitoring & Reporting implementieren	☐	Compliance-Team
5. Schulungen & Sensibilisierung	☐ Offen/ ☐ Erledigt	HR/ Datenschutz
Regelmäßige Schulungen durchführen	☐	HR
Praxisorientierte Szenarien einbinden	☐	HR
6. Datenschutzbeauftragte einbinden	☐ Offen/ ☐ Erledigt	Leitung

Maßnahme	**Status**	**Verantwortlich**
Frühzeitige Einbindung sicherstellen	☐	Projektleitung
Ressourcen bereitstellen	☐	Leitung
7. Dokumentationspflichten erfüllen	☐ Offen/ ☐ Erledigt	Datenschutzbeauftragte
Verzeichnis der Verarbeitungstätigkeiten führen	☐	Datenschutzbeauftragte
Audit-Protokolle aktualisieren	☐	Compliance-Team
8. Incident-Management	☐ Offen/ ☐ Erledigt	IT/Datenschutz
Verfahren für Datenschutzverletzungen definieren	☐	IT/Datenschutz
Meldepflichten unverzüglich und möglichst binnen 72 Stunden, nachdem Verstoß bekannt ist, vgl. Art. 33 Abs. 1 DSGVO sicherstellen	☐	Datenschutzbeauftragte

Tabelle 5: Compliance-Checkliste zum Beschäftigtendatenschutz (eigene Darstellung)

5. EU AI Act und seine Auswirkungen auf HR

Die fortschreitende Digitalisierung und der Einsatz Künstlicher Intelligenz (KI) in der öffentlichen Verwaltung stellen nicht nur technologische, sondern auch erhebliche rechtliche Herausforderungen dar. Mit dem Inkrafttreten des EU Artificial Intelligence Act (EU AI Act) am 2. Februar 2025 (Kapitel I und II)[464] hat die Europäische Union (EU) erstmals einen umfassenden Rechtsrahmen geschaffen, der die Entwicklung, Bereitstellung und Nutzung von KI-Systemen reguliert. Ziel ist es, die Sicherheit, Transparenz und den Schutz der Grundrechte der Beschäftigten zu gewährleisten und gleichzeitig Innovation zu fördern. Die Verordnung gilt insbesondere für Anbie-

[464] ABl. L 144. Der EU AI Act tritt vollständig in Kraft am 2. 8. 2026.

ter von KI-Systemen, die diese in der EU in Verkehr bringen oder in Betrieb nehmen und für Betreiber von KI-Systemen, die ihren Sitz in der EU haben, d. h. auch für öffentliche Arbeitgeber wie Behörden oder Sozialleistungsträger, vgl. Art. 2 EU AI Act. Die Verordnung definiert in Art. 3 EU AI Act ein KI-System als „ein maschinengestütztes System, das für einen in unterschiedlicher Grade autonomen Betrieb ausgelegt ist, das nach seiner Betriebsaufnahme anpassungsfähig sein und das aus den erhaltenen Eingaben für explizite oder implizite Ziele ableitet, wie Ausgaben wie etwa Vorhersagen, Inhalte, Empfehlungen oder Entscheidungen, die physische oder virtuelle Umgebungen beeinflussen, erstellen kann".

Die EU-Verordnung (EU AI Act) regelt vor allem Vorschriften für das Inverkehrbringen, die Inbetriebnahme und die Verwendung von KI-Systemen in der Union, Verbote bestimmter Praktiken im KI-Bereich, besondere Anforderungen an Hochrisiko-KI-Systeme und Pflichten für Akteure in Bezug auf solche Systeme sowie harmonisierte Transparenzvorschriften für bestimmte KI-Systeme, vgl. Art 1 EU AI Act. Besondere Relevanz entfaltet der EU AI Act im Bereich Human Resources (HR), da KI-gestützte Systeme für die Personalgewinnung, Leistungsbewertung und Mitarbeiterverwaltung als „Hochrisiko-Systeme" eingestuft werden.[465] Diese Klassifizierung führt zu strengen Compliance-Anforderungen, die öffentliche Arbeitgeber unmittelbar betreffen. Dazu gehören u. a.:

- Transparenzpflichten gegenüber Bewerbern und Beschäftigten,
- Dokumentations- und Nachweispflichten für eingesetzte KI-Systeme,
- Verpflichtung zur menschlichen Aufsicht bei automatisierten Entscheidungen,
- Durchführung von Risiko- und Datenschutz-Folgenabschätzungen (DSFA).

Die Nichteinhaltung dieser Vorgaben kann gravierende Sanktionen nach sich ziehen, von Bußgeldern nach Art. 99 Abs. 3 EU AI Act in Höhe von bis zu 35 Mio. EUR oder 7 % des weltweiten Jahresumsatzes bis hin zu Reputationsschäden und Einschränkungen im operativen Betrieb.

[465] ABl. L 127/144, Anhang III.

Für die öffentliche Verwaltung bedeutet dies, dass die Einführung und Nutzung von KI im HR-Bereich nicht allein eine technische, sondern vor allem eine rechtliche und organisatorische Aufgabe ist. Dieses Kapitel beleuchtet die zentralen Anforderungen des EU AI Acts, analysiert deren Auswirkungen auf die Personalpraxis und zeigt auf, wie Behörden eine rechtskonforme und verantwortungsvolle KI-Nutzung sicherstellen können.

5.1 Hochrisiko-KI-Systeme in Rekrutierung und Personalbewertung

Der EU AI Act ist eine unmittelbar geltende Verordnung der Europäischen Union, die einen einheitlichen Rechtsrahmen für die Entwicklung, Bereitstellung und Nutzung von KI-Systemen schafft. Der Act verfolgt einen risikobasierten Ansatz, bei dem KI-Anwendungen in verschiedene Risikokategorien eingeteilt werden: von minimalem Risiko bis hin zu Hochrisiko-Systemen und verbotenen Praktiken. Für die öffentliche Verwaltung ist der Anwendungsbereich besonders relevant, da Behörden als Betreiber von KI-Systemen denselben Pflichten unterliegen wie private Unternehmen, sofern sie KI in ihren Prozessen einsetzen.

Zur Einordnung von KI-Systemen gibt die EU-Kommission in regelmäßigen Abständen Leitlinien heraus, die rechtlich nicht bindend sind. So veröffentlichte sie am 6. Februar 2025 Leitlinien zur Definition von KI-Systemen, die sieben zentrale Elemente der KI-Definition umfassen wie maschinengestütztes System, Autonomie, Anpassungsfähigkeit, explizite und implizite Ziele des KI-Systems, Fähigkeit zur Ableitung, Erzeugung von Ausgaben, Heuristiken und Interaktion mit der Umwelt.[466]

Als Hochrisiko-KI-Systeme gemäß Art. 6 Abs. 2 EU AI Act gelten KI-Systeme, die bestimmungsgemäß für die Einstellung oder Auswahl natürlicher Personen verwendet werden sollen. Insbesondere, um gezielte Stellenanzeigen zu schalten, Bewerbungen zu sichten oder zu filtern und Bewerber zu bewerten, sowie für Entscheidungen, die die Bedingungen von Arbeitsverhältnissen, Beförderungen und Kündigungen von Arbeitsvertragsverhältnissen beeinflussen, für

[466] ANNEX to the Communication to the Commission Approval of the content of the draft Communication from the Commission – Commission Guidelines on the definition of an artificial intelligence system established by Regulation (EU) 2024/1689 (AI Act) v. 6. 2. 2025.

die Zuweisung von Aufgaben aufgrund des individuellen Verhaltens oder persönlicher Merkmale oder Eigenschaften oder für die Beobachtung und Bewertung der Leistung und des Verhaltens von Personen in solchen Beschäftigungsverhältnissen verwendet werden sollen.[467] Somit sind Hochrisiko-KI-Systeme im HR-Bereich von Anhang III Nr. 4 EU AI Act ausdrücklich erfasst. Dazu gehören Systeme, die für die Personalrekrutierung und -auswahl, die Bewertung von Arbeitsleistung, die Förderung oder Beendigung von Arbeitsverhältnissen sowie für andere Entscheidungen mit erheblichem Einfluss auf die berufliche Laufbahn eingesetzt werden. Der Grund: Solche Anwendungen können die Grundrechte der Betroffenen, insbesondere das Recht auf Nichtdiskriminierung und den Schutz personenbezogener Daten, unmittelbar beeinträchtigen.

Auch wenn der Pflichtenkatalog des EU AI Acts zur Bereitstellung von KI-Hochrisiko-Systemen vor allem für die Anbieter gilt, haben auch die Betreiber solcher Systeme bestimmte Pflichten einzuhalten. Dazu sind sie auf den Anbieter des KI-Systems angewiesen, der nach Art. 13 EU AI Act zu Transparenz und der Bereitstellung von Informationen verpflichtet wird. Anbieter haben Hochrisiko-KI-Systeme bereits so transparent zu entwickeln, dass Betreiber in die Lage versetzt werden sollen, die Ergebnisse der KI bewerten zu können. Transparenz nach Art. 13 EU AI Act bedeutet, das System auf geeignete Art herzustellen, indem Hochrisiko-KI-Systeme mit Betriebsanleitungen in einem geeigneten digitalen Format bereitgestellt oder auf andere Weise mit Betriebsanleitungen versehen werden, sowie präzise, vollständige, korrekte und eindeutige Informationen in einer für die Betreiber relevanten, barrierefrei zugänglichen und verständlichen Form enthalten. VII

Für öffentliche Arbeitgeber heißt das, dass der Einsatz von KI im HR-Bereich strengen Anforderungen dieser KI-Systeme genügen muss. Zu den zentralen Pflichten zählen:

- Durchführung eines Risikomanagements und einer Konformitätsbewertung vor Inbetriebnahme des Systems
- Transparenzpflichten gegenüber Bewerbern und Beschäftigten, einschließlich Information über die Funktionsweise und Entscheidungslogik

[467] ABl. L 127/144, Anhang III, Nr. 4a und 4b.

- Dokumentations- und Protokollierungspflichten zur Nachvollziehbarkeit von Entscheidungen
- Sicherstellung menschlicher Aufsicht (human in the loop) bei automatisierten Prozessen
- Qualitätssicherung der Trainingsdaten, um Diskriminierungen zu vermeiden

Darüber hinaus sind bestimmte Praktiken im HR-Kontext nach Art. 5 EU AI Act verboten, etwa die Emotionserkennung am Arbeitsplatz, die biometrische Kategorisierung oder das Social-Scoring. Diese Verbote gelten auch für öffentliche Verwaltungen und erfordern eine kritische Überprüfung bestehender Systeme.

5.2 Transparenzpflichten, menschliche Aufsicht, DSFA

„Transparenz" bedeutet, dass KI-Systeme so entwickelt und verwendet werden, dass sie angemessen nachvollziehbar und erklärbar sind, wobei den Menschen bewusst gemacht werden muss, dass sie mit einem KI-System kommunizieren oder interagieren. Die Betreiber von KI-Systemen haben ordnungsgemäß über die Fähigkeiten und Grenzen des KI-Systems zu informieren und die betroffenen Personen über ihre Rechte in Kenntnis zu setzen.[468] Hochrisiko-KI-Systeme sollten so ausgestaltet sein, dass die Betreiber und Anbieter in der Lage sind zu verstehen, wie das KI-System funktioniert, seine Funktionalität zu bewerten und seine Stärken und Grenzen zu erfassen. Anbieter von Hochrisiko-KI-Systemen sind mit dem EU AI Act verpflichtet, Informationen über ihr KI-System in einer von der EU-Kommission einzurichtenden und zu verwaltenden EU-Datenbank zu registrieren. Die Betreiber von Hochrisiko-KI-Systemen wie Behörden, Einrichtungen oder sonstigen Stellen sollten sich in dieser Datenbank registrieren und sich über das System informieren, dessen Verwendung sie planen.[469] Eine KI-Datenbank für die öffentliche Verwaltung befindet sich im Bundesministerium für Digitales und Staatsmodernisierung (BMDS) im Aufbau.[470]

Somit sind die Betreiber und die Anbieter von KI-Systemen zu umfassenden Transparenzmaßnahmen verpflichtet, insbesondere bei Hochrisiko-Anwendungen im Bereich Human Resources (HR). Nach

---

[468] ABl. L 21/144.

[469] ABl. L 33/144.

[470] *BMDS* (2025), Willkommen auf dem Marktplatz der KI-Möglichkeiten, zuletzt geprüft am 15. 10. 2025.

Art. 50 EU AI Act müssen natürliche Personen darüber informiert werden, wenn sie mit einem KI-System interagieren, sofern dies nicht offensichtlich ist. Dies gilt insbesondere für Systeme zur Rekrutierung, Leistungsbewertung oder Personalentwicklung, die als Hochrisiko-KI eingestuft sind. Darüber hinaus sind Betreiber verpflichtet, den Einsatz von KI-Systemen zur Emotionserkennung oder biometrischen Kategorisierung offenzulegen und die Verarbeitung personenbezogener Daten im Einklang mit der DSGVO sicherzustellen. Eine Checkliste der Transparenzpflichten beim Einsatz von Hochrisiko-KI-Systemen findet sich im Anhang.[471]

Neben der Transparenz ist die menschliche Aufsicht nach Art. 14 EU AI Act ein zentrales Element der Compliance. Hochrisiko-KI-Systeme dürfen nicht autonom Entscheidungen treffen, die erhebliche Auswirkungen auf die Rechte, Auswirkungen auf die Gesundheit und Sicherheit oder die berufliche Laufbahn von Personen haben. So müssen Hochrisiko-KI-Systeme so konzipiert und entwickelt werden, dass sie während der Dauer ihrer Verwendung von natürlichen Personen wirksam beaufsichtigt werden können. Die menschliche Aufsicht dient der Verhinderung oder Minimierung der Risiken für Gesundheit, Sicherheit oder Grundrechte, die entstehen könnten. Der EU AI Act verlangt, dass Betreiber geeignete Maßnahmen implementieren und Vorkehrungen treffen, um eine wirksame menschliche Kontrolle sicherzustellen. Dies umfasst die Möglichkeit, Entscheidungen zu überprüfen, zu korrigieren oder zu stoppen, bevor sie verbindlich werden. Ziel ist es, die Verantwortlichkeit und Nachvollziehbarkeit zu gewährleisten und die Gefahr automatisierter Diskriminierung zu minimieren. Bei den in Anhang III Nr. 1 lit. a EU AI Act genannten Hochrisiko-KI-Systemen müssen die Vorkehrungen so ausgestaltet sein, dass außerdem der Betreiber keine Maßnahmen oder Entscheidungen allein aufgrund des vom System hervorgebrachten Identifizierungsergebnisses trifft, solange diese Identifizierung nicht von mindestens zwei natürlichen Personen, die die notwendige Kompetenz, Ausbildung und Befugnis besitzen, getrennt überprüft und bestätigt wurde, vgl. Art. 14 Abs. 5 EU AI Act.

Für den Einsatz von Hochrisiko-KI-Systemen im HR-Bereich führt der Verantwortliche vorab eine Abschätzung, d. h. eine sogenannte Datenschutz-Folgenabschätzung (DSFA) gemäß Art. 35 DSGVO durch. Bei der Durchführung einer DSFA ist der Rat des Datenschutz-

---

[471] Siehe Anhang IX, 9.

beauftragten einzuholen. Die DSFA dient der Identifizierung und Bewertung von Risiken für die Rechte und Freiheiten der betroffenen Personen. Sie muss insbesondere prüfen, ob die eingesetzten Algorithmen diskriminierungsfrei arbeiten, wie Daten verarbeitet werden und welche technischen sowie organisatorischen Maßnahmen zur Risikominderung vorgesehen sind. Die DSFA ist nicht nur eine datenschutzrechtliche Pflicht, sondern auch ein integraler Bestandteil des Risikomanagements nach dem EU AI Act, um die Konformität mit den Grundrechten sicherzustellen.

Praxishinweis für HR-Compliance in der öffentlichen Verwaltung:

- *Frühzeitige Risikoanalyse: Identifizieren Sie alle KI-Anwendungen im HR-Bereich und prüfen Sie deren Risikokategorie.*
- *Transparenz sicherstellen: Entwickeln Sie standardisierte Informationsblätter und integrieren Sie Hinweise in Bewerbungsportale.*
- *Menschliche Kontrollmechanismen implementieren: Definieren Sie klare Prozesse für die Überprüfung automatisierter Entscheidungen.*
- *DSFA durchführen und dokumentieren: Nutzen Sie interdisziplinäre Teams (HR, Datenschutz, IT) für die Bewertung.*
- *Schulungen für HR-Mitarbeiter: Sensibilisieren Sie für rechtliche Pflichten und technische Grundlagen der eingesetzten Systeme.*
- *Regelmäßige Compliance-Audits: Überprüfen Sie die Einhaltung der Vorgaben und aktualisieren Sie Prozesse bei Änderungen am KI-System.*

Zusammengefasst lassen sich die drei Kernpflichten des Arbeitgebers wie folgt darstellen:

- **Transparenzpflichten**
  - Offenlegung des KI-Einsatzes gegenüber Bewerbern und Beschäftigten

- Erläuterung der Funktionsweise (Entscheidungslogik, Hauptparameter, Datenquellen)
- Hinweis auf menschliche Überprüfung und Widerspruchsrecht
- Bereitstellung verständlicher Informationen (klar, verständlich, nachvollziehbar)
- Mehrkanal-Kommunikation (z. B. Bewerbungsportal, interne HR-Systeme)
- Regelmäßige Aktualisierung bei Änderungen am KI-System
- Dokumentation und Protokollierung aller Transparenzmaßnahmen

– **Menschliche Aufsicht (human in the loop)**
- Benennung verantwortlicher Personen für die Überprüfung automatisierter Entscheidungen
- Implementierung von Kontrollmechanismen, um Entscheidungen zu stoppen oder zu korrigieren
- Schulung der HR-Mitarbeiter zur Funktionsweise und Risiken der KI-Systeme
- Festlegung klarer Eskalationsprozesse bei fehlerhaften oder diskriminierenden Ergebnissen
- Regelmäßige Überprüfung der Aufsichtsprozesse und Anpassung bei Systemänderungen

– **Datenschutz-Folgenabschätzung (DSFA)**
- Identifikation des KI-Systems und seiner Funktionen im HR-Bereich
- Analyse der Risiken für Grundrechte (Diskriminierung, Datenschutz, Transparenz)
- Bewertung der Datenquellen und Trainingsdaten auf Bias und Rechtmäßigkeit
- Definition technischer und organisatorischer Maßnahmen zur Risikominderung

- Einbindung relevanter Fachbereiche (HR, Datenschutz, IT, Rechtsabteilung)
- Dokumentation der DSFA und Integration in das Compliance-Management
- Regelmäßige Aktualisierung der DSFA bei Änderungen am KI-System

Die Kombination dieser drei Elemente (**Transparenz, menschliche Aufsicht** und **DSFA**) bilden die drei Kernpflichten für eine rechtskonforme und verantwortungsvolle Nutzung von KI in der öffentlichen Verwaltung. Dies führt zu strengen Compliance-Anforderungen, die sowohl rechtliche als auch organisatorische Maßnahmen erfordern. Bewerber und Beschäftigte müssen über den Einsatz von KI informiert werden. Die Funktionsweise, die Entscheidungslogik und die Möglichkeit menschlicher Überprüfung sind klar darzustellen. Automatisierte Entscheidungen bedürfen einer menschlichen Aufsicht. Sie dürfen nicht ohne menschliche Kontrolle verbindlich werden. Verantwortliche müssen befähigt sein, Entscheidungen zu prüfen und zu korrigieren. Vor dem Einsatz von Hochrisiko-KI sollte überprüft werden, ob eine DSFA nach Art. 35 DSGVO erforderlich ist, um Risiken für Grundrechte zu identifizieren und zu minimieren. Alle Prozesse müssen nachvollziehbar dokumentiert werden, einschließlich der Datenquellen und Entscheidungsparameter. Verbotene Praktiken sind zu vermeiden wie z. B. die Emotionserkennung, biometrische Kategorisierung und Social-Scoring.

Praxishinweis:

Erstellte Checklisten sollten in ein Compliance-Handbuch für HR integriert und mit internen Richtlinien (z. B. DSGVO, Vergaberecht, Beamtenrecht) verknüpft werden. Ergänzend empfiehlt sich die Einrichtung eines KI-Compliance-Beauftragten oder einer interdisziplinären Arbeitsgruppe. Der gesamte Compliance-Prozess für Hochrisiko-KI-Systeme im HR-Bereich ist in Abb. 15 dargestellt.

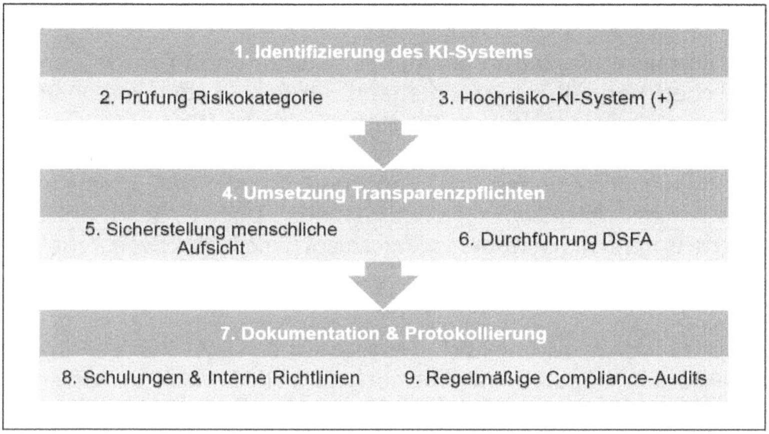

Abbildung 16: HR-Compliance-Prozess bei Einsatz von Hochrisiko-KI-Systemen (eigene Darstellung)

Arbeitshilfen zur Unterstützung der praktischen Umsetzung von KI-Projekten für die praktische Anwendung in der öffentlichen Verwaltung sind z. B. in Zusammenarbeit mit dem BMAS (Denkfabrik) und den Sozialleistungsträgern mittels selbstverpflichtender KI-Leitlinien in der Arbeits- und Sozialverwaltung entstanden.[472] Dazu werden für typische Projektphasen konkrete Aufgaben für verschiedene Rollen in KI-Projekten definiert. In den Arbeitshilfen sind Checklisten und weiterführende Ressourcen enthalten, die bei der Projektdurchführung helfen.[473] Zusätzlich hat das Netzwerk „KI in der Arbeits- und Sozialverwaltung" Leitlinien als Orientierungshilfe erstellt, die den Einsatz von Künstlicher Intelligenz in Behörden klar regeln. Die Leitlinien ergänzen die bestehenden gesetzlichen Vorgaben und sollen Orientierung geben, wie KI-Systeme verantwortungsvoll und rechtssicher in der Praxis eingesetzt und genutzt werden können.[474]

VII

472 *BMAS*, Arbeitshilfe für die praktische Anwendung der selbstverpflichtenden KI-Leitlinien in der Arbeits- und Sozialverwaltung, zuletzt geprüft am 21. 11. 2025.

473 *BMAS*, BMAS-Denkfabrik – Digitale Arbeitsgesellschaft, zuletzt geprüft am 1. 11. 2025.

474 *BMAS*, Selbstverpflichtende Leitlinien für den KI-Einsatz in der behördlichen Praxis der Arbeits- und Sozialverwaltung, zuletzt geprüft am 1. 11. 2025.

6. Digitalisierung und HR-Compliance

Die Digitalisierung verändert die Strukturen und Prozesse der öffentlichen Verwaltung grundlegend. Im Bereich des Personalmanagements eröffnet sie neue Möglichkeiten zur Effizienzsteigerung, die aber zugleich mit erheblichen rechtlichen Herausforderungen und Risiken einhergehen. Die Einführung digitaler HR-Systeme muss nicht nur den Anforderungen des Arbeits-, Dienst-, Beamten- und Datenschutzrechts genügen, sondern auch die kollektiven Regelungen des Mitbestimmungsrechts sowie die Prinzipien von Transparenz und Rechtsstaatlichkeit wahren.

Dieser Abschnitt widmet sich der rechtlichen Bewertung zentraler Aspekte der digitalen Transformation im HR-Bereich der öffentlichen Verwaltung. Zunächst wird der Einsatz von HR-Software und Cloud-Systemen beleuchtet, wobei Fragen der IT-Sicherheit und der Compliance im Vordergrund stehen. Anschließend folgt eine Analyse der Regelungen des Datenschutzes bei der Verwaltung digitaler Personalakten, die unter Berücksichtigung der DSGVO und des BDSG die rechtssichere Verarbeitung sensibler personenbezogener Daten behandelt. Abschließend wird die zunehmende Nutzung von KI-gestützten HR-Prozessen untersucht, insbesondere im Hinblick auf Diskriminierungsrisiken, Transparenzpflichten und die rechtliche Zulässigkeit automatisierter Entscheidungen. Ziel ist es, praxisorientierte Handlungsempfehlungen zu entwickeln, die eine effiziente Digitalisierung ermöglichen, ohne die rechtlichen und ethischen Standards des öffentlichen Dienstes zu gefährden.

6.1 Einsatz von HR-Software und Cloud-Systemen

Dieses Unterkapitel analysiert die rechtlichen Rahmenbedingungen und zeigt praxisorientierte Lösungsansätze für eine rechtssichere Einführung von Cloud-Systemen im HR-Bereich. Die Einführung cloudbasierter HR-Lösungen wirft Fragen zur Daten-, IT-Sicherheit und Compliance auf. Besonders relevant sind die Anforderungen des BSIG, die Vorgaben zur Auftragsverarbeitung nach Art. 28 DSGVO sowie die Sicherstellung der Integrität und Verfügbarkeit sensibler Personaldaten.

Die Implementierung von HR-Software und cloudbasierten Lösungen in der öffentlichen Verwaltung eröffnet erhebliche Effizienzpotenziale, wirft jedoch gleichzeitig komplexe rechtliche Fragen auf. Im Zentrum stehen die Anforderungen an IT-, Datensicherheit und die Einhaltung der DSGVO. Besonders relevant ist die rechtliche Bewertung der Datenverarbeitung durch externe Dienstleister im Rahmen der Auftragsverarbeitung nach Art. 28 DSGVO sowie die Sicherstellung der Datenlokalisierung innerhalb der EU. Darüber hinaus sind die Vorgaben des BSIG und die BSI-Standards zur Gewährleistung der informationstechnischen Grundwerte und branchenspezifischen Sicherheitsstandards für kritische Infrastrukturen für Anbieter digitaler Dienste zu beachten. Dazu gehören z. B. nach § 8 Abs. 2 Nr. 1 und 2 der Verordnung zur Bestimmung Kritischer Infrastrukturen nach dem BSI-Gesetz (BSI-KritisV)[475] i. V. m. Anhang 9 Teil 2[476] auch die Leistungen der Sozialversicherung sowie der Grundsicherung für Arbeitsuchende: die Verwaltungs- und Zahlungssysteme der gesetzlichen Kranken- und Pflegeversicherung bzw. die Leistungs- und Auszahlungssysteme der Sozialleistungsträger. Das trifft ab der Überschreitung bestimmter Schwellenwerte (Anzahl von Versicherten) zu. Als kritische Dienstleistungen werden dabei alle Prozessschritte, die für die Prüfung, Entscheidung und Auszahlung notwendig sind, sowie die Prozessschritte bei der Inanspruchnahme von Sozialleistungen von den Sozialversicherungsträgern der gesetzlichen Unfall-, Arbeitslosen-, Renten- oder Sozialversicherung angesehen.[477]

Die Verarbeitung personenbezogener Daten im Rahmen von HR-Software, z. B. SAP, Phoenix etc., unterliegt den Regelungen der DSGVO sowie des BDSG. Nach Art. 6 Abs. 1 DSGVO ist jede Datenverarbeitung nur zulässig, wenn eine Rechtsgrundlage besteht, etwa die Erfüllung einer rechtlichen Verpflichtung oder die Durchführung dienstrechtlicher Maßnahmen. Für die öffentliche Verwaltung bedeutet dies, dass die Einführung digitaler HR-Systeme auf einer gesetzlichen Grundlage oder einer dienstrechtlichen Regelung beruhen muss. Grundsätzlich braucht es die Erforderlichkeit für die Rechtmäßigkeit der Verarbeitung personenbezogener Daten bei der Wahrnehmung einer Aufgabe nach Art. 6 Abs. 1 lit. e DSGVO, d. h. sie muss im öffentlichen Interesse liegen oder in Ausübung öffentlicher Gewalt erfolgen. Die Ausübung öffentlicher Gewalt umfasst Aufgaben, die einem von der EU anerkannten „Ziel im allgemeinen Interesse" entsprechen, z. B. die Verarbeitung personenbezoge-

---

475 BGBl. 2016 I S. 958, die zuletzt d. Art. 8 des Gesetzes v. 2. 12. 2025 (BGBl. 2025 I Nr. 301) geändert wurde.

476 BGBl. 2025 I Nr. 301, S. 52–53.

477 *Kipker/Reusch/Ritter*, BSI-KritisV, § 7 Rn. 13, 14.

ner Daten über Strafpunkte, die zur Verbesserung der Straßenverkehrssicherheit gegen Fahrzeugführer wegen Verkehrsverstößen verhängt wurden[478] oder der Wahrnehmung einer im öffentlichen Interesse liegenden Aufgabe wie des Schutzes der rechtlichen und finanziellen Interessen des Staates.[479]

Art. 28 DSGVO ist die zentrale europäische Norm für die Auftragsverarbeitung. Sie regelt die Pflichten des Verantwortlichen und des Auftragsverarbeiters auch für nicht öffentliche Stellen, insbesondere die vertragliche Bindung, Weisungsgebundenheit und die Sicherstellung geeigneter technischer und organisatorischer Maßnahmen.[480] § 62 BDSG ergänzt diese Vorgaben für den deutschen Rechtsraum, ohne sie grundsätzlich zu modifizieren. Es handelt sich um eine spezialgesetzliche Konkretisierung für öffentliche Stellen, die dem Bundesrecht in Deutschland unterfallen, die die europäische Regelung nicht verdrängt, sondern präzisiert.[481] So verpflichtet Art. 28 DSGVO den Verantwortlichen, nur solche Auftragsverarbeiter zu wählen, die hinreichende Garantien für die Einhaltung der DSGVO bieten. Zusätzlich schreibt sie einen Vertrag oder ein anderes Rechtsinstrument vor, welche die Verarbeitung regelt, und umfasst detaillierte Mindestinhalte für den Vertrag, z. B. Weisungsbindung, Vertraulichkeit, Unterstützung bei Betroffenenrechten, Löschung nach Vertragsende. § 62 BDSG wiederholt die Grundpflicht des Verantwortlichen zur Einhaltung aller Datenschutzvorschriften, betont die Auswahlpflicht des Verantwortlichen und verweist auf geeignete technische und organisatorische Maßnahmen, regelt die Hinzuziehung von Unterauftragsverarbeitern und die Haftung des Hauptauftragsverarbeiters und präzisiert die Vertragsanforderungen, die inhaltlich mit Art. 28 Abs. 3 DSGVO übereinstimmen. Die DSGVO als EU-Verordnung hat unmittelbare Geltung und geht nationalem Recht vor, vgl. Art. 288 AEUV. § 62 BDSG, und ist daher als komplementäre Konkretisierung zu verstehen, die die europäische Regelung nicht verdrängt, sondern für öffentliche Stellen in Deutschland präzisiert. Die Zulässigkeit der Auftragsverarbeitung ergibt sich allein aus der DSGVO. § 62 BDSG schafft keine eigen-

---

478 EuGH, Urt. v. 22. 6. 2021 – C-439/19, ZD, 2021, 625, Rn. 108.

479 EuGH, Urt. v. 8. 12. 2022 – C-180/21, BeckRS 2022, 34896, Rn. 84.

480 *Spoerr* in: Wolff/Brink/v. Ungern-Sternberg, BeckOK Datenschutzrecht: BDSG, § 62 Rn. 4.

481 *Spoerr* in: Wolff/Brink/v. Ungern-Sternberg, BeckOK Datenschutzrecht: BDSG, § 62 Rn. 5.

ständige Rechtsgrundlage, sondern regelt die Ausgestaltung im nationalen Kontext.[482]

Die Praxisrelevanz liegt in der doppelten Compliance-Pflicht der öffentlichen Stellen: Verantwortliche müssen sowohl die Anforderungen des Art. 28 DSGVO als auch die ergänzenden Vorgaben des § 62 BDSG bei der Nutzung von Cloud-Diensten beachten. Bei Konflikten gilt der Vorrang der DSGVO; nationale Regelungen dürfen nicht restriktiver sein, als die DSGVO es zulässt. Die Auftragsverarbeitung wird in Art. 4 Nr. 8 DSGVO legaldefiniert als die Verarbeitung von personenbezogenen Daten durch eine natürliche oder juristische Person, Behörde, Einrichtung oder andere Stelle im Auftrag des Verantwortlichen. So agiert z. B. der Cloud-Anbieter als Auftragsverarbeiter und sollte vertraglich verpflichtet werden, die Daten ausschließlich nach Weisung der öffentlichen Stelle zu verarbeiten. Die Verarbeitung kann nach Art. 28 Abs. 3 DSGVO auf der Grundlage eines Vertrages oder eines anderen Rechtsinstruments, z. B. durch einseitige Verpflichtung, durchgeführt werden.[483] Das BDSG wiederholt diese Regelungen. Gemäß § 62 Abs. 2 BDSG muss ein Auftraggeber bei der Auswahl seines Auftragnehmers (dem Auftragsverarbeiter) Folgendes sicherstellen: Der Auftragnehmer ist unter besonderer Berücksichtigung der Eignung der von ihm getroffenen technischen und organisatorischen Maßnahmen sorgfältig auszuwählen. Der Auftragsverarbeiter muss sicherstellen, dass die Verarbeitung im Einklang mit den gesetzlichen Anforderungen erfolgt und der Schutz der Rechte der betroffenen Personen gewährleistet wird. Der Auftrag ist schriftlich oder elektronisch abzufassen, vgl. § 62 Abs. 6 BDSG. Ein Auftragsverarbeitungsvertrag (AVV) sollte insbesondere Regelungen zu Sicherheitsmaßnahmen, Löschfristen und Kontrollrechten enthalten. Des Weiteren muss der Auftragsverarbeiter gewährleisten, dass sich die zur Verarbeitung der personenbezogenen Daten befugten Personen zur Vertraulichkeit verpflichtet haben oder einer angemessenen gesetzlichen Verschwiegenheitspflicht unterliegen.

Verstöße gegen die Vorgaben zur Auftragsverarbeitung können mit Geldbußen von bis zu 10 Mio. EUR oder 2 % des weltweiten Jahresumsatzes geahndet werden, vgl. Art. 83 Abs. 4 DSGVO. Betroffe-

[482] Vgl. *Atzert* in: Schwartmann/Jaspers/Thüsing/Kugelmann, DS-GVO/BDSG; *Bergmann/Möhrle/Herb*, Datenschutzrecht-Kommentar.

[483] *Spoerr* in: Wolff/Brink/v. Ungern-Sternberg, BeckOK Datenschutzrecht: DS-GVO, Art. 28 Rn. 46a.

ne Personen können bei Datenschutzverletzungen Schadensersatz verlangen, vgl. Art. 82 Abs. 1 DSGVO oder § 83 Abs. 1 BDSG. Strafrechtliche Konsequenzen und Bußgelder können nach den §§ 42, 43 BDSG drohen. Der Verantwortliche haftet grundsätzlich auch für Fehler des Auftragsverarbeiters, es sei denn, er kann nachweisen, dass ihn keine Verantwortung trifft, z. B. durch sorgfältige Auswahl und Kontrolle des Dienstleisters. Verantwortliche müssen die Einhaltung der DSGVO durch den Auftragsverarbeiter regelmäßig überwachen. Unterlassene Kontrolle wie z. B. fehlende Prüfung der Datenlöschung nach Vertragsende kann zu Haftung führen, selbst wenn der Verstoß beim Auftragsverarbeiter liegt. Datenschutzverletzungen müssen der Aufsichtsbehörde und ggf. den Betroffenen gemeldet werden, vgl. Art. 33, 34 DSGVO. Verstöße können zu Imageverlust, Kundenabwanderung und erhöhtem Prüfungsdruck durch Behörden führen.

Die Einführung cloudbasierter HR-Systeme wirft weitere spezifische Compliance-Fragen auf. Ein zentrales Thema ist die Datenlokalisierung: Nach den Art. 44 ff. DSGVO ist die Übermittlung personenbezogener Daten in Drittstaaten nur zulässig, wenn ein angemessenes Datenschutzniveau gewährleistet ist. Die Erlaubnisgründe für die Datenübermittlung in ein Drittland oder an eine internationale Organisation sind abschließend in den Art. 44 ff. DSGVO geregelt und folgen einem abgestuften Regel-Ausnahme-Prinzip.[484] So ist eine Übermittlung personenbezogener Daten an ein Drittland oder eine internationale Organisation erlaubt, wenn die EU-Kommission beschlossen hat, dass das betreffende Drittland, ein Gebiet oder ein oder mehrere spezifische Sektoren in diesem Drittland oder die betreffende internationale Organisation ein angemessenes Schutzniveau bietet. Gemäß Art. 45 Abs. 3 DSGVO wird der Angemessenheitsbeschluss der EU-Kommission in Form eines Durchführungsrechtsaktes erlassen. In der Praxis empfiehlt sich i. d. R. die Nutzung von Cloud-Anbietern mit Serverstandorten innerhalb der EU oder die Implementierung geeigneter Garantien, z. B. mittels Standardvertragsklauseln. Das Kurzpapier Nr. 4 der unabhängigen Datenschutzbehörden des Bundes und der Länder (Datenschutzkonferenz – DSK) dient als erste Orientierung, wie nach Auffassung der DSK die Regelungen der DSGVO zur Datenübermittlung in Drittsaaten im praktischen Vollzug angewendet

---

[484] *Juarez* in: Wolff/Brink/v. Ungern-Sternberg, BeckOK Datenschutzrecht: DS-GVO, Art. 44 Rn. 39.

werden sollte. Das Kurzpapier (Stand 2019) befindet sich aufgrund teilweiser geänderter Rechtslage in Überarbeitung.[485] Ein weiteres Risiko besteht in der IT-Sicherheit bei der Verarbeitung personengebundener Daten. Die öffentliche Verwaltung ist verpflichtet, technische und organisatorische Maßnahmen (TOM) gemäß Art. 32 DSGVO umzusetzen. Geeignete Maßnahmen umfassen: die Pseudonymisierung und Verschlüsselung personenbezogener Daten; die Fähigkeit, die Vertraulichkeit, Integrität, Verfügbarkeit und Belastbarkeit der Systeme und Dienste im Zusammenhang mit der Verarbeitung auf Dauer sicherzustellen; die Fähigkeit, die Verfügbarkeit der personenbezogenen Daten und den Zugang zu ihnen bei einem physischen oder technischen Zwischenfall rasch wiederherzustellen sowie ein Verfahren zur regelmäßigen Überprüfung, Bewertung und Evaluierung der Wirksamkeit der technischen und organisatorischen Maßnahmen zur Gewährleistung der Sicherheit der Verarbeitung einzuführen. Dazu gehören die Verschlüsselung, die Zwei-Faktor-Authentifizierung, regelmäßige Penetrationstests und ein umfassendes Berechtigungsmanagement. Verstöße gegen diese Pflichten können nicht nur zu Datenschutzverletzungen, sondern auch zu erheblichen Haftungsrisiken führen. Die Angemessenheit des Schutzniveaus richtet sich dabei an den Risiken aus.

Nach der Rechtsprechung des BAG kann der Arbeitgeber seine Verpflichtung zur Erstellung einer Entgeltabrechnung in Textform nach § 108 Abs. 1 GewO dadurch erfüllen, dass er die Entgeltabrechnung für den Arbeitnehmer abrufbar in ein passwortgeschütztes digitales Mitarbeiterpostfach einstellt. Die Erfüllung des Anspruchs hängt weder davon ab, dass die Abrechnung dem Arbeitnehmer entsprechend § 130 Abs. 1 BGB in Textform zugeht, noch davon, dass er der Nutzung des digitalen Mitarbeiterpostfachs zustimmt. Das digitale Mitarbeiterpostfach muss die Anforderungen an eine sichere Webseite erfüllen und damit einen sicheren Datenträger i. S. v. § 126b Satz 1 BGB darstellen. Dazu muss sie einen sicheren Speicherbereich für den einzelnen Arbeitnehmer aufweisen, auf den allein dieser mittels Eingabe des Benutzernamens und seines persönlichen Passworts zugreifen kann. Der Arbeitgeber darf somit keine Möglichkeit haben, die dort einmal eingestellten Informationen zu ändern.[486]

[485] *DSK* (2019), zuletzt geprüft am 1. 11. 2025.
[486] BAG, Urt. v. 28. 1. 2025 – 9 AZR 48/24, NZA, 2025, 764, 766.

Beispiel:

Ein typisches Beispiel ist die Einführung einer cloudbasierten Bewerbermanagement-Software. Hier ist vor der Implementierung eine Datenschutz-Folgenabschätzung nach Art. 35 DSGVO erforderlich, da die Verarbeitung besonders sensibler Daten (z. B. Angaben zur Schwerbehinderung) erfolgt. Zudem müssen die Personalvertretungen gemäß § 80 Abs. 1 Nr. 21 BPersVG beteiligt werden, da die Einführung neuer technischer Systeme die Arbeitsweise der Beschäftigten beeinflusst. Ein weiteres Beispiel ist die Nutzung von Software as a Service (SaaS)-Lösungen für digitale Personalakten. Hier ist die Prüfung der Serverstandorte und der Zertifizierungen des Anbieters, z. B. nach der DIN ISO 27001,[487] unerlässlich. Zusätzlich sollte ein Löschkonzept implementiert werden, um die Einhaltung gesetzlicher Speicherfristen sicherzustellen.

Praxishinweis:

Für eine rechtssichere Einführung von HR-Software und Cloud-Systemen empfiehlt sich ein mehrstufiges Vorgehen:

- *Abschluss eines detaillierten Auftragsverarbeitungsvertrags mit dem Anbieter gemäß Art. 28 DSGVO.*
- *Durchführung einer DSFA vor Implementierung.*
- *Implementierung technischer und organisatorischer Maßnahmen (TOM) zur Sicherstellung der IT-Sicherheit.*
- *Regelmäßige Compliance-Audits und Schulungen für HR-Mitarbeiter.*
- *Einbindung der Personalvertretungen und Dokumentation aller Entscheidungsprozesse.*

Die Digitalisierung des HR-Bereichs bietet erhebliche Chancen für die öffentliche Verwaltung, erfordert jedoch eine sorgfältige rechtliche Prüfung und die konsequente Umsetzung von Datenschutz- und Sicherheitsstandards. Nur so kann gewährleistet werden, dass die Vorteile moderner Technologien genutzt werden, ohne Grundrechte von Bewerbern und Beschäftigten sowie den Schutz personenbezogener Daten zu gefährden.

[487] DIN ISO 27001 (2024).

6.2 Datenschutz bei digitalen Personalakten

Die digitale Personalakte ist ein zentrales Instrument der modernen Personalverwaltung in der öffentlichen Verwaltung. Nach der Rechtsprechung ermächtigt die Regelung des § 106 Abs. 1 Satz 3 BBG den Dienstherrn im Falle erfolgter Umstellung auf eine vollständig automatisierte Führung der Personalakte, d. h. eine rein elektronische Personalakte, die Papierpersonalakte der Beamten zu vernichten, um eine unzulässige doppelte Aktenführung zu verhindern.[488] Die digitale Personalakte ermöglicht eine effiziente Datenverarbeitung und Integration in digitale HR-Prozesse, birgt jedoch erhebliche datenschutzrechtliche Risiken. Neben der DSGVO und dem BDSG sind für die Beamten die spezialgesetzlichen Regelungen der §§ 106 bis 115 BBG maßgeblich, die das Personalaktenrecht konkretisieren. Die Einführung digitaler Personalakten ist gemäß § 80 Abs. 1 Nr. 21 BPersVG mitbestimmungspflichtig. Beschäftigte haben ein Recht auf Einsicht (vgl. § 107 BBG) und müssen nach Art. 13 DSGVO über die Datenverarbeitung informiert werden. Vor Aufnahme belastender Unterlagen ist eine Anhörung nach § 109 BBG erforderlich. Die Äußerungen der Beamten sind zur Personalakte zu nehmen.

Die DSGVO bildet die Grundlage für die Verarbeitung personenbezogener Daten. Art. 5 DSGVO normiert die Grundsätze der Datenverarbeitung, die Rechtmäßigkeit, die Zweckbindung, die Datenminimierung, die Speicherbegrenzung, die Integrität und die Vertraulichkeit. Für die öffentliche Verwaltung gilt zusätzlich § 106 BBG, der die Führung einer Personalakte für Beamte vorschreibt und deren vertrauliche Behandlung sowie Schutz durch technische und organisatorische Maßnahmen nach Art. 24, 25 und 32 DSGVO verlangt. Die Akte darf vollständig oder teilweise automatisiert geführt werden, vgl. § 106 Abs. 1 BBG. Die Vorschriften der §§ 106 ff. BBG konkretisieren die DSGVO für den Anwendungsbereich auf Beamte und stellen sicher, dass die digitale Personalakte nur für Zwecke der Personalverwaltung oder Personalwirtschaft genutzt wird, vgl. § 106 Abs. 3 BBG.

Die digitale Personalakte kann besondere Kategorien personenbezogener Daten nach Art. 9 DSGVO, z. B. Angaben zur Schwerbehinderung, enthalten. Ihre Verarbeitung ist nach Art. 9 Abs. 2 lit. b DSGVO i. V. m. § 22 Abs. 1 BDSG nur zulässig, soweit sie zur Erfüllung dienstrechtlicher Pflichten erforderlich ist. Technische und organisa-

[488] OVG Münster, Beschl. v. 17. 12. 2018 – 1 A 203/17, NZA-RR, 2019, 339.

torische Maßnahmen (TOM) nach Art. 32 DSGVO sind zwingend zu beachten. Dazu gehören gemäß § 113 BBG die Verschlüsselung bei Speicherung und Übertragung, Rollen- und Berechtigungskonzepte, Protokollierung aller Zugriffe sowie die Erstellung von Löschkonzepten zu den geregelten Aufbewahrungsfristen von Unterlagen in den Personalakten.

§ 111a BBG ist eine spezialgesetzliche Konkretisierung der DSGVO für den Beamtenbereich. Die durch das Gesetz zur Änderung des Bundesbeamtengesetzes und weiterer dienstrechtlicher Vorschriften[489] eingefügte Vorschrift regelt die Beauftragung einer öffentlichen oder nicht öffentlichen Stelle mit der Wahrnehmung bestimmter Aufgaben der Personalverwaltung. Die Regelung harmonisiert mit Art. 28 DSGVO, indem sie die Anforderungen an die Auftragsverarbeitung für öffentliche Stellen präzisiert. Die Vorschrift regelt die Ausgestaltung der Auftragsverarbeitung im Rahmen der bestehenden datenschutzrechtlichen Normen. Die Auftragsverarbeitung ist in den Art. 28 und 29 DSGVO abschließend geregelt. Die Übermittlung von Personalaktendaten ist damit weiterhin möglich, wenn z. B. der ärztliche Dienst eine andere öffentliche oder nicht öffentliche Stelle mit der Durchführung bestimmter ärztlicher Untersuchungen beauftragt, die für die Erfüllung der Aufgaben des ärztlichen Dienstes erforderlich sind.[490] § 111a Abs. 1 BBG umfasst ein grundsätzliches Verbot der Erhebung und Verwendung von Personalaktendaten im Auftrag. Diese ist nur zulässig, wenn die Voraussetzungen des Art. 28 DSGVO vorliegen und die oberste Dienstbehörde ihre Zustimmung erteilt. Gemäß § 111a Abs. 2 Nr. 1 und 2 BBG darf eine nicht öffentliche Stelle nur beauftragt werden, wenn bei der personalverwaltenden Behörde sonst Störungen im Geschäftsablauf auftreten können oder der Auftragsverarbeiter die übertragenen Aufgaben erheblich kostengünstiger erledigen kann und die bei dem Auftragsverarbeiter zur Verarbeitung der Personalaktendaten befugten Personen besonders auf den Schutz der Personalaktendaten verpflichtet sind. Die Praxis zeigt, dass die Einhaltung der Vorgaben insbesondere bei Cloud-Lösungen und IT-Outsourcing eine zentrale Herausforderung darstellt.

---

489 *Hebeler* in: Battis, BBG, § 111a Rn. 1; BGBl. 2015 I S. 250.

490 *Schwarz* in: Brinktrine/Schollendorgf, BeckOK BeamtenR Bund, § 111a; BT-Drs. 19/4674, S. 209.

Praxishinweis:

Die Migration von Papierakten in digitale Systeme erfordert eine Datenschutz-Folgenabschätzung (Art. 35 DSGVO) und die Sicherstellung der Integrität der Daten. Zusätzlich müssen alle in der Papierpersonalakte enthaltenen und materiell zur Personalakte gehörenden Unterlagen vollständig und in lesbarer Form übernommen werden. Das folgt aus dem in § 106 Abs. 1 Satz 4 BBG normierten Grundsatz der Vollständigkeit der Personalakte sowie dem in § 112 Abs. 1 Satz 1 Nr. 1 BBG zum Ausdruck gebrachten Grundsatz der Richtigkeit der Personalakte.[491] *Dazu gehören alle Unterlagen, die die Beamten betreffen, soweit sie mit ihrem oder seinem Dienstverhältnis in einem unmittelbaren inneren Zusammenhang stehen. Andere Unterlagen dürfen in die Personalakte nicht aufgenommen werden. Bei cloudbasierten Personalakten sind zusätzliche Anforderungen an die Datenlokalisierung und die Auftragsverarbeitung nach § 111a BBG i. V. m. Art. 28 DSGVO zu beachten. Behörden sollten ein Protokollierungssystem einführen, das jeden Zugriff auf die digitale Personalakte dokumentiert. Dies dient nicht nur der Nachvollziehbarkeit, sondern auch der Erfüllung der Rechenschaftspflicht nach Art. 5 Abs. 2 DSGVO. Verstöße gegen Zugriffsrechte können so schnell erkannt und sanktioniert werden. Lagert die Behörde die technische Betreuung ihres Personalaktensystems an einen externen IT-Dienstleister (Outsourcing der digitalen Personalakte) aus, so ist nach § 111a BBG i. V. m. Art. 28 DSGVO ein Auftragsverarbeitungsvertrag abzuschließen, der u. a. folgende Punkte regelt: die Weisungsgebundenheit des Dienstleisters, die Verpflichtung zur Verschlüsselung und Zugriffskontrolle, die Regelungen zur Löschung nach Vertragsende. Beauftragt eine Behörde einen externen IT-Support für die Wartung des Personalaktensystems, so ist der Zugriff auf personenbezogene Daten technisch möglich. Nach § 111a BBG muss der Dienstleister vertraglich zur Vertraulichkeit verpflichtet werden und darf die Daten nur im Rahmen der Wartung und nach Weisung verarbeiten. Zugriffe werden protokolliert, um die Rechenschaftspflicht nach Art. 5 Abs. 2 DSGVO zu erfüllen.*

[491] OVG Münster, Beschl. v. 17. 12. 2018 – 1 A 203/17, NZA-RR, 2019, 339.

– ***Typische Vertragsklauseln könnten sein***
  - *Weisungsbindung: „Der Auftragnehmer verarbeitet personenbezogene Daten ausschließlich nach dokumentierten Weisungen des Auftraggebers."*
  - *Technische und organisatorische Maßnahmen (TOM): „Der Auftragnehmer verpflichtet sich zur Umsetzung der in Anlage X beschriebenen Sicherheitsmaßnahmen (z. B. Verschlüsselung, Zugriffskontrolle)."*
  - *Unterauftragsverarbeitung: „Die Einschaltung von Unterauftragnehmern bedarf der vorherigen schriftlichen Zustimmung des Auftraggebers."*
  - *Löschung und Rückgabe: „Nach Beendigung des Auftrags werden alle personenbezogenen Daten gelöscht oder zurückgegeben, sofern keine gesetzliche Aufbewahrungspflicht besteht."*

Zusammenfassend stellt die nachfolgende Tabelle eine Gegenüberstellung der Regelungen der DSGVO, des BDSG und des BBG zur Auftragsverarbeitung bei Personalakten dar:

Aspekt	Art. 28 DSGVO	§ 62 BDSG	§ 111a BBG
Rechtscharakter	EU-Verordnung, unmittelbar geltendes Recht	Nationale Konkretisierung für alle Verantwortlichen	Spezialgesetz für Beamtenbereich
Zulässigkeit	Auftragsverarbeitung nur mit Vertrag oder Rechtsinstrument (Abs. 3)	Ergänzt DSGVO, keine eigenständige Rechtsgrundlage	Ergänzt DSGVO für Personalakten
Vertragspflicht	Schriftlich oder elektronisch, Mindestinhalte: Weisungsbindung, TOM, Löschung	Präzisiert Vertragsinhalte, Auswahlpflicht des Verantwortlichen	Verpflichtung zur Weisungsgebundenheit und Sicherstellung der TOM

Aspekt	Art. 28 DSGVO	§ 62 BDSG	§ 111a BBG
Unterauftragsverarbeitung	Nur mit Genehmigung des Verantwortlichen (Abs. 2)	Detaillierte Regelungen zur Genehmigung und Haftung (§ 62 Abs. 3–4)	Genehmigungspflicht für Unterauftragnehmer
Technische Maßnahmen	Geeignete TOM nach Art. 32 DSGVO	Konkretisierung der Auswahlpflicht und Sicherheitsstandards	Verpflichtung zur Umsetzung von TOM für Personalakten
Haftung	Verantwortlicher bleibt primär verantwortlich	Haftungsregelungen für Haupt- und Unterauftragsverarbeiter	Haftung des Auftragnehmers für Weisungsverstöße
Besonderheit	Gilt für alle Verantwortlichen in der EU	Nationale Ergänzung für deutsche Behörden und Unternehmen	Speziell für digitale Personalakten im Beamtenbereich

Tabelle 6: Gegenüberstellung DSGVO, BDSG und BBG zur Auftragsverarbeitung bei Personalakten (eigene Darstellung)

7. Handlungsfelder der HR-Compliance in der Praxis

VII

Die Sicherstellung von Compliance im Personalbereich stellt für öffentliche Verwaltungen eine zentrale Herausforderung dar. HR-Compliance umfasst die rechtskonforme Gestaltung sämtlicher personalwirtschaftlicher Prozesse und dient der Wahrung von Transparenz, Objektivität und Gleichbehandlung. Dies ist nicht nur eine organisatorische, sondern auch eine rechtliche Notwendigkeit, um Diskriminierung, Korruption und Rechtsverstöße zu vermeiden. Die Handlungsfelder des Personalmanagements sind vielfältig, wobei insbesondere das Handlungsfeld der Personalgewinnung mit der Rekrutierung, dem Stellenbesetzungsverfahren und den Auswahlprozessen im öffentlichen Dienst sowie die zunehmende Integration von KI-gestützten Verfahren in den Fokus der HR-Compliance rücken.

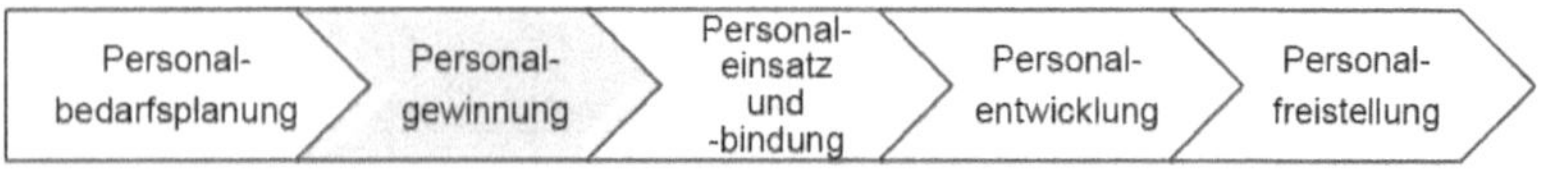

Abbildung 17: Relevante Handlungsfelder des Personalmanagements (eigene Darstellung)

Fehlerhafte Stellenausschreibungen, Stellenbesetzungsverfahren oder diskriminierende Auswahlverfahren können nicht nur zu Konkurrentenklagen, sondern auch zu Schadensersatzansprüchen führen. Daher sind transparente Anforderungsprofile, diskriminierungsfreie Formulierungen und objektive Bewertungsverfahren zwingend erforderlich. Die Praxis zeigt jedoch, dass gerade bei der Besetzung von Führungspositionen häufig unzureichend standardisierte Prozesse bestehen, was erhebliche Compliance-Risiken birgt.

7.1 Das Stellenbesetzungsverfahren

Das Handlungsfeld der Personalgewinnung setzt unmittelbar an die Personalbedarfsplanung an. Die Personalbedarfsplanung ist im öffentlichen Dienst gesetzlich geregelt. So dürfen z. B. die Sozialversicherungsträger Planstellen und Stellen nur ausbringen, soweit sie unter Anwendung angemessener und anerkannter Methoden der Personalbedarfsermittlung begründet sind, vgl. § 69 Abs. 6 SGB IV. Sobald die personellen Ressourcen, z. B. neue Stellen für Beamtenverhältnisse, mit dem Stellenplan von der obersten Dienstbehörde genehmigt sind, kann die Personalabteilung mit der Stellenausschreibung nach § 8 Abs. 1 BBG beginnen. Das Stellenbesetzungsverfahren gliedert sich somit in fünf Teilschritte, wobei hier vor allem die Teilschritte drei und vier beleuchtet werden.

Abbildung 18: Teilschritte des Stellenbesetzungsverfahren (eigene Darstellung)

Die Personalgewinnung und insbesondere die Personalauswahl im öffentlichen Dienst unterliegen strengen rechtlichen Vorgaben. Neben dem Grundsatz der Bestenauslese gemäß Art. 33 Abs. 2 GG sind insbesondere das AGG, das BBG, das BGleiG sowie die Beteiligungsrechte des Personalrates bzw. des Betriebsrates und der Schwerbehindertenvertretung in Personalangelegenheiten nach dem BetrVG bzw. dem BPersVG und dem SGB IX zu beachten. Für den Dienstherrn ergeben sich vor und während einer Stellenausschreibung Prüf-, Unterrichtungs- und Meldepflichten sowie ggf. eine Meldepflicht an die Bundesagentur für Arbeit (BA). Der Dienstherr hat gemäß § 164 Abs. 1 Satz 1 SGB IX zu überprüfen, ob der freie Arbeitsplatz mit schwerbehinderten/gleichgestellten Personen besetzt werden könnte, und diese an die BA zu melden. Die Meldung sollte schriftlich mit der Übermittlung des Anforderungsprofils erfolgen. Die BA sollte 2 Wochen Zeit haben, Vermittlungsvorschläge an den Dienstherrn zu übermitteln. Gleichgestellte behinderte Personen haben einen GdB (Grad der Behinderung) von < 50, aber von mind. 30, und besitzen einen Gleichstellungsbescheid der BA, vgl. § 2 Abs. 3 SGB IX. Grundsätzlich ist jede Stellenbesetzung der BA zu melden, vgl. § 164 Abs. 1 Satz 2 SGB IX. Nur die Veröffentlichung über die Jobbörse der BA oder die telefonische Meldung sind nicht ausreichend.[492] Bei Verstoß gegen Meldepflicht des Dienstherrn können sich Entschädigungsansprüche schwerbehinderter Personen nach dem AGG ergeben. Es greift aber eine gesetzliche Privilegierung für öffentliche Arbeitgeber, vgl. § 165 Satz 1 SGB IX. Zunächst ist eine interne Prüfung möglich, ob die auszuschreibende Stelle besetzt werden kann. Erst bei Erfolglosigkeit greift die Meldepflicht der Stelle an die BA, d. h. bei interner Besetzung ist eine Meldung entbehrlich.[493] Zu beachten ist, dass sich aus § 164 Abs. 4 SGB IX kein vorrangiger Besetzungsanspruch ergibt. Sowie sich eine Person mit Schwerbehinderung oder Gleichstellung bewirbt, hat der Dienstherr die Schwerbehindertenvertretung nach den §§ 164, 178 Abs. 2 SGB IX zu unterrichten und im gesamten Stellenbesetzungsverfahren zu beteiligen.

---

492 BAG, Urt. v. 25. 11. 2021 – 8 AZR 313/20, NJW, 2022, 1700, Rn. 38; LAG RLP, Beschl. v. 10. 9. 2010 – 6 TaBV 10/10, BB, 2011, 704.

493 BAG, Urt. v. 25. 6. 2020 – 8 AZR 75/19, NZA, 2020, 1626, Rn. 36.

Gemäß Art. 33 Abs. 2 GG hat jeder Deutsche nach seiner Eignung, Befähigung und fachlichen Leistung gleichen Zugang zu jedem öffentlichen Amt. Hierauf wird in § 16 Abs. 1 BBG und § 9 Abs. 1 BLV verwiesen. Der Verfassungsgrundsatz verpflichtet den Staat, öffentliche Ämter nach Maßgabe des Bestenauslesegrundsatzes zu besetzen.[494] Dies bestätigt auch die Rechtsprechung des BVerfG. Die strikte Bindung an die drei Kriterien und die Pflicht zur Dokumentation der tragenden Auswahlerwägungen wird vom BVerfG betont.[495] Art. 33 Abs. 2 GG gewährleistet somit uneingeschränkt und ohne Vorbehalte die Geltung dieses Grundsatzes. Diese Regelung verfolgte eine doppelte Zielsetzung: Zum einen verfolgt sie das öffentliche Interesse an einer möglichst qualifizierten Besetzung des öffentlichen Dienstes, um eine funktionsfähige, effiziente und engagierte Verwaltung sicherzustellen. Zum anderen schützt sie das berechtigte Interesse der Bewerber, indem sie ihnen ein grundrechtsähnliches Recht auf eine ermessens- und beurteilungsfehlerfreie Einbeziehung in das Auswahlverfahren gewährt, den sogenannten Bewerbungsverfahrensanspruch.[496] Die Regelung gibt somit die entscheidenden Beurteilungsgesichtspunkte für die Bewerberauswahl zur Besetzung von öffentlichen Ämtern abschließend vor. Dieser Anspruch soll den Bewerbern eine rechtskonforme Auswahl auf Grundlage des Art. 33 Abs. 2 GG gewährleisten. Wird dieses subjektive Recht aus Art. 33 Abs. 2 GG durch eine fehlerhafte Auswahlentscheidung des Dienstherrn verletzt, kann der unterlegene Bewerber i. V. m. Art. 19 Abs. 4 GG in einem gerichtlichen Verfahren überprüfen lassen, ob er durch die Auswahlentscheidung in seinem subjektiv-öffentlichen Recht auf fehlerfreie Auswahl verletzt worden ist.[497]

Die Rechtsform des privaten Rechts, hier eine Gesellschaft bürgerlichen Rechts, ist dabei nach Rechtsprechung des BAG nicht ausschlaggebend. Die Besetzung eines öffentlichen Amtes erfolgt mit der Bereitstellung aller Positionen von der unmittelbaren und mittelbaren Staatsverwaltung, egal ob diese mit Arbeitnehmern oder Beamten zu besetzen ist. Nehmen die Beschäftigten im Rahmen der späteren Tätigkeit öffentliche Aufgaben wahr, ist das Stel-

---

494 BVerfG, Beschl. v. 8. 10. 2007 – 2 BvR 1853/07, BeckRS 2007, 27002.

495 BVerfG, Beschl. v. 20. 4. 2004 – 1 BvR 838/01, NJW, 2004, 193.

496 *Zilsdorf*, Das Stellenbesetzungsverfahren in der beamtenrechtlichen Praxis: Teil 2: Die Auswahlentscheidung, S. 158.

497 BVerfG, Beschl. v. 8. 10. 2007 – 2 BvR 1853/07, BeckRS 2007, 27002.

lenbesetzungsverfahren nach Art. 33 Abs. 2 GG anzuwenden.[498] In diesem Fall unterliegt auch die Rechtsform des privaten Rechts einer Bindung an das grundrechtsgleiche Recht des Art. 33 Abs. 2 GG. So kann z. B. der Bewerbungsverfahrensanspruch nach Art. 33 Abs. 2 GG auch gegenüber einem eingetragenen Verein bestehen, wenn dieser der Staatsorganisation zuzuordnen ist.[499]

Für den Fall der Nichteinbeziehung von Bewerbern in das Stellenbesetzungsverfahren kann einem zu Unrecht übergegangenen Bewerber für den öffentlichen Dienst ein Schadensersatzanspruch zustehen, wenn ihm bei ordnungsgemäßer Auswahl die Stelle hätte übertragen werden müssen. Der Schadensersatzanspruch folgt aus dem Bewerberverfahrensanspruch des Art. 33 Abs. 2 GG i. V. m. § 823 Abs. 2 BGB sowie aus § 280 Abs. 1 BGB. Dabei ist aber die Ersatzpflicht des öffentlichen Arbeitgebers nach dem Rechtsgedanken des § 839 Abs. 3 BGB eingeschränkt: Der zu Unrecht übergangene Bewerber kann Schadensersatz nur dann beanspruchen, wenn er sich im Vorfeld bemüht hat, den eingetretenen Schaden abzuwenden. Hierzu muss der unterlegene Bewerber sich im Wege einer einstweiligen Verfügung nach den §§ 935 ff. ZPO gegen die Auswahl der Konkurrenten wenden.[500]

Drei Kriterien sind bei der Bestenauslese zu beachten und in die Auswahlentscheidung miteinzubeziehen, vgl. § 2 BLV. Jede Bewerbung muss nach diesen Kriterien beurteilt werden:[501]

- **Eignung** = alle anlagen- und entwicklungsbedingten Persönlichkeitsmerkmale, psychischen und physischen Kräfte sowie emotionalen und intellektuellen Voraussetzungen, die die Erwartung rechtfertigen, dass der Bewerber die Anforderungen der Stelle erfüllen kann.
- **Befähigung** = alle für die dienstliche Verwendung wesentlichen Fähigkeiten, Kenntnisse, Fertigkeiten und sonstigen Eigenschaften, insbesondere Vorbildung und Vorerfahrung.
- **Fachliche Leistung** = Bewertung des erbrachten Arbeitsergebnisses, die praktische Arbeitsweise, das Arbeitsverhalten, insbesondere bei Beförderungen relevant.

---

498 BAG, Urt. v. 12. 4. 2016 – 9 AZR 673/14, AP GG Art. 33 Abs. 2 Nr. 78 Rn. 8.
499 LAG BW, Beschl. v. 31. 8. 2018 – 19 SaGa 1/18, BeckRS 2018, 28776.
500 BAG, Urt. v. 1. 12. 2020 – 9 AZR 192/20, NJW-Spezial, 2021, 244.
501 BAG, Urt. v. 6. 5. 2014 – 9 AZR 724/12, NZA, 2015, 44.

Im Bundesrecht ist im § 6 Abs. 3 BGleiG die Festlegung eines Anforderungsprofils gesetzlich verankert. Die Rechtsprechung unterscheidet zwischen einem konstitutiven und einem deklaratorischen Anforderungsprofil. So enthält ein konstitutives Anforderungsprofil einen von der Bestenauslese abgekoppelten und im Entscheidungsgang davor zu prüfenden Maßstab. Wer ein konstitutives Anforderungsprofil nicht erfüllt, scheidet allein deshalb aus dem Bewerbungsverfahren aus, ohne dass es auf seine Qualifizierung ankommt.[502] Weitere Anforderungen über die drei festgelegten Kriterien nach Art. 33 Abs. 2 GG hinaus, z. B. eine bloße Aufgabenbeschreibung, stellen ein deklaratorisches Anforderungsprofil dar.[503] Die Festlegung des Anforderungsprofils muss dabei im Hinblick auf die Anforderungen der zu besetzenden Stelle sachlich nachvollziehbar sein. Der im Rahmen der Organisationsgewalt gewährte Beurteilungsspielraum für den Dienstherrn lässt aber nur eine eingeschränkte gerichtliche Kontrolle zu.[504] Der Dienstherr ist somit berechtigt, im Vorfeld einer Auswahlentscheidung die Kriterien der Eignung, Befähigung und fachlichen Leistung in Bezug auf den Aufgabenbereich des Dienstpostens in einem Anforderungsprofil zu konkretisieren. Der Inhalt dieses Anforderungsprofils muss mit Art. 33 Abs. 2 GG vereinbar und diskriminierungsfrei sein sowie eine an dem Prinzip der Bestenauslese entsprechende Auswahl- und Besetzungsentscheidung gewährleisten.[505] Damit sind die objektiven Kriterien, die der zukünftige Stelleninhaber erfüllen muss, bestimmt. Das Anforderungsprofil entfaltet Bindungswirkung für die Gewichtung der Leistungsmerkmale bei der Bewerberauswahl. An den Kriterien werden die Eigenschaften und Fähigkeiten der Bewerber gemessen, um eine optimale Besetzung des Dienstpostens zu gewährleisten. Weitere aussagekräftige Umstände dürfen ergänzend einbezogen und gewürdigt werden, wenn sie in den dienstlichen Beurteilungen nicht vollständig berücksichtigt sind.

[502] VG München, Beschl. v. 19. 10. 2021 – M 5 E 21.2443, BeckRS 2021, 37347, Rn. 52.

[503] VG München, Beschl. v. 19. 10. 2021 – M 5 E 21.2443, BeckRS 2021, 37347, Rn. 56, 57.

[504] LAG Berlin-Brandenburg, Urt. v. 19. 2. 2015 – 26 Sa 1990/14, BeckRS 2015, 68954.

[505] BVerwG, Beschl. v. 30. 9. 2020 – 1 WB 11.20, BeckRS 2020, 29279, Rn. 25; LAG Berlin-Brandenburg, Urt. v. 19. 2. 2015 – 26 Sa 1990/14, BeckRS 2015, 68954.

Grundsätzlich kann bei der Stellenbesetzung nur der Bewerber zum Zuge kommen, der alle Kriterien des Anforderungsprofils erfüllt.[506]

Der Dienstherr kann mit dem Anforderungsprofil bestimmte Mindestnoten oder besondere Qualifikationen fordern, um schon im Vorfeld der Auswahlentscheidung Bewerber auszuschließen, die anhand dieser Kriterien als ungeeignet angesehen werden. Die Bewerber, die diese Voraussetzungen eines konstitutiven Anforderungsprofils nicht erfüllen, brauchen nicht in den für die Auswahlentscheidung maßgeblichen Bewerberkreis aufgenommen werden.[507] Das Anforderungsprofil muss der Dokumentationspflicht genügen. Es hat Verbindlichkeit für die Dauer des Auswahlverfahrens. Nachträgliche Änderungen sind nicht erlaubt.[508] Falls eine Anpassung des Anforderungsprofiles erforderlich wäre, ist das Stellenbesetzungsverfahren abzubrechen und ein neues Verfahren zu beginnen. Das ist dann der Fall, wenn ein sachlicher Grund vorliegt. Ein sachlicher, tragfähiger Grund für den Abbruch eines Stellenbesetzungsverfahrens, um die Anpassung des Anforderungsprofils vorzunehmen, ist die Reaktion des Dienstherrn auf Veränderungen bzw. erhöhte Anforderungen im Aufgabenbereich.[509] Der sachliche Grund ist in den Auswahlunterlagen zu dokumentieren.[510] Eine solche Änderung des Anforderungsprofils unterliegt dem organisatorischen Ermessen des Dienstherrn und verstößt nicht gegen Art. 33 Abs. 2 GG. Eine Änderung des Anforderungsprofils anlässlich einer Neubesetzung eines Dienstpostens ist zulässig, muss aber begründet werden.[511]

VII

Ein Mitbestimmungsrecht des Personalrates ist bei der Erstellung von Anforderungsprofilen nicht zu beachten. Die in Anforderungsprofilen festgelegten und gewichteten Leistungsmerkmale sind weder als Beurteilungsrichtlinien mitbestimmungspflichtig noch unterliegen sie als Auswahlrichtlinien der Mitwirkung des Personalrates.[512]

---

506 BVerwG, Beschl. v. 25. 10. 2011 – 2 VR 4/11, NVwZ-RR, 2012, 241.

507 VGH München, Beschl. v. 4. 2. 2022 – 3 CE 21.3177, BeckRS 2022, 1996, Rn. 7, 11.

508 BAG, Urt. v. 24. 1. 2013 – 8 AZR 188/12, NZA, 2013, 896, Rn. 31.

509 OVG Münster, Beschl. v. 8. 11. 2022 – 6 B 781/22, BeckRS 2022, 31085.

510 BVerwG, Beschl. v. 21. 12. 2022 – 1 W-VR 18.22, BeckRS 2022, 44470.

511 BVerwG, Beschl. v. 25. 2. 2021 – 1 WB 15.20, BeckRS 2021, 10144, Rn. 62.

512 BVerwG, Beschl. v. 28. 2. 2023 – 5 P 2.21, NZA-RR, 2023, 379.

Nach der rechtlichen Einordnung soll die Frage geklärt werden, wie ein Anforderungsprofil zu erstellen ist. Dazu ist der Begriff zunächst zu beschreiben. Das Anforderungsprofil umfasst die Kompetenzen, Fähigkeiten, Fertigkeiten, Kenntnisse und Qualifikationen, die ein Stelleninhaber erfüllen muss, um die Anforderungen dieser Stelle erfolgreich bewältigen zu können. Das Anforderungsprofil beinhaltet somit eine Teilmenge des Fähigkeitsprofils der Beschäftigten und sollte zwischen acht und zwölf relevante Merkmale enthalten. Das Anforderungsprofil ist somit ein intern erstelltes Personalauswahlinstrument, das klar und diskriminierungsfrei Qualifikationen, Kompetenzen und persönliche Merkmale einer Stelle beschreibt, zwischen zwingenden („konstitutiv") und wünschenswerten („deklarativ") Anforderungen differenziert, durch § 8 BBG, § 4 BLV und Art. 33 Abs. 2 GG rechtskonform in den Auswahlprozess eingefügt wird, der gerichtlichen Überprüfbarkeit unterliegt, in Stellenausschreibungen, Auswahlverfahren, Beurteilungen und Personalentwicklung als verbindlicher Maßstab dient, mit systematischem Aufbau (formale, fachliche, soziale, methodische, Führungskompetenzen) Transparenz schafft und Fehlbesetzungen vermeiden soll. Nach den §§ 1, 7, 11 AGG, § 6 Abs. 1 Satz 1 und 3 BGleiG, § 7 TzBfG sind Stellenausschreibungen diskriminierungsfrei, geschlechtsneutral sowie teilzeitgeeignet zu formulieren. Eine Auswahl ist zwingend. Verstöße können Schadensersatzansprüche nach § 15 AGG auslösen.

§ 10a BLV beschreibt das Auswahlverfahren für die Einstellung in den Vorbereitungsdienst für die Beamtenlaufbahn und gibt vor, dass in dem Auswahlverfahren die Eignung und Befähigung der Bewerber festgestellt werden. Dazu können folgende Kompetenzbereiche überprüft werden:

- Fachliche Kompetenz (Wissen, Fähigkeiten)
- Kognitive Kompetenzen (der geistigen Wahrnehmung und der Denkprozesse)
- Körperliche und praktische Fähigkeiten
- Soziale Kompetenz/personale Kompetenz (z. B. Kritikfähigkeit, Motivation, Teamfähigkeit, Konfliktfähigkeit usw.)
- Persönlichkeitsmerkmale, Motivation
- Methodenkompetenz (z. B. Arbeitstechniken, strategisches Denken usw.)

- Sprachkenntnisse
- Führungskompetenz (z. B. Durchsetzungsvermögen, Kommunikationsstärke ...)

Beispiel:

Ausgeschrieben (Neueinstellung) werden soll in einer Bundesbehörde die Stelle eines Referenten in der Personalabteilung mit den Aufgabengebieten Beratung, Stellenausschreibung, Bewertung, Personalentwicklung, E-Rekrutierung, TVöD-Tarifrecht, Reporting.

Nach den rechtlichen Vorgaben lässt sich ein rechtskonformes Anforderungsprofil für z. B. einen Referenten in der Personalabteilung mit der folgenden Struktur erstellen:

Kategorie	Muss-Anforderungen (Must-have, hart) z. B. nach § 10a Abs. 2 BLV	Soll-Ziele (weich)	Wunschkriterien (nice-to-have)
Formale Anforderungen	Laufbahnbefähigung abgeschlossenes Studium (B.A./M.A.) in Wirtschafts-, Sozial- oder Rechtswissenschaften Mindestens 2 Jahre Berufserfahrung in Personalverwaltung	Kenntnisse in SAP-HR, Power BI, HR3000	Weiterbildung in Tarifrecht/Personalrechtliche Weiterbildungen (Beihilferecht, ...)
Fachkompetenz	Methodensichere Kenntnisse im Arbeits- und Tarifrecht, TVöD, Beamtenrecht, Personalentwicklung, Controlling, MS Office (Word, Excel, Outlook)	Erfahrung mit IT-gestütztem Bewerbermanagement (z. B. SAP HR, E-Recruiting) Datenschutz	Kenntnisse zu Compliance/Gleichstellungsvorgaben HR-Zertifizierung

VII

Kategorie	Muss-Anforderungen (Must-have, hart) z. B. nach § 10a Abs. 2 BLV	Soll-Ziele (weich)	Wunschkriterien (nice-to-have)
Methodik	Analytische Fähigkeit, strukturierte Erstellung von Reports und Beurteilungen	Fähigkeit zur zielgruppenspezifischen Präsentation/Moderation Moderationstrainings, z. B. Konfliktmanagement, Erfahrung mit PE-Instrumenten (Mitarbeitergespräche, Entwicklungskonzepte)	
Sozial- und Selbstkompetenz	Kommunikationsstarke Persönlichkeit, Teamfähigkeit, Konfliktbewältigung	Coaching-Erfahrung, digital vernetzte Zusammenarbeit	Erfahrung in der Bundesverwaltung, Mehrsprachigkeit (Englisch/Französisch) für internationale Mitarbeiteraustauschprogramme
Motivation & Persönlichkeit	Identifikation mit öffentlicher Verwaltung, hohem Qualitäts- und Datenschutzbewusstsein	Hohe Belastbarkeit, eigenständige Organisation, Lern- und Veränderungsbereitschaft	

Tabelle 7: Struktur eines Muster-Anforderungsprofils Referent Personalabteilung (eigene Darstellung)

Für die Stellenausschreibung sollten die Muss-Kriterien als Zulassungsbedingungen definiert werden. Die Pflicht zur Stellenausschreibung ist nicht auf den Fall der Begründung eines Beamtenverhältnisses (Einstellung) beschränkt. Auch behördenintern zu besetzende Stellen sind im Regelfall auszuschreiben. Somit gilt das Anforderungsprofil ausdrücklich auch bei interner Stellenausschreibung, vgl. § 4 BLV i. V. m. der Allgemeinen Verwaltungsvorschrift zur

Bundeslaufbahnverordnung.[513] Mit dem Anforderungsprofil kann ein Soll-Ist-Vergleich durchgeführt und die Fähigkeitsprofile der Bewerber abgeglichen werden. Danach lässt sich eine Rang- bzw. Reihenfolge der Bewerber erstellen, die in die Dokumentation miteinfließt. Die Eignungsfeststellung orientiert sich nach § 10a Abs. 4, 5 und 6 BLV an einem schriftlichen und einem mündlichen Teil mit jeweils einem Instrument oder einer Kombination der folgenden Auswahlinstrumente: Aufsatz, Leistungstest, Persönlichkeitstest, Simulationsaufgaben, biografischer Fragebogen und einem strukturierten oder halbstrukturierten Interview, einem Referat, einer Präsentation, Simulationsaufgaben, Gruppenaufgaben, einer Gruppendiskussion und einem Fachkolloquium. Die im Auswahlverfahren erbrachten Leistungen sind mit Punkten oder Noten zu bewerten. Es ist eine Rangfolge der geeigneten Bewerber festzulegen. Die Rangfolge ist für die Einstellung in den Vorbereitungsdienst maßgeblich, vgl. § 10a Abs. 7 BLV. Dieses rechtlich verankerte Auswahlverfahren für den Vorbereitungsdienst sollte als Schablone für alle Auswahlverfahren im öffentlichen Dienst dienen, damit die Vergleichbarkeit der Bewerber gewährleistet ist. Zusätzlich sollte eine Prüfung der Zeugnisse und des Lebenslaufs erfolgen. Interviewprotokolle sowie Test- und Gutachtenergebnisse müssen dokumentiert werden.

Dieses Anforderungsprofil erfüllt nach § 10a BLV sowie der Allgemeinen Verwaltungsvorschrift (AllgVwV) zur Bundeslaufbahnverordnung die rechtlichen Standards. Es trennt klar zwischen zwingenden und gewünschten Kompetenzen, ermöglicht ein objektives Auswahlverfahren, welches durch die Gerichte überprüft werden kann. **VII**

Praxishinweis:

- *Frühzeitige Erstellung eines rechtskonformen Anforderungsprofils.*
- *Schulung der Auswahlkommissionen zum AGG und zu Dokumentationspflichten.*
- *Implementierung eines standardisierten Auswahlverfahrens (Assessment-Center, strukturierte Interviews).*

[513] GMBl. 2017 Nr. 54/55, S. 986.

- *Sicherstellung der Datenschutzkonformität bei digitalen Bewerbungsprozessen.*
- *Einrichtung eines Rechtsmonitorings zur Vermeidung von Konkurrentenklagen.*

Die Checkliste zum Ablauf eines rechtskonformen Stellenbesetzungsverfahren ist im Anhang integriert.[514]

Das rechtskonforme Stellenbesetzungsverfahren im öffentlichen Dienst ist ein zentraler Baustein für die Sicherstellung von Transparenz, Gleichbehandlung und Leistungsprinzip. Die verfassungsrechtliche Vorgabe des Art. 33 Abs. 2 GG verpflichtet Dienstherren, Auswahlentscheidungen grundsätzlich nach den drei Kriterien Eignung, Befähigung und fachlicher Leistung zu treffen. Dieses Prinzip wird durch einfachgesetzliche Regelungen wie das BBG, die BLV, das BGleiG sowie das AGG konkretisiert und durch die Rechtsprechung des BVerfG, BVerwG und BAG flankiert.

Die Praxis zeigt, dass die größten Risiken in fehlender Dokumentation, unklaren Anforderungsprofilen und diskriminierenden Formulierungen liegen. Verstöße können nicht nur zu Konkurrentenklagen und Schadensersatzansprüchen führen, sondern auch das Vertrauen in die Integrität der Verwaltung nachhaltig beschädigen. Ein rechtssicheres Verfahren erfordert daher:

- standardisierte und transparente Abläufe,
- frühzeitige Erstellung eines Anforderungsprofils,
- Dokumentation aller tragenden Erwägungen,
- Beachtung von Datenschutz und Antidiskriminierungsvorschriften,
- Schulung der Auswahlkommissionen.

Die Einhaltung dieser Grundsätze ist nicht nur eine rechtliche Pflicht unter dem Gesichtspunkt der HR-Compliance, sondern auch ein Gebot der Fairness und der Professionalität und wirkt auch imagesteigernd nach außen. Sie stärkt die Legitimation öffentlicher Entscheidungen und trägt zur Qualität und Effizienz der Verwaltung bei.

---

514 Siehe Anhang IX, 10.

7.2 Digitalisierung von HR-Prozessen und deren rechtliche Bewertung

Die Digitalisierung hat den Personalbereich grundlegend verändert. Während analoge Prozesse oft lokal begrenzte Compliance-Risiken bergen, bringen digitale HR-Prozesse neue Herausforderungen in der Datenverarbeitung hervor. KI-Systeme übernehmen zunehmend Aufgaben in der Bewerberauswahl, Leistungsbewertung und Personalentwicklung. Diese Technologien versprechen Effizienz und Objektivität, bergen jedoch erhebliche rechtliche Risiken. Im öffentlichen Dienst sind die Anforderungen besonders hoch, da neben arbeitsrechtlichen Normen auch verfassungsrechtliche Grundsätze und besondere Verwaltungsvorschriften zur Anwendung kommen. Der Einsatz von Künstlicher Intelligenz in HR-Prozessen, z. B. bei der Bewerberauswahl, der Leistungsbewertung oder der Personalentwicklung, bietet Chancen für eine objektivere Entscheidungsfindung, birgt jedoch auch erhebliche rechtliche Risiken. Im Fokus stehen die Diskriminierungsverbote nach dem AGG, die Transparenzpflichten der DSGVO sowie die rechtliche Zulässigkeit automatisierter Entscheidungen gemäß Art. 22 DSGVO. Darüber hinaus sind die Vorgaben des umzusetzenden EU AI Acts zu berücksichtigen, der KI-Systeme nach Risikoklassen reguliert. Dieses Unterkapitel untersucht die rechtlichen Implikationen und zeigt, wie KI-Anwendungen insbesondere bei der Personalgewinnung und der Personalauswahl rechtskonform und diskriminierungsfrei eingesetzt werden können.

Die moderne Personalarbeit entwickelt sich mit der digitalen Transformation und Innovationen grundlegend. KI im HR-Bereich hat Einzug in die Personalarbeit gefunden von der automatisierten Bewerberauswahl über digitale Lernsysteme und Sprachmodelle wie ChatGPT bis hin zur datengestützten Personalentwicklung und zu effizienter Personaleinsatzplanung. Für Arbeitgeber bedeutet dies enorme Vorteile und Effizienzpotenziale aufgrund von Zeit-, Ressourcen- und Kosteneinsparungen, Erhöhung der Anzahl von Bewerbungen sowie die Umsetzung mit Use Cases,[515] aber auch erhebliche rechtliche Herausforderungen insbesondere auf das Benachteiligungsverbot nach Art. 3 Abs. 3 GG und dem AGG sowie auf das Leistungsprinzip nach Art. 33 Abs. 2 GG.

---

515 *Haufe Akademie*, Whitepaper Modernes Recruiting: Trends, Kanäle und KI, S. 4.

An vielen Stellen im Stellenbesetzungsverfahren können KI-Systeme insbesondere während des Rekrutierungs- und Auswahlprozesses und bei Auswahlentscheidungen, z. B. mit der gezielten Suche nach Bewerbern, über Active Sourcing die Auswertung von Bewerbungen und Bewerbern insbesondere in der Vorauswahl durch automatisiertes CV-Screening über Ranking-Algorithmen vergleichen. So ist Active Sourcing eine proaktive Methode der Personalbeschaffung, bei der Arbeitgeber gezielt potenzielle Bewerber identifizieren und direkt ansprechen können, anstatt auf eingehende Bewerbungen zu warten. Bei dieser aktiven Personalgewinnungsmethode übernehmen Recruiter die Rolle des Headhunters: Sie suchen aktiv über Social-Media-Kanäle wie LinkedIn, XING etc. nach qualifizierten Kandidaten mit Berufserfahrungen, sprechen diese gezielt an und bauen ein persönliches Verhältnis zu den potenziellen Beschäftigten auf. Nach dem Recruiting-Report 2024: KI & Employer Branding schätzen mittels einer Online-Befragung von 638 Personalverantwortlichen aus 17 Branchen im Zeitraum vom 1. Juni bis 31. Juli 2024 5 % der Befragten ein, dass sie Active Sourcing für die Personalgewinnung sehr erfolgreich und 15 % erfolgreich einsetzen. 51 % der Befragten setzen Active Sourcing derzeit nicht ein.[516] Berufliche Netzwerke eignen sich hervorragend als Datenquelle für weitere Analysen, die vor allem Rückschlüsse auf die Performance zulassen. LinkedIn oder XING legen im Gegensatz zu privaten Netzwerken, Facebook, TikTok etc. den Schwerpunkt auf Informationen und Vernetzungen rund um den beruflichen Werdegang, die beruflichen Kompetenzen sowie das berufliche Netzwerk. Sie können genutzt werden, um detaillierte Informationen zur Erstellung eines Fähigkeitsprofils potenzieller Bewerber zu erhalten. Berufliche Netzwerke bieten die gezielte proaktive Suche nach geeigneten Bewerbern über spezielle Recruiting-Tools an, um z. B. aus der Branche oder aus bestimmten Regionen potenzielle Kandidaten anzusprechen.[517]

Das Leistungsprinzip nach Art. 33 Abs. 2 GG gilt uneingeschränkt auch für KI-gestützte Auswahlverfahren. Entscheidungen über Zugang zu öffentlichen Ämtern müssen nach Eignung, Befähigung und fachlicher Leistung erfolgen. Eine algorithmische Vorauswahl darf diese Kriterien nicht unterlaufen. Das BVerfG betonte in der Vergangenheit die Pflicht zur Nachvollziehbarkeit und eine an ob-

---

[516] Index Agentur (2024).

[517] *Rütten/Verhoeven*, Recruiting Analytics: Mehr Erfolg mit Data Driven Recruiting und Talent Intelligence, S. 52.

jektiven Kriterien ausgerichtete Entscheidung der Auswahlentscheidung.[518] Aktuelle Rechtsprechung zur Recherche im Internet im Bewerbungsverfahren ist noch relativ selten. Ein Urteil des BAG bestätigt, dass das Googeln von Bewerbern aus öffentlich zugänglichen Quellen grundsätzlich zulässig ist, solange es transparent erfolgt. In diesem Fall stand dem Kläger ein Anspruch auf Zahlung immateriellen Schadenersatzes gemäß Art. 82 Abs. 1 DSGVO wegen des Verstoßes der Informationspflichten des potenziellen Arbeitgebers aus Art. 14 Abs. 1 lit. d DSGVO zu.[519]

In dem Tätigkeitsbericht für das Jahr 2022 hat der Hessische Beauftragte für Datenschutz und Informationsfreiheit (HBDI) im Zusammenhang mit einer Beschwerde zu den datenschutzrechtlichen Anforderungen an die moderne Art der Personalgewinnung Active Sourcing Stellung genommen und bewertet, dass Active Sourcing zulässig sein kann, wenn die betroffene Person augenscheinlich ihre Daten öffentlich gemacht hat.[520] Weiterhin weist der HDBI daraufhin, dass gemäß Art. 5 Abs. 1 lit. a DSGVO personenbezogene Daten auf rechtmäßige Weise, nach Treu und Glauben und in einer für die betroffene Person nachvollziehbaren Weise verarbeitet werden („Rechtmäßigkeit, Verarbeitung nach Treu und Glauben, Transparenz") müssen. Das Besondere beim Active Sourcing ist, dass die kontaktierte Person noch an keinem Bewerbungsverfahren teilnimmt. Somit ist das Active Sourcing dem Stellenbesetzungsverfahren vorgelagert. Damit ist der Anwendungsbereich des § 26 Abs. 1 Satz 1 BDSG weder in persönlicher noch in sachlicher Hinsicht eröffnet. Deshalb ist Art. 6 Abs. 1 lit. f DSGVO einschlägig. Insbesondere ist eine Interessenabwägung zwischen dem durch Art. 1 und 2 GG geschützten Persönlichkeitsrecht der betroffenen, kontaktierten Person und den Auswirkungen, die eine Verarbeitung der betreffenden Daten für diese mit sich bringt, einerseits und den Interessen des Verantwortlichen andererseits zu berücksichtigen.[521] Dabei sind Daten dann öffentlich, soweit diese dem Zugriff einer unbestimmten Anzahl von Personen ohne wesentliche Zulassungsschranke offenstehen. Die Informationspflichten nach Art. 14 DSGVO sind einzuhalten. Der HBDI kommt zu der Einschätzung, dass

[518] BVerfG, Beschl. v. 20. 4. 2004 – 1 BvR 838/01, NJW, 2004, 1935, 1938.

[519] BAG, Urt. v. 5. 6. 2025 – 8 AZR 117/24, BeckRS 2025, 23312, Rn. 58.

[520] *Roßnagel*, Einundfünfzigster Tätigkeitsbericht zum Datenschutz (2022), S. 156–160.

[521] Vgl. BGH, Urt. v. 23. 6. 2009 – VI ZR 196/08, NJW, 2009, 2888.

Active Sourcing in Übereinstimmung mit den Bestimmungen des Datenschutzes erfolgen kann.[522]

In der Praxis dürfen Arbeitgeber Bewerber zwar online prüfen, müssen sie aber darüber informieren. Informationspflichten müssen eingehalten werden. Arbeitgeber sollten transparent mit dem zugänglich erstellten Bewerbungsverfahren oder in Datenschutzinformationen auf diese Praxis hinweisen. Ergänzend sollte mit Bewerbern gesprochen werden, falls relevante belastende Informationen gefunden wurden, bevor eine endgültige Entscheidung über die Einstellung getroffen wird.

Praxishinweise zum Active Sourcing:
Um das Active Sourcing rechtskonform einzusetzen, sollte mit potenziellen Kandidaten von Anfang an eine offene und transparente Kommunikation über die Datenerhebung und den Zweck der Kontaktaufnahme erfolgen. Die Kontaktaufnahme darf nicht belästigend oder aufdringlich sein. Nur öffentlich zugängliche und für die Bewerbung relevante Daten dürfen erhoben werden. Es sollten keine unlauteren Abwerbemethoden verwendet werden.

Unter einer KI-unterstützenden Bewerberauswahl werden Systeme verstanden, die Bewerbungen automatisiert sichten, klassifizieren, ranken oder Vorab-Screenings durchführen, z. B. CV Parsing, Scoring, Chatbot-Interviews. Solche Systeme greifen häufig in den Zugang zu einem öffentlichen Amt ein und können damit grundrechtsgleiche Positionen der Bewerber berühren. Sie sind zudem regelmäßig Hochrisiko-KIs i. S. d. EU AI Acts, wenn sie Entscheidungen mit erheblichem Einfluss auf Beschäftigte oder Bewerber unterstützen. Damit gelten strenge Dokumentations- und Transparenzanforderungen und Anforderungen an das Benachteiligungsverbot sowie ausdrückliche Verbote einzelner Praktiken (u. a. Emotionserkennung, Social Scoring, biometrische Kategorisierung) im Beschäftigungskontext.

Art. 33 Abs. 2 GG verpflichtet den öffentlichen Dienstherrn, den Zugang zu Ämtern allein nach Eignung, Befähigung und fachlicher

---

[522] *Roßnagel*, Einundfünfzigster Tätigkeitsbericht zum Datenschutz (2022), S. 156–160.

Leistung zu eröffnen. Daraus folgt der Bewerbungsverfahrensanspruch auf ermessens- und beurteilungsfehlerfreie Einbeziehung in ein transparentes, dokumentiertes Auswahlverfahren. KI-gestützte und digitalisierte Vorentscheidungen dürfen dieses Leistungsprinzip nicht relativieren. Insbesondere muss die entscheidende Dienstbehörde die von KI erzeugten Bewertungen nachvollziehen, auf ihre Sachgerechtigkeit prüfen und menschlich final entscheiden. Die Rechtsprechung betont die Vorbehaltlosigkeit des Leistungsprinzips und die Pflicht zur Dokumentation tragender Erwägungen.[523] So dürfen KI-Systeme nicht zu einer faktischen Einschränkung des Bewerberzugangs nach Art. 33 Abs. 2 GG führen. Eingesetzte KI-Systeme müssen Bias vermeiden, d. h. der Quellcode und die Machine-Learning-Algorithmen sollten diskriminierungsfrei und transparent nachvollziehbar arbeiten. So regelt z. B. das BGleiG die Auswahlentscheidungen u. a. in den §§ 7 bis 9 BGleiG und verpflichtet die Dienststellen zur Förderung tatsächlicher Gleichstellung sowie zur Beteiligung der Gleichstellungsbeauftragten. KI-gestützte Verfahren müssen diese formellen und materiellen Vorgaben an die Gleichstellungsanforderungen abbilden können. Das AGG untersagt Benachteiligungen wegen der in § 1 AGG genannten Merkmale, verankert das Benachteiligungsverbot in § 7 AGG und regelt in § 15 AGG den Schadensersatz und die Entschädigung bei der Verletzung des Verbots. KI-Modelle, die auf verzerrte Datensätze trainiert sind, können mittelbare Diskriminierungen erzeugen und Beweislastumkehr auslösen, wenn Indizien für Benachteiligung vorliegen. Eine lückenlose Dokumentation ist daher essenziell. Bei einer automatisierten Bewerberauswahl über KI-Systeme ist zu unterscheiden zwischen unterstützenden Profilings und „ausschließlich automatisierten Entscheidungen" mit rechtlicher Wirkung oder vergleichbar erheblicher Beeinträchtigung. Art. 22 DSGVO gewährt das Recht des Bewerbers, nicht einer solchen ausschließlich automatisierten Entscheidung unterworfen zu werden. Ausnahmen wären dabei ein Vertrag, eine Rechtsvorschrift oder eine ausdrückliche Einwilligung. Automatisierte Entscheidungen setzen zusätzliche Schutzmaßnahmen voraus (u. a. menschliches Eingreifen, Möglichkeit zur Darlegung des eigenen Standpunkts und Anfechtung). Für das Bewerberauswahlverfahren bedeutet dies: keine ausschließlich automatisierte Ableitung ohne menschliche Letztentscheidung und Transparenz über den KI-Einsatz.

[523] Vgl. S. 144 ff.

An dieser Stelle sei noch einmal auf die Einstufung der HR-KI-Systeme (Recruiting, Bewertung, Monitoring) als Hochrisiko-KI und deren Folgen hingewiesen. Daraus folgen u. a.:

- Risikomanagement zu Daten-/Modellqualität/Algorithmen/Quellcodes (Vermeidung von Bias),
- technische Dokumentation und Logging,
- Transparenz gegenüber Betroffenen (Information über KI-Einsatz, Entscheidungslogik, Rechte),
- Human-in-the-Loop (wirksame menschliche Aufsicht),
- Verbote, z. B. Emotionserkennung im Beschäftigungskontext, biometrische Kategorisierung, Social Scoring.

Die BMI-Leitlinien fordern u. a. Transparenz, Kompetenzaufbau, verantwortungsvolle Dateneingabe sowie datenschutzkonformen KI-Einsatz und betonen die Pflicht zur menschlichen Prüfung KI-generierter Inhalte. Das BMAS-Netzwerk gibt selbstverpflichtende Leitlinien mit Checklisten zu menschenzentrierter Einführung, Risikoabschätzung, Datenqualität und Bias-Vermeidung heraus, die besonders relevant für behördliche HR-Prozesse sind.[524] Nachfolgend einige Praxisbeispiele (Use Cases):

Beispiel 1:

Automatisiertes CV-Screening mit Score-Ranking

Sachverhalt: Eine Bundesbehörde nutzt ein KI-Tool, das Lebensläufe automatisch bewertet und Kandidaten rankt; Bewerber > 55 Jahre erhalten systematisch schlechtere Scores.

Bewertung: AGG-kritisch (§ 1: Merkmal Alter, Altersdiskriminierung), fehlende Bias-Kontrollen, Verstoß gegen Art. 33 Abs. 2 GG (Kriterien der Bestenauslese), (EU AI Act: Datenqualität/Risikomanagement).

Maßnahmen: Bias-Audit, Anpassung Trainingsdaten, Human-Oversight bei jeder Vorauswahl, transparente Information.

[524] *BMI* (2025), Leitlinien für den Einsatz Künstlicher Intelligenz in der Bundesverwaltung, zuletzt geprüft am 11. 11. 2025.

Beispiel 2:

Chatbot-Vorinterviews mit Emotionserkennung

Sachverhalt: Videointerview-Auswertung nutzt Mimik/Stimmanalyse zur „Eignungserkennung".

Bewertung: Verbotene Praxis (Emotionserkennung) nach Art. 5 EU AI Act; zudem Art. 22 DSGVO berührt, wenn Ablehnung ausschließlich automatisiert.

Maßnahmen: Abschalten der Funktion, rein fachlich-inhaltliche Analyse zulässig, menschliche Entscheidung sicherstellen.

Beispiel 3:

Automatisierte Vorauswahl ohne menschliche Letztentscheidung

Sachverhalt: System versendet Einladungen/Ablehnungen autonom.

Bewertung: Unzulässig nach Art. 22 DSGVO (fehlende menschliche Intervention), verletzt den Bewerbungsverfahrensanspruch (Art. 33 Abs. 2 GG) und Dokumentationspflichten.

Maßnahmen: Menschliche Finalentscheidung, Informationspflicht, Möglichkeit zur Darlegung des eigenen Standpunkts.

Beispiel 4:

Interne/öffentliche Ausschreibung über KI-Portal

Sachverhalt: Dienststelle veröffentlicht nur im Intranet; KI filtert Bewerber.

Bewertung: Bei Einstellungen gilt die Pflicht zur öffentlichen Ausschreibung (BBG/BLV/VV), bloßer Aushang genügt nicht.

Maßnahmen: Veröffentlichung auf geeigneten Plattformen (Internet/interamt.de), Einbindung BGleiG-Vorgaben (Beteiligung Gleichstellungsbeauftragter), KI-Filter an Anforderungsprofil ausrichten.

Praxishinweis für rechtskonforme KI-Recruiting-Prozesse:

- *Ausschreibung & Zugang sichern: Öffentliche Ausschreibung bei Einstellungen (§ 8 BBG; § 4 BLV/VV), Beachtung der §§ 6 bis 9 BGleiG; Zugangsbarrieren durch KI vermeiden.*
- *Anforderungsprofil vor Systemeinsatz erstellen: Kriterien/Gewichtung schriftlich festlegen; KI-Parameter daran ausrichten; Dokumentation für Nachprüfbarkeit.*
- *Human-in-the-Loop: Keine ausschließlich automatisierten Ablehnungen/Einladungen; menschliche Letztentscheidung und Widerspruchsoption sicherstellen (Art. 22 DSGVO).*
- *Bias-Management: Datensatzanalyse, regelmäßige Fairnesstests, Erklärbarkeit (Explainability) und Risikomanagement nach EU AI Act; Verbote (Emotionserkennung, Social-Scoring, biometrische Kategorisierung) strikt beachten.*
- *Transparenz & Information: Bewerber über KI-Einsatz, Funktionslogik, Rechte informieren (EU AI Act/DSGVO); klare Datenschutzhinweise und Löschfristen.*
- *Einbindung von Gleichstellungs-/Personalvertretungen: Beteiligung nach BGleiG, BPersVG oder BetrVG, Mitbestimmungsrechte beachten; Orientierung an BMI/BMAS-Leitlinien (Kompetenzaufbau, ethische Nutzung).*
- *Rechtsmonitoring & Fristenmanagement: Unterlegene Bewerber (Konkurrentenklage), vollständige Dokumentation und Wartefristen beachten; fortlaufende EU-AI-Act-Umsetzungsroadmap (inkl. möglicher Zeitplananpassungen).*

KI-gestützte Bewerberauswahl ist zulässig, wenn sie verfassungs-, gleichstellungs-, benachteiligungsfrei, datenschutz- und EU-AI-Act-konform gestaltet wird. Die Bestenauslese, transparent gestaltet, menschliche Letztentscheidung und Bias-Kontrollen bilden die tragenden Eckpfeiler. Behörden sollten technische und organisatorische Maßnahmen implementieren, die diese Anforderungen operationalisieren und ihre Verfahren vollständig dokumentieren.

8. Organisationale Umsetzung von HR-Compliance in der öffentlichen Verwaltung

Die gegenwärtigen Compliance-Diskussionen fokussieren sich häufig auf Themen wie Korruption, Kartellrecht oder Vergaberecht. Für diese Themenfelder haben viele Behörden Compliance-Programme und Compliance-Management-Systeme integriert. Dabei geht es um den korrekten Umgang mit rechtlichen Anforderungen, das Aufzeigen der Risiken bei Nichtbeachtung und die Überwachung der Sicherstellung der Einhaltung der Richtlinien. In jedem Compliance-Programm sind auch arbeitsrechtliche Anforderungen involviert. So wird ein CMS mittels HR-Instrumenten und -Prozedere implementiert. Arbeitsrechtliche Anforderungen können selbst zum Gegenstand eines CMS werden, weil insbesondere der öffentliche Dienst in arbeits-, dienst- und beamtenrechtlichen Anforderungen spezielle Risiken aufweist. In den meisten Behörden sind die Compliance-Abteilung und die Personalabteilung organisatorisch getrennte Referate. Die Integration von HR-Themen in das CMS scheint mit den gestiegenen rechtlichen Anforderungen im Hinblick auf die Digitalisierung, den Einsatz von KI-Systemen in der Personalarbeit sowie den datenschutzrechtlichen Anforderungen zur ganzheitlichen Betrachtung und Umsetzung von Compliance geboten.

HR-Compliance ist die Summe aller arbeits-, dienst- und beamtenrechtlichen Anforderungen und Risiken, die als Teilaspekt in ein CMS mitaufgenommen werden muss.[525] Somit ist HR-Compliance mehr als die punktuelle Einhaltung einzelner Vorschriften: Sie verlangt ein systematisch aufgebautes CMS, klar definierte Rollen und Verantwortlichkeiten sowie belastbare interne Kontrollmechanismen und Audits. Als Basis fungiert zunächst das Behördenprofil mit seinen politischen, gesellschaftlichen und sozialen Zielen und die daraus abgeleiteten Risiken unter Compliance und HR-Aspekten. Wichtig sind die Werte der Behörde, die in der Organisationskultur verankert sind, sowie der Professionalisierungs- und Digitalisierungsgrad der HR-Prozesse.

Zur Erstellung eines Behördenrisikoprofils müssen HR-spezifische Compliance-Risiken (HR-Compliance-Risikoanalyse) z. B im Stellenbesetzungsverfahren identifiziert werden:

[525] Vgl. S. 103 ff.

- Ausschreibung & Zugang: § 6 Abs. 3 BGleiG, § 8 BBG, § 4 BLV, SGB IX (öffentliche Ausschreibung, eng begrenzte Ausnahmen, Anforderungsprofil) mit BGleiG-Vorgaben zur Art der Ausschreibung und Beteiligung der Gleichstellungsbeauftragten und der Schwerbehindertenvertretung.
- Gleichbehandlung: AGG (§§ 7, 11, 15), diskriminierungsfreier Prozess und Dokumentationspflicht, Beweislastumkehr bei Indizien.
- Datenschutz: DSGVO (Art. 22; Verbot ausschließlich automatisierter Entscheidungen; Informations-, DSFA-Pflichten), besonders relevant bei KI-gestützten HR-Prozessen.
- Einsatz von KI-Hochrisiko-Systemen: Art. 6 Abs. 2 EU AI Act i. V. m. Anhang III, besonders relevant im Personalwesen.
- Prüf, Unterrichtungs- und Meldepflichten des Arbeitgebers: SGB IX.
- Leitplanken-Verwaltung: BMI-KI-Leitlinien (Transparenz, Kompetenzaufbau, verantwortungsvolle Dateneingabe) und BMAS-Netzwerk-Leitlinien (Checklisten zu menschenzentrierter Einführung, Risiko- und Bias-Management).

Für Verwaltungen gilt dabei der doppelte Maßstab der Rechtsbindung gemäß Art. 20 Abs. 3 GG und der Bestenauslese nach Art. 33 Abs. 2 GG. Ein wirksames HR-CMS orientiert sich an den rechtlichen Vorgaben des BBG, der BLV, des BGleiG, des AGG, der DSGVO und anerkannten Rahmenwerken und Standards, z. B. DIN ISO 37301, IDW PS 980, IKS, sowie an den verwaltungsspezifischen Leitlinien des BMI und des BMAS. Diese Referenzsysteme liefern Struktur, Prüfmaßstäbe und Prozessanforderungen für rechtskonforme Personalprozesse: von der Stellenausschreibung bis zur KI-gestützten Auswahl.

8.1 Aufbau eines HR-Compliance-Management-Systems (HR-CMS)

Ein HR-CMS sollte sich am Aufbau des effizienten Compliance-Management-Systems (CMS) orientieren. Ein CMS kann verschiedene Bereiche wie Compliance-Management, Personalmanagement, Qualitätsmanagement, Risikomanagement etc. verbinden.[526] Die DIN ISO 37301[527] definiert die Anforderungen an den Aufbau, Umsetzung, Überwachung und kontinuierliche Verbesserung eines CMS

526 *Scherer*, Compliance-Managementsystem nach DIN ISO 37301: Erfolgreich implementieren, integrieren, auditieren, zertifizieren, S. 7.

527 DIN ISO 37301:2021.

und ist auf öffentliche Organisationen anwendbar.[528] Somit umfasst ein HR-CMS die Kernelemente: Kontextanalyse, Compliance-Verpflichtungen, Risikoanalyse, Führung und Kultur, Rollen/Kompetenzen, Kommunikation/Dokumentation, Leistungsbewertung. Der Prüfungsstandard IDW PS 980[529] konkretisiert diese Struktur mit sieben Grundelementen (Kultur, Ziele, Risiken, Programm, Organisation, Kommunikation, Monitoring/Verbesserung) und liefert Prüfmaßstäbe für die Angemessenheit und Wirksamkeit.

Der öffentliche Dienst, dessen Aufgaben und Dienstleistungen hohe Personalressourcen benötigen, entwickelt individual-arbeitsrechtliche und angrenzende Risiken. Basierend auf dem individuellen Risikoprofil der Behörde können Themenschwerpunkte für einen HR-Compliance-Review festgelegt werden. Somit können aktuelle Compliance-Themen um arbeitsrechtliche Schwerpunkte mit HR-Fokus ergänzt werden.

8.2 Implementierungsfahrplan für die Praxis

Die Implementierung eines HR-CMS in der öffentlichen Verwaltung erfordert einen strukturierten, normenkonformen Ansatz, der sich an anerkannten Standards wie z. B. der DIN ISO 37301 und dem Prüfungsstandard IDW PS 980 orientieren kann. Die DIN ISO 37301 beinhaltet wichtige Organisationspflichten zur Erfüllung der Legalitätspflicht der Organe einer Organisation: die Organisationspflichten sind zu ermitteln, Ressourcen zur Erfüllung bereitzustellen, die Delegation an Verantwortliche sowie die Dokumentation und Bewertung. Verstöße gegen Compliance-Verpflichtungen der Organisation lassen sich dadurch vermeiden oder minimieren.[530]

Ausgangspunkt ist die Festlegung des Geltungsbereichs und der Governance-Struktur. Die Behördenleitung muss eine verbindliche Compliance-Policy verabschieden, Verantwortlichkeiten klar definieren und die Integration des HR-CMS in bestehende Steuerungsinstrumente wie das Interne Kontrollsystem (IKS) sicherstellen. Dieser Schritt dient der Erfüllung des Kernelementes des Rechtsstaatsprinzips gemäß Art. 20 Abs. 3 GG und bildet die Grundlage für eine wirksame Compliance-Kultur.

[528] Vgl. S. 64.

[529] IDW PS 980 (2022).

[530] *Rack*, Mehr Rechtssicherheit für Vorstände durch die neue DIN ISO 37301, S. 433.

Im zweiten Schritt erfolgt die Compliance-Risikoanalyse für HR-Prozesse. Hierbei sind Risiken aus der Erstellung von Stellenausschreibungen, des Stellenbesetzungsverfahrens im Hinblick auf den Datenschutz und den KI-Einsatz systematisch zu identifizieren und nach Eintrittswahrscheinlichkeit sowie Auswirkung zu bewerten. Die Ergebnisse bilden die Basis für priorisierte Maßnahmen und Kontrollen. Die rechtlichen Vorgaben der § 8 BBG, § 4 BLV, den §§ 6 bis 9 BGleiG, den §§ 1, 7 AGG, des BPersVG/BetrVG, SGB IX sowie die Regelungen der DSGVO und des EU AI Acts sind zwingend einzubeziehen.

Darauf aufbauend wird das Compliance-Programm implementiert, das standardisierte HR-Prozesse und klare Verfahrensregeln umfasst. Dazu gehören verbindliche Abläufe für die Erstellung von Anforderungsprofilen, die Durchführung strukturierter Interviews und die Dokumentation von Auswahlentscheidungen. Bei KI-gestützten Verfahren sind die bereits beschriebenen besonderen Governance-Maßnahmen erforderlich, z. B. Human-in-the-Loop (menschliche Aufsicht), Bias-Prüfungen, Transparenzpflichten und die Durchführung einer Datenschutz-Folgenabschätzung gemäß Art. 35 DSGVO. Die Leitlinien des BMI und des BMAS bieten praxisnahe Orientierung für die ethische und rechtssichere Einführung solcher Technologien.[531]

Ein weiterer zentraler Baustein ist die Dokumentation und Kommunikation. Alle relevanten Prozesse, Richtlinien und Entscheidungen müssen nachvollziehbar festgehalten werden, um den Bewerbungsverfahrensanspruch nach Art. 33 Abs. 2 GG sowie die Anforderungen aus AGG und DSGVO zu erfüllen. Ergänzend sind interne Schulungs- und Awareness-Maßnahmen für Führungskräfte, Referenten und Sachbearbeiter in der Personalabteilung vorzusehen.

Abschließend sieht der Fahrplan eine kontinuierliche Leistungsbewertung und Verbesserung vor. Dies umfasst die Festlegung von Kennzahlen (z. B. Anteil öffentlicher Ausschreibungen, AGG-Indizienfälle, Audit-Feststellungen), die Durchführung regelmäßiger interner Audits nach IDW PS 980 sowie Management-Reviews zur Ableitung von Korrektur- und Präventionsmaßnahmen. Damit wird

---

[531] *BMI* (2025), Leitlinien für den Einsatz Künstlicher Intelligenz in der Bundesverwaltung, zuletzt geprüft am 11. 11. 2025; *BMAS* (2022), Selbstverpflichtende Leitlinien für den KI-Einsatz in der behördlichen Praxis der Arbeits- und Sozialverwaltung, zuletzt geprüft am 1. 11. 2025.

sichergestellt, dass das HR-Compliance-System nicht nur formal implementiert, sondern auch nachhaltig wirksam ist.

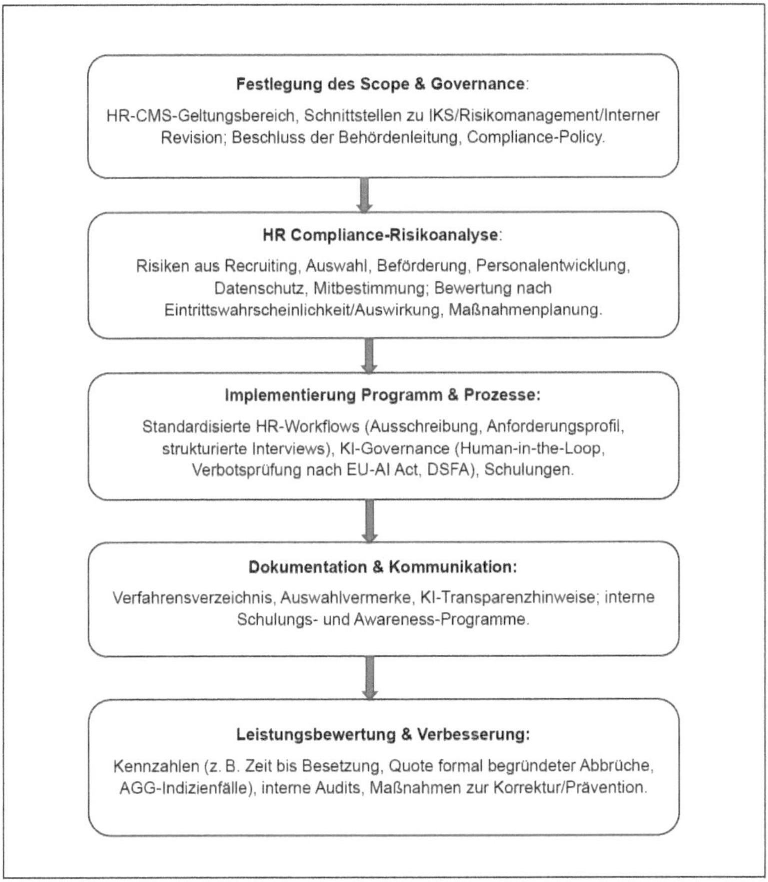

Abbildung 19: Implementierungsfahrplan für die Praxis (eigene Darstellung)

8.3 Aufgaben, Rollen und Verantwortlichkeiten im HR-CMS

Die Wirksamkeit eines HR-CMS hängt maßgeblich von der klaren Definition und Zuordnung von Rollen und Verantwortlichkeiten ab. Nach den Vorgaben der DIN ISO 37301 und dem Prüfungsstandard

IDW PS 980 ist die oberste Leitung verpflichtet, die Compliance-Kultur zu prägen und die organisatorischen Rahmenbedingungen zu schaffen. Dies umfasst die Verabschiedung einer verbindlichen „Compliance-Policy", die Bereitstellung ausreichender Ressourcen sowie die Integration des HR-CMS in bestehende Steuerungsinstrumente wie das Interne Kontrollsystem (IKS) und das Risikomanagement. Die Behördenleitung (Geschäftsführung) und die Organe (Vorstand, Mitgliederversammlung) tragen die Gesamtverantwortung für die Einhaltung der Organisations- und Aufsichtspflichten und müssen sicherstellen, dass z. B. der Grundsatz der Bestenauslese gemäß Art. 33 Abs. 2 GG in allen Personalprozessen gewahrt bleiben.

Die Personalabteilung übernimmt die operative Verantwortung für die Umsetzung der Compliance-Vorgaben in den Personalprozessen. Dazu gehören die Standardisierung von Stellenausschreibungen, die Erstellung diskriminierungsfreier Anforderungsprofile, die Durchführung strukturierter Auswahlverfahren sowie die Dokumentation aller tragenden Erwägungen. Sie ist zudem für die Einhaltung der rechtlichen Vorgaben der einschlägigen Gesetze AGG, BGleiG, BBG, BLV, SGB IX verantwortlich, insbesondere hinsichtlich der Beteiligung der Gleichstellungsbeauftragten und der Sicherstellung der Chancengleichheit im Auswahlprozess.

Der Datenschutzbeauftragte hat die Aufgabe, die Einhaltung der datenschutzrechtlichen Anforderungen nach der DSGVO und dem BDSG zu überwachen. Dies umfasst insbesondere die Durchführung von Datenschutz-Folgenabschätzungen bei KI-gestützten HR-Prozessen, Art. 35 DSGVO, die Sicherstellung der Transparenz gegenüber Bewerbern sowie die Umsetzung der Betroffenenrechte. Bei automatisierten Auswahlverfahren ist die Einhaltung von Art. 22 DSGVO zwingend, um ausschließlich automatisierte Entscheidungen zu verhindern und die menschliche Letztentscheidung sicherzustellen.

Die Gleichstellungsbeauftragten und die Personalvertretungen sind nach den Vorgaben des BPersVG oder des BetrVG in alle relevanten Schritte miteinzubeziehen. Sie wirken bei Auswahlgesprächen und der Einstellung sowie Eingruppierung von Bewerbern mit und tragen zur Verfahrensintegrität sowie zur Vermeidung von Diskriminierung bei.

Schließlich übernimmt die Interne Revision oder eine vergleichbare Prüfungsinstanz die Aufgabe, die Angemessenheit und Wirksamkeit des HR-CMS regelmäßig zu überprüfen. Grundlage hierfür sind die Prüfungsmaßstäbe des IDW PS 980, die eine systematische Bewertung der sieben CMS-Elemente (Kultur, Ziele, Risiken, Programm, Organisation, Kommunikation, Monitoring) vorsehen. Ergänzend können ISO-37301-Audits oder IKS-Prüfungen durchgeführt werden, um die Funktionsfähigkeit der Kontrollmechanismen sicherzustellen.

Die klare Zuordnung dieser Rollen und Verantwortlichkeiten und deren Zusammenspiel ist nicht nur eine organisatorische Notwendigkeit, sondern auch ein rechtliches Erfordernis zur Haftungsvermeidung und zur Sicherstellung einer transparenten, diskriminierungsfreien und datenschutzkonformen Personalpraxis.

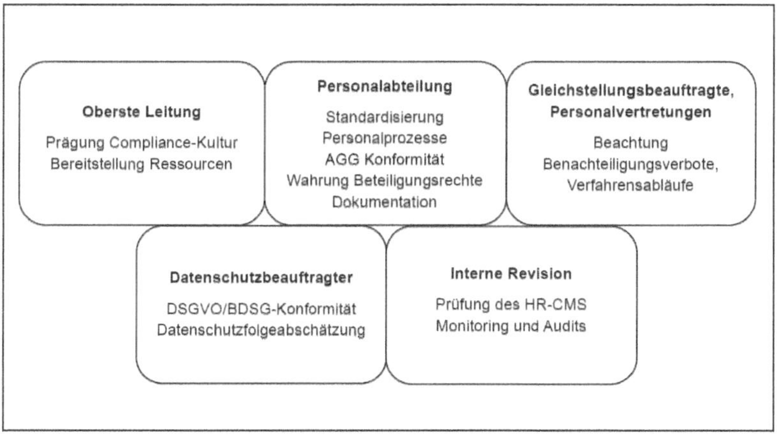

Abbildung 20: Rollen und Verantwortlichkeiten im HR-CMS (eigene Darstellung)

VII

8.4 Interne Kontrollmechanismen und Audits

Ein wirksames HR-CMS in der öffentlichen Verwaltung erfordert die Implementierung robuster interner Kontrollmechanismen, die sowohl präventiv als auch aufdeckend wirken. Grundlage hierfür sind die Prinzipien des Internen Kontrollsystems (IKS) nach dem COSO-Framework, das fünf Kernkomponenten definiert: Kontrollumfeld, Risikobeurteilung, Kontrollaktivitäten, Information und

Kommunikation sowie Überwachung. Diese Struktur ist auch für HR-Prozesse maßgeblich, da sie die Nachweisfähigkeit und Rechtskonformität sicherstellt.

Das Kontrollumfeld wird durch klare Richtlinien, Rollen und Verantwortlichkeiten geprägt. Für HR ergeben sich daraus folgende Aufgaben: die verbindliche Festlegung von Prozessen für die Stellenausschreibung, das Anforderungsprofil, das Auswahlverfahren und die Dokumentation. Kontrollaktivitäten umfassen beispielsweise das Vier-Augen-Prinzip bei der Erstellung von Ausschreibungen, die Prüfung der Beteiligung der Gleichstellungsbeauftragten nach § 27 Abs. 1 Nr. 1 lit. b BGleiG sowie die AGG-Konformität der Auswahlgespräche. Bei KI-gestützten Verfahren sind zusätzliche Kontrollen erforderlich, wie die Überprüfung auf verbotene Praktiken nach Art. 5 EU AI Act, die Sicherstellung der menschlichen Letztentscheidung gemäß Art. 22 DSGVO und die Durchführung einer Datenschutz-Folgenabschätzung, vgl. Art. 35 DSGVO.

Die Überwachung kann durch regelmäßige Audits, die sich an anerkannten Standards orientieren, erfolgen. Der Prüfungsstandard IDW PS 980 sieht die Bewertung von Angemessenheit und Wirksamkeit des Compliance-Management-Systems anhand von sieben Elementen vor (Kultur, Ziele, Risiken, Programm, Organisation, Kommunikation, Monitoring). Ergänzend ermöglicht die DIN ISO 37301 eine Zertifizierung des CMS und fordert eine kontinuierliche Verbesserung durch interne Audits und Management-Reviews. Für die öffentliche Verwaltung sind zudem kommunale IKS-Leitfäden und die Empfehlungen des Deutschen Instituts der Internen Revision (DIIR) relevant, die eine systematische Funktionsprüfung der Kontrollmechanismen vorsehen.[532]

Zur Messung der Wirksamkeit werden Kennzahlen (KPIs) eingesetzt, etwa die Quote öffentlicher Ausschreibungen, die Anzahl dokumentierter Auswahlvermerke, die Häufigkeit von AGG-Indizienfällen, die Umsetzungsquote von Audit-Empfehlungen, die Compliance-Schulungsquote für HR und Führungskräfte oder die Ergebnisse von Bias-Tests bei KI-Systemen. Diese Kennzahlen fließen in regelmäßige Management-Reviews ein und bilden die Grundlage für Korrektur- und Präventionsmaßnahmen. Damit wird sichergestellt, dass das HR-CMS nicht nur formal implementiert, sondern auch nachhaltig wirksam ist und den rechtlichen Anforderungen entspricht.

---

[532] *IDR* (2023), zuletzt geprüft am 5. 11. 2025.

Abbildung 21: KPI-Dashboard für HR-Compliance (eigene Darstellung/KI-generiert)

Das dargestellte KPI-Dashboard für die HR-Compliance ist eine visuelle Übersicht zentraler Kennzahlen zur Bewertung der Wirksamkeit von Compliance-Maßnahmen im Personalbereich der öffentlichen Verwaltung. Es besteht aus sechs kreisförmigen Indikatoren, die jeweils einen KPI mit Zielwert anzeigen:

VII

- **Quote öffentlicher Ausschreibungen (95 %):** Misst den Anteil der Stellen, die gemäß § 8 BBG und § 4 BLV öffentlich ausgeschrieben wurden. Ein hoher Wert zeigt die Einhaltung des Grundsatzes der Bestenauslese.
- **Zeit bis zur Stellenbesetzung (90 %):** Gibt an, wie effizient das Verfahren durchgeführt wird. Ein hoher Wert deutet auf kurze Durchlaufzeiten und optimierte Prozesse hin.
- **Anzahl AGG-Indizfälle (0 %):** Zeigt die Häufigkeit von Diskriminierungsverdachtsfällen im Bewerbungsverfahren. Ziel ist die vollständige Vermeidung solcher Fälle.
- **Beteiligung der Gleichstellungsbeauftragten (100 %):** Misst die Einhaltung der Beteiligungspflicht nach BGleiG. Ein Wert von 100 % bedeutet vollständige Compliance.

- **Durchführung von Datenschutz-Folgenabschätzungen (100 %):** Kontrolliert die Umsetzung der DSGVO-Anforderungen (Art. 35) bei sensiblen HR-Prozessen, insbesondere bei KI-Einsatz.
- **Umsetzung von Audit-Empfehlungen (100 %):** Bewertet die Wirksamkeit des Auditprozesses und die Umsetzung von Korrekturmaßnahmen nach IDW PS 980 und ISO 37301.

Die Farbgebung (grün für hohe Erfüllung, rot für kritische Werte) erleichtert die schnelle Interpretation. Das Dashboard dient als Monitoring-Tool für Führungskräfte und Compliance-Verantwortliche, um Risiken frühzeitig zu erkennen und Maßnahmen einzuleiten.

Ein effizientes HR-CMS ist die zwingende organisatorische Antwort der öffentlichen Verwaltung auf verfassungs-, arbeits- und datenschutzrechtliche Anforderungen. Die Verzahnung von DIN ISO 37301 und den IDW PS 980 mit dem behördlichen IKS schafft Struktur, Nachweisfähigkeit und Prüfstandard und unterstützt die Bestenauslese nach Art. 33 Abs. 2 GG durch transparente, objektive und dokumentierte Verfahren. Eine klare Aufgaben- und Rollenverteilung, verbindliche Kontrollen und regelmäßige Audits können die Rechts- und Reputationsrisiken reduzieren, die Verfahrensintegrität stärken und die Akzeptanz und Nachhaltigkeit von Personalentscheidungen erhöhen. Mit den BMI- und BMAS-Leitlinien und Empfehlungen des DIIR steht der öffentlichen Verwaltung zudem ein praxisnaher Rahmen für die verantwortungsvolle, auch KI-gestützte Personalarbeit zur Verfügung.

VIII. Fazit und Ausblick

Compliance in der öffentlichen Verwaltungspraxis ist weit mehr als die formale Einhaltung von Regeln. Sie ist das Betriebssystem einer handlungsfähigen, rechtssicheren und gemeinwohlorientierten Verwaltung. Gerade weil die öffentliche Verwaltung von Verfassung wegen an das Gesetz gebunden ist, tragen ihre Beschäftigten eine doppelte Verantwortung: gegenüber den gesetzlichen Vorgaben und gegenüber der demokratischen Legitimation des staatlichen Handelns. Ein zeitgemäßes Verständnis von Compliance verbindet deshalb rechtliche Konformität, integre Organisationskultur und wirksame Steuerungs- und Kontrollmechanismen und richtet den Blick zugleich nach vorn auf die Potenziale und Risiken neuer Technologien, Nachhaltigkeitserwartungen und die digitale Transformation.

Aus rechtlicher und organisatorischer Sicht sind die Anforderungen an die öffentliche Verwaltung vielschichtig, aber in der Sache konsistent: Sie dienen der Rechtmäßigkeit, Transparenz, Gleichbehandlung, Wirtschaftlichkeit und Sparsamkeit. Das Grundgesetz und das Prinzip der Rechtsbindung der Verwaltung bilden den Rahmen für das Verwaltungshandeln. Das Haushalts-, Kassen- und Rechnungswesen verlangt den sorgsamen, wirtschaftlichen und transparenten Umgang mit öffentlichen Mitteln. Vergabe- und Beihilferecht sichern den fairen Wettbewerb und die zweckentsprechende Verwendung von Ressourcen. Das Datenschutzrecht (DSGVO, BDSG) begrenzt, strukturiert und dokumentiert die Verarbeitung von personenbezogenen Daten und macht das Verwaltungshandeln nachvollziehbar. Die Dienst-, Beamten- und Disziplinarrechte normieren besondere Treue- und Integritätspflichten der Beschäftigten im öffentlichen Dienst. Das Strafrecht für Amtsträger ahndet Bestechung und Vorteilsannahme. Antikorruptionsrichtlinien adressieren Interessenkonflikte. Hinzu kommen landes- und kommunalrechtliche Vorgaben bis hin zu Verwaltungsvorschriften und Erlassen, die das „Wie" des Handelns operationalisieren.

VIII

Organisatorisch können diese Regelungen in ein effizientes Compliance-Management-System (CMS) münden, ergänzt um die Teilsysteme eines Tax-CMS sowie HR-CMS, welches die Verwaltung unabhängig von Behördengröße und dem Aufgabenportfolio an ihre Risiken und Steuerungsbedarfe anpasst. Kernelemente sind eine systematische Risikoanalyse (z. B. zu Korruption, Datenschutz, Vergabe,

Haushalt), ein kontinuierliches Risikomanagement, klare Richtlinien und Handlungsanleitungen, interne Kontrollen (Vier-Augen-Prinzip, Funktionstrennung, Eskalationswege), transparente Dokumentation und revisionssichere Nachvollziehbarkeit. Ergänzend unterstützen eine funktionsfähige interne Revision die enge Verzahnung mit dem Internen Kontrollsystem (IKS), die Benennung von Beauftragten- und Ombudsstellen (Datenschutz, Informationssicherheit, KI, Antikorruption) sowie niedrigschwellige, rechtssichere Hinweisgeberkanäle gemäß Hinweisgeberschutz. Eine integritätsorientierte Führung, regelmäßige Schulungen, klare Kommunikation von Erwartungen, das Vorleben von Vorbildverhalten und der Schutz vor Repressalien für hinweisgebende Personen übersetzen abstrakte Regeln in gelebte Praxis. Digitale Werkzeuge wie E-Vergabeplattformen, E-Personalakten, ein klares Rollen- und Rechtekonzept erhöhen die Wirksamkeit und Nachweisbarkeit, ersetzen aber nicht die ermessensgeleitete Verantwortung der handelnden Personen.

Die Bedeutung von Compliance im öffentlichen Dienst geht damit über die Minimierung von Rechts- und Reputationsrisiken hinaus. Sie ist fundamental für Vertrauen, ohne die das Verwaltungshandeln in einer demokratischen Gesellschaft nicht dauerhaft tragfähig wäre. Die Bürger, die Unternehmen, die Politik, die Medien und die Zivilgesellschaft beurteilen staatliches Handeln an Kriterien wie Transparenz, Fairness, Gleichbehandlung und Effizienz. Werden diese Maßstäbe durch konsequente Compliance sichtbar erfüllt, stärkt das die Legitimität von Entscheidungen der Verwaltung (Exekutive). In der Interaktion mit Wirtschaft und Zivilgesellschaft sichert Compliance in der öffentlichen Verwaltung gleiche Chancen in Verfahren, schließt den Missbrauch von Insiderwissen aus und schafft berechenbare Rahmenbedingungen, die wiederum Akzeptanz und Kooperationsbereitschaft fördern.

Auch nach innen stiftet Compliance messbaren Wert. Sie reduziert operative Reibungsverluste, weil Zuständigkeiten, Prozesse und Kontrollen klar definiert sind. Sie schützt Beschäftigte, indem sie eindeutige Handlungsleitlinien bietet, Fehlanreize vermeidet und in Konfliktsituationen Orientierung gibt. Sie entlastet Führungskräfte, weil Steuerung über Regeln, Standards und Kennzahlen gelingt, nicht nur über Einzelfallanweisungen. Und sie stärkt die Lernfähigkeit der Organisation, indem Vorfälle systematisch ausgewertet, Prävention gezielt nachgeschärft und Verbesserungen nachhaltig verankert werden. So wird Compliance zum integrativen Bestandteil guter Verwaltung, einer Verwaltung, die nicht nur rechtmäßig, sondern auch leistungsfähig, offen und verlässlich ist.

Mit Blick nach vorn wird die Relevanz von Compliance eher zu- als abnehmen, denn drei Trends verändern Rahmenbedingungen und Erwartungshorizonte grundlegend: die Künstliche Intelligenz, ESG und die digitale Transformation der Verwaltung.

Der Einsatz von Künstlicher Intelligenz verspricht Effizienzgewinne, bessere Prognosen und entlastete Beschäftigte bei Routineaufgaben wie z. B. durch automatisierte Aktenklassifikation, intelligente Terminsteuerung, Chat- und Auskunftsdienste, Betrugs- oder Anomalieerkennung in Zahlungsströmen oder datengetriebene Bedarfsplanung. Gleichzeitig verschärft der Einsatz von KI-Systemen die Compliance-Anforderungen erheblich. Algorithmische Entscheidungen berühren Grundsätze der Gleichbehandlung, Verhältnismäßigkeit und Nachvollziehbarkeit. Bias und Benachteiligungsrisiken müssen proaktiv adressiert werden. Die Datenqualität, die Zweckbindung und Minimierung bleiben zentrale Leitplanken im Datenschutz. Die Transparenz, Erklärbarkeit und Nachvollziehbarkeit von Modellergebnissen werden zur Voraussetzung fairer und rechtssicherer Verwaltungsentscheidungen. Praktisch heißt das: Die öffentliche Verwaltung braucht eine klare KI-Governance mit Inventarisierung von KI-Anwendungen, Risiko- und Folgenabschätzungen, Modell- und Datenkatalogen, dokumentierter Trainings- und Teststrategie, menschlicher Letztverantwortung sowie unabhängiger Validierung und kontinuierlichem Monitoring im Betrieb. Ergänzend braucht es Schulungen für fachliche und rechtliche Kompetenzen, standardisierte Verfahren für die Freigabe zur Implementierung sowie klare Kommunikationswege gegenüber der Öffentlichkeit und den betroffenen Personen einschließlich wirksamer Beschwerde- und Rechtsbehelfswege. So kann KI sowohl die Handlungsfähigkeit der öffentlichen Verwaltung erhöhen als auch deren Wertefundament schützen.

ESG, Umwelt, Soziales und Governance ist für die öffentliche Hand kein Trendlabel, sondern wird zur Querschnittsanforderung. Zum einen spiegeln sich ESG-Kriterien in der eigenen Rolle als Arbeitgeber des öffentlichen Dienstes, zum anderen müssen die Kriterien mit Diversität, Gleichstellung, Gesundheitsschutz, Barrierefreiheit, Vereinbarkeit von Beruf und Familie, fairen Stellenbesetzungsverfahren und sicheren Arbeitsbedingungen umgesetzt werden, da sie nicht nur sozial geboten, sondern Compliance-relevant sind. Zum anderen prägen ESG-Erwartungen die Interaktion mit dem Anbietermarkt und der Gesellschaft, die in ökologischen Kriterien und Lebenszykluskosten in Vergaben verankert sind. Soziale und menschenrechtliche Anforderungen gewinnen in Leistungs- und Eignungskriterien an Gewicht. Transparenz über Lieferketten, Emissionen und Nachhaltigkeitswirkungen beeinflussen Beschaffungsentscheidungen. Governance schließlich bündelt die klassischen Compliance-Funktionen mit Nachhaltigkeitssteuerung über klare Rollen und Verantwortlichkeiten, messbare Ziele, Dokumentation, Berichterstattung und Auditreviews. Für die öffentliche Verwaltung bedeutet das, Nachhaltigkeit und Compliance nicht aufsummiert, sondern integriert zu denken: Risiken und Chancen entlang des gesamten Policy- und Prozesszyklus identifizieren, Zielkonflikte transparent machen, z. B. zwischen Schnelligkeit, Sorgfalt und Gewissenhaftigkeit, Kosteneffizienz und Sozialstandards, sowie Anreizsysteme und Kennzahlen so zu gestalten, dass sie integres und nachhaltiges Handeln belohnen.

Die digitale Transformation schließlich verändert das „Wie" des Verwaltungshandelns grundlegend: Registermodernisierung, die E-Akte, Plattformökonomie in der Beschaffung, Cloud- und Datenstrategien, Open Government Data und vernetzte Fachkompetenzen beschleunigen Prozesse, erhöhen die Datenverfügbarkeit und schaffen neue Schnittstellen – intern wie extern. Daraus folgen neue Compliance-Handlungsfelder: Cyber- und Informationssicherheit, ein Identitäts- und Berechtigungsmanagement mit fein granularer Aufgabentrennung, revisionssichere Protokollierung, durchgängige Nachvollziehbarkeit in End-to-End-Prozessen sowie klare Verantwortlichkeiten in arbeitsteiligen, föderalen und behördenübergreifenden Datenflüssen. Digitale Signaturen, standardisierte Datenmodelle und automatisierte Prüfregeln unterstützen die Regelkonformität; zugleich steigt die Bedeutung von Datenethik und Datenschutz. Die Fähigkeit unterschiedlicher Systeme in der Verwaltung, möglichst nahtlos zusammenzuarbeiten, ist nicht nur eine technische, sondern auch eine Compliance-Frage: Einheitliche Standards und Rollenmodelle verhindern Grauzonen, in denen Verantwortlichkeiten verwischen könnten. Schließlich verlangt die digitale Transformation einen Kulturwandel: Von der Fehlervermeidung um jeden Preis hin zu einer lernenden Compliance, die Experimente in sicheren Räumen zulässt, klare Leitplanken setzt, Erkenntnisse teilt und iterativ verbessert, ohne dabei den rechtlichen Rahmen zu unterlaufen.

Zusammenfassend lässt sich festhalten, dass Compliance in der öffentlichen Verwaltung ein strategisches Führungsinstrument ist. Sie gehört in die Verantwortung der Leitungsebene, mit klarer Governance, ausreichenden Ressourcen und einem Mandat, unabhängig und bereichsübergreifend zu wirken. Wirksamkeit von Compliance entsteht durch Integration. Compliance muss mit IKS, Risikomanagement, Informationssicherheit, Datenschutz, Personal, Fachverfahren, Digitalisierung und Nachhaltigkeit verzahnt sein. Insellösungen erzeugen Blindstellen; integrierte Steuerung schafft Synergien und Klarheit. Die Ressource Mensch macht dabei den Unterschied. Richtlinien, Regeln und Tools sind nur so gut wie ihre Anwendung. Kompetenzaufbau, wertebasierte Führung, Schutz und Wertschätzung für Hinweisgebende, offene Kommunikationskultur und Vorbildverhalten sind die tragenden Säulen. Daten sind der neue Compliance-Rohstoff. Ohne belastbare Daten gibt es keine verlässliche Steuerung. Datenqualität, -modelle und -flüsse verdienen denselben Stellenwert wie rechtliche Normen. Zukunftssicherheit entsteht durch Vorwegnahme oder Prognose auf etwas Zukünftiges. KI, ESG und Digitalisierung entwickeln sich dynamisch; die öffentliche Verwaltung muss ihre Innovations- und Kontrollkompetenz parallel ausbauen, um Chancen zu nutzen und Risiken zu minimieren.

Eine moderne, integre und resiliente Verwaltung verbindet streng rechtskonformes Handeln mit einer proaktiven, lernorientierten Compliance, das Vertrauen schafft, Leistung ermöglicht und der Gesellschaft dient. Wer Compliance so versteht und organisiert, gewinnt nicht nur Sicherheit, sondern auch Gestaltungsspielräume heute und in den Herausforderungen von morgen.

IX. Anhang

1. Checkliste zur Eingruppierung und Stufenzuordnung (§ 16 TVöD/TV-L)

Vorbereitung und Unterlagen

- ☐ Liegt eine vollständige Anfrage zur Eingruppierung vor?
- ☐ Sind alle relevanten Unterlagen vollständig und rechtzeitig eingegangen?
- ☐ Liegt eine aktuelle und vollständige Stellenbeschreibung vor?
- ☐ Hat der Personalrat Einsicht in den Stellenplan und die bisherige Stellenbewertung?
- ☐ Wurde der Personalrat rechtzeitig beteiligt?

Prüfung der Eingruppierung

- ☐ Entspricht die Tätigkeit den tariflichen Tätigkeitsmerkmalen der Entgeltordnung?
- ☐ Ist die Entgeltgruppe zutreffend gewählt?
- ☐ Gibt es Abweichungen von der bisherigen Stellenbewertung?
- ☐ Wird die Stellenbeschreibung im Zuge der Neubesetzung verändert?
- ☐ Liegt eine Ungleichbehandlung im Vergleich zu vergleichbaren Beschäftigten vor?
- ☐ Ist die erforderliche Qualifikation für die Stelle nachgewiesen?

Stufenzuordnung bei Neueinstellung

- ☐ Liegt einschlägige Berufserfahrung von mindestens einem Jahr vor?
- ☐ Zuordnung mindestens Stufe 2, ggf. Stufe 3 bei mind. 3 Jahren einschlägiger Berufserfahrung?
- ☐ Wurden förderliche Zeiten nach § 16 Abs. 2 Satz 3 und 4 TVöD/TV-L anerkannt?
- ☐ Ist die Stufenzuordnung nachvollziehbar dokumentiert und dem Personalrat mitgeteilt?

Stufenzuordnung bei Wiedereinstellung

- ☐ Liegt eine Wiedereinstellung beim selben Arbeitgeber vor?
- ☐ Wurden die zuvor anerkannten Erfahrungsstufen berücksichtigt?
- ☐ Sind berücksichtigte Zeiten aus vorherigen Arbeitsverhältnissen kumulativ berücksichtigt?
- ☐ Wurden förderliche Zeiten aus dem ersten Arbeitsverhältnis fortgeführt?
- ☐ Liegt ein Grund für eine korrigierende Rückstufung vor?
- ☐ Ist die Stufenzuordnung im Arbeitsvertrag korrekt festgehalten?

Abschluss und Dokumentation

- ☐ Wurde die Entscheidung zur Eingruppierung und Stufenzuordnung dem Personalrat mitgeteilt?
- ☐ Liegt ein Beschluss des Personalrats zur Eingruppierung und Stufenzuordnung vor?
- ☐ Wurde die Entscheidung dem Dienstgeber und dem Beschäftigten schriftlich mitgeteilt?
- ☐ Sind alle Schritte und Entscheidungen nachvollziehbar dokumentiert?

2. Checkliste: Mitwirkungsobliegenheiten des öffentlichen Arbeitgebers beim Urlaubsverfall

Urlaubserfassung und -information

- ☐ Urlaubskonto für jede beschäftigte Person führen (inkl. Resturlaub aus Vorjahren).
- ☐ Zu Jahresbeginn schriftlich über den Urlaubsanspruch informieren.
- ☐ Klarstellen, dass Urlaub grundsätzlich bis zum 31. 12. genommen werden muss.

Aufforderung zum Urlaubsantritt

- ☐ Beschäftigte aktiv zur Urlaubsplanung und -nahme auffordern.
- ☐ Hinweis geben, dass nicht genommener Urlaub grundsätzlich verfällt.
- ☐ Aufforderung dokumentieren (z. B. E-Mail, Personalakte).

Hinweis auf drohenden Verfall

- ☐ Spätestens im letzten Quartal des Jahres erneut auf drohenden Verfall hinweisen.
- ☐ Bei übertragenem Urlaub: Hinweis vor Ablauf des Übertragungszeitraums (31. 5.).
- ☐ Hinweis muss konkret, individuell und verständlich sein.

Dokumentation

- ☐ Alle Mitteilungen und Hinweise schriftlich festhalten.
- ☐ Nachweis über Zugang der Informationen sicherstellen.
- ☐ Bei Streitfällen: Dokumentation als Beweis nutzen können.

Sonderfälle beachten

- ☐ Bei Langzeiterkrankung prüfen, ob Mitwirkungspflicht entfallen kann.
- ☐ Zusatzurlaub für Schwerbehinderte gesondert behandeln.
- ☐ Rückwirkende Mitwirkung bei Altfällen prüfen und ggf. nachholen.

Kommunikation und Schulung

- ☐ Personalverantwortliche regelmäßig zu Mitwirkungspflichten schulen.
- ☐ Standardprozesse für Urlaubsmitteilungen etablieren.
- ☐ Beschäftigte regelmäßig über Urlaubsregelungen informieren.

3. Dokumentations-Checkliste: Mitwirkungsobliegenheiten beim Urlaubsverfall

Schritt	Maßnahme	Dokumentations-form	Erle-digt
1. Urlaubskonto geführt	Urlaubsanspruch und Resturlaub erfasst	Personalakte / digitales System	☐
2. Urlaubsmitteilung versendet	Information über Urlaubsanspruch und Fristen	Kopie der Mitteilung/E-Mail	☐
3. Aufforderung zum Urlaubsantritt	Beschäftigte zur Urlaubsplanung aufgefordert	E-Mail/Gesprächsnotiz	☐
4. Hinweis auf drohenden Verfall	Konkreter Hinweis auf Verfallzeitpunkt	E-Mail/Schreiben	☐
5. Keine Urlaubsbeantragung erfolgt	Kein Antrag bis Fristablauf dokumentiert	Urlaubsportal/Vermerk	☐
6. Verfall dokumentiert	Vermerk über Verfall des Anspruchs	Personalakte/Systemeintrag	☐
7. Sonderfälle geprüft	Krankheit/Schwerbehinderung berücksichtigt	Ärztliche Bescheinigung / Vermerk	☐
8. Rückwirkende Mitwirkung (falls nötig)	Nachholung der Mitwirkungspflicht bei Altfällen	Mitteilung/Vermerk	☐

4. Checkliste: Erstellung einer Dienstvereinbarung „Mobiles Arbeiten"

Allgemeine Grundlagen

- ☐ Rechtsgrundlage benennen, vgl. § 80 Abs. 1 Nr. 5 BPersVG
- ☐ Zielsetzung definieren, z. B. bessere Vereinbarkeit von Beruf und Familie, Flexibilität, Arbeitgeberattraktivität
- ☐ Anwendungsbereich definieren: Welche Beschäftigtengruppen sind erfasst?

Definitionen und Begriffe

- ☐ Mobile Arbeit vs. Homeoffice vs. Telearbeit klar abgrenzen
- ☐ Arbeitsorte definieren (z. B. Wohnung, unterwegs, Hotel)

Organisatorische Regelungen

- ☐ Antragsverfahren für mobile Arbeit festlegen
- ☐ Genehmigungsvorbehalt durch die Dienststellenleitung/Führungskräfte
- ☐ Dauer und Umfang der mobilen Arbeit regeln (z. B. max. 2 Tage/Woche)
- ☐ Rückkehrrecht zur Dienststelle sicherstellen
- ☐ Widerrufsmöglichkeiten definieren

Datenschutz und IT-Sicherheit

- ☐ Datenschutz-Folgenabschätzung bei der Verarbeitung besonderer Kategorien von personenbezogenen Daten gemäß Art. 9 Abs. 1, vgl. Art. 35 Abs. 3b) DSGVO
- ☐ Technische Ausstattung durch Dienststelle (Laptop, VPN)
- ☐ Verbot privater Geräte oder klare Trennung (z. B. Container-Lösung)
- ☐ Clean-Desk-Policy und sichere Aufbewahrung von Unterlagen
- ☐ Verbot privater E-Mail-Nutzung für dienstliche Kommunikation
- ☐ Multi-Faktor-Authentifizierung für sensible Datenzugriffe
- ☐ Remote-Wipe-Funktion bei Verlust von Geräten

Arbeits- und Gesundheitsschutz

- ☐ Ergonomische Anforderungen an den Heimarbeitsplatz (siehe ArbStättV)
- ☐ Zutrittsrecht der Dienststelle bei Homeoffice (mit Zustimmung)
- ☐ Schulungen zu Datenschutz, IT-Sicherheit und Arbeitsorganisation

Kommunikation und Kontrolle

- ☐ Regelung zu Erreichbarkeit und Arbeitszeit (z. B. Kernzeiten)
- ☐ Verbot technischer Überwachung ohne Mitbestimmung
- ☐ Regelmäßige Feedbackgespräche und Evaluation

Konfliktmanagement

- ☐ Stufenverfahren bei Uneinigkeit mit dem Personalrat, vgl. § 71 BPersVG
- ☐ Anrufung der Einigungsstelle, vgl. § 72 BPersVG

5. Checkliste: Remonstrations- und Verschwiegenheitspflicht

Bei Dienstantritt (im Onboarding-Prozess)

- ☐ Schriftliche Verpflichtung zur Verschwiegenheit einholen (§ 67 BBG/§ 37 BeamtStG)
- ☐ Aufklärung über Remonstrationspflicht (§ 63 BBG/§ 36 BeamtStG)
- ☐ Übergabe von Merkblättern zu beiden Pflichten
- ☐ Dokumentation in der Personalakte

Schulungen und Sensibilisierung

- ☐ Regelmäßige Schulungen zu:
- ☐ Remonstrationsverfahren
- ☐ Datenschutz und Geheimhaltung
- ☐ Schulung von Führungskräften zur korrekten Reaktion auf Remonstrationen
- ☐ Aufklärung über Aussagegenehmigungen und Ausnahmen von der Verschwiegenheitspflicht

Interne Prozesse und Dokumentation

- ☐ Etablierung eines standardisierten Verfahrens zur Remonstration
- ☐ Einrichtung eines Prozesses zur Beantragung von Aussagegenehmigungen
- ☐ Archivierung aller Remonstrationsvorgänge und Genehmigungen
- ☐ Regelmäßige Überprüfung der Einhaltung der Verschwiegenheitspflicht

Compliance und Kontrolle

- ☐ Entwicklung interner Richtlinien zu beiden Pflichten
- ☐ Integration der Prozesse in das Compliance-Management-System
- ☐ Zusammenarbeit mit Datenschutz- und Compliance-Beauftragten
- ☐ Aufnahme der Tatbestände in den Meldekatalog des internen Hinweisgebersystems

Reaktion auf Pflichtverstöße

- ☐ Prüfung disziplinarischer Maßnahmen bei Pflichtverletzungen nach dem BDG
- ☐ Einleitung straf- oder zivilrechtlicher Schritte bei schwerwiegenden Verstößen
- ☐ Dokumentation aller Maßnahmen in der Personalakte

6. Kurz-Checkliste zur Entgeltgleichheit für die Personalabteilung

- ☐ Gehaltsinformationen in Stellenausschreibungen integrieren
- ☐ Auskunftsprozesse digitalisieren
- ☐ Entgeltanalysen jährlich durchführen
- ☐ Gleichstellungsberichte vorbereiten
- ☐ Compliance-Beauftragte benennen
- ☐ Schulungen für Führungskräfte starten
- ☐ Dokumentation aller Vergütungsentscheidungen sicherstellen

7. Checkliste: HR-Compliance im Beschäftigtendatenschutz

1. Rechtsgrundlagen und Richtlinien

- ☐ Prüfen, ob interne Richtlinien DSGVO-konform sind (Art. 6, 88 DSGVO).
- ☐ § 26 BDSG nur anwenden, wenn zusätzliche Schutzmechanismen vorhanden sind.
- ☐ Kollektivvereinbarungen (Dienst-/Betriebsvereinbarungen) auf DSGVO-Konformität prüfen.

2. Datenschutz-Folgenabschätzung (DSFA)

- ☐ Identifizieren risikobehafteter Prozesse (z. B. Videoüberwachung, digitale Personalakten).
- ☐ DSFA durchführen und dokumentieren.
- ☐ Regelmäßige Aktualisierung der DSFA sicherstellen.

3. Technische und organisatorische Maßnahmen

- ☐ Zugriffskontrollen und Rollenrechte implementieren.
- ☐ Verschlüsselung für sensible Daten aktivieren.
- ☐ Protokollierung und Audit-Trails einrichten.
- ☐ Datensparsamkeit und Zweckbindung in allen Prozessen sicherstellen.

4. Compliance-Management-System (CMS)

- ☐ Datenschutz- und Compliance-Handbuch erstellen.
- ☐ Risikomanagement für Beschäftigtendaten etablieren.
- ☐ Monitoring- und Reporting-Prozesse implementieren.

5. Schulung und Sensibilisierung

- ☐ Regelmäßige Schulungen für Führungskräfte und Mitarbeitende.
- ☐ Praxisorientierte Szenarien in Schulungen einbinden.
- ☐ Awareness-Kampagnen für Datenschutz starten.

6. Datenschutzbeauftragte

- ☐ Frühzeitige Einbindung bei neuen Projekten.
- ☐ Sicherstellen von Unabhängigkeit und ausreichenden Ressourcen.

7. Dokumentationspflichten

- ☐ Verzeichnis der Verarbeitungstätigkeiten führen.
- ☐ Nachweispflichten gegenüber Aufsichtsbehörden erfüllen.
- ☐ Protokolle regelmäßig aktualisieren.

8. Notfall- und Incident-Management

- ☐ Verfahren für Datenschutzverletzungen definieren.
- ☐ Meldepflichten nach Art. 33 DSGVO sicherstellen.
- ☐ Kommunikationsplan für Betroffene und Behörden vorbereiten.

8. Checkliste für Behörden zur Umsetzung der Vorgaben für Gesundheitsdaten, Bewerbungsunterlagen und Personalakten

A. Löschkonzepte

- ☐ Löschfristen festlegen für:
  - ☐ Gesundheitsdaten (sofort nach Wegfall des Zwecks)
  - ☐ Bewerbungsunterlagen (6 Monate nach Abschluss des Verfahrens)
  - ☐ Personalakten (gesetzliche Aufbewahrungsfristen beachten: 3–10 Jahre)
- ☐ Automatisierte Löschprozesse implementieren (z. B. in HR-Systemen).
- ☐ Dokumentation der Löschvorgänge für Nachweis gegenüber Aufsichtsbehörden.

B. Zugriffskontrollen

- ☐ Rollen- und Rechtekonzept erstellen:
  - ☐ Gesundheitsdaten: nur Personalabteilung, Betriebsarzt, Datenschutzbeauftragte.
  - ☐ Bewerbungsunterlagen: Personalabteilung, Fachbereichsleitung.
  - ☐ Personalakten: Personalabteilung, Vorgesetzte.
- ☐ Technische Zugriffsbeschränkungen umsetzen (z. B. durch Berechtigungsmanagement).
- ☐ Regelmäßige Überprüfung der Zugriffsrechte (mind. jährlich).
- ☐ Protokollierung aller Zugriffe auf sensible Daten.

C. Dokumentation

- ☐ Verzeichnis der Verarbeitungstätigkeiten aktualisieren (Art. 30 DSGVO).
- ☐ Rechtsgrundlagen dokumentieren (Art. 6, 9 DSGVO, § 26 BDSG).
- ☐ Nachweis der Erforderlichkeitsprüfung für jede Datenkategorie.
- ☐ Protokolle führen und regelmäßig aktualisieren.

D. Technische und organisatorische Maßnahmen

- ☐ Verschlüsselung sensibler Daten (Gesundheitsdaten, digitale Personalakten).
- ☐ Trennung von besonders sensiblen Daten (z. B. Gesundheitsdaten separat speichern).
- ☐ Backup- und Notfallkonzepte für Datenintegrität und Wiederherstellung.

E. Schulung und Sensibilisierung

- ☐ Regelmäßige Schulungen für Personalabteilung und Führungskräfte.
- ☐ Praxisorientierte Szenarien (z. B. Umgang mit Krankmeldungen, Bewerberdaten).
- ☐ Awareness-Kampagnen für Datenschutz im Beschäftigungsverhältnis.

9. Checkliste: Transparenzpflichten bei Hochrisiko-KI-Systemen im HR-Bereich

1. Kennzeichnung und Information

- ☐ Offenlegung des KI-Einsatzes: Informieren Sie Bewerber und Beschäftigte klar und verständlich, wenn KI-Systeme in Rekrutierung, Leistungsbewertung oder Personalentscheidungen eingesetzt werden.
- ☐ Erklärung der Funktionsweise: Stellen Sie eine leicht verständliche Beschreibung der Entscheidungslogik, der Hauptparameter und der Datenquellen bereit.

☐ Hinweis auf menschliche Überprüfung: Kommunizieren Sie, dass Entscheidungen nicht ausschließlich automatisiert erfolgen und eine menschliche Kontrolle möglich ist.

2. Dokumentation und Nachweis

☐ Erstellung einer Transparenzdokumentation: Führen Sie eine interne Dokumentation über den Zweck, die Funktionsweise und die Grenzen des KI-Systems.

☐ Protokollierung der Interaktionen: Halten Sie fest, wann und wie das KI-System eingesetzt wurde, um Nachvollziehbarkeit sicherzustellen.

3. Zugänglichkeit und Verständlichkeit

☐ Bereitstellung in verständlicher Sprache: Vermeiden Sie Fachjargon und stellen Sie Informationen in einer für die Zielgruppe verständlichen Form dar.

☐ Mehrkanal-Kommunikation: Nutzen Sie verschiedene Kommunikationswege (z. B. Bewerbungsportale, interne HR-Systeme, Informationsblätter).

4. Rechte der Betroffenen

☐ Hinweis auf Widerspruchsrecht: Informieren Sie über die Möglichkeit, eine menschliche Überprüfung oder Korrektur der Entscheidung zu verlangen.

☐ Kontaktstelle benennen: Geben Sie eine verantwortliche Stelle für Rückfragen und Beschwerden an.

5. Aktualisierung und Compliance

☐ Regelmäßige Überprüfung der Transparenzinformationen: Aktualisieren Sie die Angaben bei Änderungen am KI-System.

☐ Integration in Compliance-Prozesse: Verknüpfen Sie die Transparenzpflichten mit Datenschutz- und Risikomanagementrichtlinien.

10. Checkliste: Ablauf des rechtssicheren Stellenbesetzungsverfahrens

Bedarfsermittlung und Freigabe

☐ Prüfung des Personalbedarfs und haushaltsrechtliche Freigabe.

- ☐ Prüf-, Unterrichtungs- und Meldepflichten des Dienstherrn.
- ☐ Rechtsgrundlagen: Haushaltsrecht, vgl. § 49 BHO/LHO, § 69 Abs. 4 SGB IV, SGB IX.

Erstellung des Anforderungsprofils

- ☐ Vor Beginn des Verfahrens: Eignung, Befähigung, fachliche Leistung definieren.
- ☐ Dokumentation der Muss- und Soll-Kriterien und Gewichtung.
- ☐ Ableitung der Fragen/Items für den Interviewleitfaden.
- ☐ Rechtsgrundlagen/Rechtsprechung: Art. 33 Abs. 2 GG; BAG, Urt. v. 28. 1. 2020 – 9 AZR 91/19.

Stellenausschreibung

- ☐ Öffentliche Ausschreibung (§ 8 BBG, § 4 BLV, Verwaltungsvorschriften).
- ☐ Diskriminierungsfreie, geschlechtsneutrale Formulierungen gemäß AGG (§§ 7 ff.).
- ☐ Angabe von Bewerbungsfrist, Eingruppierung der Stelle und Anforderungen.

Bewerbungsphase

- ☐ DSGVO-konforme Verarbeitung der Bewerberdaten.
- ☐ Gleichbehandlung aller Bewerber.
- ☐ Rechtsgrundlagen: DSGVO; BDSG; AGG.

Vorauswahl und Bewertung

- ☐ Anwendung der festgelegten Kriterien (Anforderungsprofil).
- ☐ Keine sachfremden Erwägungen.

Auswahlgespräche/Assessment

- ☐ Strukturierte Interviews, standardisierte Verfahren, vgl. § 10a BLV.
- ☐ Dokumentation der Ergebnisse (Gewichtung, Ranking, Soll-Ist-Vergleich Anforderungs- und Fähigkeitsprofil).

Auswahlentscheidung

- ☐ Vergleich anhand Eignung, Befähigung, fachlicher Leistung.
- ☐ Schriftliche Dokumentation der tragenden Erwägungen.

Beteiligung der Personalvertretung

- ☐ Mitbestimmung nach PersVG/BetrVG.
- ☐ Rechtsgrundlagen: § 80 Abs. 1 Nr. 1, 2 BPersVG; § 99 Abs. 1 BetrVG.

Information der Bewerber

- ☐ Absage an unterlegene Bewerber mit Hinweis auf Rechtsschutz.
- ☐ Rechtsgrundlagen: Bewerbungsverfahrensanspruch (Art. 33 Abs. 2 GG).

Rechtsschutz für mögliche Konkurrentenklagen beachten

- ☐ Fristen für Konkurrentenklage, vor dem Verwaltungsgericht einen Monat ab Zustellung des Ablehnungsbescheides.
- ☐ Ernennung erst nach Ablauf der Wartefrist oder Klärung im Eilverfahren.
- ☐ Rechtsgrundlagen: Art. 33 Abs. 2 GG i. V. m. Art. 19 Abs. 4 GG; § 123 VwGO; § 62 Abs. 2 ArbGG i. V. m. den §§ 920, 921, 923, 926, 928 bis 932, 938, 939, 941 und 945 ZPO.
- ☐ Rechtsprechung zur Überprüfung eines Bewerberverfahrensanspruchs: LAG Köln, Urt. v. 21. 8. 2025 – 8 GLa 14/24, BeckRS 2025, 31699.

Dokumentation und Archivierung

- ☐ Vollständige Aktenführung für Nachprüfbarkeit.
- ☐ Rechtsgrundlagen: VwVfG; DSGVO.

11. HR-Compliance-Checkliste: KI-gestützte Bewerberauswahl

Vorbereitungsphase

- ☐ Anforderungsprofil schriftlich festlegen
  Rechtsgrundlage: Art. 33 Abs. 2 GG; BAG-Rechtsprechung
- ☐ Öffentliche Stellenausschreibung sicherstellen
  Rechtsgrundlage: § 8 BBG; § 4 BLV; BGleiG
- ☐ Beteiligung der Gleichstellungsbeauftragten und Personalvertretung
  *Rechtsgrundlage:*BGleiG; PersVG/BetrVG

KI-Systemauswahl und -Konfiguration

☐ Prüfen, ob System als Hochrisiko-KI eingestuft ist
Rechtsgrundlage: EU AI Act Art. 6–7, Anlage III

☐ Bias-Tests und Datenqualitätsprüfung durchführen
Rechtsgrundlage: EU AI Act Art. 10

☐ Verbotene Funktionen deaktivieren (Emotionserkennung, Social Scoring, biometrische Kategorisierung)
Rechtsgrundlage: EU AI Act Art. 5

Datenschutz und Transparenz

☐ Datenschutz-Folgenabschätzung erstellen
Rechtsgrundlage: Art. 35 DSGVO

☐ Informationspflicht gegenüber Bewerbern erfüllen
Rechtsgrundlage: Art. 13 DSGVO; EU AI Act Art. 52

☐ Recht auf menschliche Letztentscheidung sicherstellen
Rechtsgrundlage: Art. 22 DSGVO

Auswahlprozess

☐ KI-Ergebnisse nur als Unterstützung nutzen, nicht als alleinige Entscheidungsgrundlage
Rechtsgrundlage: Art. 33 Abs. 2 GG; Art. 22 DSGVO

☐ Dokumentation aller tragenden Erwägungen und KI-Parameter
Rechtsgrundlage: EU AI Act Art. 12; Bewerbungsverfahrensanspruch

☐ Vergleich anhand Eignung, Befähigung, fachlicher Leistung
Rechtsgrundlage: Art. 33 Abs. 2 GG

Nachbereitung und Monitoring

☐ Audit und Logging der KI-Entscheidungen
Rechtsgrundlage: EU AI Act Art. 12

☐ Regelmäßige Bias-Kontrollen und -Updates
Rechtsgrundlage: EU AI Act Art. 15

☐ Fristen für Konkurrentenklage beachten
Rechtsgrundlage: § 123 VwGO

X. Literaturverzeichnis

Asamoah, D., Annan, J., Rockson, S. B. & Baah, D. E., The influence of the status quo bias theory in the compliance to public procurement regulations in a Sub-Saharan economy. International Journal of Procurement Management, 12(1), Artikel 96995, 15 (2019), abrufbar unter: https://doi.org/10.1504/IJPM.2019.096995

BAFA (Hrsg.), Risiken ermitteln, gewichten und priorisieren – Handreichung zur Umsetzung einer Risikoanalyse nach den Vorgaben des Lieferkettensorgfaltspflichtengesetzes (2022), abrufbar unter: https://www.bafa.de/DE/Lieferketten/Handreichungen/handreichungen_node.html

BAFA (Hrsg.), Änderung der FAQ zum Lieferkettengesetz veröffentlicht (2024), abrufbar unter: https://www.bafa.de/SharedDocs/Kurzmeldungen/DE/Lieferketten/aenderung_faq.html

BAFA (Hrsg.), Firmeninterne Exportkontrolle – Betriebliche Organisation im Außenwirtschaftsverkehr (2024), abrufbar unter: https://www.bafa.de/SharedDocs/Downloads/DE/Aussenwirtschaft/afk_merkblatt_exportkontrolle_bafa.pdf?__blob=publicationFile&v=2

BAFA (Hrsg.), Risikoanalyse (2024), abrufbar unter: https://www.bafa.de/DE/Lieferketten/Risikoanalyse/risikoanalyse_node.html

Baldauf, K., Das Lieferkettensorgfaltspflichtengesetz findet auch auf Körperschaften des öffentlichen Rechts Anwendung, CCZ(4), 81–90 (2023)

Battis, U. (Hrsg.), BBG: Kommentar, 6. Auflage, C.H. Beck (2022)

Rolfs, C., Giesen, R., Meßling, M., Udsching, P. (Hrsg.), BeckOK Sozialrecht, 78. Edition C.H. Beck (2025)

Beschaffungsamt des BMI (Hrsg.), Kompetenzstelle für nachhaltige Beschaffung (KNB) (2025), abrufbar unter: https://www.beschaa.bund.de/DE/UeberUns/UnserAuftrag/KompetenzstelleFuerNachhaltigeBeschaffung/kompetenzstellefuernachhaltigebeschaffung_node.html

X *BfDI* (Hrsg.), Liste von Verarbeitungsvorgängen gemäß Artikel 35 Abs. 4 DSGVO für Verarbeitungstätigkeiten öffentlicher Stellen des Bundes (2019), abrufbar unter: https://www.bfdi.bund.de/SharedDocs/Downloads/DE/Muster/Liste_VerarbeitungsvorgaengeArt35.pdf?__blob=publicationFile&v=7

BG-AT i. d. F. des 18. ÄTV v. 22. 4. 2023

BKA (Hrsg.), Korruption (2023), abrufbar unter: https://www.bka.de/DE/UnsereAufgaben/Deliktsbereiche/Korruption/korruption_node.html

BKA (2024), Bundeslagebild 2024

BMAS (Hrsg.), Selbstverpflichtende Leitlinien für den KI-Einsatz in der behördlichen Praxis der Arbeits- und Sozialverwaltung (2022), abrufbar unter: https://www.denkfabrik-bmas.de/fileadmin/Downloads/Publikationen/Selbstverpflichtende_Leitlinien_fuer_den_KI-Einsatz_in_der_behoerdlichen_Praxis_der_Arbeits-_und_Sozialverwaltung.pdf

BMAS (Hrsg.), Arbeitshilfe für die praktische Anwendung der selbstverpflichtenden KI-Leitlinien in der Arbeits- und Sozialverwaltung (2025), abrufbar unter: https://www.denkfabrik-bmas.de/fileadmin/Downloads/Publikationen/Arbeitshilfe_fuer_die_praktische_Anwendung_der_KI-Leitlinien.pdf

BMAS (Hrsg.), BMAS Denkfabrik – Digitale Arbeitsgesellschaft (2025), abrufbar unter: https://www.denkfabrik-bmas.de/

BMBFSFJ (2023), Zweiter Bericht der Bundesregierung zur Wirksamkeit des Gesetzes zur Förderung der Entgelttransparenz zwischen Frauen und Männern sowie zum Stand der Umsetzung des Entgeltgleichheitsgebots in Betrieben mit weniger als 200 Beschäftigten, abrufbar unter: https://www.bmbfsfj.bund.de/resource/blob/229484/7c1deeee794163514c0221663af940d2/zweiter-bericht-entgelttransparenzgesetz-data.pdf

BMDS (Hrsg.), Willkommen auf dem Marktplatz der KI-Möglichkeiten (2025), abrufbar unter: https://maki.beki.bund.de/a/bmi-maki-mo-app?kiosk

BMF (Hrsg.), Das System der öffentlichen Haushalte (2015), abrufbar unter: https://www.bundesfinanzministerium.de/.../das-system-der-oeffentlichen-haushalte.pdf

BMF (Hrsg.), Verfahrenshinweise für die Aufstellung des Bundeshaushalts 2022 und des neuen Finanzplans 2021 bis 2025 (2021), abrufbar unter: https://fragdenstaat.de/dokumente/177049-verfahrenshinweise-fuer-die-aufstellung-des-bundeshaushalts-2022-und-des-neuen-finanzplans-2021-bis-2025/?page=15

BMF, Amtliches Körperschaftsteuer-Handbuch (2022), abrufbar unter: https://ksth.bundesfinanzministerium.de/ksth/2022/home.html

BMF (Hrsg.), Hinweisgeberschutzgesetz – Interne Meldestelle im BMF (2023), abrufbar unter: https://www.bundesfinanzministerium.de/Content/DE/Standardartikel/Service/Hinweisgeberschutz-im-BMF/hinweisgeberschutz-interne-meldestelle-bmf.html

BMF, Anwendungserlass zu § 153 AO, DStR 1218 (2016)

BMF, Umsatzsteuer-Anwendungserlass, BStBl. 2024 I Nr. 1041 (2024).

BMF (2025), UStAE, abrufbar unter: https://www.bundesfinanzministerium.de/Content/DE/Downloads/BMF_Schreiben/Steuerarten/Umsatzsteuer/Umsatzsteuer-Anwendungserlass/Umsatzsteuer-Anwendungserlass-aktuell.pdf?__blob=publicationFile&v=38

BMI, Rundschreiben zum Verbot der Annahme von Belohnungen oder Geschenken in der Bundesverwaltung: D I 3 – 210 170/1 (8. November 2004)

BMI, Empfehlungen zur Korruptionsprävention in der Bundesverwaltung (2012), abrufbar unter: https://www.bmi.bund.de/SharedDocs/downloads/DE/publikationen/themen/moderne-verwaltung/korruptionspraevention/korruptionspraevention-empfehlungen.pdf?__blob=publicationFile&v=4

BMI (Hrsg.) (2020), Korruptionsprävention in der Bundesverwaltung – Jahresbericht 2019, abrufbar unter: https://www.bmi.bund.de/korruptionspraevention-bundesverwaltung-2019

BMI (Hrsg.), Verwaltungsdigitalisierung (2023), abrufbar unter: https://www.verwaltung-innovativ.de/DE/Verwaltungsdigitalisierung/Verwaltungsdigitalisierung_node.html

BMI (Hrsg.), Korruptionsprävention in der Bundesverwaltung (2024), abrufbar unter: https://www.bmi.bund.de/DE/themen/moderne-verwaltung/integritaet-der-verwaltung/korruptionspraevention/korruptionspraevention-node.html

BMI (Hrsg.), Organisationshandbuch des Bundes (2024), abrufbar unter: https://www.orghandbuch.de/Webs/OHB/DE/Organisationshandbuch/1_Einfuehrung/13_Organisationsuntersuchung/132_RechtlicheRahmenbedingungen/1321_Haushalt/haushalt-node.html

BMI (2024), Rundschreiben v. 30. 5. 2024, D5.31002/55#13, abrufbar unter: https://www.bmi.bund.de/RundschreibenDB/DE/2024/RdSchr_20240530.pdf?__blob=publicationFile&v=6

BMI, Leitlinien für den Einsatz Künstlicher Intelligenz in der Bundesverwaltung (2025), abrufbar unter: https://www.bmi.bund.de/SharedDocs/downloads/DE/publikationen/themen/moderne-verwaltung/ki/BMI25020-leitlinien-ki-bundesverwaltung.pdf?__blob=publicationFile&v=2

BMJ (Hrsg.), Gesetz zur Umsetzung der Richtlinie (EU) 2022/2464 hinsichtlich der Nachhaltigkeitsberichterstattung von Unternehmen in der durch die Richtlinie (EU) 2025/794 geänderten Fassung (2025), abrufbar unter: https://www.bmjv.de/SharedDocs/Gesetzgebungsverfahren/DE/2025_CSRD-UmsG.html

BMWK, Öffentliche Aufträge und Vergabe (2022), abrufbar unter: https://www.bmwk.de/Redaktion/DE/Dossier/oeffentliche-auftraege-und-vergabe.html

BMWK, Vergabestatistik – Bericht für das zweite Halbjahr 2021 (2023), abrufbar unter: https://www.bmwk.de/Redaktion/DE/Publikationen/Wirtschaft/bmwk-vergabestatistik-zweites-halbjahr-2021.pdf?__blob=publicationFile&v=6

Böttger, M., Bischoff, B. & Brockhaus, M. (Hrsg.), Wirtschaftsstrafrecht, 3. Auflage, Nomos (2023)

Brandstetter, F., Rechtsabteilung & Unternehmenserfolg: Mit zahlreichen Erfahrungsberichten aus der Praxi; Effizienz & Risikomanagement, Strategie, Organisation & Mitarbeiterführung, Kosten, Compliance & Anwaltsauswahl (2., erweiterte Auflage), Rechtspraxis, Stämpfli/LexisNexis (2011)

BRH, Modell eines Risikomanagements für die Bundesverwaltung: Gz.: I 5 – 2017 – 0248 (2017), abrufbar unter: https://www.bundesrechnungshof.de/SharedDocs/Downloads/DE/Berichte/BWV-Veroeffentlichung/risikomanagement-volltext.pdf?__blob=publicationFile&v=1

Brinktrine, R. & Schollendorf, K. (Hrsg.), BeckOK Beamtenrecht Bund, 2. Auflage, C.H. Beck (2024)

BSI (Hrsg.), IT-Grundschutz-Kompendium – Werkzeug für Informationssicherheit (2023), abrufbar unter: https://www.bsi.bund.de/DE/Themen/Unternehmen-und-Organisationen/Standards-und-Zertifizierung/IT-Grundschutz/IT-Grundschutz-Kompendium/it-grundschutz-kompendium_node.html

BSI (Hrsg.), ISO 27001 – Zertifizierung auf Basis von IT-Grundschutz (2024), abrufbar unter: https://www.bsi.bund.de/DE/Themen/Unternehmen-und-Organisationen/Standards-und-Zertifizierung/Zertifizierung-und-Anerkennung/Zertifizierung-von-Managementsystemen/ISO-27001-Basis-IT-Grundschutz/iso-27001-basis-it-grundschutz_node.html

BT-Drs. 20/3442 (2022), Gesetzentwurf der Bundesregierung Entwurf eines Gesetzes für einen besseren Schutz hinweisgebender Personen sowie zur Umsetzung der Richtlinie zum Schutz von Personen, die Verstöße gegen das Unionsrecht melden

Buddendiek, H. & Rutkowski, J. (Hrsg.), Lexikon des Nebenstrafrechts, Beck'sche Kurz-Kommentare: Band 17a, 48. Auflage, C.H. Beck (2025)

Bungartz, O. & Kahle, C. (Hrsg.), Compliance in der öffentlichen Wirtschaft, C.H. Beck (2023)

Bunjes, J. (Hrsg.), Umsatzsteuergesetz: Kommentar, C.H. Beck

Burgi, M., Habersack, M., Altenschmidt, S. & Becker, F. (Hrsg.), Öffentliches Recht des Unternehmens: Handbuch, C.H. Beck (2023)

Bürkle, J., Hauschka, C. E. & Schieffer, A. (Hrsg.), Der Compliance Officer: Ein Handbuch in eigener Sache, 2. Auflage, C.H. Beck (2024)

CDU, CSU, SPD (2025), Der Koalitionsvertrag, 21. Legislaturperiode, abrufbar unter: https://www.koalitionsvertrag2025.de/

Bergmann, L., Möhrle, R., Herb, A., Datenschutzrecht: Kommentar – Europäische Datenschutz-Grundverordnung, Bundesdatenschutzgesetz, Datenschutzgesetze der Länder, bereichsspezifischer Datenschutz, Boorberg (2025)

Deloitte (Hrsg.), The Future of Compliance 2025 Inside Compliance: Strukturen und Strategien im Vergleich (2025), abrufbar unter: https://www.deloitte.com/de/de/services/audit-assurance/perspectives/future-of-compliance.html

DGUV, Prävention, Reha und Rente – Engagement der gesetzlichen Unfallversicherung. DGUV Kompakt (2022), abrufbar unter: https://www.dguv.de/kompakt/aktuelles/2022/1-22/grafik.jsp

DIIR, The Three Lines of Defense Model (2020), abrufbar unter: https://www.diir.de/content/uploads/2023/08/Three-Lines-Model-Updated-German.pdf

DIIR (Hrsg.), DIIR-Revisionsstandards (2024), abrufbar unter: https://www.diir.de/fachwissen/standards/diir-standards/

DIN ISO 27001:2024, Informationssicherheit, Cybersicherheit und Datenschutz – Informationssicherheitsmanagementsysteme, DIN Media Verlag

DIN ISO 37001:2018, Managementsysteme zur Korruptionsbekämpfung – Anforderungen mit Leitlinien zur Anwendung (ISO 37001:2016), DIN Media GmbH

DIN ISO 37002:2021, Hinweismanagementsysteme – Leitlinien – Whistleblowing management systems – Guidelines, DIN Media GmbH

DIN ISO 37301:2021, Compliance-Managementsysteme – Anforderungen mit Leitlinien zur Anwendung, Beuth Verlag GmbH

DNK (Hrsg.), Deutscher Nachhaltigkeitskodex – DNK (2024), abrufbar unter: https://www.deutscher-nachhaltigkeitskodex.de/

DSK (Hrsg.), Kurzpapier Nr. 4 Datenübermittlung in Drittländer (2019), abrufbar unter: https://www.datenschutzkonferenz-online.de/media/kp/dsk_kpnr_4.pdf

Eichhoff, I., Die Anwendung der CSRD für öffentliche Unternehmen – nichts Genaueres weiß man nicht (2024), abrufbar unter: https://www.roedl.de/themen/oeffentlicher-sektor/anwendung-csrd-oeffentliche-unternehmen

EQS (2022), Ergebnisse der Untersuchung zu den DAX-Unternehmen, abrufbar unter: https://www.eqs.com/de/landing/pressemitteilung-compliance-spitzenkraefte-studiengaenge/

Erb, V., Schäfer, J. (Hrsg.), Münchener Kommentar zum StGB: Band 6, 4. Auflage, C.H. Beck (2022)

Eulner, V. & Sack, M., Nachhaltigkeitsberichterstattung öffentlicher Unternehmen: Mittelbare Auswirkungen der Corporate Sustainability Reporting Directive: IDW Schreiben vom 08. 09. 2022, abrufbar unter: https://www.idw.de/IDW/Medien/IDW-Schreiben/2022/Down-CSRD-KMU-Oeffentliche-Hand.pdf

Expertenrat für Klimafragen (2023), Prüfbericht zur Berechnung der deutschen Treibhausgasemissionen für das Jahr 2022, abrufbar unter: https://expertenrat-klima.de/publikationen/page/2/

Feld, L. P., Necker, S. & Pfeil, K., Compliance in außeruniversitären Forschungseinrichtungen (Freiburger Diskussionspapiere zur Ordnungsökonomik 22/2), Albert-Ludwigs-Universität Freiburg, Institut für Allgemeine Wirtschaftsforschung (2022), abrufbar unter: https://www.econstor.eu/handle/10419/251521

Gesetz zur Änderung des Lieferkettensorgfaltspflichtengesetzes (2025 & i. d. F. v. RegE), abrufbar unter: https://www.bmas.de/DE/Service/Gesetze-und-Gesetzesvorhaben/gesetz-zur-aenderung-des-lieferkettensorgfaltspflichtengesetzes.html

Ghassemi-Tabar, N. (Hrsg.), Lieferkettensorgfaltspflichtengesetz: Kommentar, C.H. Beck (2024)

Hahn, C. & Kuckuk, F., Flexible Arbeitszeit im öffentlichen Dienst, öAT, 2023(14), 139–124

Handelskammer Bremen (Hrsg.), Unternehmerische Ethik: Das Leitbild des „Ehrbaren Kaufmanns“, abrufbar unter: https://www.ihk.de/bremen-bremerhaven/beraten-informieren2/gesellschaftliche-verantwortung/corporate-social-responsibility/tradition-verpflichtet-unternehmerische-ethik-als-leitbild-des-e-1305900

Hastenrath, K., Das neue obiter dictum des BGH (Az.: 1 StR 265/16): CMS im Unternehmen lohnt sich!, CB, 5(9), 325–329 (2017)

Haufe Akademie GmbH & Co. KG (Hrsg.), Whitepaper Modernes Recruiting: Trends, Kanäle und KI, abrufbar unter: https://www.haufe-akademie.de/ressourcen/personalmanagement/wp-recruiting-trends?chorid=90310200&em_src=kw&em_cmp=google/pds/personal/90310200/wp-rec-trends&akttyp=kw&med=google&aktnr=90310200&wnr=90310200&cmp=wp-rec-trends&gad_source=1&gad_campaignid=14180646907&gbraid=0AAAABrClJ9K1od03D-Yi7Y-oailnoJZYt&gclid=CjwKCAiA3fnJBhAgEiwAyqmY5QHBXbeMkVQ-XuCmZWfSQml0lOH-aUiWdmqenmTr_qM_yRLGWKZSnVBoCsYo-QAvD_BwE

Hofmann, J., Ethik in der Praxis: Should I stay or should I go? Wenn das größere Wohl mit persönlichen Überzeugungen zusammenprallt, CCZ, 15(7–8), 247–249 (2022)

Hommelhoff, P., Hopt, K. J. & Leyens, P. C. (Hrsg.), Unternehmensführung durch Vorstand und Aufsichtsrat: Aktien-, Kapitalmarkt- und Bilanzrecht, Corporate Governance, C.H. Beck (2024)

IDR (Hrsg.), IDR-Leitfaden 500 „Einrichtung und Prüfung eines kommunalen Compliance-Management-Systems (CMS)", IDR (2023), abrufbar unter: https://www.idrd.de/fileadmin/user_upload/idr/downloads/Pruefungsleitlinien/IDR_L_500_Einrichtung_und_Pruefung_eines_kommunalen_CMS_-_Entfassung_14. 09. 2023_01.pdf

IDW (Hrsg.), Künftige Pflicht zur Nachhaltigkeitsberichterstattung von Unternehmen der öffentlichen Hand: Mittelbare Auswirkungen der Umsetzung der CSRD in nationales Recht, Institut der Wirtschaftsprüfer in Deutschland e.V. (2024), abrufbar unter: https://www.idw.de/IDW/Medien/IDW-Schreiben/2024/IDW-CSRD-oeffentlicher-Sektor-Schreiben-240904.pdf

IDW PS 261 (2025), IDW Prüfungsstandard: Feststellung und Beurteilung von Fehlerrisiken und Reaktionen des Abschlussprüfers auf die beurteilten Fehlerrisiken, Institut der Wirtschaftsprüfer in Deutschland e.V. (IDW)

IDW PS 980 (2022), IDW Prüfungsstandard: Grundsätze ordnungsmäßiger Prüfung von Compliance Management Systemen (9/2022), Institut der Wirtschaftsprüfer in Deutschland e.V. (IDW).

IDW PS 981(2025), Grundsätze ordnungsmäßiger Prüfung von Risikomanagementsystemen, Institut der Wirtschaftsprüfer in Deutschland e.V. (IDW)

index Agentur (Hrsg.), index Recruiting-Report 2024 (2024)

Institut für den öffentlichen Sektor e.V. (Hrsg.), Public Corporate Governance Kodizes und Beteiligungsrichtlinien (2024), abrufbar unter: https://publicgovernance.de/html/de/Public-Corporate-Governance-Kodizes-und-Beteiligungsrichtlinien.htm

ISO 37002:2021, Whistleblowing management systems – Guidelines, abrufbar unter: https://www.iso.org/obp/ui/en/#iso:std:iso:37002:ed-1:v1:en

Kanzenbach, K., Compliance in Forschung und Lehre. DGUV Forum (2), 16–21 (2020), abrufbar unter: file:///C:/Users/harley/Desktop/Depot/DB/Anlage/Compliance_Forschung_Lehre_DGUV_Forum_02_2020.pdf

Kanzenbach, K., Arbeits- und Dienstrecht für das Public Management, KSV Verwaltungspraxis, Kommunal- und Schul-Verlag (2021)

Kark, A., Compliance-Risikomanagement: Gefährdungslagen erkennen und steuern (3., überarbeitete und erweiterte Auflage), C.H. Beck (2024)

KGSt, Risikomananagement, abrufbar unter: https://www.kgst.de/risikomanagement

Kindhäuser, U., Neumann, U., Paeffgen, H.-U., Saliger, F. & Eschelbach, R. (Hrsg.), NK-StGB, 6. Auflage, Nomos (2023)

Kipker, D.-K., Reusch, P., Ritter, S. & Beucher, K. (Hrsg.), Recht der Informationssicherheit: Kommentar, C.H. Beck (2023)

Kirchof, G., JStG 2024 – Die Übergangsregelung zu § 2b UStG wird bis zum 31. 12. 2026 verlängert (2024), abrufbar unter: https://www.ey.com/de_de/technical/newsboard-energiewirtschaft-politik-oeffentlicher-sektor/jstg-2024-die-uebergangsregelung-zu-2b-ustg-wird-bis-zum-31-12-2026-verlaengert

Kohlhaas, M., Erbs, G. & Häberle, P. (Hrsg.), Beck'sche Kurzkommentare: Strafrechtliche Nebengesetze: Band 4, C.H. Beck (2025)

Krenberger, B., Krumm, C., OWiG-Kommentar, 8. Auflage, C.H. Beck (2024)

Marschlich, A. & Krause, E., Die Berücksichtigung von HR-Themen in einem Compliance-Management-System, CB, 3(10), 358–360 (2015)

Mengel, A., Compliance und Arbeitsrecht: Implementierung, Durchsetzung, Organisation, 2. Auflage, C.H. Beck (2023)

Mitsch, W. (Hrsg.), Karlsruher Kommentar zum Gesetz über Ordnungswidrigkeiten, 6. Auflage, C.H. Beck (2025)

Moosmayer, K. & Lösler, T. (Hrsg.), Corporate Compliance: Handbuch der Haftungsvermeidung im Unternehmen, 4. Auflage, C.H. Beck (2024)

X *Müller, E.-L.*, Künstliche Intelligenz (KI) im Arbeitsverhältnis, öAT, 15, 26–29 (2024)

Neufeld, T. & Hitzelberger-Kijima, Y., Compliance im öffentlichen Dienst – Teil 1: Notwendigkeit und Aufbau eines Compliance-Management-Systems, öAT, 6(2), 23–26 (2015), abrufbar unter: https://beck-online-beck-de.hgu.idm.oclc.org/Dokument?vpath=bibdata%

2Fzeits%2Foeat%2F2015%2Fcont%2Foeat.2015.23.1.htm&pos=7&hlwords=on

Nietsch, M. & Wiedmann, M., Adressatenkreis und sachlicher Anwendungsbereich des neuen Lieferkettensorgfaltspflichtengesetz, NJW, 75(1), 1–7 (2022)

Nitschke, A. & Krebs, K., Whistleblowing im öffentlichen Dienst: Impulse für die Dienstpflicht zur „Denunziation" durch das Hinweisgeberschutzgesetz? (beck-online), NVwZ(14), 1053–1058 (2023)

Nohl, J. & Thiemecke, H., Systematik zur Durchführung von Gefährdungsanalysen: Teil I: Theoretische Grundlagen, Fb-Nr. 536 (1988), abrufbar unter: https://www.baua.de/DE/Angebote/Publikationen/Schriftenreihe/Forschungsberichte/1988/Fb536

öffentlicher-dienst.info (Hrsg.), TVöD Bund – Zeit-statt-Geld-Wahlmodell (2025), abrufbar unter: https://oeffentlicher-dienst.info/tvoed/bund/zeit-statt-geld/

Opiela, N., Tiemann, J., Gumz, J. D. & Weber, M., Deutschland-Index der Digitalisierung 2025, Fraunhofer-Institut für Offene Kommunikationssysteme – FOKUS (2025), abrufbar unter: http://www.oeffentliche-it.de/publikationen

Papenfuß, U., Ein Public Corporate Governance Kodex ist aus theoretischer und praktischer Perspektive nützlich: Eine Replik zu einer Köpenickiade, ZögU, 36(4), 302–323 (2013), abrufbar unter: https://doi.org/10.5771/0344-9777-2013-4-302

Petsche, A., Neuper, O. & Toifl, A. (Hrsg.), Compliance Management Standards: Praxiskommentar, 1. Auflage, Austrian Standards Plus GmbH (2017)

Podszun, R. & Bongartz, P. (Hrsg.), Digital Markets Act: Gesetz über digitale Märkte, Nomos Handkommentar, Nomos (2023)

Rack, M., Mehr Rechtssicherheit für Vorstände durch die neue DIN ISO 37301, CB, 9(11), 433–437 (2021)

Reiff, R., Dienst- und strafrechtliche Risiken bei Einladungen oder der Überlassung von Freikarten für hochrangige Amtsträger, CCZ(3), 142–146 (2020)

Reimer, P., Allgemeines Verwaltungsrecht, Springer-Lehrbuch, Springer (2024), abrufbar unter: https://link.springer.com/978-3-662-69060-4

Roßnagel, A., Einundfünfzigster Tätigkeitsbericht zum Datenschutz (2022), abrufbar unter: https://datenschutz.hessen.de/sites/datenschutz.hessen.de/files/2023-04/51-taetigkeitsbericht-des-hbdi_0.pdf

Rotsch, T. & Beckemper, K. (Hrsg.), Criminal Compliance: Handbuch, 1. Auflage, Nomos (2015)

Ruland, F., Becker, U., Axer, P. (Hrsg.), Sozialrechtshandbuch, 7. Auflage, Nomos (2022)

Rütten, M. & Verhoeven, T., Recruiting Analytics: Mehr Erfolg mit Data Driven Recruiting und Talent Intelligence, 1. Auflage, Schäffer-Poeschel (2023), abrufbar unter: https://nbn-resolving.org/urn:nbn:de:bsz:24-epflicht-3067062

Sauter, H. & Meissner, G., Die Implementierung eines Tax Compliance Management Systems in der öffentlichen Verwaltung, Erich Schmidt Verlag (2022), abrufbar unter: http://www.esv.info/978-3-503-19991-4

Schäfer, T. & Liesching, P., Überlegungen zu Vorteilsannahme und Vorteilsgewährung, ZRP(6), 173–176 (2008)

Scherer, J., Compliance-Managementsystem nach DIN ISO 37301: Erfolgreich implementieren, integrieren, auditieren, zertifizieren, 1. Auflage, DIN-Praxis, Beuth Verlag (2022), abrufbar unter: http://www.beuth.de/cmd?level=tpl-langanzeige&websource=vlb&smoid=345765479

Schmidt-Bleibtreu, B., Klein, F.,/Bethge, H. (Hrsg.), Bundesverfassungsgerichtsgesetz: Kommentar, 65. Ergänzungslieferung, C.H. Beck (2025)

Schwartmann, R., Jaspers, A., Thüsing, G. & Kugelmann, D. (Hrsg.), DS-GVO/BDSG: Datenschutz-Grundverordnung, Bundesdatenschutzgesetz, 3. Auflage (2024), C.F. Müller (über Juris-Zusatzmodul: Justiz-Datenschutz und IT-Recht)

Soong, E. S. & Ochs, T., GRC: Ein koordiniertes und ganzheitliches Compliance- und Risk-Management-Modell, CB, 9(3), 61–63 (2021)

Statistisches Bundesamt (2025), Steuereinnahmen 2024 summieren sich auf rund 948 Milliarden Euro, abrufbar unter: https://www.destatis.de/DE/Themen/Staat/Steuern/Steuereinnahmen/steuereinnahmen.html#:~:text=Innerhalb%20der%20Gemeinschaftsteuern%20waren%20die,Einnahmen%20(%2D4%2C3%20%25)

Stober, R. & Ohrtmann, N. (Hrsg.), Compliance für die öffentliche Verwaltung: Mit Erläuterungen für öffentliche Unternehmen, 2. Auflage, Kohlhammer Verlag (2022), abrufbar unter: https://doi.org/10.17433/978-3-17-037505-5

Transparency International (2024), Was ist Korruption?, abrufbar unter: https://www.transparency.de/ueber-uns/was-ist-korruption

TVöD i. d. F. des 22. ÄTV v. 6. 4. 2025

Vaagt, C. H. & Groß, W.-P. (Hrsg.), Beck'sches Formularbuch für die Rechtsabteilung, 2. Auflage, C.H. Beck (2023)

Vitale, A. & Walz, M., Neuer § 38 EGAO – Tax CMS als Voraussetzung für eine nach Art und Umfang reduzierte Betriebsprüfung, pwc-Blog (2022), abrufbar unter: https://blogs.pwc.de/de/steuern-und-recht/article/234979/neuer-38-egao-tax-cms-als-voraussetzung-fuer-eine-nach-art-und-umfang-reduzierte-betriebspruefung/

Vollmann, K., Compliance in der öffentlichen Verwaltung – Dissertation, Research (436 Seiten), Springer Verlag (2021), abrufbar unter: https://doi.org/10.1007/978-3-658-33879-4

Wendt, M., Geschonneck, A., Laue, J.-C., Schuster, F., Seidel, J. & von Busekist, K., Public Public Corporate Governance und Compliance – Ein Leitfaden für öffentliche Unternehmen (2013), abrufbar unter: https://publicgovernance.de/media/Public_Corporate_Governance_und_Compliance_Ein_Leitfaden_fuer_oeffentliche_Unternehmen.pdf

Wiedmann, M. & Greubel, M., Compliance Management Systeme – Ein Beitrag zur effektiven und effizienten Ausgestaltung, CCZ, 12(2), 88–94 (2019)

Wissenschaftliche Dienste des Deutschen Bundestags, Grundsätze der Amtshaftung: WD 3 – 3000 – 169/20 (2020), abrufbar unter: https://www.bundestag.de/resource/blob/711232/1350329565fdbf483d59fca445fa74ef/WD-3-169-20-pdf.pdf

Wissenschaftliche Dienste des Deutschen Bundestags, Der Ausschluss von der Teilnahme am Vergabeverfahren nach § 124 Absatz 1 Nr. 3 GWB: WD 7 – 3000 – 135/20 (2020), abrufbar unter: https://www.bundestag.de/resource/blob/816588/f3d3b8efc675b-84f7248e16573571c20/WD-7-135-20-pdf.pdf

Wolff, H. A., Brink, S. & v. Ungern-Sternberg, A. (Hrsg.), BeckOK Datenschutzrecht: DS-GVO, DA, DGA, BDSG, Datenschutz und Datennutzung, 53. Auflage, C.H. Beck (2025)

Zilsdorf, J., Das Stellenbesetzungsverfahren in der beamtenrechtlichen Praxis: Teil 2: Die Auswahlentscheidung, ZBR, 73(6), 158–163 (2025)

Zwirner, C., Boecker, C. & Hartmann, S., Vorteile von Compliance Management Systemen bei Beteiligungsgesellschaften der öffentlichen Hand aus Sicht der Bewertungspraxis, CCZ, 6(5), 224–229 (2014)

X. Stichwortverzeichnis